DER GRAL

ARTHUR MAXIMILIAN MILLER

DER
GRAL

ALLGÄUER ZEITUNGSVERLAG KEMPTEN

Copyright 1982 Allgäuer Zeitungsverlag GmbH, Kempten
Alle Rechte vorbehalten. ISBN 3 88006 022 3
2. Auflage mit 1000 Exemplaren
Gesamtherstellung: Allgäuer Zeitungsverlag Kempten

Dir, Kyot, Chrestien und Wolfram dir
von Eschenbach, du treuer Mann des Schwertes,
gesell ich mich, wie Parzival dereinst
der Rüstung bar und ohne Ritterschlag.
Reicht mir, was ihr besitzt, die ernsten Wehren,
die ihr geführt, die euch der Geist geweiht!
Bringt mir das Pferd auch zu, das, mich zu tragen,
so stark als flüchtig ist, daß es am Rand
des Abgrunds mir nicht scheut und, wo die Pfade
im Nichts sich enden, wie zum Flug sich hebt!
Denn einen steilen Pfad will ich erklimmen,
ihr wißt es, bis zum Berge, den kein Mensch
aus eigner Kraft ersteigt, und bis zum Saale,
des Wölbung gleich dem Himmel schwebend ruht:
bis hin zum Gral. — Nur wer erwählt, gewinnt ihn.
Ob ich erwählt — zu hoffen wag ichs nicht.
Und dennoch, ihr Getreuen, laßt mich glauben
und unterwegs sein, sehnend und bereit!

Erster Teil: Parzival

HERZELEIDE

Personen:

Herzeleide, *Königin von Konvoleis und Norgals, als Witwe im Wald Soltane lebend*
Parzival, *ihr Sohn*
Ornite, *Herzeleidens Dienerin*
Trevrizent, *Klausner, Herzeleidens Bruder*
Dietmar, *ein Knecht der Königin*
Graf Ulterlec *mit drei Rittern*

Die Handlung spielt in Herzeleidens Hof zu Soltane und nahe dabei im Walde.

IM WALD SOLTANE
HERZELEIDENS HOF

Schlafgemach der Königin. Nacht.
Herzeleide vor einer Truhe. Ornite bringt ein Licht.
In den Vorhängen des Fensters der Mond.

Herzeleide:	Hierher das Licht, Ornite! Horch — der Wind! Schläft Parzival?
Ornite:	Ich war an seiner Schwelle. Mich dünkte, daß er tiefen Atem zog.
Herzeleide:	So schließ die Tür!
Ornite:	Was willst du, Herzeleide?
Herzeleide *(winkend)*:	Schließ, schließ!
Ornite *(schließt)*:	Was soll das?
Herzeleide:	Weißt du nicht — o weißt du nicht, was diese Nacht bedeutet?
Ornite *(ihr zu Füßen)*:	Ach, Herrin!
Herzeleide:	Vierzehn Jahre sinds. Die Kerzen brannten so stille im Gemach wie heute, wie heute lag der Mond im weißen Flor. O Konvoleis, du Burg der Todesschmerzen! Sie brachten das zerriß'ne, blut'ge Hemd,

	sie brachten mir die purpurrote Spitze,
	die in sein Herz sich tödlich eingebohrt —
	weißt du es noch?

Ornite: Wie sollt' ichs je vergessen!
Herzeleide: 's ist meines hohen Herrn Gedächtnisfest:
nicht ists sein Todestag — der *meine* ists.
Ihn traf das Eisen in der Lust des Kampfes,
mich traf es in der ahnungsvollen Stille
der wehrlos sanften Nacht, mich trafs
in die entblößte Brust, die willig
dem Leben Trank zu spenden sich gestrafft.
Ich sank, ich starb, und nimmer werd' ich leben.

Ornite: O jener Stunde! — Schweigen über sie!
Herzeleide: Geschwiegen hab ich vierzehn lange Jahre.
Kein Wort von Gachmuret bewegte meinen Mund,
und meine Seufzer waren namenlos.
Verschlossen in der Truhe lag das heilge
unsägliche Vermächtnis, seines Blutes
vertrocknet Abbild, ach, desselben Blutes,
das in des Helden flammender Umarmung
mich überstürzte wie ein Meer von Lust,
von Glut und Schauder und von bitterm Tode.
Damals zerbrach zuerst mein Herz,
zerbrach mein Aug, die Tränen schossen
und brannten mir die kindlich weiße Brust.

Ornite: Nicht weiter, Königin, es tötet dich!
Herzeleide: Geschwiegen hab ich vierzehn lange Jahre,
die Sehnsucht in mir stauend mit dem Damm
des Herzens, bis sie, unaussprechlich wachsend,
das ganze Tal der Seele mir erfüllte.
Und heute ists, da sprengt sie Wehr und Damm,
und ich muß reden, seufzen, schreien,
dir, die du Ohr und Herz hast, muß ichs sagen,
und hörst du nicht, so ruf ich den Gesellen
der Nacht, der Sehnsucht und der dunklen Schmerzen,
den stillen Mond, den Wissenden und Reinen.
Tu auf die Truhe!

Ornite: Gott, du wirst nicht —
Herzeleide: Öffne!
Ich will die Lippen tauchen in sein Blut.

Ornite: Doch Parzival — !
Herzeleide: Er schläft. Der Schlaf der Kindheit
ist dicht, und Engel stehn um seine Seele.

Ornite: Wie, wenn er dennoch wachte? Wenn ers sähe?
Wenns ihm der Traum enthüllte? Laß die Truhe!
Laß ruhn den Deckel, laß den Sarg verschlossen!
Der Knabe darfs nicht wissen, sagtest du.
Kein ritterliches Zeichen darf er schauen.

Herzeleide:	Das Schwert ist Tod, nie darf das Schwert er kennen.
	Ich aber bin verstrickt in diesen Tod,
	mir darfst du nicht das heilge Gift verwehren.
	Tu auf!
Ornite:	Horch, horch!
Herzeleide:	Der Wind! Die Flore wogen.
	Tu auf!
Ornite:	Unselge!
Herzeleide:	Nimm den Königsschmuck hervor,
	womit ich die geweihten Pfänder deckte.
	Den Mantel gib, die Krone! Königin
	des Leides laß mich sein. Zu dieser Würde
	ist ewig nur das Weib vorherbestimmt,
	daß sie das Schwert im innern Herzen trage
	und Blut verströme, das kein Rächer rächt.
	(sie schmückt sich mit Mantel und Krone)
	Gachmuret, sieh dein Weib! Mit meiner Sehnsucht,
	die jeden Abgrund bebend überspannt,
	umfang' ich dich! Mein ganzes Sinnen lebte
	in Parzival, dem Kind, es ward mir Du,
	und Du und immer Du bist mir begegnet,
	in jedem Lächeln seiner Lippen Du,
	in jedem Blick der trotzig wilden Augen,
	in jedem Schmeichelwort des süßen Munds.
	Ja in der Flucht der Tage, in dem Strahl
	der Sonne und des Monds, im Schrei der Hirsche,
	im ungehemmten Fall des Brunnens Du.
	Die ganze Welt ist eins, ist ein Verlangen,
	ein einzger Schmerz, ein einzig brennend Mal.
	Du Gott, der zu mir kam und mich entfachte,
	ich kenne nichts als Tod, seit Du mir schwandst.
	(sie kniet vor der Truhe nieder und neigt das verhüllte Antlitz tief zur Erde)
Ornite:	O daß ich Balsam hätte für dies Herz!
Herzeleide *(sich aufrichtend)*:	
	Balsam, Ornite, Balsam? Hast du nie geliebt?
Ornite:	Ich liebte dich.
Herzeleide:	Dann, du Getreue,
	hast du dein Los gewählt. Beug deine Knie!
	Es muß erfüllt sein.
Ornite:	Horch! Ein dumpfes Murren!
Herzeleide:	Laß, laß der Nacht ihr Recht zu lallen und zu seufzen.
	Horch nicht nach ihr. Tauch alle deine Sinne
	in diese Glut. Hier sind die Purpurzeichen!
	(hebt Hemd und Lanzenspitze empor)
	Gachmuret!
Ornite:	Gott!
Herzeleide:	Laß uns zurück nicht weichen

	vor seinem süßen Feuer, das die Nacht
	des Stoffes wegzehrt aus dem Mark der Glieder.
	Laß anschaun uns mit tödlich klarem Blick
	die Stunde, die uns dies Geschenk bescherte!

Ornite: Die Stunde, weh! In Ohnmacht sankst du hin,
ich hielt dich wie ein Kind in meinen Armen,
in meinem Schoß, und sah auf deinen Leib,
der in der Fülle schon der Mutterschaft
sich innig wölbte, und ich betete
zu Gott um dich. Da kehrtest du zurück.

Herzeleide: Zurück in diese Dunkelheit! Zurück!

Ornite: Und du entsannst dich, Teure, deiner Pflicht.
Sie standen rings um dich, du sahst es nicht.
Auf rissest du das schimmernde Gewand,
und weißer als der Schnee des weißen Hemdes
quoll deiner Brüste Lilienschein hervor.
Und du umfingst dich selbst, umfingst das Kind
in deinem Schoß und preßtest deine Brüste,
dich selber küssend, an die Lippen, ach
und drängtest aus der zarten Wölbung sehnend
die Milch und riefst: Vergießen will ich mich
mit Tränen und mit Milch, und sterben,
das Leben spendend unaufhörlich sterben,
das Kind zu nähren, das mein Schoß umfängt,
und das ich dir gebären will, du Sonne
des qualenreichen Tags, du Nacht des Todes.
Wir standen, alle, alle standen wir
zermalmten Herzens und gebrochnen Mundes.

Herzeleide: O du Geliebte, branntest du mit mir
im Feuer dieser Stunde, o dann bist
du eins mit mir, mit diesen meinen Lippen,
die jetzt das Mal des heil'gen Bluts berühren,
küß ich die Lippen dir —

(heftiges Pochen an der Türe)

Ornite *(fährt auf)*:
O Himmel! Himmel!

Herzeleide: Was ist das? — Parzival!

Parzivals Stimme *(von außen)*:
Schnell Mutter, schnell!
Die Tür schließ auf! Geschwind, ich kann nicht warten.

Herzeleide: O Gott, was ist!

Parzival: Schnell! Schnell!

Herzeleide: Das Hemd! Die Spitze!

(verbirgt sie in der Truhe)

Deck zu!

(sie eilt und öffnet)

Um Gottes willen, Kind, was ist?

Parzival: Die Spieße, Mutter! Gebt mir schnell die Spieße!

	Ihr wahrt sie doch zu Nacht. Der Bär
	ist wieder da.
Herzeleide:	Der Bär?
Parzival:	Der uns den Honig
	erst gestern stahl im kleinen Bienenhaus.
	Ich muß die Spieße haben.

(dringt herein)

Herzeleide *(ihm wehrend)*:
　　　　　Halt, mein Kind,
　　　　　tritt hier nicht näher!

Parzival *(ihren Schmuck gewahrend)*:
　　　　　Mutter, seid Ihr's denn?
　　　　　Welch ein Gewand? Das sah ich nie an Euch.
　　　　　Und das Gebänd, das Ihr im Haare tragt.

Herzeleide:	Gebänd und Mantel sind aus früher Zeit.
	Ich tu sie ab und bin die Deine wieder.
	Ornite, nimm!

(reicht beides Orniten, die es in die Truhe legt)

Parzival:	Das seid Ihr, Mutter, wohl
	dem Ansehn nach. Im Herzen seid Ihr anders.
	Ihr seht so seltsam. Warum wacht Ihr noch?
	Hat Euch der Bär erschreckt?
Herzeleide:	Ein Bär, mein Knabe,
	schreckt deine Mutter nicht. Mag er den Honig,
	den er begehrt, uns aus den Körben rauben,
	es gibt ein größer Leid.
Parzival:	Allein der Honig
	ist süß und trefflich. Ihn sich rauben lassen
	erscheint mir töricht. Und ich wollte gern
	den Braunen mit dem Spieße niederstrecken,
	jetzt gleich, wo er mir dicht im Wurfe ist,
	wenn Ihr nicht gar so seltsam wäret, Mutter.
	Nun weiß ich nicht, ob's Euch nicht gar mißfällt,
	wenn ich vom Bett empor zur Jagd mich stürze.
Herzeleide:	Laß jetzt die Jagd! Wir haben gute Nacht
	uns schon geboten, grüßend schon dem Tag
	den Abschied dargereicht. Im tiefen Schlafe
	glaubt' ich dich schon. Laß denn die Spieße ruhn!
	Bleib noch bei mir.
Parzival:	Wenn Ihr es wollt, o Mutter —
Herzeleide:	Ich will es, ja, ich will es, lieber Knabe.
	Ornite mag uns jetzt verlassen, heute
	ist ihre Pflicht getan. Die Stunde vor dem Schlafe,
	den neu wir suchen, möge heut wie immer
	nur uns gehören.

(zu Ornite)

　　　　　Hab, Geliebte, Dank!
　　　　　Du weißt, du bist nicht Magd mir, du bist Schwester.

Ornite: Schlaf, Herrin, wohl.
(ab)
Parzival: Ihr seid so eigen, Mutter —
Herzeleide: Noch immer eigen? O mein liebes Kind,
die Nacht ist anders als der Tag, das weißt du
in deiner Jugend nicht. Die Nacht ist streng
und feierlich im Schmucke der Gestirne,
und ihre Hoheit sinkt auch uns ins Herz.
Setz dich zu mir!
Parzival: Jedoch wenn uns der Honig
im großen Stocke auch gestohlen wird —!
Herzeleide: Dann mag es sein! Wenn nur die heilgen Dinge,
die teuren, flüchtgen, niemals wiederkehrenden
nicht ungefühlt entfliehen. Komm zu mir!
Parzival: Darf ich an deine Brust mich wieder betten
wie früher oft? Schon lange wars nicht mehr.
Herzeleide: Die Zeit ist längst vorbei, da du, ein Kind,
an meinem Busen einzuschlafen pflegtest.
Du bist ein Jüngling fast.
Parzival: Und dennoch schlief ich
niemals so süß. O Mutter!
Herzeleide: Komm nur, komm!
Parzival: Wird das so ewig bleiben?
Herzeleide: Ach, schweig still!
Das Glück ist flüchtger als ein Lächeln, leise
enthüllt den Schleier seines Glanzes Gott
und deckt ihn schnell und tief dem Auge wieder.
Parzival: Weh, Mutter, wer ist Gott?
Herzeleide: Kennst du ihn nicht?
Parzival: Du sagtest nie ein Wort von ihm. Ich weiß nicht,
von wem du redest.
Herzeleide: Ach, er ist in dir.
Du kennst ihn wohl.
Parzival: Du redest kraus und dunkel.
In mir bist du! Ist das denn Gott?
Herzeleide: Ach nein.
Gott ist ein großes Licht.
Parzival: Ein Licht?
Herzeleide: Ein heilger Vater.
Parzival: Ein Vater, was ist das?
Herzeleide: O frag' nicht, Kind,
ein jedes Wort verwundet meine Seele.
Parzival: Weh mir, daß dies so ist! Doch muß ich wissen,
wer Gott ist.
Herzeleide: Ach, so bringst du mich in Not!
Der hellste Mann, der strahlendste, der hehrste,

	des Schönheit, Güte, ohne Maßen ist. Der alles schuf und alles trägt und leitet und selber alles ist und alles Ding durchstrahlt und — ach, ich habe Atem nicht und Worte —
Parzival:	Kann man ihn sehn?
Herzeleide:	Es sehn ihn, die ihn lieben. Dann glühen sie und staunen nach ihm hin und all ihr Sein ist betendes Entfachen.
Parzival:	Ich möcht ihn sehen! Warum hast du mir niemals von ihm gesagt?
Herzeleide:	Weil es nicht Wort, nicht Stimme gibt, gerecht von ihm zu künden.
Parzival:	Ist er allein?
Herzeleide:	Viel Geister sind um ihn, viel klare, heilge, strahlende Gestalten, voll Kraft und Glut, gehorsam seinem Wort, die Angesichter leuchtend aufgehoben, was ihnen sein Geheiß verkünden möge, daß sie es tun.
Parzival:	Und sind auch diese schön?
Herzeleide:	Viel schöner als ein Wesen hier auf Erden, das leuchtendste, das je gewesen ist, und groß und allgewaltig wie das Feuer.
Parzival:	Ach, daß ich sie begegnen könnte, ja, und ihnen Zweige reichte, und das Horn im Felsenquell mit Wasser eilends füllte, damit sie trinken.
Herzeleide:	Kind, sie trinken nicht.
Parzival:	Sie trinken nicht? Was soll ich ihnen geben?
Herzeleide:	Wenn du sie sähest, alsdann knietest du zur Erde hin und faltetest die Hände.
Parzival:	Wie aber, Mutter, spräche ich zu ihnen?
Herzeleide:	Ihr heilgen Engel, schützt mich vor dem Tod.
Parzival:	Das will ich tun.
Herzeleide:	Nun aber laß uns ruhn. Die Nacht rückt vor. Ich führ dich an dein Lager.
Parzival:	O laß mich hier!
Herzeleide:	Hier willst du schlafen, Liebster?
Parzival:	So dir im Schoß. Noch einmal, süße Mutter. Es soll, wenns muß, zum letztenmal so sein, daß ich dein Auge über mir seh glänzen, ein Stern im schönen Dämmerzelt der Nacht. Tu auf den Vorhang, laß den Mond herströmen! Die schwarzen Wälder hüllen tief uns ein, die Berge schauen nieder und die Sterne. Ich bin so müd!

Herzeleide *(den Vorhang öffnend)*:
    Dies eine Mal, mein Kind.
    Das letzte Mal.

Parzival *(sich an ihre Brust bettend)*:
    Sing mir das Schlummerlied,
    das alte, das so träumend geht. Solange
    hört ichs nicht mehr und sehnte mich danach.
    Mond, Mond von Konvoleis, du Silbernachen.

Herzeleide: Ach, Knabe, willst du nochmals sein wie einst,
    noch einmal mein. Du bittersüßes Eigen!
    Du großer Schmerz. Die Tränen schießen auf.
    Stürzt, stürzt!

Parzival: Du singst mir doch.

Herzeleide *(sich fassend)*:
    Ich singe.
        (singt)
    Mond, Mond von Konvoleis, du Silbernachen,
    aus blauen Grüften schwebst du her.
    Die Ammen träumen und die Mütter wachen,
    weit, weit, unendlich ist das Meer.
    Silbernes Meer, silberner Wind!
    Schlaf du, schlaf du,
    schlaf du, mein Kind!
    Mond, Mond von Konvoleis, du Silberschale,
    was birgst du, birgst du auf dem Grund?
    Die Nebel regen sich im Tale.
    Ich küsse meines Kindleins Mund.
    Silbernes Meer, silberner Wind.
    Schlaf du, schlaf du,
    schlaf du, mein Kind!
        (Parzival scheint eingeschlafen)
    Ach, wie dem Säugling sind ihm schon
    die reinen Lider zugefallen.
    Er schläft, und um der Wimper Trotz
    spielt ganz wie einst des Schalkes heimlich Lächeln.
    Er atmet leicht, als wäre diese Brust
    nicht Bergeslast zu heben ausgeboren,
    als gäb es keinen Seufzer dumpfen Tods.
    O holdes Licht, o innen glühndes Feuer,
    ich wölb mich über dich als Schoß und Kammer,
    ich webe dich mit tausend Hüllen ein,
    daß du aufs neue seist in mir empfangen.
    Laß mich die heilge Weltenhöhle sein,
    die ganz von Leben strömt und ganz von Bächen,
    verborgnen, tönt, und vor dem Tode dich
    auf ewig schützt und vor dem Toderwachen.
    Nicht ich, nicht du, auf ewig nur dies eine,
    dies süße Unzertrennliche im tiefsten Grund.
    O bleib mir, bleib mir, bleib mir!

Parzival: Mutter,
was sagst du da?
Herzeleide: Mein Liebling, schliefst du nicht?
Parzival: Ich weiß nicht, ob ich schlief. Mir ist so bange.
Hier ist es eng. Ich finde keine Luft.
Laß mich!
(er richtet sich beinahe heftig auf)
Verworrenes hat mir geträumt.
Ich will zu Bett, mich sehnt nach meinem Lager.
(mürrisch und schlaftrunken ab)
Herzeleide *(nachdem sie ihm regungslos nachgesehen):*
Er geht. Ich kann ihm nicht mehr folgen. Etwas
lähmt mir das Herz. Was ist geschehen? — Schuld —? ...
Weh mir! — Dort, dort, was regt sich in der Tiefe?
Wer kommt?
(Trevrizent im Bußgewande ist lautlos eingetreten)
Trevrizent: Ich bin es.
Herzeleide: Fremder, kenn ich dich?
Wer ließ dich ein? Was willst du? Droh mir nicht
mit stummer Miene! Sinnst du Unheil mir?
Ich bin ein Weib, nicht fähig, mich zu schützen.
Trevrizent: Fürchte dich nicht.
Herzeleide: Du redest wie ein Engel.
Wer bist du?
Trevrizent: Sieh mich an. Erkenne mich.
Herzeleide: Trevrizent!
Trevrizent: Ja. Dein Bruder und dein Freund.
Herzeleide: Du lebst! Ich darf dich schaun? Darf deine Hand,
die lebende, ergreifen? Gott! O Gott,
der du mir das vergönnst, ich danke dir!
Trevrizent: In seinem Namen, Schwester, sei gegrüßt!
Herzeleide: Trevrizent! Ach! — Wo kommst du her?
Du trägst ein härenes Gewand, o sprich,
was ist mit dir?
Trevrizent: Ich komme aus der Kluft,
aus tiefster Einsamkeit verborgner Stätte,
dahin ich ging, nachdem Amfortas fiel.
Ich habe seitdem nie ein Wort geredet,
es sei denn, daß ich betete um Heil.
Herzeleide: Du bist nicht mehr, als den ich sonst dich kannte:
ein unbegreiflich göttlich Wesen hüllt
wie einen Mantel dich. Ich zage, an die Brust
zu ziehen dich, den Mund dir darzubieten.
Du bist an mich gesandt, das fühlt mein Herz.
Wer schickte dich?
Trevrizent: Hierüber frage nicht.
Ich kam zu meiner Stunde. Wie ein Stern,

	der aus den Tiefen steigt, tret ich hervor
	und schwinde alsbald in die Tiefen wieder.
	Sprich mir von deinem Sohne Parzival.
Herzeleide:	Von Parzival? — Ich liebe, fürchte, leide.
Trevrizent:	Wozu erzogst du ihn?
Herzeleide:	Was forschest du mich aus?
	Ich armes Weib, was konnt ich für ihn wirken?
	Bewahren konnt ich ihn, sonst konnt ich nichts.
Trevrizent:	Bewahren?
Herzeleide:	Vor dem Tod.
Trevrizent:	Des bist du mächtig?
Herzeleide:	Er soll nicht Ritter werden. Nicht wie Gachmuret
	soll ihm das Schwert den holden Leib zerreißen.
	Ich barg ihn vor dem Rittertum. In Torheit,
	unschuldig, wild und rein wuchs er empor,
	dem Eichenstämmchen gleich im öden Walde.
Trevrizent:	Ein Wildgewächs! Kein Mensch? Kein Mann?
	Kein Held?
Herzeleide:	Nenn alle stolzen Männernamen mir,
	sie sind mir nichts seit jener Todesstunde,
	da man mir Hemd und Lanze Gachmurets,
	die blutbefleckten, legte auf die Knie
	und jäh von Abgrund ich zu Abgrund sank.
	Ermiß, was ich erlebte, wenn dus kannst.
	Wenn Parzival des gleichen Weges führe,
	so stürbe ich.
Trevrizent:	Wie denn des Weibes Los.
	O Herzeleid, bereite deine Seele!
	Daß du gebärest deinen einzgen Sohn,
	und immerfort aufs neue ihn gebärest,
	des hat dich Gott ins Licht des Tags gesandt.
	Gebärung ist Entlassung. Um der Freiheit willen
	empfingst du dieses Kind. Ihm sein Geschick
	und dir — den Tod.
Herzeleide:	O Trevrizent!
Trevrizent:	Die Wahrheit
	ist ein Kristall und dringt wie Gottes Strahl
	mitten durchs Herz.
Herzeleide:	Ich soll ihn lassen, Bruder,
	hinrasen lassen an des Abgrunds Rand,
	wo die Gefahr mit tausend Höllenarmen
	nach ihm sich reckt, wo ihm sein Untergang
	bereitet steht?
Trevrizent:	Du hältst das Rad nicht auf.
Herzeleide:	Er, der so weich als wild, so zart als trotzig,
	um Vögel klagt er, die sein Pfeil erschoß,
	beim Schlag der Amsel will das Herz ihm brechen

	vor unbekanntem Weh, in seinem Aug'
	schwebt allen Mitleids holde Dämmerung.
	Ihn, der ein Falsch nicht kennt und der sein Herz
	dem Treuen bietet wie dem Schurken dar,
	der, kindlicher als je ein Kind, auf ewig
	die Bosheit dieser Welt nicht fassen wird,
	ihn soll ich fühllos stoßen ins Verderben?
	Nein, Trevrizent, du forderst Wahnsinn nur!
Trevrizent:	Ich fordre, was das Schicksal fordert. Gott
	schrieb unsre Namen in den Kreis der Sterne,
	daß sie das Drängen leiten unsrer Brust.
	Gott widerstehst du nicht und nicht den Sternen.
Herzeleide:	Ich fluche ihm!
Trevrizent:	O Schwesterhaupt, geliebtes.
	Es sind die Wehen nahender Geburt,
	die so dein Innres angstvoll dir erschüttern.
	Laß uns nicht rechten über Unabwendliches.
	Gib mir die Hand! Laß knien uns und beten!
	(er zwingt sie sanft auf die Knie nieder und verharrt mit ihr geneigten Hauptes)
	Bereite dich! Ich mahne dich, Geliebte,
	mit aller Liebe, die mein Busen hegt.
	Bereite auch den Knaben! Nimm entgegen,
	was Gott dir bietet. Drück es an dein Herz
	und liebe es. Ich aber bin bei dir.
	Wahrhaftig, in demselben Augenblicke,
	da Gott es will, tret ich zur Seite dir,
	und faß in meine Hände deine Seele.
	Lebwohl.
	(lautlos ab)
Herzeleide:	Mein Bruder! Trevrizent! O Himmel!
	War das sein Geist nur? War er selber hier?
	Er hört mich nicht mehr. Unerbittlich tritt er
	zurück in die Verhüllung. Schweigend steht
	die Nacht. Ich bin allein. —
	(wirft sich zu Boden)
	O Gott, der mich geschaffen,
	nimm mir das Letzte nicht, das mir noch blieb!
	(Vorhang)

IM WALD SOLTANE

*Waldlichtung, nahe bei Herzeleidens Hof. Im Hintergrunde
vor dem Walde die pflügenden Knechte der Königin.*

Parzival *(mit Jagdgerät)*:
    Hei, wie die Vöglein singen! Hier ists frei.
    Der Morgenschein springt lustig durchs Gezweige.
    Wie lieblich atmet sichs! Kein Wild zur Hand?

Ich will ein wenig locken.
          (bricht Blätter von den Zweigen und flötet)
Alles still.
Nur dort das Hüh der Knechte hinterm Pfluge.
Sie scheuchen mir das Wild. Hier ist es nichts.
Ich muß mich tiefer in die Wildnis wagen.
Doch meine Mutter wird sich ängsten, wenn
sie leer das Lager findet früh am Morgen.
Kehr ich zurück? Wie wirds mir dumpf und enge,
denk ich an Dach und Wände nur. O sieh,
die Welt ist auch ein Haus, und just ein solches,
wie ich es brauche, ein unendlich Zelt.
Die Wände Wald und Fels, ein Riesenteppich
zu Füßen mir und überhin von Seide
das lichte Dach in seinem holden Blau,
mit Wolkenschleiern lieblich ausgeschmückt,
und alles ohne Maß und ohne Grenzen.
Hier will ich wohnen, nirgends sonst als hier,
will alle die Gemächer rings erkunden,
was drinnen lebt und drinnen sich bewegt.
Vielleicht, daß ich der Erde Grenzen finde,
das große Meer, von dem Ornite sagt,
darüber nur die stillen Geister fahren.
Dort steht der Finstre, weiß Ornite auch,
der Hölle Fürst, und wehrt mit Grimm den Zugang
zu Strand und Schiff, und grad auf diesen hab
ichs abgesehn. Ihn möchte ich bestehen.
Ein Himmel über, einer unter mir,
ein schwanenweißes Tuch gebläht vom Winde
und so ins Weite, Grenzenlose fahren —
o welche Lust dem fessellosen Herzen!
(Man hört das Schlagen von Hufen und Brechen von Ästen)
Horch, welch Gepolter! Äste biegen sich
und brechen krachend! Ha, da ist er schon!
Der Böse ists, nach dem ich so verlange.
Laß sehn, was du vermagst!
          (stellt sich in Kampfbereitschaft)
Fürwahr, ich habe
den Wolf, den Stier, den Bären schon bezwungen.
Komm, Teufel, an! Komm an! — Was ist das? — Ach! —
(Drei reichgeschmückte Ritter in strahlender Rüstung reiten aus dem Walde)
Licht, Licht, ein überblendend Licht! Die Flamme
schlägt mir ins Aug', ich sehe nichts mehr. Helle
steht purpurn in der Nacht. So naht sich nicht der
          Teufel!
Gott bist du, Gott!
          (er steht starr auf die Reiter blickend da)
Graf Ulterlec *(hinter den Rittern hervorreitend, noch glänzender geschmückt):*

	Wo sind wir, Männer? Ist nicht wer am Ort, der uns des Weges wiese?
Ritter:	Dort am Strauche steht einer, Fürst, ein Junker oder Jäger; er starrt nach uns.
Graf:	Laßt uns ihn fragen. — Junker! He Junker!

(*reitet an Parzival heran*)

	Seid Ihr stumm? Habt Ihr vernommen, daß ich Euch rief?
Parzival (*auf die Knie sinkend*):	Gegrüßt seid, lichter Gott! Gegrüßt, ihr Engel auf den schönen Rossen. Ich bitt Euch, wie die Mutter michs geheißen: Bewahrt mich vor dem Tode!
Graf:	Fürchtest du den Tod? Steh auf und zittre nicht. Wir tun dir nichts zuleide.
Parzival:	Weil du Gott, und weil ihr Engel seid, drum bitt ich euch, nicht weil ich vor dem Tod mich fürchte.
Graf:	Knabe, was redest du? Wie soll ich dich verstehen? Ich bin nicht Gott. Und jene sind nicht Engel.
Parzival:	Wer seid Ihr dann?
Graf:	Ein Diener seines Willens. Man nennt uns Ritter.
Parzival:	Ritter? Seid Ihr dies aus eigner Kraft? Ich meine, habt Ihr selbst zum Ritter Euch gemacht?
Graf:	Nein, Kind, es gälte ein solcher Ritter nichts.
Parzival:	So tat es Gott?
Graf:	Auch Gott nicht, Kind.
Parzival:	Wer dann?
Graf:	Es ist ein König, der aller Ritter Glanz und Vorbild ist, man nennt ihn Artus.
Parzival:	Dieser macht die Ritter?
Graf:	Ja, Knabe. Warum fragst du immerfort? Willst du ein Ritter werden?
Parzival (*wiederholend*):	Artus, Artus ... Wie find ich ihn?
Graf:	Du reitest aus dem Wald nach Sonnenuntergang und fragst in jedem Orte. Man weist dich wohl des Wegs. — Nun aber sage,

	was uns zu wissen not: Sahst du drei Reiter, die eine Jungfrau führten hier im Wald?
Parzival:	Ach, Engel Ritter — ist das Euer Name?
Graf:	Nicht doch, ich heiße Graf von Ulterlec. Jenseits des Sees ist mein Reich gelegen.
Parzival:	Jenseits des Sees, dahin der Nachen fährt mit weißem Segel, den die Geister führen?
Graf:	Du hältst mich auf. Frag mich denn länger nicht. Gib Auskunft um die Jungfrau.
Parzival:	Engel Ritter, Herr Über-See, was steht Euch da empor wie eine Tanne aus dem Sattelzeuge? Ist das ein Spieß? Zielt Ihr damit wie ich, wenn ich ein Tier erlege?
Graf:	Nein, mein Bursche. Dies ist die Ritterlanze, nur zum Stoß dient sie dem Streiter.
Ritter:	Herr, uns drängt die Zeit. Laßt diesen Toren!
Graf:	Ein Walleise ist von Haus aus dumm, und jener ist Walleise. Doch seht die junge Kraft der schönen Glieder, das anmutsvolle Haupt, den freien Blick! Soll ich ihn nicht belehren? Der Gedanke folgt stets der Tat und holt sie spät erst ein. Und jener ist begierig doch des Wissens.
Parzival *(den Schild ergreifend)*:	Dies aber, Engel Ritter, dieses Rund, beschlagen wie ein Tor und wie der Deckel zu einem Brunnen, was ist das?
Graf:	Ein Schild. Er schützt mich vor dem Stoß der Ritterlanze. Doch, nun, zum Lohn für meine Auskunft, sag, wie ists mit jener Jungfrau, jenen Rittern?
Parzival *(den Grafen am Kettenhemd zupfend)*:	Und dieses Ding, das sich so wacker schmiegt an Euren Leib und doch so spröde ist —?
Graf:	Mein Kettenhemd. Kein Pfeil kann mich versehren, kein Hieb noch Stich, wenn es die Glieder deckt.
Parzival:	So wollte Gott den Hirschen und den Rehen nie solche Hemden leihen, denn fürwahr, ich streckte ihrer keinen dann mehr nieder. Sagt mir, seid Ihr mit solchem Hemd geboren wohl?
Graf *(schüttelt lächelnd den Kopf)*:	Nein, Kind. Der Salwürk hat es mir gemacht.
Ritter:	Mein Fürst, 's ist hohe Zeit. Der freche Räuber wird mit der holden Beute uns entrinnen.

Graf:	Wohlan, gib Auskunft, Bursch.
Parzival:	Ach, Ritter Engel, dies eine sagt noch, warum habt Ihr denn die Ringlein so um Euren Leib gewunden? Ornite trägt sie an der Schnur am Hals.
Graf:	Schutzringe sind es.
Parzival:	Zürnt mir, Ritter, nicht! Noch muß ich dieses Allerletzte wissen, das schöne, blanke, wunderliche Ding, das Herrlichste von allem, was Ihr traget, dort, Euch zu Seiten, —

Graf *(das Schwert ziehend)*:
 Betrachte, Knabe,
 es ernsthaft. Denn sein Inbegriff,
 sein Zeichen und sein Werkzeug ist das Schwert
 dem Ritter. Sieh, es gleicht dem Strahl,
 der ausfährt aus dem Aug des höchsten Gottes.
 Der Sonne ists ein Teil, es ist ein Blitz,
 es trifft und tötet, trennt in Ewigkeit
 das Licht vom Dunkel. Furchtbar ist sein Werk
 und herrlich wie das Werk des ewgen Richters.
 Drum darf es keiner führen, dem nicht Gott
 die Vollmacht gab zu walten allen Lebens
 durch Kampf und Tod. Wenn du ein Schwert erlangst,
 dann knie hin und weihe es dem Rächer,
 der durch die Liebe rächt. Und führe schauernd,
 in Ehrfurcht schauernd den geweihten Stahl.
 Doch nun genug. Sag endlich jetzt auch du,
 was ich dich frage.

Parzival:	Herr, ich weiß es nicht. Doch will ich einen unsrer Knechte rufen, der früher hier zur Stelle war als ich. *(ruft)* He, holla, Dietmar, komm herüber! *(Knecht kommt)*
Dietmar:	Was wollt Ihr, Herr?
Parzival:	Sahst du drei Reiter nicht heut morgen hier vorübertraben? Eine Jungfrau war auch bei ihnen —
Dietmar:	Freilich sah ich sie. Noch ist es keine Stunde, daß sie eilig quer übers Tal nach diesen Forsten ritten.
Graf:	Dann auf! Wir haben ihre Spur. Laßt uns nicht säumen!
Die Ritter:	Auf! Auf!

       (Graf und Ritter sprengen davon)

Parzival *(ihnen nachblickend)*:
 Die schönen, schönen Engel!

Dietmar *(mit Schrecken und Bekümmernis)*:	Wehe Euch, weh uns und allen Treuen in Soltane! Weh Eurer Mutter, unausdenklich Weh!
Parzival:	Was hast du denn? Was ist dir nur geschehen?
Dietmar:	Die Männer, die Ihr saht —
Parzival:	Die Lichtumsprühten, die mir das Herz im Leibe springen machen —
Dietmar:	Vor denen Euer kindlich Aug zu hüten, sie heilig uns gebot —
Parzival:	Wie, Dietmar —?
Dietmar:	Ach, da kommt sie selbst, von Sorge hergetrieben. Sie kommt zu spät!
Herzeleide *(heraneilend)*:	Mein Kind, mein lieber Knabe! Du lebst, du bist mir heil! Ich träumte so entsetzlich. Dietmar?
Dietmar *(zu ihren Füßen)*:	O Königin!
Herzeleide:	Erschreck mich nicht! Was ist geschehn? Steh auf! Sag mir die Wahrheit!
Parzival:	Nichts ist geschehn, was dich betrüben könnte. Ich habe heut das Herrlichste gesehn, was meine Augen jemals noch erblickten. Ganz lichte Männer, schöner als die Engel. Der schönste war ihr Führer und er sprach so gut mit mir und zeigte mir den Weg, wie ich so licht wie sie und herrlich werde. Ich gehe diesen Weg, ich geh ihn heute!
Herzeleide:	Um Gottes willen, Liebster, sag mir schnell: Wie hießen, die du sahest?
Parzival:	Ritter!
Herzeleide:	Oh, das ist der Stoß, der mich noch treffen sollte. Nun ist es aus!
	(sie sinkt in Ohnmacht)
Dietmar *(sie auffangend)*:	Helft mir sie halten! Starrt nicht! Wißt Ihr denn nicht, was Ihr getan? O seht! — Verhängnis, unabwendlich, unabsehlich!

HERZELEIDENS HOF

Vorsaal, der über Stufen ins Freie führt.
Man blickt in das Waldtal hinaus.
Herzeleide an einem Tisch. Vor ihr die Truhe mit
Schere und Nähzeug. Grobes Sacktuch auf ihrem
Schoß, das steif zu Boden fällt. Sie arbeitet an einem
Anzug für Parzival.

Parzival *(ungeduldig herein)*:
    Ists noch nicht fertig, Mutter? Und das Pferd,
    das Ihr mir so verspracht, krieg ichs denn nicht?
    Sie schwebten ganz wie Engel auf den Rossen.
    Ich schlafe nicht und esse auch bei Gott
    nicht einen Bissen mehr, eh ich das Pferd
    nicht habe.

Herzeleide: Du bekommst es.

Parzival: Warum denn
    nicht gleich?

Herzeleide: Ich sandte eben nach den Knechten.
    Dietmar wird es dir bringen.

Parzival *(voll Freude)*:
    Wird er, Mutter?
    Noch heut? Noch diese Stunde? Aus dem Gute
    herüber, Mutter?

Herzeleide: Ja.

Parzival: So will ich springen,
    entgegen ihm, daß ich ihn bald erblicke.
    Dort von der Höhe, wo die Buchen stehn,
    kann man den Weg zum Gut ganz überblicken.
    Dann wink ich ihm, daß er sich wacker tummle.
    Lebwohl!

Herzeleide: Halt noch, mein Kind! Ein Wort noch höre
    von deiner Mutter.

Parzival: Wenn du hurtig sprichst —

Herzeleide: Gedenke des Versprechens, das du gabest.
    Zufrieden sei mit dem, was man dir beut.
    Du weißt es, daß wir arm sind.

Parzival: Freilich, Mutter,
    des sorgt Euch nicht. Lebtwohl!
              (mit eiligen Sprüngen ab)

Herzeleide *(ihm nach)*:
    Hab acht,
    daß du nicht fällst! — Er hört mich nicht. Verzaubert
    hat ihn der Glanz. Sein Herz ist nicht mehr hier.
    (Ornite mit grobem Kalbsleder, Lederschere, Ahle
    und Riemen)

Ornite: Hier ist, was du begehrst. Wo steckt der Knabe?

Herzeleide:	Dort rennt er hin wie toll — nach seinem Pferde. Es ist ihm mehr als Himmel, Welt und Sterne, mehr als das Herz, das sich um ihn verzehrt. Er wird nicht bleiben.
Ornite:	Gachmurets Erzeugter — kann jemand andres sich von ihm erwarten? Sobald das Kleid gemacht ist, wird er ziehn.
Herzeleide:	Er hört mich nicht. Den Namen Artus ruft er des Tages hundertmal. Wie ein Magnet zieht dieser Held ihn an.
Ornite:	Du mußt ihn lassen, Teure.
Herzeleide:	Ach, ist das Herz der Mutter kein Magnet? Verdorren alle grünen Lebensbande, mit denen er an meine Brust geknüpft? Wird er mit allen Wurzeln ausgerissen aus meinem Schoße, der ihm Nahrung bot?
Ornite:	Die Knaben werden Männer. Unsre Väter, sie haben ihren Müttern gleiches Los bereitet. Laß ihn ziehen, Teure.
Herzeleide:	Ich lasse ihn, wenn er nicht anders will. Doch sei das letzte Mittel aufgeboten ihn umzuwenden. Sieh!
Ornite:	Das grobe Linnen, zu Säcken braucht mans nur — was schneidest du aus ihm zurecht?
Herzeleide:	Ein Kleid für Parzival, ein Bauernkleid, ein Narrenkleid — sieh her!
Ornite:	Ein wahrer Tölpelrock, so plump als albern. So schickst du Parzival aus deinem Haus? Schafschellen längs der zottigen Kapuze? Hanswurste laufen also durch die Welt.
Herzeleide:	Dazu ein Pferd, so schlecht mans finden mag, ein Klepper, dessen Kärrner selbst sich schämen.
Ornite:	Wozu das aber? Wird man nicht mit Fingern nach ihm deuten, lachend nicht, kopfschüttelnd einem Tollen gleich ihn höhnen? Wird nicht ein Schwarm von wilden Rangen ihn von Dorf zu Dorf mit Schandgeschrei verfolgen? Mit Steinen seh ich ihn beworfen, oh, geschlagen und vom Gaul gerissen liegt der Arme blutend schon im Staub der Straße.
Herzeleide:	So — so allein, kehrt er mir wieder um.
Ornite:	Vergebens, Herzeleide. Was er muß, das wird er selber im Gewand des Narren.
Herzeleide *(steht auf)*:	Fertig das Kleid. Nun laß uns auch die Schuhe dem Ritter machen.

Ornite:	Wissen wir sein Maß?
Herzeleide:	Da kommt er mit dem Pferde. Ohne Sattel sprengt er herein, so weit der arme Klepper ihm willig ist.
Ornite:	Halt, Reiter! Steig herunter! Bind an das Tier! Und wenn es dir gefällt, so gib das Maß uns deines stolzen Fußes.

Parzival *(tritt ein und stellt den Fuß auf den Schemel)*:
    Hier ist der Fuß.

Ornite:	Laß mit dem Messer ritzen! Gut, so ists gut.
Herzeleide:	Hier hast du dein Gewand! Legs an, indessen wir dein Schuhwerk schneiden.

Parzival *(das Gewand empfangend)*:
    Wie stark und gut! Und für den Regen auch
    der lustige Kapuz! Sogar mit Schellen hast du
    das Kopfdach mir vergnüglich ausgeziert.
    Wie dank ich dirs?

Herzeleide:	Indem du mein gedenkst. Geh jetzt hinein und kleide dich zum Ritte!
Parzival:	Ein solch Gewand, dies weiß ich ganz gewiß, hat keiner von den Rittern rings im Lande.

                              (mit dem Kleid nach innen ab)

Herzeleide:	O Einfalt, süße Einfalt, wie wird dich die gnadenlose, kalte Welt verhöhnen!

Ornite *(die das Leder zurechtgeschnitten)*:
    Setz du an seiner Statt den Fuß hierher.
    So schlag ich nun die Lappen ineinander.
    Hier eine Naht, und dort die Öse, gut.
    Die Riemen dicht geschlungen, das wird glücken.
    Schön wird es nicht, jedoch es wird ein Schuh.

Herzeleide:	Du bist geschickt.
Ornite:	Das Handwerk eines Schusters hab ich fürwahr noch niemals ausgeübt. Reich mir den Hammer! Dank. Das soll schon flecken.

                                      (klopft)
    Sieh, wie die Ösen recht in Ordnung steh'n.
    Was denkst du?

Herzeleide:	Daß im Schloß zu Konvoleis verlassen eine Königswiege steht, indes dem Sohn des herrlichsten der Helden wir Bauernschuhe schnüren. Welch ein Wahn!
Ornite:	Der Wahn wird nicht bestehen. Jedem Manne wächst zu sein Kleid, so wie es ihm gebührt. Hast du zum Toren dieses Kind erzogen, gib ihm die Torentracht mit in die Welt. Es wird sie bald von seinen Schultern werfen. Noch einmal deinen Fuß hier! Nein, den linken.

Es geht, es läßt sich schnüren. Siehst du, trefflich
umspannts den Rist, die Zehen sind geschützt,
die Ferse birgt sich wie in einer Höhle.
Der Schuh ist fertig.

Parzival *(der inzwischen im Narrenkleid eingetreten)*:
Und der Reiter auch.

Herzeleide *(ihn betrachtend)*:
Du Armer!

Parzival: Ich ein Armer?

Herzeleide: Du Betrogner!

Parzival: Betrogen ich?

Herzeleide: Du unbelehrtes Kind!

Parzival: So reit ich denn.

Herzeleide: Jetzt schon?

Parzival: Was soll ich säumen?
Der König Artus freut sich sicherlich
an jedem neuen Ritter, der ihm zuzieht!
Soll ich ihn länger darben lassen?

Herzeleide: Kind,
wer darbt? Mein Herz steht weit und starrend
wie eine Halle, die der Held verließ.

Parzival: Lebwohl!

Herzeleide: Mein Einziger und Letzter,
noch diese karge Stunde bleibe hier!
Es bittet, die dich nährte, deine Mutter.
Laß dir die Füße küssen, laß die Schuhe
dann um sie hüllen, laß den Riemen mich
zum letztenmale binden mit der Schlinge,
die du, sobald ach, wieder lösen wirst,
verlöschend das Gedächtnis deiner Mutter,
denn ach, dein Herz denkt nichts als Kampf und
              Schwert
und Tod. Ich kann dich nicht entlassen,
eh ich dich noch belehrt.

Parzival: Muß dies geschehn,
so tuts und säumet nicht, die Sonne hebt sich,
und es wird Zeit.

Herzeleide: Setz dich auf diesen Stuhl!
           (sie küßt seine Füße)
Die Male meiner Lippen sollen auf dir bleiben,
bedecken soll sie Erde nicht und Staub,
sie sollen brennen dich, wenn du nicht wahrhaft
              wandelst,
sie sollen schützen dich vor der Gewalt,
die haften macht im Totengrund des Felsens.
      (hüllt die Füße mit den Schuhen ein)
Bedecke dich, du unbewehrte Sohle,
bis dir die Kraft erwächst, dem kalten Grund

　　　　　　　die reine Glut des Lebens mitzuteilen.
　　　　　　　Sonst hüllte meine Hand dich wärmend ein,
　　　　　　　nun, Fell des armen, ahnungslosen Tieres,
　　　　　　　das blutend zuckte unter Menschenhand,
　　　　　　　tu du, was ich nicht fürder ihm mag spenden,
　　　　　　　gib Wärme ihm, beschütze ihn für mich!
　　　　　　　　　　　　　　　　　　　　(steht auf)
　　　　　　　Die Erde ists, die du betrittst, mein Knabe.
　　　　　　　Bis heute trug ich dich. Drum sei geweiht,
　　　　　　　die fürderhin dich trägt, die eigne Sohle.
　　　　　　　Und nun merk auf, es ist ein Augenblick,
　　　　　　　der niemals wiederkehrt, und meine Stimme,
　　　　　　　gleich der, die einer Sterbenden entflieht,
　　　　　　　tönt dir zum letztenmal.

Parzival:　　Ich bitt Euch, Mutter,
　　　　　　　so redet nicht, daß ich nicht traurig werde,
　　　　　　　da alles mir zur Lust bereitet ist.

Herzeleide:　Hör, hör, mein Sohn. Vermagst du mit dem Herzen
　　　　　　　nicht zu vernehmen mich, so lausche mit dem Ohr,
　　　　　　　so nimm den leeren Schall der Worte mit dir.
　　　　　　　Es kommt die Stunde, wo der Worte Hall
　　　　　　　mit Sinn sich füllt, mit Leben und Bedeutung.
　　　　　　　Du kommst vielleicht nicht wieder, wirst vielleicht,
　　　　　　　wie es dein Vater war, ein Ritter werden.
　　　　　　　Die eine Hälfte dessen, liebes Kind,
　　　　　　　was einen Ritter macht, lehrt dich mit Fug ein Mann,
　　　　　　　die andre kann ein Weib dir nur erklären,
　　　　　　　denn tiefer als der Mann noch ist das Weib,
　　　　　　　weil es die Reinheit ist und weil die Reinheit
　　　　　　　das Bildnis Gottes trägt. Darum, mein Kind,
　　　　　　　grüß, wies die Frauen tun, die Menschen schön
　　　　　　　und leuchte ihnen Lieblichkeit entgegen,
　　　　　　　daß sie, wie Wandrer in der dunklen Nacht,
　　　　　　　die über sich der Sterne Klarheit sehen,
　　　　　　　gemahnet werden einer ewgen Welt.
　　　　　　　Reit nicht durch dunkle Furten, wo sich oft
　　　　　　　die Tiefe tückisch mit Gezweig verschleiert;
　　　　　　　wo Klarheit ist, da überschreite du
　　　　　　　den Strom, ans andre Ufer zu gelangen.
　　　　　　　Dem frommen Alten leihe gern Gehör,
　　　　　　　erzürn dich nicht, wenn dir von grauem Haupte
　　　　　　　ein Tadel kommt, denn Weisheit ruht verborgen
　　　　　　　im Schnee des Alters. — Denkst du wohl, mein Knabe,
　　　　　　　der Morgenstunde, da ob Wald und Welt
　　　　　　　das liebliche Gestirn der Tagesfrühe
　　　　　　　goldblinkend in die Kammer uns gegrüßt!
　　　　　　　Wer seinen Glanz und seine Hoheit anblickt,
　　　　　　　kann Böses nicht verüben, kann der Not
　　　　　　　und Wirrnis seines Herzens nicht erliegen.
　　　　　　　Wähl dies Gestirn, das reine, dir zum Führer!

                Hab Andacht zu den Frauen! Magst du je
                ein Ringlein dir von einer Frau erwerben,
                die jenem Sterne gleich und lauter ist,
                so nimms, umfang die Holde mit den Armen
                und küß sie mutig und aus Herzensgrund.
                Das wird das Wesen innig dir erheben,
                wird Flügel dir verleihen, golddurchwobne,
                die in den Äther schwebend dich entführen,
                hoch über alles hin, was niedrig ist.
                Denn hochgemut zu sein, geziemt dem Ritter,
                geziemt vor allem dir, du eines Königs
                erlauchter Sproß, ob dir auch fremde Neider,
                da du noch hilflos lagst, ein elend Kind,
                die Herrlichkeit entrissen, die dein eigen:
                Waleis und Norgals.
Parzival: Rächen will ich mich
                an diesen Räubern!
Herzeleide: Werde erst ein Mann!
                Dann gibt dir Gott das Werk, zu dem du gut bist.
                Und nun mein Kind, da es so sein muß, geh!
                Nimm diesen Kuß, den letzten, und gedenke
                der Worte, die ich sprach.
                                        (sie küßt ihn)
Parzival: Lebtwohl, o Mutter!
                Ornite, lebe wohl.
                (geht hinaus, besteigt das Roß, auf das er zwei
                  Spieße gebunden, und reitet davon)
Herzeleide *(geht ihm bis an den Rand der Stufen nach und bleibt dann*
                regungslos stehen):
                Gott, großer Gott, allmächtiger und heilger,
                der um uns starb, dir geb ich ihn,
                in deine Arme, deine ewgen Hände,
                dicht an dein Herz —
                                            (sie sinkt)
Ornite *(aufschreiend)*:
                Hilf Himmel! Herzeleide!
                                            (empfängt sie)
Trevrizent *(steht plötzlich vor ihnen)*:
                Fürchte dich nicht! Die Hand, die dich zerbricht,
                o Herzeleide, wird dich neu erbauen
                in Herrlichkeit.
Ornite: Sie stirbt!
Trevrizent: Nein. Sie beginnt zu leben.

ORILUS UND JESCHUTE

Wald von Briziljan
Zelt des Orilus

Jeschute in anmutiger Stellung auf ihrem Ruhebette schlafend. Sie ist mit einem Zobelfelle leicht bedeckt. Das Innere des Zeltes prächtig von Samt und Seidenbrokat. Überall gewahrt man das Wappentier des Orilus, einen glutspeienden Drachen. Seitwärts ein Tischchen mit Wein, Brot und zwei Rebhühnern.
Parzival tritt ein und bleibt verwundert stehen.

Parzival: Ei sieh, welch schönes Zelt! Ein Haus von Seide,
von Gold und Glanz — und überall dies Tier,
das grimmige, das Blitze speit und Feuer.
Ach, Gott ists, der hier wohnt! — Hier muß ich knien
und stille sein und beten; denn es gibt,
so sagte mir die Mutter, Häuser Gottes,
darinnen Stille ist und festlich Licht.
Ist niemand hier?
    (wendet sich und gewahrt Jeschute)
Ein Weib! Auf einem Bette!
Es rührt sich nicht — es schläft. Das ist fürwahr
nicht Gottes Haus, wo man am hellen Morgen
im Bette liegt. Dem Weib gehört das Zelt.
    (geht näher und betrachtet sie)
Was soll ich mit ihr tun? Sie zu bekriegen,
wie's einem Ritter ansteht, wäre das
nicht wohl das Ziemlichste? Allein sie hört
mich nicht, so kann aus unserm Kampfe
nichts werden. Nun, so warte ich
noch eine Weile. Wenn sie plötzlich aufwacht,
ruf ich sie an. — Sie ist ein schönes Weib,
wenn ichs nur halb verstehe. Blumen sah ich
so schlafen mit betauten Kelchen oft.
Die langen Wimpern, die sie hat, die Lider
so fein, die Wangen weiß und zart!
Hat sie denn Augen, die mich ansehn können?
Ich kann mirs gar nicht denken. Ach, vielleicht
erwacht sie nie und läßt mich stehn und gaffen!
Ei guck, sie lächelt, daß die Lippen sich
ihr öffnen und die hellen Zähne schimmern!
Wenn ich gedenke, wes die Mutter mich
ermahnte, stets der Reinigkeit zu achten,
so dünkt mich jene rein und ein Gestirn
des frühen Morgens, hell und freundlich blinkend.
Das wäre nun nicht schlecht, und sieh, ein Ringlein,
trägt sie am Finger auch, und alles trifft
sich zu, wie meine Mutter es mir sagte.
Ists um die halbe Ritterschaft, wohlan,
so will ich auch mit einem Weibe kämpfen.

                        Denn meine Mutter sprach: Gewinn das Ringlein
                        der Reinen ab und küsse sie von Herzen!
                        Das gibt dir hohen Mut. So muß ich dran.
                        Um Ritterschaft befehd ich dich, du Schöne.
                        He holla, auf zum Kampf! Wach auf, es gilt!
Jeschute (erwachend):
                        Um Gott — was ist?
Parzival: Du magst dich nicht besinnen.
                        Ich sag dir Fehde an, nun wehre dich!
Jeschute: Junker, seid Ihr ein Narr? Was waget Ihr?
Parzival: Du hast nicht Wahl. Ich will ein Ritter werden.
                        Des hilfst du mir.
                                            (er stürzt auf sie zu)
Jeschute: Gewalt? Ich leid sie nicht.
                        Ihr sollt nicht, nein, Ihr sollt ein Weib nicht küssen,
                        das wehrlos ist!
                                            (er ringt sie nieder und küßt sie)
                        O weh! Ihr habts getan.
                        Laßt meine Hand! Das Ringlein muß mir bleiben.
                        Ihr dürft nicht! Oh! Die Brosche meines Hemdes,
                        Ihr rißt sie los! O Schande über Euch!
                        Zwingt mich nicht so hinab! Euch wirds gereuen.
                        Was wollt Ihr tun?
Parzival (sie eine Weile gefesselt haltend):
                        Mich hungert.
Jeschute: Ei so freßt
                        mich doch nicht auf. Ich weiß Euch andre Speise.
Parzival (sie loslassend):
                        Mich hungert ungemein. Seit gestern morgen
                        aß ich nichts mehr. Mein Magen orgelt schier.
                        Habt Ihr mir nichts?
Jeschute: Was seid Ihr ein Gesell!
                        Ists Euch um das, so setzt Euch dort ans Tischchen.
                        Dort steht ein Mahl, zwar Euch nicht zugedacht,
                        doch nehmts!
Parzival: Das will ich tun.
Jeschute (für sich):
                        Wenn er vom Bette
                        sich nur entfernt!
Parzival (über die Speisen herfallend und in langen Zügen trinkend):
                        Fürwahr ein trefflich Essen,
                        das Ihr da stehen habet, gute Frau.
Jeschute: Gut nennst du mich, weil ich den Hals dir stopfe.
                        Wer bist du denn? Was trägst du nur im Sinn?
Parzival: Ich will ein Ritter werden, wie ich sagte.
Jeschute: In diesem Kittel? Mit dem Kalbsgeschelle
                        auf deinem Kopf?

Parzival:	O scheltet mir das nicht. Die Mutter wars, die mirs so hübsch gerichtet.
Jeschute:	Ein Bauernweib!
Parzival:	Das sagt nicht nocheinmal, sonst zürn ich Euch, denn eine Königin ist meine Mutter.
Jeschute *(für sich)*:	Ach, nun ist mirs klar, der Junge ist verrückt. Im Narrenkittel fährt er einher und ist ein ganzer Narr. Ich muß drauf trachten, daß ich ihn entferne, eh Ungemach entsteht. Hätt er das Ringlein nur nicht und nicht die schöne goldne Schließe! *(laut)* Bist du nun satt?
Parzival:	Noch nicht.
Jeschute:	Säum nicht zu lange. Denn wenn mein Herr zurückkehrt und dich trifft, so ists getan um dich.
Parzival:	Wie meinst du das?
Jeschute:	Er wird im Zorn entflammen wie der Adler und auf dich niederstoßen.
Parzival:	Weiter nichts?
Jeschute:	Du tolles Kind, spiel nicht mit deinem Leben.
Parzival:	Den Adler fürcht ich nicht. Zu vielen Malen hab ich das Nest ihm ausgenommen hoch im Felsen, wo die gähen Wände stürzen.
Jeschute *(für sich)*:	Wie wild er blickt, wie trotzig, und wie schön! O schade, daß der Kopf ihm so zerrüttet. Was willst du jetzt?
Parzival *(aufstehend)*:	Gehorchen will ich dir und gehen.
Jeschute:	Doch das Ringlein gibst du wieder.
Parzival:	Wozu denn nahm ichs dann? Die Mutter hieß michs gewinnen. Ihr geschahs zu Dank.
Jeschute:	Die Brosche —!
Parzival:	Nein, die will ich auch behalten.
Jeschute:	Weh mir, das bringt mir Unheil.
Parzival:	Sicher nicht. Gehorsam sein kann niemals Unheil bringen. Sei freundlich jetzt und laß dich küssen, Frau!
Jeschute:	Was fällt dir ein! Hinweg, du Tor, du dreister!
Parzival:	Es gibt mir hohen Mut, den muß ich haben,

	wenn ich ein Ritter werde. Laß, es hilft dir nichts!
	Ich küsse dich.
	(er tut es)
	So, das ist geschehen.
Jeschute:	Knabe!
	Du bist von Sinnen. Geh, so schnell du kannst.
Parzival:	Von Sinnen bin ich nicht, doch will ich gehen.
	Ich grüße dich aus ganzem Herzensgrund
	und will dir sagen, daß ich Andacht habe
	zu dir und daß ich alles Heil
	und alle Schönheit auf dich niederwünsche,
	weil meine Mutter so mich wünschen hieß.
	(ab)
Jeschute:	Gott, was ist nun geschehn? Welch ein Verhängnis sandte
	das Kind mir her, das unbegreifliche?
	Er nimmt den Ring und weiß doch wahrlich nicht,
	was dieses Zeichen sei; er reißt die Spange
	mir von der Brust und läßt mich unversehrt.
	Er drückt die vollen Lippen auf die meinen,
	ganz ernsthaft und gelassen wie ein Kind,
	das Brot nimmt aus der Hand der Mutter. Hunger,
	dies ist der Schmerz, der sein Gemüt bedrückt.
	Dabei sein Antlitz klar und strahlend heiter!
	Wo kommt er her? Hat ihn ein Weib geboren?
	Fiel er herab aus Wolken und aus Tau?
	Ich wollte, daß er mir gehörte, daß er
	mich Mutter nennte, daß ich mit der Hand
	die Wirrnis seiner Locken schlichten könnte! —
	Verloren ist der Ring, das Hemd in Stücken,
	die Pfänder hin, die Orilus mir gab.
	Was wird er tun, wenn er des Raubs gewahr wird?
	Aufjagen wird er, jenem Kinde nach,
	und niederstürzen wird ers wütend auf die Erde,
	daß ihm das junge, süße, tör'ge Blut
	entströmt wie ausgeschüttet Wasser. Gott verhüt es!
Orilus *(stolz und jäh aufflammend, tritt heftig ein)*:	
	Was ging hier vor? Wer war bei dir? Gestehe!
Jeschute:	O Gott, mein Herr —
Orilus:	Was blickst du so verwirrt?
	Dein seiden Hemde ob der Brust zerrissen,
	der Ring vom Finger! Leugne, wenn du kannst!
Jeschute:	Ich leugne nicht. Und dennoch, mein Gebieter,
	hab ich nichts zu gestehn —
Orilus:	Nichts zu gestehn? Du meinst wohl,
	die Spur im Gras, das aufgeworfne Zelttuch
	und dort dein schändlich umgewühltes Lager
	gestehn von selbst? Nenn ich mich darum Herzog,
	daß eine Dirne mir zur Seite liegt?

Jeschute:	O mein Gemahl —
Orilus:	Nenn mich nicht so, Empörung
	flammt mir durchs Blut, und wie mit hundert Leuen,
	mit glühenden, springt auf in mir die Wut.
	Mein herzogliches Lager so zu schänden!
	Nenn mir den Hund, der solchen Frevel wagt,
	ich haue ihn in Stücke, seine Glieder
	spieß ich auf Pfähle auf und seine Augen,
	aus den verfluchten Höhlen ausgerissen,
	werf ich dir hin, daß du die geilen Blicke,
	auch fürder ihnen weckest, feiles Weib!
Jeschute:	Gott, Orilus, sprecht solche Worte nicht!
	Ihr schändet Euch und mich.
Orilus:	Den Namen. Seinen Namen!
Jeschute:	Ich weiß ihn nicht.
Orilus:	Wie, einem Namenlosen,
	dem hergelaufnen Gauner gabt Ihr Euch
	so schmählich preis? O Gipfel meiner Schande!
Jeschute:	Mein Herr, mein Fürst, im Namen alles dessen,
	was heilig ist, beschwör ich Euch, hört auf,
	so gräßlich Euch und mich zu quälen. Wehe!
	Ich scheine schuldig, und ich bin es nicht.
	Hört mich, ich fleh Euch an, und glaubet mir!
Orilus:	Schwör nicht! Es häuft die Schuld. Red' und gestehe!
Jeschute:	Ein junger Narr brach ein in dieses Zelt,
	ein Kind, ein ganzer Tor, nur halb bei Sinnen.
	Er nahm den Ring und tat mir nichts zuleid.
	Ich wehrte mich, es war ihm mehr um Essen
	als Minnelohn zu tun —
Orilus:	Was redest du
	verworrnes Zeug, Gestammel bösen Herzens!
	Er tat dir nichts? Bloß nahm er dir den Ring,
	bloß riß er auf die Hülle deines Busens,
	vermutlich um zu sehen ob kein Käfer
	da krabbelte, ob nicht ein Ohrenbeißer
	dich kitzelte, daß du dich wandest. Oh,
	das nenn ich ritterlich und sehr manierlich!
	Drauf fraß er noch das Mahl, das uns bereitet
	und trank den Wein, du teiltest wohl mit ihm —
	und so gelabt durch Trank und Speis und Wonne
	des süßesten der süßen Leiber ging
	der Treffliche davon. Du hast dich so gehalten,
	wies einer treuen, tapfern Wirtin ziemt.
	Ich lobe dich.
Jeschute:	O weh, mein edler Gatte,
	Ihr glaubt mir nicht!
Orilus:	Nicht doch, ich glaube, glaube!
	Ich glaube jedem fortan, der mich weist:

	dem Wolf, der Schlange, allen sanften Katzen,

dem Wolf, der Schlange, allen sanften Katzen,
die samten schleichen nach verborgnem Raub.
Dem Teufel selber glaub ich. O Jeschute,
du Zelter ohne Fehl, du weiße Taube,
du Zierde meines Hauses!

Jeschute: Tötet mich,
wenn Ihr mich schuldig glaubt!

Orilus: O meine Süße,
Warum so hitzig? Schürt er so dein Herz,
daß es dich treibt, dem Fleisch dich zu entreißen?
Gemach, mein Schatz. So eilig mein ichs nicht!
So wohlfeil wird man seiner selbst nicht ledig.
Trink deinen Becher aus! Er munde dir!
Iß immerhin das Mahl, das du bereitet.
(sie betrachtend)
Du wähltest da ein ehrenhaft Gewand;
ein aufgerissen Hemd — es soll dir bleiben
in Hitze und in Kälte, Tag und Nacht.
Mein Lager teilst du nicht mehr. Diesen Sattel
mit Polstern hoch, mit Seiden aufgeschwellt,
darauf du rittest neben deinem Gatten,
in Stücke brech ich ihn.
(er tut es)
Und das Zerriss'ne
bind ich mit Stricken wieder, daß du siehst:
so ist zerbrochen unsre Ehe, so in Stücken
die Einheit, die wir waren, und geknotet
zu dürftgem Halt mit deiner Schande Seil.
Und nun empor von deinem Sündenbett,
dem Frevler nach, daß ich ihn niederstrecke!
(Er reißt sie auf und zieht sie mit sich fort).

SIGUNE

Personen:

Sigune
Parzival

SIGUNE

Öde Gegend, gesäumt von düsterm Wald, über dessen alte, dürre Wipfel trübes Gewölk zieht. In der Mitte ein ganz kahler Fels, von Dornen umstanden. Davor kniend Sigune, den Leichnam des Schionatulander im Schoß. Ihr Haar ist zerrauft, sie blickt in wilder Verzweiflung auf ihn nieder.
Die ganze Szene ist ziemlich dunkel, nur Fels und Menschengruppe sind von bleichem Licht getroffen.

Sigune: Aus, alles aus. Seit du, mein herrlich Leben,
mein himmlisches, ermordet vor mir liegst,
ward aller Tag zu Nacht, zu grauer Totenfarbe
das Grün der Welt und alle Flut zu Eis.
Auf meine Seele fiel der schwarze Schleier
des Tods herab, mein Auge ist ein Grab,
ist eine ausgebrannte, leere Höhle,
es weint nicht mehr, nur in dem Herzen wühlt
wie in dem Feuerschlund der tiefen Erde
ein rasend Weh, die Flamme der Verzweiflung,
und bricht zuweilen weithin strahlend aus.
Dann jagt mein Blut empor, dann schrei ich **Worte**,
und weiß nicht, was ich schreie —
O Geliebter,
da du noch lebtest, da dein süßer Mund
mir Worte gab, die sonst nur Engel sprechen,
da du mir Licht und Kranz und Krone gabst,
da spielt ich stolz mit deinem edlen Herzen
und gab dir nicht den Preis, um den du rangst,
die Seligkeit verschmähend, die dem Weib
nur einmal wahrhaft kommt, nur einmal leuchtend
die Seele ihm verklärt, sein Sein erfüllend.
Da liegst du tot. Die Wangen wie im Schlafe,
der Mund verblichen wie ein Blumenblatt,
an das der Frost gerührt mit Mörderhänden,
das Haar verklebt von Blut. Hörst du mich nicht?
Sigune nicht, die Stimme nicht, die glühend

                dein Ohr bespricht, daß es sich öffne! Tust du
dein Aug nicht auf, daß mich die Sonne treffe
des klaren Blickes, gibst du mir kein Wort
der Liebe, wie du tausend mir gegeben?
(aufschreiend)
Tot! tot! Auf ewig starr und tot.
Ich aber lebe noch und kann nicht sterben.
(sie hüllt den Toten ein)
(Parzival erscheint und nähert sich ihr teilnahmsvoll)
O Mutter Gottes und der Menschen, die im Schoße
den toten Sohn umfing, den hingebleichten,
von Todeswunden tief Gezeichneten,
Du, deren Herz die Schwerter ohne Maßen
durchdrangen, siebenfach Getötete,
Hilf mir, daß mich der Abgrund nicht verschlinge!

Parzival: Was ist dir, Weib? Wen hältst du auf dem Schoß?
Sigune: Den Lieblichsten und Kühnsten, meinen Helden.
Da, sieh ihn an!
(schlägt das Tuch über dem Leichnam auf)

Parzival: O weh mir, dieser Ritter
liegt da, wie meine Mutter einmal lag,
von Sinnen ganz und stumm. Ist dies schon lange?
Wird er nicht bald erwachen?

Sigune: Edler Knabe,
der wacht nicht mehr. Erkenn es, er ist tot.

Parzival: Tot? Kann ein Ritter tot sein? Vögel sah ich
von meinem Pfeile sterben, Hirsche auch
und Bären und Gewild, sowie ichs fällte.
Doch Menschen — weh! das hab ich nie gesehn!

Sigune: Du Kind, du armes Kind! Hat dich denn niemand
des Tods belehrt, den alle Menschen sterben?

Parzival: Ach, alle Menschen? Sag, vernahm ich recht?
Sprichst du von allen Menschen?

Sigune: Ja, von allen.

Parzival: Weh mir! Die Mutter auch und alle Freunde?
Und auch die Frau im Zelte dort und du?

Sigune: Sie alle, und auch du.

Parzival: O nein, du Törin,
Ich sterbe nicht.

Sigune: Bist du kein Mensch?

Parzival: Ich weiß,
daß ich nicht sterbe.

Sigune: Nun, so bist du Gott.
(auf den Toten deutend)
Der war ein Held, gewaltig in den Waffen,
da traf er einen Stärkern an und fiel.
Graf Orilus, der Wilde, von Lalander,

	des Zelt am Bach auf grüner Aue steht,
	der warf ihn hin.
Parzival:	Hast du das Zelt im Sinne
	mit vielen Drachen, denen Feuergarben
	so aus dem Munde fahren?
Sigune:	Ja, auf dem Zimier
	trägt Orilus den Drachen, denn er ist
	ein glühend Untier, listig und verwegen,
	dem Wurme gleich, den er im Wappen führt.
	Weh über ihn! Der Drache hats verschuldet,
	sein roter Atem hat die Brust versengt,
	die mir so süß zum Lager sich geboten.
	Kennst du den Grimm, die Gier des stolzen Herzens,
	die Frechheit, Gottes Angesicht zu schmähn,
	der Jugend holden Atem auszulöschen?
	Du kennst sie nicht! Wirst du sie jemals kennen?
	Wird dir des Todes Wurzel offenbar?
Parzival:	Ich kam von dort.
Sigune:	Von Orilus?
Parzival:	Sein Zelt
	hab ich gesehn und war auch drin, doch leider
	traf ich den Ritter nicht.
Sigune:	So dank dem Himmel,
	daß er vor seinem Arme dich bewahrt!
Parzival:	Warum denn nur? Ich weiß, ich sterbe nicht.
	Drum such ich ihn und will dich an ihm rächen.
Sigune:	Kind, törges Kind, was redest du für Worte?
	Bist du ganz unbelehrt? Im Narrenkleid,
	wer ließ dich schutzlos ins Verhängnis reiten?
	Die Welt ist nichts als Tod. Weißt du das nicht?
	Weiß es das Weib auch nicht, das dich geboren?
	Wie heißest du?
Parzival:	Ich habe keinen Namen,
	wie andre Leute: Liebling, guter Sohn,
	mein Kind, mein süßer Knabe, alles dies
	sagte die Mutter, sagten unsre Knechte
	zu mir.
Sigune:	Ach! ach!
Parzival:	Was ist dir?
Sigune:	Holdes Kind,
	du bists, der schönste, ärmste aller Knaben.
	Du, Herzeleidens Sohn.
Parzival:	Wie, kennst du mich?
	Hast du mich je gesehn? Kennst du die Mutter?
Sigune:	Wie sollt ich die nicht kennen, die mich einst
	zu Konvoleis erzog, sie, meiner eignen
	geliebten, schönen, früh gestorbnen Mutter

	vertraute Schwester. Eines Blutes, Kind, sind wir, Geschwister fast, und weh, mein Jammer ist deiner auch.
Parzival:	Es schnitt mir gleich ins Herz, wie ich dich sah.
Sigune:	So rittest du hinweg aus deiner Mutter Hof, und diese Kleider gab sie dir selbst?
Parzival:	Sie hat sie mir gemacht.
Sigune:	Ach, ihrer Not! Sie wollte dich bewahren, daß du nicht Ritter würdest, daß du nicht wie Gachmuret, dein königlicher Vater, und nicht wie dieser hier im Staube lägest mit blutgem Angesicht.
Parzival:	So glaubt auch sie, daß ich einst sterben könnte?
Sigune:	Ach, du Törger, sie glaubt es nicht, sie weiß.
Parzival:	Ich aber reite ohn Aufenthalt an König Artus Hof, daß ich ein Ritter sei; ich muß es werden.
Sigune:	Du mußt? Sieh her! an deinem Wege steht der Tod und blickt dich an mit leeren Augen. Das ist dein Los. Kehr um!
Parzival:	O liebe Schwester, sprich so nicht mehr. Ich kann doch nicht, ich muß ein Ritter werden.
Sigune:	Weh, es spricht dein Vater durch deinen Mund, sein Ruhm, sein Glanz und Ende. Der Mutter brach das Herz, da er verblich, wie meins mir brach, als mein Geliebter hinsank. Tief traf der heilge Stoß sie, mitten durch. Von Stund an starb sie und wird weitersterben, bis ihr die Seele flieht.
Parzival:	Das kann nicht wahr sein. Denn ich verließ sie munter und gesund.
Sigune:	O blinde Roheit eines jungen Herzens, das nichts begreift, als was der Sinn begehrt. Kehr um, o Knabe!
Parzival:	Nein, mein Weg ist klar. Ich soll, ich will, ich muß ein Ritter werden.
Sigune:	Dann werd' es und verderbe! Wußt' ichs doch, daß es so kommen müßte. Dir zum Pfand, du Unerbittlicher, sind alle die bestimmt, die Weibes Schoß gebar. Was nützt das Sträuben? Sieh diesen Toten an! Das bist du selbst. Hier ist das Tor, das drohend sich dir öffnet.

	Und nun vernimm den Namen, den du trägst: „Parzival" nannte schreiend dich die Mutter: „Mitten hindurch", denn der, der dich gezeugt, stieß mitten durch ihr Herz, daß sie erbleichend hinabsank auf den dunklen Grund der Welt.
Parzival:	Mitten hindurch ...
Sigune:	So nimm denn auch das Erbe des Vaters hin, nimm die verlorne Krone von dreien Ländern, die der Feind dir stahl: Von Anschewin, Waleis und noch von Norgals. Dein sind sie, du bist König. Dieser hier, mein Held und mein Geliebter schirmte dir das Erbe, das dein Vater ihm empfohlen. Da brach das stolze, wilde Brüderpaar, da brachen Orilus und Lähelin wie Räuber ein in die verwaisten Reiche und rangen Stück für Stück dem Treuen ab. Die Schmach zu rächen, rannte schmerzentbrannt der Tapfre den gewaltgen Gegner an, ihn unverweilt zum letzten Kampfe stellend, und stürzte in den Tod.
Parzival:	Ich räche ihn!
Sigune:	Ob du ihn rächest, ob du selber fällst, mein Leben ist zu Ende, meinem Aug steigt nie das Licht der Sonne mehr herauf.
Parzival:	Sag mir, du kanntest meinen Vater?
Sigune:	Kind, ich kannte ihn. Er fiel im Heidenland, fern überm Meer vor Bagdads weißen Toren.
Parzival:	Und ließ er nicht Geschwister mir zurück?
Sigune:	Ach, wohl hat Herzeleide diese Mär vor dir verhehlt, denn sie war bitter ihr wie Galle. Hör denn: Fern im Mohrenland nahm Gachmuret zuerst ein schönes Weib, von Angesicht so dunkel wie die Nacht und so geheim, die Königin der Mauren. Still war sie, sanft und treu; da er sie ließ, nach seiner Heimat mächtig fortgetrieben, ward ihr die Sehnsucht groß im dunklen Herzen, und wie die Blume, die das Naß entbehrt, schloß sie die wunderreiche, süße Blüte und starb. Doch, so erzählt man mir, gebar sie einen Sohn, gewaltiglich an Gliedern, groß an Kraft und edel im Gemüt, doch im Gesichte und rings am Leib von Farbe schwarz und weiß. Sein Nam ist Feirefis, im Morgenlande erstrahlt sein Ruhm gleich wie ein großes Licht. Dies ist dein Bruder.

Parzival:	Daß ich den doch sähe!
Sigune:	Nun weißt du alles. Wähle nun dein Los.
Parzival:	Es ist gewählt.
Sigune:	So reite hin zu Artus und nimm den Ritterschlag und nimm die Wunde, an der du stirbst.
Parzival:	Sag mir auch deinen Namen.
Sigune:	Sigune bin ich, dieses Toten Braut. Dem Lebenden hab Liebe ich verweigert. Nun liebe ich den Toten. — Geh und stirb!
Parzival:	Lebwohl, Sigune.
Sigune:	Geh, dich rettet niemand. *(sie beugt sich wieder über den Toten und bedeckt sein Antlitz mit ihrem offenen Haar)*
Parzival:	Ich sterben? Nein. Die Märe ist vergebens. Und stürb ich zehnmal auch, ich lebte doch. Mitten hindurch!

(er reitet ab)

KÖNIG ARTUS

Personen:

Artus, *König von Bertane*
Ither von Gahevies, *der Rote Ritter, ein Neffe des Königs*
Gawan, *ein anderer Neffe des Königs*
Keie, *Seneschall des Königs*
Parzival
Cunneware von Lalander
Antanor } *am Hofe des Königs*
Iwanet, *ein Edelknabe*
Ein Fischer
Die Ritter der Tafelrunde
Ritter im Gefolge Gawans

König Artus und der Rote Ritter

Kleine Anhöhe, dahinter ein weiter, mit Bäumen gesäumter Plan, der sich allmählich ans Gestade des Meeres hinabsenkt. Am Meere um eine Bucht sich herrlich aufbauend die Stadt des Königs Artus mit dem sie überragenden Artusschloß. Die Stadt liegt im Glanz der Morgensonne da. Über dem blauen Meer Schiffe mit weißen Segeln.
Im Vordergrund links ein steingefaßter Brunnen, von Gebüschen überhangen.
Parzival, von einem Fischer geführt, kommt von rechts hereingeritten. Sein Gaul geht sehr müde.

Fischer:
    Dort liegt die Stadt, wo König Artus wohnt
    und wo die Segler sich vor Anker legen.
    Ein Wirrsal ists von Zinnen und Getürm.
    Doch über allem ragt des Königs Burg.
    Seht Ihr sie leuchten?

Parzival (erstaunt):
    Stadt nennst du das helle,
    das goldene Gebirge dort am See?
    Wie blinkend alles und wie blau der Spiegel!
    Hei, das ist schön! Ich muß sogleich hinein.

Fischer:
    Gemach, denkt Eures Gauls und laßt ihn trinken.
    Und gebt, wenn Ihr ein Christ seid, mir den Lohn!

	Ich hielt Euch wohl zu Nacht, ich gab Euch Speise und führte Euch. Empfängt man dies umsonst?
Parzival:	Die Knechte meiner Mutter wiesen Fremde um Gottes Lohn. Was forderst du von mir?
Fischer:	Was gebt Ihr? Seid Ihr geizig? Dann vergelts Euch der Teufel, daß Euch niemand fürder dient.
Parzival:	Geld hab ich nicht.
Fischer:	Das sagt Ihr jetzt erst? Wahrlich, ich hätte mir den sauren Gang gespart. Bedenkt Euch, Junker, zu des Königs Stadt kommt niemand unbezahlt. Ihr sollt nicht markten um das, was recht ist.
Parzival:	Diese Spange nimm, sie ist von Gold.

(gibt ihm Jeschutens Spange)

Fischer:	Von Gold? Wahrhaftig! Solche Münze dünkt mich gerecht.
Parzival:	Bist dus zufrieden?
Fischer:	Trefflich! Kommt wieder, wenn Ihr wollt! Und reitet gut!

(ab)

Parzival *(über Stadt und Meer hinblickend)*:
Des Königs Stadt am blauenden Gestade.
Wie sehnt ich mich, den stolzen Ort zu sehn.
Dort werd ich Ritter sein!

(er steigt ab)

Komm, gute Mähre.
Trink, ruh dich aus. Dann aber stracks hinein!
(führt das Pferd zum Brunnen und bindet es an)

Ither von Gahevies, der Rote Ritter, kommt über die Halde heraufgetrabt. Er ist ganz in Rot gekleidet, von der Farbe des Blutes, sowohl seine Rüstung wie sein Überrock und die Schabracke seines Pferdes tragen diese Farbe. Selbst sein Schwert ist rot. Er hält die Zügel in der Linken und schwingt in der Rechten einen goldenen Becher über sich in der Luft.

Ither:	Heia, ich nahm den Becher, heia von dem Tisch des Königs Artus, heia, vom Gesichte des Königs weg, das stolze, goldne Pfand. Sei dies das Land Bertane. Wer entwindet den Becher mir? Dem laß ich auch das Land. Heia! heia!
Parzival:	Ich grüße Euch mit Ehren, wie meine Mutter es mich hieß.
Ither:	Habt Dank. Was starrt Ihr so?
Parzival:	Wer gab Euch diese Waffen?

Ither:	Was gehts Euch an?
Parzival:	Sie dünken mich so herrlich, so ganz gemacht, daß ich drin Ritter werde, daß ich nur stracks zum König reiten will, von ihm mir Eure Waffen auszubitten.
Ither:	Das tut nur, närrischer Gesell. Der König wird so verlegen sein um diese Waffen, wie er verlegen ist, das Land Bertane samt dieser Stadt und dieser festen Burg mir länger zu verweigern. Denn mein Erbe ist dies so gut wie seins. Und, heia, sieh! den Becher nahm ich ihm von seinem Tische als Pfand, daß ich das Land ihm abgewinne.
Parzival:	Das geht mich wohl nichts an. Allein die Waffen werd ich verlangen.
Ither:	Ja, verlanget sie. Greift doch ein Kind nach jedem bunten Dinge, im Glauben, daß es ihm zum Spielzeug sei.
Parzival:	Ihr mögt nun sagen, was Ihr wollt, ich habe nicht Zeit, Euch anzuhören. Denn ein Ritter will ich jetzt werden, ganz wie Ihr ein Ritter, und so in Euren Waffen.
Ither:	Also reitet. Und sagt dem König dies. Wie ich den Becher ergriffen und erhoben halte hier, dem Himmel und der Sonne Strahl ihn bietend, so will ich halten meine Fordrung auch in fester Hand, und anders sie nicht lassen, als daß mir einer an des Königs Statt den Becher nimmt und wieder an die Tafel zurück ihn trägt. Dies aber wisse jeder: Wer mir den Becher nehmen will, der nehme nur erst mein Leben, eher wird er nicht sein Eigen.
Parzival:	Ritter, sendet, wen Ihr wollt. Ich höre nichts, ich weiß von nichts, ich will nichts andres als die rote Wehr gewinnen und Ritter sein, sobald ichs nur vermag.
Ither:	So fahrt dahin!
Parzival *(der aufgestiegen ist)*:	Empfanget meinen Gruß, wie meine liebe Mutter mich geheißen.
	(reitet rasch gegen die Stadt ab)
Ither:	Jawohl, du Mutterkind! Was dünkt den Narren? Zieht man die Rüstung an wie einen Sack? Wer ist gemacht, die rote Wehr zu tragen? Braust mir mein Blut nicht durch das Eisen fort? Und durch das Blut wie der Fanfare Licht, stößt nicht der eine Ton, der alle Klänge

gewaltig überstrahlt? Bin ich nicht Ither,
der König nicht, der alles selbst vollbringt?
Heia, mein Becher, König Artus, Becher,
füll dich mit Wein und leuchte wie Rubin
und strahle mir die Glut des eignen Herzens!
(er hebt den Becher hoch, er funkelt in der Sonne)

IN KÖNIG ARTUS BURG

Großer Saal von zwölf Pfeilern getragen, die einen Halbkreis nach der Tiefe bilden. An jedem Pfeiler der Schild eines der zwölf Artusritter. Jeder Schild ist in zwei Teile geteilt, in einem Feld ist stets die Sonne, im andern ein Bild des Tierkreises zu sehen. In der Mitte der Tafel der Sitz des Königs mit dem Baldachin, der ebenfalls, in Gold gewirkt, das Sonnenzeichen trägt. Durch die Säulen im Hintergrund öffnet sich der Blick auf Stadt und Meer.

König Artus mit seinen Rittern an der Tafel sitzend. Der Platz der Königin neben Artus ist leer. Links neben Artus der Seneschall Keie. Die Plätze oben und unten an der Schmalseite der Tafel sind ebenfalls unbesetzt. Hinter dem einen steht der Knappe Iwanet, hinter dem andern eine Jungfrau.

Keie: Ist alles nun bereit? Soll ich das Zeichen geben?

Artus *(in düsterem Sinnen hört nicht)*

Keie: Mein königlicher Herr, befehlet Ihr,
daß wir das Mahl beginnen?

Artus *(schweigt immer noch)*

Keie: Mit Verlaub,
mein Herr und Held, die Ritter sind gewärtig.
Vernehmt Ihr mich?

Artus *(blickt auf):*
Was denn?

Keie: Die Stunde
des Mahles ist erfüllt. Die Glocken schlagen
im Münster schon zusammen.
(man hört Glockengeläut)

Artus *(sich erhebend):*
Stehet auf!
(alles gehorcht)
Noch fehlt uns Cunneware von Lalander,
die Jungfrau, die des Lachens sich entschlug,
sodann Antanor, unser greiser Schweiger.
Und auch die Königin ist noch nicht hier.

Keie: Antanor seh ich, Cunneware eben
zum Saale eilen. Und die Königin
läßt Euch vermelden, daß sie an dem Mahle
nicht Anteil nimmt. Zerrüttet ist ihr Kleid
und mehr als dies ihr edles Herz beleidigt,

	da ihr des Bechers purpurnen Gehalt
	der freche Ither in den Schoß geschüttet.
	Mich dünkt, daß diese Untat Rache heischt.
Artus:	Genug. Nehmt, Cunneware von Lalander,
	nehmt Ihr, Antanor, den gewohnten Platz!
	(*Cunneware, die von links hereingekommen, tritt an den durch Iwanet bezeichneten Stuhl, Antanor, von der dienenden Jungfrau geleitet, hat den gegenüberliegenden Platz eingenommen*)
	Sprecht nun den Spruch!
Die Ritter zur Linken:	
	Das uns die Erde gab, das Brot, gesegne uns der Herr!
Die Ritter zur Rechten:	
	Den uns der Himmel schenkt, den Wein, erleuchte Er!
Alle:	Die Wein und Brot gereift, die Sonne von Bertane,
	verehren wir.
Artus:	Der Sonne sei gelobt: Gerechtigkeit
	und Mut.
	Du unser Schild,
	Du unsres Kampfes Zeichen,
	Du Herz des Himmels, ewiges Gestirn,
	empfange unsern Dank!
Alle:	Gruß, Heil und Dank!
Artus:	Verleih uns Kraft!
	Beschirm uns vor dem Arm
	der Stolzen!
	Segne Arm und Schwert!
Alle:	Schild, Arm und Schwert!
Cunneware:	Die ich gelobt, solange nicht zu lachen,
	als bis der Held der Helden uns erschien,
	durch dessen Arm die Rettung uns bereitet,
	ich bitte dich, Gestirn der Wahrheit du,
	send uns den Helden!
Alle:	Send ihn uns!
Cunneware:	Noch laß für jenen, der den Schwur getan,
	zu schweigen, bis mein Mund sich lachend öffnet,
	mich sagen, was sein inn'res Herz bewegt:
	Send uns den Helden, Schöpfer du der Sonne,
	Herr aller Welt und aller Rettung Born,
	send uns den Helden, dessen Herz kristallen,
	des Auge rein, des Rede wahrhaft ist.
Artus:	Send uns den Helden!
Alle:	Send ihn uns!
Artus:	Beginnt das Mahl!
	(*alle setzen sich, es wird Wein geschenkt und aufgetragen, Artus weist düster Speise und Trank zurück*)
Keie:	Ihr wollt nicht essen, Herr,
	nicht trinken?

Artus:	Nicht die bittre Schmach, o Keie,
	daß des gewohnten Bechers ich beraubt,
	auch nicht der Schmerz, die Gattin an der Tafel
	entehrt zu sehn, da der verwegne Mann,
	mit Wein sie wie mit rotem Blut begossen,
	nicht dies allein ists, was die Lust der Speise
	dem Gaumen nimmt, ein tiefres Leid fürwahr
	nagt mir das Herz.
Keie:	Erklärt es uns, o Herr!
Artus:	Ein düster Zeichen ist mir Ithers Tat.
	Wer hat uns je getrotzt am eignen Tische?
	Wer hat der Krone Hoheit so mißachtet,
	geschmäht die Würde unsrer hohen Frau?
	Altheilige Gesetze sind gebrochen,
	gelöst der Ehrfurcht feierlicher Bann,
	der Weltenordnung abgestufte Kreise
	hat eine kühne Reckenhand gestört.
	Nicht mein, nicht Ithers Eigentum steht auf dem Spiele:
	ein neues Königtum erhebt sich dreist in ihm,
	das sich nicht herschreibt aus der Macht der Sonne,
	das trotzig pocht aufs eigne, kecke Ich.
	In alten Zeiten, da die Königsthrone
	noch strahlend standen wie des Himmels Burg,
	hätt solches Trachten Wahnsinn nur bedeutet
	und Untergang dem Toren, der es trug.
	Doch weh, ich seh in Ithers kühnen Zügen
	den Glauben, die Gewißheit seines Rechts,
	und seine Arme recken sich in Stärke.
	Ihr alle, meine Ritter, zoget aus,
	den stolzen Mann im Kampfe zu bestehen.
	Euch alle sandte er mit Wunden heim,
	und ich verbot Euch, fürder auszureiten.
	Seitdem ist Schmach auf unser Haupt gehäuft.
	Und zornig reckt sich in der Brust der Wille
	zur Sühnung auf. So sei er denn erfüllt!
	Hie Artus — Ither hie! Vergebens hab ich
	Entscheidung zu verhindern mich gemüht.
	Denn Ither ist der tapferste der Recken,
	ich muß ihn ehren, und es schmerzt mich tief,
	daß ich, statt mir den Stolzen zu verbinden
	zum Schutz der Würde und zum Schirm des Rechts,
	auf Tod und Leben ihm den Kampf muß bieten.
	Ich hab es nicht gewollt, jedoch ich muß.
	Und nun — ich zögre nicht! Bring, Keie, mir die Waffen,
	das Roß herbei! Ich fordre meinen Feind.
	(alle erheben sich mit den Zeichen des Schreckens und mit Gebärden der Abwehr)
Die Ritter:	Das darf nicht sein! Wir dürfen es nicht dulden!
	Des Königs edles Haupt dem Frechen? Nein!
	Laßt, laßt den Streit!

Artus:	Ihr sollt mich nicht verhindern.
Keie:	Wagt Ihr das Haupt, so wagt Ihr Herz und Leib. Es stehen Herz und Haupt nicht für sich selber.
Artus:	Haupt ohne Sinn, an Ehren bar das Herz! Kann ich noch fürder Schwert und Krone tragen?
Ritter:	Ihr dürft nicht. Nein, Ihr dürft nicht. Eure Pflicht gebietet anderes.
Artus:	Wie?
Keie:	Cunneware winkt. Hört ihre Stimme!
Ritter:	Laßt die Jungfrau sprechen!

Cunneware *(hat sich erhoben)*:
Vergönnt dem Weib in Eurem Rat ein Wort.
Ihr wägt Gedanken, türmt Entschlüsse auf
in Eurer Brust. Wir lauschen in die Tiefe
nach einer Kunde, die kein Odem trägt,
kein Ohr vernimmt. Laßt die mich Euch verkünden:
Bedenke, König, daß du in den Streit
mit ungemäßen Waffen gehst, denn wahrlich,
die Mittel, deren jener sich erfrecht,
verbietet dir die Ehre. Und mit Ehre
wird Artus kämpfen, jener mit Gewalt.
Wirst du das Roß zum Kampf dem Tiger senden,
den Hirsch dem Stiere, wirst du, Herr,
den Ritterdegen mit der Keule kreuzen?
Vergebens bietet sich auf gleichem Plan
die höhre Welt der niederen zum Kampfe.
Sie achtet das Gesetz des Himmels nicht,
das Nächste greift sie und im Nächsten siegt sie,
nicht ahnend, daß ihr Sieg Verderben sei.
Steh ab vom Kampf, es bitten dich die Frauen!

Artus:	Was ihr auch tut, ich bin gerufen und muß dieses Rufes warten. Gebt die Waffen!
Cunneware:	Vermag ich nicht, dein Herz zu wenden, König, so laß den Schweiger für uns sprechen dort. Er mag uns weisen, ob in diesem Streite das Recht bei uns, ob es bei Artus sei. Bist dus gewillt?
Artus:	Ich bins.
Cunneware:	So sag, Antanor, durch Worte nicht, denn Worte sind dir tot, nur durch ein stummes Zeichen deines Hauptes, soll Artus reiten oder nicht?

Antanor *(schüttelt das Haupt und streckt abwehrend beide Hände aus)*

Alle:	Nein! Nein! Er hat gesprochen. Er hat recht entschieden.
Artus:	Was lärmt ihr, Männer? Ist euch das zur Lust,

	was mir die Qual, die brennende, erneuert? Weh mir und euch! *(wirft sich auf seinen Stuhl nieder und starrt vor sich hin. Betretene Stille. Dann vernimmt man von außen heftigen Wortwechsel)*
Keie *(springt auf):*	Was ist das? Lärm und Hader? Wer ist so kühn, sich bei uns einzudrängen?
Parzival *(tritt auf):*	Wo ist der König Artus?
Keie:	Auf der Stelle scherst du dich weg!
Parzival:	Wo König Artus ist, sollst du mir sagen.
Keie:	Unverschämter Narr, zurück, sonst spalt ich dir den Schädel.
Parzival:	Ritter, sag mir, wo König Artus ist.
Artus:	Wohlan, da Ihr so dringend nach mir fragt: Ich bin es. So tretet her und sagt mir, was Ihr wollt.
Keie:	Wie, Herr, Ihr macht zum Spott mich vor dem Toren? Erlaubt mir, daß ich ihn vonhinnen jage, wies ihm gebührt!
Artus:	Ich will, er trete nah.
Parzival:	Wohl, Herr. *(er schreitet gegen die Tafel vor)*
Keie:	Neig dich doch, Gauch, und grüße den König, wie sichs ziemt!
Cunneware *(wendet sich nach Parzival, sieht ihn und bricht in lautes Lachen aus)*	
Keie:	Verflucht, du Törin, du lachst noch? Wirfst das Zeichen höchster Ehre dem zottigen Hanswursten an den Kopf? Lohn dirs der Teufel! *(schlägt sie ins Gesicht)*
Cunneware:	Weh!
Antanor *(ist aufgesprungen):*	Des strafe der Himmel dich!
Artus *(verwundert und entrüstet):*	Herr Keie, seid Ihr rasend? Was kommt Euch bei?
Antanor:	Ich sag dirs auf den Kopf, der Narr da wird dir deinen Streich bezahlen, daß dir das Lachen flieht für manchen Tag.

Keie *(ergreift ein Gefäß und schleudert es nach Antanor):*
　　　　　　　　Wie, ist dein erstes Wort ein Fluch für mich?
　　　　　　　　Nimm das zur Antwort!
　　　　　　　　　　　　　　(Antanor stürzt getroffen)
Artus:　　　　　Bei der Würde
　　　　　　　　der Krone, die euch allen heilig sei,
　　　　　　　　gebiet ich Frieden. Reichet Cunnewaren,
　　　　　　　　reicht auch Antanor Wein!
　　　　　　　　　　　　　　　　　　(es geschieht)
　　　　　　　　Du aber, Keie,
　　　　　　　　bezähmst dein rasend Herz, bei meinem Zorn!
Parzival:　　　 Was ist das? Warum tut ihr so, ihr Leute?
Artus:　　　　　Wer weiß es recht? Um deinetwillen scheints!
　　　　　　　　Was willst du, Freund?
Parzival:　　　 Ich will zuerst dich grüßen,
　　　　　　　　wie meine Mutter michs gelehrt, und dann,
　　　　　　　　will ich dich bitten, daß du ohn Verweilen
　　　　　　　　zum Ritter mich erhebest.
Artus:　　　　　Bist du stark
　　　　　　　　und edel, hast du Mut und Witz,
　　　　　　　　so will ichs tun. Doch mußt du dich gedulden.
　　　　　　　　Denn, wie ich seh, fehlt jede Rüstung dir.
　　　　　　　　Die sollst du denn von mir erhalten,
　　　　　　　　doch dauerts einen Tag, bis sie bereit.
Parzival:　　　 Das ist zu lang. Ich kann fürwahr nicht warten.
　　　　　　　　Auch will ich kein Geschenk von dir, ich nehme
　　　　　　　　mir selber, was zur Ritterwehr mir taugt.
　　　　　　　　Du mußt mirs nur erlauben. Einen Recken,
　　　　　　　　von Kopf zu Fuß in roten Stahl gehüllt,
　　　　　　　　traf ich soeben draußen auf der Heide.
　　　　　　　　Des Rüstung steht mir an, ich möchte sie.
　　　　　　　　Gibst du mir die, so bin ichs wohl zufrieden.
Artus:　　　　　Wie kann ich sie dir geben, da sie doch
　　　　　　　　des Ritters ist und nicht in meinen Händen?
Parzival:　　　 Ich hol sie schon, sei darum nicht besorgt.
　　　　　　　　Und, wenn du willst, bring ich den Becher wieder.
Artus:　　　　　Das kann nicht sein.
Parzival:　　　 Warum nicht?
Artus:　　　　　Ither ist
　　　　　　　　ein kühner Held, geübt im Waffengang,
　　　　　　　　von meinen Rittern, wie du sie hier siehst,
　　　　　　　　ist keiner, der den Ruhm ihm nehmen konnte.
　　　　　　　　Soll ich ein junges unbewehrtes Kind
　　　　　　　　ohn Schwert, ohn Schild in sein Verderben senden?
Parzival:　　　 Wenns das nur ist, darum seid nicht besorgt.
　　　　　　　　Ich weiß mich meines Lebens wohl zu wehren.
　　　　　　　　Kraft hab ich, das ist wahr, und bin auch flink,
　　　　　　　　das Fürchten kenn ich nicht. Was kann mir fehlen?

Artus:	Zum Kampf bedarf der Ritter auch der Kunst.
Parzival:	Kunst? Was ist das? Ich hörte nie davon, des kann ich wohl entraten. Hab Vertrauen, o guter Herr, und schick mich schnell zum Streit!
Keie:	Was ists? Er will. Ihr könnts ihm nicht verwehren. Mit Eurem Jawort oder ohne es wird er es tun, da's ihn so mächtig lüstet, die Waffen zu gewinnen. Euch ein Schad kann nicht entstehen, ob er nun gewinnt, ob ihm sein wildes, narrenjunges Blut entströmt, den grünen Rasen zu benetzen. Drum rat ich, laßt ihn ziehn.
Parzival *(zu Keie)*:	Um dieses Wort will ich Euch grad so gut sein, als ich Euch des ungefügen Streiches willen zürne, den Ihr um mich dem edlen Mägdlein gabt. Und dieses wißt: Ich will die Schmach ihm rächen.
Keie:	Geh nur und streck dein grobes Bauernfell dem Ither hin, daß er dirs tüchtig gerbe.
Parzival:	Herr Keie, diese Rede bleibt Euch traun nicht unvergolten.
Keie:	Ither sorgt dafür, daß die Gedanken dir im Kopf sich schlichten, die durcheinanderpurzeln wie das Obst im Kretten einer Magd, wenn er nicht vollends das Licht dir ausbläst.
Parzival *(zu Artus)*:	Soll ich reiten?
Artus *(nach einigem Besinnen)*:	Ja. Dich treibt dein Geist, so tue, was du mußt.
Parzival:	Ich danke dir, mein lieber, guter König. Sei Gott befohlen!

(ab)

Artus:	Iwanet, geschwind, begleite ihn und weise ihm die Wege, bleib ihm zur Seite! Hörst du?
Iwanet:	Gerne, Herr.
Artus:	So säum dich nicht und lauf! *(wendet sich zu den übrigen)* Welch ein Geselle! Grob wie ein Bauer, täppisch wie ein Kind, in einen Sack gekleidet wie ein Büßer, Schafschellen schüttelnd wie ein alter Tor, dabei von Antlitz strahlend wie ein Engel und schön von Wuchs gleich einem Lindenbaum. Wer ist er nur? Wer nennt mir seinen Namen?

Keie:	Ein Bauernjunge ists. Ein Tölpel.
Cunneware:	Nein, das glaub' ich nicht.
Artus:	Kennt niemand seine Herkunft?
Cunneware:	So edle Züge trägt kein Bauernkind, und solches Licht strahlt nicht aus Torenaugen. Nehmt euch in acht und spottet seiner nicht. Fünf Jahre war ich Meist'rin meiner Züge und wahrlich, nicht umsonst hab' ich gelacht.
Keie:	Das wäre denn der Held der Helden? Schade, daß, da wir von ihm reden, Ither ihn wie eine Matte, die aus Stroh geflochten, in lauter dürre Spreu zusammendrischt.
Artus:	Das wollte ich beklagen. Denn der Knabe gefiel mir wohl.
Ein Ritter:	Weiß denn Antanor nicht mit innerm Aug' die Dinge zu erforschen? Hat er schon Zukunft uns vorausverkündet, vermag er auch Gewesenes zu schau'n.
Artus:	Was sagst du, Freund?
Antanor:	Ich sah, da jener eintrat, ein Bild, das bunt und wundersam sich regend in steter Wandlung mir vorüberging. Es scheint des Knaben Eltern zu verkünden, allein, wie solche Schau, den Wolken gleich, leicht schwebend unserm Aug' vorüberflattert, wag ich für Wahrheit Euch nicht einzusteh'n.
Artus:	Verkünde uns, was deinem Sinn erschienen!

Antanor *(die Augen schließend nach einigem Schweigen)*:
Wie wundersam das Bild sich mir erneut!
Was ist dies, was aus weißem Schleier sich
so reizend hebt? Wie nenn' ich Land und Zeit,
da sich begibt, was meine Augen schauen?
Ein Fluß in breiter Strömung braust daher,
von vielen Schiffen eine Brücke spannt
sich drüber hin bis an das andre Ufer,
wo sich ein Tor aus grauer Mauer hebt
und eine Stadt sich türmt, und auf dem Felsen
ein herrlich Schloß. Und sieh, ein Reitertrupp
sprengt nun die Brücke hin, auf dreißig Säumern
schleppt man ein Zelt, ein Knappe drängt sogleich
die breiten dunklen Flügel auseinander,
der Trupp zieht ein und auf dem Plane just
zu Fuß der Burg entfalten sie die Tücher,
die Masten steigen, Seile straffen sich
und herrlich strahlt das Zelt des fremden Ritters.
Der, auf dem Plan des andern Ufers, rüstet
zum Einzug sich, er schwingt sich auf sein Roß,

des Mähne flattert wie ein goldnes Banner,
Posaunen tönen, Fiedler tanzen rings,
indes er kühn und frei und lässig dasitzt,
umrauscht von Liedern, wie ein Lichtglanz fällt
das blonde Haar ihm auf die stolzen Schultern.
Und nun durchs Tor, und nun am Zelt vorüber!
Hoch an der Brüstung ihres Söllers steht
die Königin, wie eine Lilie scheinend.
Er blickt empor, sie neigt sich her, da schießt
ein glühend Rot in ihre zarten Wangen
und gießt sich wie ein ausgeleerter Wein
auf Berg und Stadt und Land und Fluß und Himmel,
und so im Purpur lischt das ganze Bild.

Artus: Wie wunderbar, dem Bilde gleich des Dichters!
Laß, wenn es sein kann, weitres uns vernehmen!

Antanor *(schließt die Augen)*:
Welch wirres Toben, Dröhnen, wilder Lärm,
gewaltiges Turnieren längs dem Flusse!
In Haufen stürmen Ritter, Rosse stürzen,
die Lanze kracht, der Staub wölkt auf zum Himmel,
sie schlagen donnernd nieder in den Sand.
Ob allen jener Held. Von Sieg zu Siege
rast er dahin. In Rauch und Nebel hüllt
sich alles ein, wie ein Gewitter zieht es
der Tiefe zu. Nun klärt sich das Gefild.
Die Königin, den Kranz des Sieges tragend,
der Held auf Knie'n, sie spendet ihm den Preis,
sich selber mit dem Kranze ihm gewährend.
Da streckt der Held die Arme von sich aus,
weg drängt er sanft die blumengleichen Hände,
weg Lohn und Kranz, und alles steht bestürzt.
Man fragt, man drängt sich dichter und er spricht:
Weh mir, daß ich den Preis nicht nehmen kann,
den himmlischen, der mir entzückt die Seele.
Doch fern im Land der Mauren lebt mein Weib,
die schönste aller nachtgesichtgen Frauen,
die, eine Heidin zwar, mein eigen ist.
Die Königin erblaßt, in ihren Händen
erbebt das Kränzlein wie im Hauch des Winds.
Die Ritter aber und die Fürsten schließen
sich rasch zum Ring, es wird Gericht gehalten,
für nichtig wird erkannt der alte Bund,
der Ritter von der Heidin losgesprochen,
und jener wogt der Purpur schnell zurück
in die zum Marmorweiß erbleichte Wange.
Erseufzend halb in Schmerz und halb in Lust
neigt sich der Held zu ihren Füßen nieder.

Artus: Du schweigst? Hast du die Saiten unsrer Brust
aufs höchste nun gespannt, so gib uns Kunde
vom Ausgang dieser Mär.

Antanor:	Die Bilder fliehen.
	Und hüllen sich in Nacht. Ich kann nicht mehr.
Artus:	Versuch es nochmals!
Cunneware:	Alle Blicke hangen
	an deinem Mund. Erzähl, wir bitten dich!

Antanor *(nach einigem Schweigen)*:
>Soll ich Gebild aus diesem Düster zwingen?
Ihr tätet gut, mich länger nicht zu drängen,
denn Gutes ahnt mir nicht. Von Finsternis
strömts rings um mich und drohnde Farben schweifen
gespenstisch durch die kalte Öde hin.
Da sieh, ein Licht!

Artus:	Was schaust du?
Cunneware:	Sprich, Antanor!
Antanor:	Da steht sie, Bild des Jammers, Bild der Schmerzen,
	die hohe Frau, von ihrer Liebe Frucht
	der zarte Leib in sanfter Rundung schwellend,
	ins Düster blickt sie hin und ängstet sich.
	Und sieh, es kommt, was sie im Traum gesehen,
	es treten Männer vor sie hin, gebeugt,
	mit Staub bedeckt von weiter Reise Mühen.
	Sie hüllen etwas auf, ein Hemd wird sichtbar,
	mit Blut befleckt, zerrissen, eine Spitze,
	dem Hemde gleich getaucht in rotes Blut.
	Sie sieht die Zeichen, ihre Sinne schwinden.
	Die Lippen tönen sterbend einen Schrei.
	Sie sinkt, die Nacht schlägt über ihr zusammen.

Artus *(nach einem kurzen, ergriffenen Schweigen)*:
>Wer ist die Königin? Ersahst du nicht
das Wappen ihres Helden?

Antanor:	Wohl, ich sahs.
	Drei hermelin'ne Anker auf dem Grunde
	von tiefem Blau.

Artus *(aufspringend)*:
>Das Zeichen Gachmurets!
So ist der Knabe Herzeleidens Sohn.
(alle sitzen in höchster Betroffenheit stumm. Posaunenzeichen)

Knappen *(eilen herein)*:
>Heil dir! Den König Artus grüßt Gawan.
Soeben hat er den Palast betreten.
>>*(alle erheben sich)*
(Gawan von seiner Ritterschaft gefolgt, tritt auf)

Gawan:	Heil König Artus!
Artus:	Meinem Neffen Heil!
	Willkommen mir, du Freude meiner Augen.
	Nimm Platz an meiner Seite. Ritter ihr,
	gefall es Euch, die Stühle einzunehmen.

	die hier und dort dem Gast bereitet stehn.
	Was führt dich her?
Gawan:	Ein eiliges Beginnen.
	Darum verzeiht, wenn wir zum Mahle nicht
	uns niedersetzen. Die Begier zu kämpfen
	ist mächtiger als jeder andre Drang.
	Uns wird berichtet, wie der stolze Ither
	mit Dreistigkeiten allzeit Euch bedrängt,
	wie er Bertane, unser heilges Erbe,
	in ungerechtem Zorn Euch abverlangt,
	ja, eben vor den Toren ward uns Kunde,
	daß seine Kühnheit soweit sich verstieg,
	den goldnen Becher Euch vom Tisch zu rauben.
	Das fordert Rache, und ich biete sie.
	Mein Arm ist stark genug, das Schwert zu führen.
Artus:	Mein Sohn, nicht jäh. Laß uns mit ernsten Blicken
	erst prüfen, eh die Waffe sich entblößt.
Gawan:	Hier gilt nicht Rat. So brennt nicht Glut noch Feuer,
	wie diese Schmach in meiner Seele flammt.
	Nicht einen Atem länger will ich säumen
	und stracks zum Kampfe sporn ich meinen Hengst.
Artus:	Mein Sohn —
Gawan:	Verzeiht!
Artus:	Verweile noch!
Gawan:	Ich reite.

Iwanet (*mit erhobenem Becher hereinspringend*):
　　　　　　　　Sieg! Sieg! Der rote Ither ist gefallen.
　　　　　　　　Hier ist der Becher.

Artus:	Wie?
	(freudige Bestürzung)
Gawan:	Wer fällte ihn?
Iwanet:	Der Junker mit der härenen Kapuze.
Artus:	Es ist mein Becher! Hielt ich ihn nicht so
	in meiner Hand, ich glaubt es nicht.
Gawan:	Der Junker —
	wo blieb der Junker aber? Sprich, mein Kind!
Iwanet:	Er ritt vondannen.
Artus:	Wie, er wandte nicht
	das Roß zur Stadt zurück? Nahm er die Rüstung?
Iwanet:	Nie ward ein wunderlicher Mann gesehn.
	Er ritt herzu und forderte die Rüstung.
	Der Held erzürnt sich, schlägt ihm mit dem Schaft
	des Speers gewaltig über Haupt und Rücken,
	daß ihm das Blut aufspringt, da faßt er schnell
	den leichten, schlechten Jagdspieß und ins Auge
	trifft er den Gegner mit so gähem Wurf,
	daß dieser, überstürzend wie ein Waldbaum,

	mit Dröhnen auf die Erde niederschlägt.
	Alsdann will er der Rüstung sich bemächtgen,
	allein er weiß nicht Rat mit dem Gezeug
	und reißt und zieht und zerrt sich ab vergebens.
	Sind Leib und Rüstung denn verwachsen! ruft er
	verzweifelt aus und wischt die nasse Stirn,
	die sich im Kampf ihm nicht gefeuchtet hatte.
	Ich öffne ihm die Schnallen und die Riemen,
	bewaffne ihn, doch will er seinen Sack,
	den groben, den die Mutter ihm gegeben,
	nicht von den Gliedern tun. So stülp ich denn
	das Waffenzeug ihm drüber, lehr den Degen
	ihn aus der Scheide ziehen, reich den Bügel
	ihm dienend dar, doch wie ein Bauersknecht,
	dem Dienst zum Trotz, springt in den Sattel er,
	sein elend Rößlein freundlich mir empfehlend,
	und sprengt davon.
Artus:	Und Ither?
Iwanet:	Liegt gefällt.
	Ich deckte seinen Leib mit frischen Blumen
	und rannte her zu Euch.
Artus:	Weh, Ither tot!
	Was gäb ich drum, wenn er mir nicht erschlagen!
	Hätt ich zum Freund ihn mir gewonnen doch!
	Er war gewaltig und von stolzen Sinnen.
	Wir werden seinesgleichen nicht mehr sehn.
Gawan:	Dem zürn ich, der mich um den Ruhm betrogen,
	den Trotzgen zu vermählen mit dem Staub.
Artus:	Kein andrer ist es, als der Sohn des Helden,
	der West und Ost in kühner Fahrt verband,
	Gachmurets einzger Sprosse Parzival.
	Er hat den Sieg gleich einem Kind erstritten,
	wie man den Apfel reißt vom nahen Ast,
	gedankenlos und im Vorüberreiten.
	Nun ist die rote Rüstung sein, und er
	wird wachsen in die hartgefügten Schienen
	und sein, was Ither war. Sei'n wir bedacht,
	den Eigenwilligen uns zu verbinden,
	daß unser Unheil bald sich nicht erneut
	und die sich nicht verzehren, die vereinigt
	die Welt sich unterwerfen mögen. Auf,
	ihr Freunde, laßt uns ohne Säumen jetzt
	hinaus zum Feld des Männerkampfes ziehn,
	den toten Ither würdig einzuholen.
	(allgemeiner Aufbruch)

GURNEMANZ UND LIASE

Personen:

Gurnemanz von Graharz
Liase, *seine Tochter*
Parzival
Ein geistlicher Kastellan
Ein Knappe
Edelknaben und Mägde

Die Handlung spielt in einem Saal der Burg Graharz
und im Burggärtchen

GRAHARZ. BURG DES GURNEMANZ

Ritterliches Gemach, von dem aus man nach rückwärts über Stufen in den Schloßhof gelangt. Sowohl durch den Ausgang wie durch zwei romanische Doppelfenster erblickt man den Hof samt Linde und Brunnen, noch ferner das Tor.

Ein Fenster seitwärts gewährt den Blick auf den unten vorbeifließenden Strom. An diesem Fenster Liase mit Stickrahmen. Ihre Hände ruhen im Schoß, sie schaut ins Weite.

Kastellan tritt mit einem Psalterbuch vom Hof her ein, bleibt stehen und betrachtet Liase einen Augenblick.

Kastellan: Mein Kind, verzeih, wenn ich aus Träumen dich
erwecke, die dir lieblich scheinen mögen.
Du weißt, die Träume trügen uns. Gemahnet
ward ja der Mensch, zu wachen.

Liase (*ihn begrüßend*):
O das Wachen,
verehrter Vater, dünkt mich hart und grell.
Es schmerzt die Seele. Und das Beste, wahrlich,
was man besaß, indem man aufschreckt, ists
dahin.

Kastellan: Das ist die Schwäche der Natur.
Das Netz zerreißt, wenn wir die Fische bergen,
und hurtig fliehen sie zum tiefen Grund.
Ein neues Netz, das wäre das Geheimnis.

Liase: Ein neues Netz?

Kastellan:	Das hieße also nun: erneuern die Natur. Verstehst du mich?
Liase:	Vielleicht.
Kastellan:	Es trifft sich wohl, daß ich gerade den Psalter fand, der uns hier Auskunft gibt. Es ist dir doch nicht unlieb, wenn wir eben ein wenig auf der Laute üben? (nimmt die Laute von einer Truhe und reicht sie ihr) Hier.
Liase:	Ach, lieber Herr, daß die Geduld Euch nicht vergeht!
Kastellan:	Geduld ist eine Waffenrüstung, womit man alle Welt zuletzt besiegt. Nun höre, Kind, es sind gar große Worte, was du vernimmst, nicht leicht zu fassen zwar. (liest) Mirabile mysterium declaratur hodie: innovantur naturae. Deus homo factus est: id quod fuit permansit et quod non erat assumpsit; non commixtionem passus, neque divisionem. Hast dus verstanden?
Liase:	Nicht so ganz, mein Herr.
Kastellan:	So laß uns übersetzen! Mirabile mysterium declaratur hodie ...
Liase:	Ein wunderbar Geheimnis wird erklärt ...
Kastellan:	Erklärt? Nicht doch, wird offenbar, wird heute enthüllt, verstehst du?
Liase:	Ja.
Kastellan:	Innovantur naturae. Das ists, Liase, was ich soeben sagte. Und wodurch? Deus homo factus est. Das heißt?
Liase:	Gott ist ein Mensch geworden.
Kastellan:	Recht. Erneuert werden die Naturen, Gott ist ein Mensch geworden. Aber laß uns nun die Strophe einmal singen. Gib die Laute! (er singt) Mirabile mysterium declaratur hodie: innovantur naturae. Deus homo factus est.
Liase:	Das klingt gar feierlich.
Kastellan:	Wie sichs geziemt, wenn die Naturen sich verwandeln, Gott ein Mensch, der Mensch zum Gotte wird durch Gottes Gnade,

	wenn Tod nicht Tod und End' nicht Ende ist
	und Nacht und Tag im Abgrund sich vermählen.
Liase:	Ach!
Kastellan:	Seufzt mein Kind? — Versuch es jetzt!
Liase:	Es ist wohl schwer?
Kastellan:	Das Leichte fördert nicht.
Liase *(zögernd)*:	Mirabile mysterium declaratur hodie ...
	Wars so?
Kastellan:	Fast so. Bei declaratur, sieh,
	nimmst du den andern Griff —
	(man hört das Bimmeln eines Glöckleins)
Liase:	Das Glöcklein!
	Des Vaters Falke!
Kastellan:	Wie?
Liase:	Er hat sich jüngst
	das neue Botenmittel ausgedacht.
	Trifft er im Feld, wohin er täglich jetzt
	zu Fuß in seinem tiefen Kummer geht,
	auf Gäste, die sein Haus um Herberg suchen,
	so wirft er seinen Falken in die Luft,
	dem an dem Hals das helle Glöcklein baumelt,
	und alsbald steigt der stolze Vogel auf
	und schießt dem Schlosse zu. Seht Ihr, man rennt
	schon aus dem Tor, die Gäste zu empfangen.
Kastellan:	Ach wohl! Da bist du denn zu deiner Pflicht
	gerufen, an der Mutter Statt zu treten,
	mit der das Herz des Schlosses uns erstarb.
	Wir wollen unterbrechen —
Liase:	Nicht doch, Vater,
	die Strophe übersetzt mir noch zu End.
Kastellan:	Hast du denn wirklich Teil daran?
Liase:	Mich sehnt es
	nach einer neuen, schimmernden Natur.
Kastellan:	Im Geiste?
Liase:	Wie?
Kastellan:	Im Strahle der Verklärung?
Liase:	In Schönheit, Jugend, holder Innigkeit —
Kastellan:	Ach, liebes Kind!
Liase:	Ich bin wohl töricht, Vater?
	Wollt Ihr mirs nicht zu Ende übersetzen?
Kastellan:	Nun wohl:
	id quod fuit permansit: das, was er war, ist er
	geblieben,
	et quod non erat assumpsit: und, was er nicht war,
	hat er aufgenommen.

	non commixtionem passus: Vermischung hat er nicht erlitten, neque divisionem: und Teilung nicht.
Liase:	Wer? — Gott! — Der Mensch? Sagt doch!
Kastellan:	Sie alle beide und einer in dem andern. Denn in Zukunft wird zwischen Gott und Mensch nicht Trennung sein.
Liase:	Ach, ich versteh es nicht!

(Hornstoß)

Kastellan:	Da bläst der Wächter! Man reitet ein.
Liase:	Kommt, sehen wir hinaus!

(sie treten an eines der Fenster im Hintergrund)

Kastellan:	Ein Ritter ists in voller roter Rüstung. Sieh doch!
Liase:	Wie seltsam feierlich die Wehr! Fast wie in Blut getaucht.
Kastellan:	Und Schild und Schwert und alles selbst die Schabrake seines Pferdes trägt den stolzen Purpur. Aber sieh, wie starr, wie ohne jede ritterliche Haltung er auf dem Pferde sitzt!
Liase:	Er scheint mir halb betäubt, und auch sein Roß tappt wie im Schlafe. Gewiß, er kommt aus hartem Kampf, sie sollen vom Pferd ihm helfen, sollen ihm die Riemen des Panzers lösen, sollen, wie sichs ziemt, ihn pflegen. Törge Knappen, so zu stehen! Was reden sie?
Kastellan:	Der Ritter macht Gebärden, als wehrt er ihrer sich, er schüttelt aufs neue stets das Haupt.
Liase:	Sie haben ihm Worte wohl gegeben, die ihn kränken. Er bleibt am Brunnen halten, steigt nicht ab.
Kastellan:	Will er zu Nacht im Sattel sitzen bleiben?
Liase:	Wenn ich nur wüßte, was dort unten ist!

(ein Knappe tritt ein)

Warum bedient ihr nicht den Ritter?

Knappe:	Herrin, er will nicht aus dem Sattel steigen.
Liase:	Wie?
Knappe:	Er sagt, er sei ein Ritter, und ein Ritter gehöre auf sein Roß.
Liase:	Was redest du? So viele Ritter bei uns eingesprochen, es hat noch keiner solch ein Wort gesagt.

Knappe:	Doch, Herrin, also spricht er, und wir bitten vergebens ihn, daß er vom Sattel sich herunterschwinge und sein Roß uns gebe.
Liase:	Habt ihr ihn denn gekränkt?
Knappe:	Gewißlich nicht. Wir haben nicht gespart an guten Worten, doch was wir tun, er bleibt auf seinem Punkt. Und darum, Herrin, will uns scheinen — nein doch, es ziemt sich nicht, daß ich es sage —
Liase:	Nun?
Knappe:	Wir halten ihn für toll, den roten Ritter.
Liase:	Was ist zu tun? Ehrwürdger, lieber Vater, seid Ihr so gut und geht hinab zu ihm. Vielleicht gelingt es Euch, ihn herzubringen. Doch bleibt bei uns, bis Gurnemanz zurück. Denn wahrlich, tolle Ritter zu behandeln, ist eine Kunst, die ich noch nie geübt, und mir ist bang, ich möchte sie verfehlen. Steht Ihr mir bei! Es dauert wohl nicht lang, daß uns der Vater wird zu Hilfe eilen.

(Kastellan und Knappe in den Hof ab)

    Was wird nun sein? Er sitzt vornhingeneigt,
wie einer, den die Kräfte bald verlassen.
Sein Angesicht im roten Eisenkleid
ist ernst und schön, erfüllt von bleichem Leuchten.
Ach, schön und still und wie von Trauer klar.
Gesteh ich mirs, ich habe mir die Engel,
die starken, ritterlichen, die den Menschen
mit goldner Waffe beistehn, so gedacht.
Wahrhaftig, gab es jemals einen Ritter,
der schöner war? Er hebt das Haupt, er spricht,
und Leuchten bricht aus seinen Augen, lieblich
umstrahlt sich sein Gesicht, wie schüttelt er so sanft
das stolze Haupt. Und sieh, er schwingt sich nieder.
Der Kastellan ergreift ihn an der Hand,
sie bringen ihn.

(tritt vom Fenster zurück)

Du wärst ein toller Ritter?
Nein, nein, das bist du nicht. Allein warum
hast du nicht aus dem Sattel steigen wollen?
Wie red ich nur mit dir? Wie blicke ich
dich, Fremder, an? Da ist er.

(ihm entgegengehend)

Seid willkommen,
mein Ritter!

Parzival *(ist vom Kastellan geführt, eingetreten)*:
Edle Herrin, Euren Gruß
erwidre ich aus ehrfurchtsvollem Herzen,
wie meine Mutter michs erfüllen hieß.

Liase:	So dank ich Euch so gut als Eurer Mutter. Was führt Euch her?
Parzival:	Ich traf im Felde dort den Herren dieser Burg — Ihr seid vielleicht die Tochter jenes wackern Mannes?
Liase:	Ritter, das bin ich.
Parzival:	Wohl. Das dacht ich mir sogleich. Den also traf ich, grüßte ihn und bat ihn um Herberg für die Nacht. Die hat er mir denn auch gewährt. So bin ich hergeritten.
Liase:	Gewiß, mein Freund.
Parzival:	Habt Ihr ein Ding für mich, daß ich drin schlafe? Kostbar brauchts nicht sein. Ein Haufen Laub, ein Bündel Stroh, dergleichen hat oft als Lager mir gedient.
Liase:	Ich bitte Euch, Ritter, denkt nicht so von unserm Haus. Ihr sollt hier ritterliche Warte finden. Wollt Ihr die Wehr nicht von Euch legen?
Parzival:	Nein.
Liase:	Warum nicht, Herr?
Parzival:	Heut hab ich sie gewonnen und will drin wohnen bis an meinen Tod.
Liase:	Allein das kann doch nicht geschehen, Ritter.
Parzival:	Wieso nicht?
Liase:	Niemals trägt der Ritter seine Waffen zu Nacht. Ich möcht Euch raten, legt sie ab! Wollt Ihr nicht?
Parzival:	Nein.
Liase:	Es wäre töricht, wenn ich Euch bäte gegen Euren Willen. Und dennoch würdet Ihr mir Freude machen, wenn Ihr es tätet.
Parzival:	Freude mach ich doch den Frauen *in* der Rüstung.
Liase:	Ja, im Streite, wenn Ihr so herrlich braust die Kampfbahn her. Jedoch Ihr schient uns fast der Götter einer, wenn Ihr so immer bliebet, und statt Freude erfüllte Schrecken unser zagend Herz.
Parzival:	Wie, Jungfrau?
Liase:	Denn wir Frauen sehen gerne den Ritter menschlich auch, mit freier Brust, gelösten Leibes, mild und heiter blickend. Das flößt uns Mut ein, glaubt. Und darum, Herr,

	wenn ich nicht Furcht vor Euch empfinden soll,
	da ich mich freundlich Euch vertrauen möchte,
	so laßt mich Euch die Panzerriemen lösen.
Parzival:	Nun, wenn Ihr wollt —
Liase:	Ich wußt es ja, Ihr könnt
	dem Mägdlein seine Bitte nicht versagen.

(beginnt ihn zu entwaffnen)

Zuerst das Schwert. Wes war die weiße Hand,
die Euch zuerst die Lenden eingegürtet?
Den Panzer nun, der Euch die Brust beschirmt.
Mög er Euch immer so wie bisher schützen
vor Pfeil und Lanze, vor dem Biß des Schwerts!
Helft Ihr mir, Vater? Löst Ihr ihm die Schienen?
Nun neigt Euch, Herr, daß ich das Kettenhemd
Euch von den Schultern streife. Diese Hülle
gab Euch die Mutter nicht, die Euch gebar.
Der Salwürk hat sie kunstvoll Euch geflochten,
ein hartes Hemd, das klirrend sich bewegt.
Legt Ihr es ab, so seid Ihr ohne Schutz,
gleichwie ein Kind, das an der Mutter Busen
sich ängstlich birgt, gehöret wieder der,
die Euch so sanft umschloß mit ihren Armen.
Was seufzet Ihr?

Parzival: Der Mutter denk ich eben.

Liase: Lebt sie Euch noch? Ihr nickt. In Eurem Gruß
war sie zugegen schon. Nun setzt Euch nieder!
Ich will die Füße auch entkleiden Euch.

(zu einem eintretenden Knappen)

Faß an hier! Sachte, Knabe. Diese Dinge,
wenn auch bestimmt zu hartem Männertun,
sie wollen sanft behandelt werden. Sorget
für alles dies!

(die Rüstung wird weggetragen)

Ach, welch ein Kleid
tragt Ihr da unterm Harnisch?

Parzival: Meine Mutter
hat mirs gemacht.

Liase: So darf ich es nicht tadeln.
Doch nun, da Ihr der Schalen ledig seid,
müßt Ihr ins Bad.

(zu einem Knappen)

Die Mädchen ruf herbei.
Ihr seid erschöpft. Das Bad wird Euch erfrischen.
Ach, daß Ihr aller Sorge so entbehrt!
Der Leib ist wie ein Kind, man muß ihn pflegen.
Der Mann, wenn er der Mutter schon entläuft,
muß immer Mütter, neue Mütter finden,
die ihn beschützen, mehr als Helm und Schwert.

(zwei Mädchen treten ein)

	Ich bitt Euch, Ritter, tut mir das zulieb,
	und geht mit diesen Mägden jetzt zum Bade.
	Ihr werdet neugestärkt uns wiedersehn
	und dann mit uns an heitrer Tafel sitzen.
	(zu den Mägden)
	Nehmt euch sein an! Versäumet nichts an ihm!
Parzival:	Ich weiß nicht, ob ich soll — doch werd ich sollen.
	Ihr seht mich freundlich an, ich traue Euch.
	(mit den Mägden ab)

Liase *(ihm nachblickend)*:
    Ist er nun toll? Ist er bloß töricht, ist
    er ohne Sitte großgewachsen? Wahrlich,
    er blickt aus seinen Augen wie ein Kind,
    das alles weiß und nichts. Man muß ihn lieben.
    (Gurnemanz, ein sehr edler ritterlicher Greis tritt auf)

Gurnemanz: Nehmt Gottes Gruß, mein lieber Kastellan,
und du, mein Kind. Ihr saßet bei der Laute?
So recht. Man muß den trüben Sinn mit Klang
und süßer Melodie vonhinnen treiben.
Wo aber habt ihr unsern Gast?

Liase: Ins Bad
ließ ich ihn bringen.

Gurnemanz: Wohl. Das tat ihm not.
Ich hätte selbst ihn gern dahin geführt
und eilte, was ich konnte, nach dem Schlosse.
Doch nun — du hast ihn schnell versorgt, mein Kind!

Liase: Er tats nicht gerne, Mühe hatt ich selbst,
die Rüstung ihm vom müden Leib zu schmeicheln.
Und da ich endlich soweit mit ihm war,
(erst wollt er gar nicht aus dem Sattel steigen)
als wär er ein Stück Holz, und ließ sich schweigend
die Wehr herunternehmen, Stück für Stück.
Da kam ein grobes Ding von einem Sacke,
mit derben Schellen bäurisch eingesäumt,
als Unterkleid hervor und breite Schuhe,
wie sie kein Knecht bei uns zu Lande trägt.

Gurnemanz: Was soll ich von ihm denken! Seine Waffen
verkünden einen großen Helden mir,
und mehr als dies: ein weitberühmter König
trägt solche Wehr. Von seinen Taten hört man
Gewaltiges erzählen. König Ither,
der rote Ritter, den die Kühnheit jüngst
zum Kampfe gegen Artus trieb und der
dem König Wunde schlug auf Wunde, daß er
in seinem Gram nicht Rat noch Hilfe sah,
dies ist der Gast, der bei uns eingeritten.
Und haben wir bis auf den heutgen Tag
in Artus aller Helden Preis bewundert,

	das Haupt der Ritter und ihr Herz und Licht,
	so ist ihm hier ein Widerpart erstanden,
	der ihm den Kranz noch von den Locken reißt,
	wenn er an Stärke mehr und mehr hinanwächst.
	Ich fürchte, wir erleben noch den Tag,
	da Artus' Herrlichkeit vom Thron herabstürzt,
	da der Verehrte, unser Hort und Heil,
	im Staube liegt, gefällt vom Lanzenstoße
	des Siegers, den die Scheu nicht hemmt, die Hände
	zu strecken nach dem königlichen Reif.
	O möchte mir erspart sein, dies zu schauen!
	Denn mit dem König fällt die alte Welt,
	die, eine Kuppel, feierlich geschwungen,
	mit tiefem, goldnem Blau den Himmel schloß.
	Hier walten noch die göttlichen Gesetze,
	in deren edles, reines Joch gebeugt,
	der Mensch sein Tun ohn Übermut vollendet,
	in Einklang mit den lichten Kreisen, die
	in heilger Stäte in sich selbst sich ründen.
	Dort aber wirft in stolzem Eigensinn
	ein Selbst sich auf, das aller Dinge Maß
	der eignen Brust entnimmt, der fessellosen.
	Gerissen ist der Anker aus dem Grund,
	hintreibt das Schiff — und weh, ich seh es scheitern!
Liase:	O Vater, laß den dunklen Schwermutgeistern
	dein Herz nicht wieder. Dieses Harfenspiel,
	zu kostbar ists, daß Hände es berühren,
	die ihm nur Nacht entlocken.
Kastellan:	Edler Herr,
	Euch hat Saturn, der Finstre, sich verbunden.
	Zu Galle wandelt er den klarsten Wein,
	und Dämmrung gießt er aus am lichtsten Tage.
	Wohl seh auch ich die alten Zeiten schwinden,
	doch neue öffnen uns ein neues Tor.
Gurnemanz:	Ein neues Tor?
Kastellan:	Wir sind gemahnt, zu hoffen.
Gurnemanz:	Die Jugend hoffe.
Kastellan:	Und der Greis sei jung!
Gurnemanz:	Auch wenn zu Schnee sein Haar ihm ausgeblichen?
Kastellan:	Der Schnee ist neuer Kindheit reines Licht.
Gurnemanz:	Gott gäbe, daß Ihr recht habt.
Liase:	Aber, Vater,
	was du von Ither eben uns erzählst,
	scheint mir auf unsern Gast nicht wohl zu stimmen!
Gurnemanz:	Mir auch nicht, Mädchen. Heimlich wünsch ich wohl,
	des Helden drohendes Gesicht zu schauen,
	zu lesen in dem Rätsel seines Augs.
	Doch dieser — gibt es Wunder noch auf Erden,

	dies ist ein Wunder traun, daß Ither so
	im Sattel sitzt und so mit hellen Blicken,
	die weder Traum noch Wachen in sich hegen,
	in eine Welt sieht, die sich ihm verhüllt.
Liase:	Es ist nicht Ither.
Gurnemanz:	Wer in aller Welt
	trüg aber Ithers Waffen?
Liase:	Ohne Sitten,
	und ohne alle Bildung scheint er mir,
	unwissend selbst in den geringen Dingen,
	die jeder Burgknecht lernt hier in Graharz.
	Er blickt und frägt und redet wie ein Knabe,
	der nie bei Menschen war und Menschenart
	nicht kennt. Unmöglich will es mich bedünken,
	daß der ein König sei.
Gurnemanz:	So scheint es wohl.
	Allein ich habe Dinge schon erfahren,
	so jenseits allen Urteils, daß ich nichts
	von vornherein unmöglich nennen möchte.
	Denn weh, mir ahnt, daß Zeiten uns erscheinen,
	da Toren Könge sind, und da der Trotz
	der Würde Kron und Mantel wird entreißen,
	sich selbst damit zu schmücken. Sehn wir zu!
	Ist Ither unser Gast, so ziemt es sich,
	daß wir ihn pflegen, wie wir selber wünschen
	gepflegt zu werden. Laßt mich zu ihm gehn!

(ab)

Liase:	Es ist nicht Ither.
Kastellan:	Unbegreiflich scheint
	auch mir die Mär. Doch tun wir gut, geduldig
	des Rätsels baldge Lösung abzuwarten.
Liase:	Ist Ither frech — der Ritter ist es nicht.
	So läßt ein Lamm sich scheren, wie er eben
	die Riemen sich, die Bänder öffnen ließ.
Kastellan:	Du hast wohl recht. An Sitten scheint er roh,
	doch strahlt aus seiner zottigen Verhüllung
	verborgen kaum des innern Herzens Licht.
Liase:	So ist es, Herr.
Kastellan:	So viel von ihm zu fürchten,
	es ist, ich glaub, noch mehr zu hoffen schier.
Liase:	Zu fürchten und zu hoffen.

(bleibt regungslos und sinnend)

Kastellan:	Laß uns, Kind,
	bis uns zu neuer, klarerer Enthüllung
	der Gast zurückkehrt, unser Pensum erst
	erledigen. Die Laute nimmt zur Hand.
	Hier ist der Text. Laß nochmals uns versuchen.

Liase *(aus ihrer Verlorenheit zurückkehrend)*:
        Ja, Herr!
                                        (nimmt die Laute)
        Soll ich beginnen?

Kastellan: Wähle
        dem Sinn gemäß die Farbe der Akkorde.

Liase *(singt und begleitet)*:
        Mirabile mysterium —

Kastellan: Nicht doch.
        Geheimnisvoller, dunkler, herber auch.
        Voll Winter und Kristall und doch voll Frühling.
        So etwa.
                          (spielt und singt die Stelle vor)

Liase: Ja.
                                            (wiederholt)

Kastellan: Und nun? Der finstre Schoß
        eröffnet sich. Licht bricht hervor.

Liase: Ach, Herr!
        Ihr glaubt mich tüchtiger, als ich es bin.
        Aus mir vermag ichs nicht. Spielt Ihr mir vor.
        Ich will Euch alles treulich wiederholen,
        wie Ihr michs lehrt. Behalten kann ich gut.

Kastellan: Nun, wie du willst.
                                           (singt und spielt)
        Mirabile mysterium declaratur hodie
        innovantur naturae,
        Deus homo factus est.
        Id quod fuit permansit
        et quod non erat assumpsit;
        non commixtionem passus,
        neque divisionem
        e u o u a e.
        (Schon während der ersten Worte ist Parzival eingetreten, in eine leichte, feine Rittertracht gekleidet, jedoch mit feuchtem, wirrem Haar und den alten Kalbsschuhen. Er bleibt im Hintergrund stehen und hört aufmerksam zu. Liase bemerkt ihn.)

Liase: Sieh, unser Gast! An Leib und Kleidern neu.

Parzival *(wie aus dem Traum erwachend)*:
        Verzeiht — das Lied, könnt Ihr mirs auf Papier
        wohl niederschreiben?

Kastellan: Was ich eben sang?
        Die Worte und die Weise?

Parzival: Alle beide.

Kastellan: Wie, Ihr versteht Latein? Der Töne Zeichen?
        Ihr seid gelehrt, so daß Ihr lesen könnt?
        Ihr schlagt wohl selbst die Saiten?

Parzival:	Weder lesen
	noch Saitenspiel versteh ich, noch Latein.
Kastellan:	Und dennoch, Ritter, wollt Ihr dieses Lied
	geschrieben haben?
Parzival:	Ja.
Kastellan:	Wie aber dies?
Parzival:	Fragt nicht und schreibt!
Kastellan:	Es dünkt mich sonderbar,
	was Ihr verlangt, doch will ichs Euch erfüllen.

(Geht seitwärts an ein Tischchen, auf dem Schreibzeug steht, nimmt von dem daneben befindlichen Wandbord Papier und schreibt. Während dessen wird gegenüber eine Tafel aufgetragen und gedeckt.)

Liase *(Parzival musternd)*:

Wie habt Ihr Euch verwandelt, Herr. Als hättet
Ihr Krankheit oder Tod von Euch gestreift,
so steht Ihr strahlend da: die Lippen blühen
Euch atmend auf, die Wangen strömen Leben,
das Auge leuchtet. Wahrlich, welch ein Weib
war die, die Euch gebar! Hieß man die Schönste
sie nicht, die je die Sonne angeblickt?
Und ging ihr Ruhm nicht fort in alle Lande?
Doch Euer Haar ist ungeschlichtet! Ach,
das pflegte sonst die Mutter Euch zu tun,
da Ihr noch bei ihr wart, und jetzo
versäumt Ihr dies, wo Euch die Treue fehlt.
Laßt mich an ihre Stelle treten, laßt mich
so mit dem Kamme Euch die Locken zwingen,
daß sie in schönem Fluß zum Nacken gehn.

(indem sie aus einer Truhe einen Kamm nimmt)

Ich bitt Euch, duldet dies. Die lieben Brüder,
die mir der freche, grimme Feind erschlug,
sie gaben auch ihr Haar in meine Hände,
so vor mir kniend, wie Ihrs auch nun sollt,
und waren Ritter gleich wie Ihr und Helden.
Kniet nieder, Freund, es soll Euch an der Ehre
nicht schädigen, und neigt das Haupt mir her.

(Während sie beginnt, seine Locken zu kämmen, tritt Gurnemanz ein und sieht der Szene lächelnd zu.)

O dieses sonnenklare, erzne Haar!
Wir dürfens nicht der Wildnis überlassen.
Sieh, wie sichs lockert, lüftet, wie es voll
in stolzen Wellen auf die Schultern brandet!
Man sagt, die Menschen gleichen ihrem Haar,
und Eures ist so licht als wild und prächtig,
so zart als fest, voll Glanz und auch voll Kraft,
der Schmuck zugleich und auch der Trotz des Hauptes.
Dem Druck gehorchend, wirft sichs doch empor,

	geglättet steigt es doch in krauser Fülle,
	o, dieses Haar ist ganz voll Eigensinn.
	Wie, Ritter, wenns Euch nun an mich verriete?
Parzival:	Laßt es nun gut sein, Jungfrau.
Liase:	Nicht doch —
Gurnemanz:	Ei,
	welch wunderbarer Anblick! *(zu Liasen)*
	Zauberin!
	Die du des Haares dich so gern bemächtigst,
	nimm mit dem Haar nicht auch den Ritter mir
	gefangen; denn ich habe viele Dinge
	mit ihm zu handeln, die der Freie nur
	begreift —
Parzival:	So laßt mich los. *(er steht auf)*
Liase:	Er kann nicht knien bleiben.

Kastellan *(kommt mit dem beschriebenen Blatt)*:
    Hier ist das Lied.

Parzival: Ich danke Euch, o Herr,
    wie meine Mutter es mich hieß.
        (steckt das Blatt zu sich)

Gurnemanz: Wohlan denn,
    die Tafel steht gedeckt. Wir bitten Euch,
    setzt Euch mit uns zu Tische, lieber Ritter,
    und laßt uns fröhlich enden diesen Tag.
        (man setzt sich an die Tafel)
        (zum Kastellan)
    Sprecht Ihr für uns?

Kastellan *(mit gefalteten Händen)*:
    Ich bitte dich, o Herr,
    daß, was durch unsere Lippen in uns eingeht,
    zu Wahrheit werde und zur Kraft des Mutes
    in unsrer Seele und in unsrem Geist.

Gurnemanz: Nun reich uns du die Speisen dar, Liase!
        (Liase bedient die Tischgesellschaft)

Kastellan: Es dünkt mich stets aufs neu ein großes Wunder,
    daß sich die Dinge, die von weither kommen,
    vom Wald, vom Garten, aus des Sees Tiefen,
    in unserm Innern in uns selbst verwandeln,
    annehmend unsre eingeborne Form.
    Es ist mir dann, als strömten unablässig
    die Reiche der Natur in uns hinein,
    der Sonne Licht, des Äthers leichte Wellen,
    des Wassers Flut, und, was die Erde bringt
    an reicher, sicherer Gabe, um in uns
    selbst Mensch zu werden. Denn fürwahr,
    der Mensch ist jenes Bild und jene Wahrheit,
    durch die sich alles Künftige enthüllt.
    Und hat selbst Gott ins Menschsein sich ergossen,

	so steigt von unten alles Tiefe auf,
	in Gott und in sich selber zu erwachen.
Gurnemanz:	Ihr tragt in Euch den edlen Ehrgeiz, Freund,
	nichts blind zu tun, auch die gewohnten Dinge
	des Lebens nicht.
Kastellan:	Das heißt, ich wache, Herr.
Gurnemanz:	Das wieder heißt, Ihr habt das Haupt erhoben,
	ob Euren Trieben, Eurer Leidenschaft,
	Ihr habt Euch dem in Euch entwunden, was Ihr
	nicht selber seid. Ihr reicht Euch selbst die Hand.
Kastellan:	Das ist es wohl.
Gurnemanz:	Und eben dies nun meinen
	wir Ritter auch, wenn von der Zucht wir reden
	und von dem Maß, das jedem Manne ziemt.
	Denn wenn wir Zucht und Maß im Herzen üben,
	so kündet das: Wir wissen von uns selbst.
Kastellan:	Und von sich selber wissen, das bedeutet
	zugleich auch wieder dessen kundig sein,
	was uns umgibt, der Menschen und der Dinge.
Gurnemanz:	So ist es, Freund. Denn alles um uns her
	blickt auf uns hin mit Augen des Verlangens,
	hier forderts eine Tat, dort nur ein Wort,
	nur einen Blick vielleicht und nur ein Lächeln.
	Begreifen wirs, so ist uns Macht verliehn,
	geheime Fesseln aufzulösen, Riegel
	zu öffnen, die sonst niemand lösen mag.
Kastellan:	Ach, alle Welt verlangt nach Lösung,
	und durch den Menschen, wahrlich, wirkt sie Gott.
	Denn ihm allein ist Freiheit zugesprochen.
	Und Freiheit, das ist Wahrheit. Dünkts Euch nicht?
Gurnemanz:	Ich glaube so wie Ihr. Und darum eben,
	stehn wir als Ritter immerdar bereit,
	ohn Unterlaß gewappnet und zu Pferde,
	um jedem Ruf zu folgen, der uns kommt.
	Mahnt uns der Schwur, die Schwachen zu beschirmen,
	zu decken mit dem Schild der Unschuld Licht,
	die Reinigkeit zu ehren in den Frauen,
	was ist es andres, als die schwächern Reiche,
	die träumenden, die sich nicht selbst bewußt,
	dem großen Reich des Menschen einzugliedern?
	Und darum stammt der Ritterschlag von Gott,
	und Ritter werden will nichts andres heißen,
	als Ruf und Rang des Menschen zu empfangen.
Parzival:	Wird man ein Ritter erst durch diesen Schlag?
Gurnemanz:	Den Schlag erhält, wer sich durch Mut und Kraft
	und ebenso durch Zucht und Maß zum Ritter
	in sich erhob.

Parzival:	Und so genügt es nicht, die Rüstung zu besitzen?
Gurnemanz:	Wer der Rüstung erst mächtig ist, wer Speer und Schwert regiert, und so wie Speer und Schwert die innern Mächte in freiem Spiel beherrscht, der Kunst gemäß, der ist soweit gebildet und entfaltet, daß er den Ritterschlag empfangen kann.
Parzival:	So trag ich meine Rüstung nur zum Spott. Ich bin nicht Ritter.
Gurnemanz:	Bruder, die Gewaffen erhält der Edle nur beim Ritterschlag. Habt Ihr die Wehr, so habt Ihr ohne Zweifel die Weihe auch empfangen.
Parzival:	Nein. Ich nahm die Rüstung mir.
Gurnemanz:	Aus eignem Fug und Willen?
Parzival:	Aus eigener Begier.
Gurnemanz:	So seid Ihr nicht Ither von Gachewiez, der stolze König?
Parzival:	Der bin ich nicht.
Liase:	Doch tragt Ihr seine Wehr!
Parzival *(schweigt)*:	
Gurnemanz:	Laß uns, mein Kind, in unsern Gast nicht drängen. Es steht bei ihm, was er uns offenbart.
Liase:	Wollt Ihr nicht essen, Freund? Vom Wein nicht trinken?
Parzival *(düster)*:	Nein.
Gurnemanz:	Seht nicht trüb. Es mundete Euch wohl, so schien es mir.
Parzival:	Es mundet mir nicht mehr.
Gurnemanz:	So dürfen wir Euch nichts mehr reichen?
Parzival:	Nichts mehr.
Gurnemanz:	Auch Euch nicht, Vater?
Kastellan:	Herr, ich danke Euch.
Gurnemanz *(erhebt sich)*:	Dann sei die Tafel aufgehoben.
Liase *(zu Parzival)*:	Ritter, wenn Euch ein töricht Wort von mir verdroß, verzeiht es mir.
Parzival:	Nennt mich nicht Ritter. Wahrlich, ich bin es nicht.
Liase:	So nenn ich Euch denn Freund. Seid mir nicht gram, ich wollte Euch nicht kränken.

| | Gemäß der Sitte biet ich Euch den Gruß
und wünsch Euch eine Nacht mit schönen Träumen. |
|---|---|
| Parzival: | Wünscht mir das Wachen lieber. |
| Liase: | Lichte Gott
den Kummer Euch und seid ihm anempfohlen. |

(ab)

Kastellan: Auch mir gebt Urlaub nun, ihr edlen Herren,
Mich ruft die Pflicht zu anderem Geschäfte.

(ab)
(Parzival ist abseits an das Fenster getreten, durch das er düster auf den Fluß hinabsieht. Während der Mahlzeit ist das Abendlicht aus dem Gemach gewichen. Es beginnt zu dämmern. Edelknaben und Mädchen räumen den Tisch ab und bringen Lichter.)

Gurnemanz *(sich Parzival nähernd, gütig)*:
Mein Freund, in Euren Kummer einzudringen
hab ich kein Recht. Und dennoch fordert mich
manch Rätsel auf, das Ihr mir heut geboten,
daß ich mein Auge fragend auf Euch richt.
Wenn Ihr auf mich vertraut, wie Ihr mir sagtet,
wenn Ihr der Mutter Ratschlag nützen wollet,
da wir im Felde uns zuerst begrüßt,
ein Wort von einem Alten anzunehmen,
so schließet jetzo Euer Herz nicht zu.

Parzival: Ich traue Euch und will Euch alles sagen.

Gurnemanz: Des dank ich Euch. So gebt mir denn Erlaubnis
zu mancher Frage.

Parzival: Fragt!

Gurnemanz: Wie sagtet Ihr,
Ihr seid kein Ritter? König Ithers Waffen
seh ich an Euch, doch seid Ihr Ither nicht.

Parzival: Ich nahm sie ihm.

Gurnemanz: Und ließ er sie sich nehmen?
Setzt er sich wild und grimmig nicht zur Wehr?

Parzival: Ich fällte ihn.

Gurnemanz: Was sagt Ihr?

Parzival: Mit dem Spieße,
dem leichten, den ich stets zur Jagd gebraucht,
schoß ich durchs Aug ihm, und da fiel er nieder.

Gurnemanz *(erschüttert)*:
Ither gefallen! Ithers Blut verschüttet
im Staub der Erde. Rächendes Geschick!

Parzival: Drauf nahm ich ihm die Waffen. Doch ich wußte
nicht, wie man sie gebraucht. Da hielt ich mich
für einen Ritter.

Gurnemanz: Wie, so seid Ihr nicht erzogen
im Waffenhandwerk?

| Parzival: | Nein. Im Walde wuchs
ich auf bei meiner Mutter, da erschienen
drei Ritter mir und leuchteten mich an.
Ich lief hinweg, daß ich auch Ritter würde. |
|---|---|
| Gurnemanz: | O Fügung! O Verhängnis! Also gingt Ihr
gen Ither ungerüstet in den Streit? |
| Parzival: | Ich hatte nur das Kleid von meiner Mutter,
das abzutun so dringend Ihr mich mahnt,
dann hatte ich noch meinen leichten Spieß. |
| Gurnemanz: | Und damit wagtet Ihrs? |
| Parzival: | Ich glaubte wahrlich
nicht viel zu wagen. |
| Gurnemanz: | Kind, verlornes Kind!
Dich hat dein Engel wunderbar gerettet. |
| Parzival: | Da König Artus mir nicht Nein gesprochen,
nahm ich die Waffen, sie gefielen mir. |
| Gurnemanz: | Daher die Wunden, die ich Euch verbunden?
O Bruder, Freund, was habt Ihr da getan!
Könnt Ihr ermessen, was durch Euch geschehen? |
| Parzival: | Ich kämpfte, wie ein jeder Ritter kämpft. |
| Gurnemanz: | Den Mächtigsten der Welt habt Ihr gefällt,
des Artus selbst sich nicht erwehren konnte.
Ihr nahmt sein Kleid und damit seinen Leib,
des Blutes Macht und glühendes Erbrausen,
das jenem Sieg und wilden Ruhm gebracht.
Denn nicht von ungefähr kam ihm die Farbe,
die purpurne, auf Brünne und auf Schwert:
ihm schoß das Blut bis in der Rüstung Ränder.
Die nahmt Ihr ihm. So seid denn Ihr fortan
der rote Ritter. Euch ist zugefallen
des wilden Recken Amt in dieser Welt.
Habt Ihr Euch des bedacht, mein lieber Bruder? |
| Parzival: | Ich wollte und ich mußte so. Bedacht
hab ich mich nicht. |
| Gurnemanz: | So wendet denn vor allem
den Geist, das Herz auf Euer neues Amt.
Denn wehe Euch und wehe allen andern,
wenn Ihrs mißbraucht! |
| Parzival: | Ich bitt Euch, ratet mir. |
| Gurnemanz: | Ihr habt die Pflicht, ein Ritter nun zu werden.
Mehr Ritter traun, als König Ither war.
Denn Ither trug des Räubers frech Gelüsten
in seiner Brust. Ihr übet Demut, Freund. |
| Parzival: | Was nennt Ihr Demut? |
| Gurnemanz: | Daß Ihr Euren Nacken,
so hoch Ihr ihn dem Feind entgegengetragt,
dem Einen beugt, der alles wirkt und spendet. |

Parzival:	Auch meine Mutter hieß mich ihm gehorchen.
Gurnemanz:	Ehrt Eure Mutter, Freund, doch hört nun auf, gleich einem Kinde stets von ihr zu sprechen.
Parzival:	Ich lieb sie doch, und von Geliebtem spricht die Zunge gern.
Gurnemanz:	Ihr sollt ihrs untersagen, denn liegt dem Kinde offen wie das Feld die Seele da, so schließt der Mann sein Fühlen tief in die Höhle seines Busens ein, wie er in Eisen hüllt die freien Glieder. Das Kleid der Mutter truget Ihr bis jetzt. Ich bat Euch, es für immer abzulegen. Doch seh ich noch den alten Schuh an Euch, den plumpen, dessen man Euch mag verhöhnen. Folgt meinem Rat und zieht auch diesen aus.
Parzival:	Ach, Ihr betrübt mich. Denn die Mutter weihte mit ihrem Kuß den Schuh, da sie ihn gab, und band den Riemen, und ich habe wahrlich die Schleife nicht gelöst, die sie mir schlang.
Gurnemanz:	Ihr sollt sie lösen. Denn die Mutterhüllen muß sprengen, wer zum Mann hinan sich reckt. Habt Ihr die rote Wehr für Euch gewonnen, so müßt Ihr *selbst* sein, eingegründet neu ins eigne Wesen und in Gottes Tiefe. Der Mutter Schoßkind seid Ihr lang gewesen; dem Schoß entsprangt Ihr, drangt in der Geburt gewaltig stoßend in die Freiheit. Künftig, sollt Ihr der Mutter Bruder sein und Freund. Wie sie Euch trug, sollt Ihr sie fürder tragen die hellen, heißen Wege der Gefahr.
Parzival:	Ich danke Gott, daß er zu Euch mich führte. Ihr rührt mich an, mir ist, ich wache auf, und Morgenluft umwittert meine Stirne.
Gurnemanz:	Ihr müßt von Grund die Ritterschaft erlernen. Wie man die Waffen führt und auf der Kampfbahn mit Kunst und Freiheit mit dem Gegner ficht, das harte Handwerk wandelnd zum Gesange, das laßt mich morgen auf dem Felde Euch nach allen Regeln weisen, manchem starken Kämpen, der mir im Schlosse dient, sollt Ihr im Kampfe Euch messen, und vom Staube soll die Kampfbahn dicht sich wölken. Ja, ich hoffe, das Nötige Euch bald erklärt zu haben. Man rühmt mir nach, daß ich die Kunst der Waffen wohl auszuüben, wohl zu lehren weiß.
Parzival:	So hab ich Hoffnung, Herr, daß ich zum Ritter mich bald erhebe?
Gurnemanz:	Wenn Ihr wacker seid, so wird es Euch nicht fehlen. Doch den Ritter

macht nicht Geschick und auch nicht Kraft allein,
und Mann ist nicht, wer Bäume bricht im Walde.
Ihr hörtet von der Zucht und von dem Maß,
das werdet Ihr mit Leichtigkeit begreifen,
wenn Ihr das Bild des Reiters vor Euch stellt.
Des Pferdes Stärke macht noch nicht den Reiter,
denn ist es stark, so mag es weder Zaum
noch Sporen leiden, schnaubend, sich erbäumend,
gehts mit dem Reiter durch. Macht er zum Herrn
des Tiers sich nicht, so wird er selbst geritten,
statt daß er reitet. Also scheint auch Ihr
mir noch, verzeiht, vom Tiere fortgerissen,
das, wenn auch stark und feurig, edlen Bluts,
doch eben nur ein Tier ist und den Willen
dem Reiter beugen muß, dem es gehört.
Ihr wißt nicht, wer Ihr seid, noch was Ihr anstellt.
Es treibt Euch und Ihr greift nach jedem Ding,
das Euch gefällt. Nun setzt Euch in den Sattel,
ergreift die Zügel, lenket Euer Tier!
Doch eh Ihrs lenkt, versucht es zu begreifen.
Ein Meister ist in Euch, den sollt Ihr hören,
dem gebet Macht, dem unterwerft Euch stracks.

Parzival: Wie soll ich das beginnen?

Gurnemanz: Große Dinge
fängt man im kleinen an. Seid Euch bewußt
der Sitte, die den Mann, den echten, bindet.
Seid wachsam, achtet erstlich auf Euch selber.
Geht wohlgekleidet, ordnet Euer Haar,
habt acht, daß Ihr Euch immer reinlich haltet,
scheut Euch des Spiegels nicht, denn ohne Spiegel,
sieht niemand, wer er ist, bereitet
jedwedem Lust durch Euer äußres Bild.
Dem passet an die Rede, das Gebahren.
Bewegt Euch frei und ruhig, grüßt mit Anstand,
gewährt dem andern Vortritt, Rang und Ehr,
stellt Euch zurück und bietet Raum dem Fremden.
Betrachtet ihn, erforscht ihn; aber urteilt
ihn nicht im Herzen ab. Die Fehler weisen
sich leichtlich dar, sie liegen auf dem Spiegel
des Wassers frei, jedoch der edle Wert,
die stille Kraft, das heimliche Vermögen,
ruhn tief verborgen auf dem dunklen Grund.
Drum tauchet tief, die Menschen zu ergründen.
In jedem ehrt den Bruder, ehrt Euch selbst,
noch in dem Feinde ehrt den Mann und Ritter
und zeigt als Siegender barmherzig Euch,
gewähret Gnade dem, der Euch drum bittet.
Zu siegen wohl, doch nicht zu töten habt
das Schwert Ihr Euch erkoren und die Lanze.
Die Freiheit achtet jedes Menschen. Dringt

gewaltsam nicht ins Innere der Herzen.
Was immer Euch ein Mensch vertraut, dies nehmt
als Gnade hin und hütet Euch zu fordern.
Fragt deshalb nicht zuviel. Mit Fragen
reißt man den Schleier des Verhüllten weg
und macht des dreisten Raubes oft sich schuldig.
Geschenke fordern, heißt ein Bettler sein,
und unverschämt zeigt sich fast jeder Bettler.
Laßt niemand Euch, der in Bedrängnis ist,
vergebens bitten. Nicht um Euretwillen
ward Ihr zum Ritter. Ritterschaft ist Dienst.
Die wahre Welt, in Wehen der Gebärung,
erleidet Not und Feindschaft überall.
Geschäftig ist der Gegner, zu verhindern,
daß sie das Licht des ewgen Tags erblicke.
Springt bei der Mutter, die in Kindeswehen,
sich schreiend windet. Schützet vor Gefahr
die zarten, heilgen, göttlich stillen Keime.
Dem Bösen wehret, wahrt Gerechtigkeit,
seid untertan den Frauen, denn die Strahlen
des Himmels, aufgefangen in dem Rund,
dem ungetrübten Glase ihrer Herzen,
gehn wundersam gebrochen durch die Welt,
mit reinem Farbenglanze sie erfüllend,
ein ahnend Bild der ewgen Lauterkeit.
Ich fürchtete, da Ither aufgestanden,
der Hoheit König Artus trotzend, und
ich fürchte noch, da mir ein zweiter Ither,
nicht wissend, was er tat, entgegentritt.
Und dennoch glaub ich an den neuen Ither,
glaub an sein Herz, die kindlich stolze Kraft,
die Blut ihm noch in hellen Wein verwandelt,
aufdaß er wahrhaft Mensch und Ritter sei.
O Freund, o Bruder, hört auf meine Stimme,
die Euch beschwört, des echten Rittertums
schier unbegehbar schroffen Grat zu suchen.
Denn Artus wird vergehen. Wer mag künftig
des Schildes walten und das heilige Schwert
im Angesicht der Sonne ernst erheben?
Die Welt geht hin, die ihn und mich getragen.
Ich bin nicht blind, die Zeichen sind mir klar.
Wenn Rettung ist, so kommt sie von dem Ritter
des neuen Blutes, das, dem Weine gleich,
von Geist erbraust. Wenn Gott Euch aufgerufen,
zu solcher Ritterschaft, ich bitte Euch,
macht Euch bereit mit allen Euren Kräften.

Parzival: Was tut Ihr, Herr? Ihr legt den Feuerbrand
              in meine Brust!

Gurnemanz: So laßt ihn leuchten! leuchten!

BURGGÄRTCHEN

Den Hintergrund bildet die Wand der Burgkapelle, die durch einen großen Rundbogen gegliedert ist. In diesem Bogen hängt ein großer Crucifixus nach romanischer Art, Christus als Weltkönig darstellend. Darunter eine Bank.

Die Wand ist mit Rosen bewachsen.

Das Gärtchen grenzt unmittelbar an den Schloßhof.

Liase *(auf der Bank, zur Laute singend)*
>Ich zog mir einen Falken
>wohl länger als ein Jahr
>und zähmte seine Kräfte,
>wie mirs im Sinne war,
>und da ich sein Gefieder
>mit Golde wohl bewand,
>da hub er auf die Schwingen
>und flog in fremdes Land.
>
>Lang sah ich nach dem Falken,
>wie er den Himmel zwang,
>doch an dem einen Fuße,
>da fesselt ihn mein Strang.
>So war ihm sein Gefieder
>von meinem Golde rot.
>O führe, die sich lieben,
>zusammen, großer Gott!

Kastellan *(tritt vom Hof aus ein)*
>So recht, mein Kind!

Liase:
>Ihr seids? Kommt Ihr zurück
>vom Kampfplatz, wo die Ritter sich erproben
>und unser junger Freund zur Schule weilt?

Kastellan: Gewiß.

Liase:
>So setzt Euch schnell an meine Seite.
>Sagt doch, wie hält er sich?

Kastellan:
>O liebes Kind,
>an dem ist alle Kunst verloren!

Liase:
>Wie?
>Hat er sich schlecht geschlagen? Sprecht doch, Vater!
>Fiel er vom Rosse, gings mit ihm davon?

Kastellan:
>Er war nicht zu belehren.
>Denn kaum daß er die Ritter rennen sah,
>kaum daß sie ihm die künstlichen Gebräuche
>des Lanzenkampfes flüchtig vorgeführt,
>so springt er auf, der Dinge plötzlich Meister,
>als hätt er sie von Kind an schon geübt

	und sitzt so frei und schlank und kühn im Sattel, daß alle staunend nach ihm blicken, er jedoch setzt stracks auf unsern Besten, auf Siegwart an und hebt mit einem Stoß den Stolzen aus dem Sattel, und im Sturme stürzt einen nach dem andern er sodann hinunter in den Staub und blickt verwundert im Ring umher, was noch zu schaffen sei.
Liase:	Der Tückische! So hat er, uns zu prüfen, so täppisch sich gekleidet, hat uns so mit kindischem Gebaren überlistet. Den Unbelehrten stellt er heuchelnd dar, um dann als Meister plötzlich zu erglänzen.
Kastellan:	Fürwahr, es ging uns allen so wie dir. Wir glaubtens nicht, daß er zum ersten Male die Waffen führe, die er jüngst gewann. Und doch, es ist so, denn da wir ihn prüften in solchen Dingen, die er nicht gesehn, so zeigte er sich gänzlich ohne Wissen und hatte Mühe selbst, das breite Schwert der Scheide zu entreißen, ganz zu schweigen, daß er die Regeln wußte dieses Kampfs.
Liase:	Und wie ers sah, verstand ers?
Kastellan:	Ja, so wahr ich ein Mann der Ehre bin. Es fuhr ein Blitz in ihn, sobald er nur die Schwerter sich kreuzen sah, mit scharfgespanntem Auge verfolgte er der Klingen schwirrend Licht, und, was dem Sinn des Mannes sonst unmöglich, er faßte jede schnelle Wendung auf, ihr Widerbild in seinem Geist erweckend, und Wissen schien und Tun ihm völlig eins. Denn als er gleich darauf zum Kampfe antrat, focht er nach allen Regeln gleich der Kunst, bot keine Blöße dar dem Stahl des Gegners, und schlug, den Augenblick im Nu erkennend, zuschanden selbst den schnellsten Fechter gar.
Liase:	Ihr redet Märchen.
Kastellan:	Wers nicht selbst gesehn, vermag es schwerlich wohl zu glauben, Kind. Was geht hier vor? so fragten rings die Kämpen. Was geht hier vor? rief auch Herr Gurnemanz, indes der Sieger lachend, hellen Auges zur Seite trat, sein Panzerkleid zu lüften. Wie ichs nun mir erkläre, ist es so: Der Junker rühmt sich auserwählten Stammes, der ihm im Blut das Rittertum vererbt. Erleben wir nicht öfters in den Künsten, nicht in der Wissenschaft solch Wunderding? Da greift ein Kind von ungefähr zum Pinsel

	und malt ein Bild, das alle Welt erstaunt, da läuft ein Aug, das nie Geschrift gesehen, kaum stockend durch die Zeilengassen fort, da führt ein Geist geheime Zauberschlüssel, sich Pforten öffnend, welche nie zuvor ein Mensch betrat. Es scheint mir ein Erinnern des Geists nicht nur, des Leibes selbst, des Bluts.
Liase:	Ihr macht mich staunen.
Kastellan:	Staune immerhin, das Staunen ist der Anfang aller Weisheit.
Liase:	Ihr saht das alles?
Kastellan:	Dieses und noch mehr, was selbst ich nicht begriff, da ich die Kunst der Waffen nur von ungefähr verstehe. Kaum ausgeruht, mit glühem Eifer sprang der Junker auf zu neuem keckerm Üben, es ward die ganze, lange, schwere Kunst in einem Zuge von ihm durchgegangen, daß, die ihn lehrten, mehr und mehr in Glut gerieten und ihr Atem keuchte. Staunend sah unser Herr dem heißen Treiben zu. Ich aber ging, die Kühle dieses Gartens und nachdenksame Ruhe aufzusuchen. Doch horch, die Brücke dröhnt von ihren Hufen. Sie reiten ein, das Kampfspiel ist beendet. So grüße mir den wackern Ritter wohl, mich dünkt, er hat geleistet, was kein andrer noch vor ihm tat. Er wird sich Ruhm bereiten.

(ab)

Liase:	Hab ichs gedacht? Hab im Gewand des Toren den Helden ich erblickt? Nur eines weiß ich, daß er mir lieb war, kaum daß ich ihn sah.

*(Gurnemanz und Parzival kommen.
Sie haben beide die Rüstung abgelegt.)*

Gurnemanz:	Begrüße deinen Freund, mein Kind, und staune. So wie die Frucht, in derben Hüllen steckend sich plötzlich öffnet und den goldnen Kern erschimmern läßt, so läßt das Kind den Helden aus sich hervorgehn, plötzlich, ungeahnt. Was auf dem Kampffeld heute sich ereignet, bleibt uns ein Rätsel, bleibts dem Helden selbst. Hat ihn der Blitz des Rittertums getroffen, riß ihn der Sturm des Herzens über sich empor — gleichviel, er ist verwandelt. Sieh ihn dir an! Am Leibe wie am Geist ist er ein neuer, ist er, der er ist. Wir werden ihn zum Ritter schlagen müssen.
Parzival:	Ihr macht mich glücklich, Herr. Euch danke ich, was ich nun bin. Euch werd ichs immer danken.

Gurnemanz:	Und doch ist Eure Lehrzeit nicht zu End. So wie der Künstler, wenn die Form geschaffen, sie glättend, ihr den Schimmer erst verleiht, den letzten Hauch der Klarheit und der Wahrheit, so geb ich Euch in dieses Mädchens Hand, daß sie das Werk der Frau an Euch erfülle, vollendend, was der Waffenmeister tat. Nimm du ihn noch, mein Kind, in deine Lehre, und sag ihm, was ein Frauenmund ihm nur erklären kann, indes ich in der Kühle des Schattens dort von unsern Mühen raste. Und wenn er auch so kühn und schnell begreift, dann laß uns mit der Weihe nicht mehr zögern.
Liase:	Ich bin ein Mädchen, Vater, keine Frau, gewohnt, noch selber Lehre zu empfangen. Wie soll ich diesen lehren?
Gurnemanz:	Frag dein Herz! Es wird dir keine Antwort schuldig bleiben. *(ab)*
Liase:	Setzt Euch zu mir! *(Parzival gehorcht)* Was soll ich Euch nun lehren?
Parzival:	Wie man mit Frauen tut, das lehret mich.
Liase:	Mein lieber Freund, die Kunst ist kurz und lang: Man liebt sie. Alles ist darin beschlossen.
Parzival:	Ich liebe alle Menschen. Immer hab ichs so gehalten. Meine Mutter war mir lieb, Ornite, die ihr diente, die Knechte auch, die Mägde rings im Haus, und als ich wegritt und im Seidenzelte des Ritters Orilus die schöne Frau entschlafen fand, da liebte ich auch sie und wand das Ringlein hurtig ihr vom Finger, das ich hier trage; und sie wollte es nicht lassen.
Liase:	Nahmt Ihrs gegen ihren Willen?
Parzival:	Sie sträubte sich, ich nahm es mit Gewalt.
Liase:	Wie kamt Ihr nur dazu?
Parzival:	Weil mich die Mutter den Ring gewinnen hieß.
Liase:	Da seid Ihr falsch belehrt. Aus freiem Willen spendet die Frau den Ring. Gebrauchet Ihr Gewalt, so tut Ihr ihr nicht minder Schmach und Schande, als schlügt Ihr sie.
Parzival:	Oh!
Liase:	Nun erschrecket Ihr und merkt, daß Ihr nicht liebtet, wie Ihr meintet.

Parzival: Um meinetwillen schlug Herr Keie jüngst
ein Mädchen, und ich schwur ihr, sie zu rächen.
Liase: Wie hieß das Mädchen?
Parzival: Cunneware wars
gebürtig von Laland.
Liase: Liebt Ihr auch diese?
Parzival: Ich glaubte, daß ich Cunneware auch
im Innern liebte. Doch Ihr wißt es besser.
Liase: Was Liebe ist, mein Freund, weiß nur das Herz,
und wenn das Herz dem Herzen sich verbindet
(dies ist das größte aller großen Wunder),
so stirbt das eine ganz dem andern hin,
und sterbend dringen beide in das Leben.
Denn einzeln sind sie nicht, zusammen eins,
ein einig Licht, ein einiges Erwachen.
Parzival: Wenn Ihr dies wißt, so liebt Ihr also?
Liase: Ach,
Ihr sollt nicht fragen, Ihr sollt wissen.
Parzival: Jungfrau,
verzeiht mir das!
Liase: Nun seid Ihr ganz verstummt.
Was ist Euch?
Parzival: Ich gehorche.
Liase: Fragt doch lieber,
als daß Ihr schweigt!
Parzival: Gehorsam dem Gebote
verstumme ich.
Liase: Wenn Ihr verschmäht mit Worten
zu reden, redet anders.
Parzival: Wie?
Liase: Ich soll Euch lehren,
da Ihr Euch stellt, als ob Ihr nichts begreift.
Parzival: Darf ich Euch fragen?
Liase: Fragt um Himmels willen.
Das Herz erstickt mir sonst.
Parzival: Nun wohl.
Ihr sagtet mir von Brüdern, die Ihr hattet,
und die ein grimmer Gegner Euch gefällt.
Den nennt mir, daß ich Euren Kummer räche.
Liase: Das wollt Ihr? Mit dem Schwerte wollt
den Kummer Ihr mir stillen?
Parzival: Jener Gegner —
wie hieß er? Sprecht!
Liase: Der Seneschall des Königs
Clamide ists, Kingrun, der wilde Mann,
der schlug mir meine beiden Brüder nieder
und achtete der heißen Bitten nicht,

	womit sie um ihr süßes Leben warben.
	Er stach sie nieder, wie man Tiere fällt.
Parzival:	Wie kams, daß deine Brüder gen Clamide
	zu Felde zogen?
Liase:	Hilfe brachten sie
	Conduiramur, des Vaters Nichte, zu.
Parzival:	Conduiramur?
Liase:	Was macht Euch so betroffen?
Parzival:	Conduiramur? Welch wundersamer Name!
	Er rührt ans Ohr wie aus dem tiefen Meer
	ein Saitenklang. Sagt mir, was deutet er?
Liase:	Dies fragt mich nicht.
Parzival:	Conduiramur.
Liase:	Was blickt Ihr
	ins Weite so?
Parzival:	Sie ist vielleicht in Not,
	indes ich müßig plaudernd mich befrage.
Liase:	Wollt Ihr zu ihr?
Parzival:	Die Ritterpflicht gebeut,
	Bedrängte zu beschützen. Laßt Euch bitten,
	nennt mir den Ort, wo ich sie finde.
Liase:	Dort
	naht sich der Vater, fraget den.
Parzival:	Ihr wendet
	Euch von mir ab?
Liase: *(heftig)*	Den Vater fragt! Den Vater!
Parzival:	Tat ich Euch Böses?
Liase:	Laßt mich! Fragt den Vater!
Gurnemanz *(tritt herzu)*	
	Ihr seid zu End, ich sehs. Wohlan, Liase,
	brich Rosen ab und winde sie zum Kranz,
	daß wir den Freund zum Ritter krönen können.
Liase *(gehorcht, ihre Bewegung verbergend)*	
Parzival:	Wer ist Conduiramur? Sagt mir das, Herr.
Gurnemanz:	Die schöne Königin von Pelrapeire,
	mein Schwesterkind. Wer sagte Euch von ihr?
Parzival:	Ist sie in Not?
Gurnemanz:	Was rührt Ihr an den Kummer,
	der Tag und Nacht an meinem Herzen nagt?
	Clamide hält mit zweien mächtigen Heeren
	sie eingeschlossen, alle meine Kraft,
	der teuren Söhne blühndes Leben gab ich
	umsonst dahin, die Arme zu befrein.
Parzival:	Ich will zu ihr.
Gurnemanz:	Vergebens, all vergebens.
	Ich hab für sie getan, was ich vermocht.

	Was ist ein einzger Mann in diesem Streite?
	Was ist ein Heer selbst gegen ihre Schar?
	Nach bangem Hoffen, rasendem Verzweifeln
	gab ich sie auf und beugte mich dem Spruch
	des Schicksals.
Parzival:	Nein. Sie muß gerettet werden.
Gurnemanz:	So sprach ich auch; denn niemals hat ein Weib
	unschuldiger des Hasses Los getragen.
	Ist jemand lauter, so Conduiramur.
	Man sagt von ihr, sie wäre nicht geboren.
	Denn was geboren sei, ihr Leib und Blut,
	sei nicht Conduiramur. Wer sie am Tage
	nur sieht, der weiß nicht, wer sie wahrhaft sei,
	denn nur zur Nacht erstrahlt ihr innres Wesen.
	Wie dem nun sei (ich sah sie niemals so),
	so fühlt ich mich gewaltig angetrieben,
	zu retten die unschuldig Verlorne,
	es müsse mir gelingen, glaubte ich.
	Allein die Hand des Bösen war zu mächtig,
	und ich begriff, daß zu vermessen sei,
	dem Ratschluß eines Höhern zu begegnen.
	Da senkte ich das Schwert.
Parzival:	Ich höre ferne
	das Schwellen eines Horns. Ich bin gerufen!
	Mein edler Wirt, ich bitt Euch, säumet nicht.
	Gebt mir den Ritterschlag. Ich muß vonhinnen!
Gurnemanz:	Unmögliches zu wagen ehrt Euch nicht.
Parzival:	Ich muß. Mein Herz ist klar. Ich werde reiten.
Gurnemanz:	Ist nichts vermögend, Euch zu halten hier?
	(auf Liase weisend, die mit dem Kranz gesenkten
	Hauptes herankommt)
	Auch nicht dies Kind?
Parzival:	Gott dank Euch, was Ihr gabet!
	Ich muß.
	Gott dank auch ihr! Mich aber treibt der Ruf.
Gurnemanz:	Wohlan! Kniet nieder, lieber Freund.
	(zieht das Schwert)
	So schlag ich Euch zum Ritter, daß Ihr fürder,
	des Heiles wartet, das zum Schwert Euch rief.
	Kränz ihn, Liase! Sei es denn zum Siege,
	sei es zum Tod.

Liase *(kränzt ihn)*
Parzival *(erhebt sich)*
                Ihr habt an mir erfüllt,
                was ich erträumt, da ich zum ersten Male
                den Glanz der Waffen sah. Habt ewig Dank!
                Und nun lebtwohl!
Liase *(mit innerem Erschrecken)*
                Du gehst?

Gurnemanz:	Ihn aufzuhalten —
	vergeblich Werk. Nimm Abschied, armes Mädchen!
Liase:	Mein Freund, mein Bruder —
Parzival:	Gott beschütze Euch!

(eilt hinaus)

Liase *(an die Brust des Vaters stürzend):*
    Er kommt nicht wieder.
Gurnemanz: Mitten durch das Herz
    der Dinge, gleich dem Schwerte, geht sein Weg.

CONDUIRAMUR

Personen:

Clamide, *König von Brandigan und Iserterre*
Kingrun, *sein Seneschall*
Konduiramur, *Königin von Pelrapeire*
Einhard, *ihr Seneschall*
Parzival
Kiot }
Manfiliot } *Oheime Conduiramurs und Klausner*

Graf Narrant }
Ritter Tankred } *Auf Clamides Seite*

Ein Ritter von Pelrapeire
Ein Edelknabe in der Burg von Pelrapeire
Ein Greis
Ein Kind
Edelknaben aus dem Lager Kingruns
Männer und Frauen }
Mönche } *aus Pelrapeire*
Volk }
Ritter und Frauen Conduiramurs

Die Handlung spielt abwechselnd in Pelrapeire und im Lager Kingruns und Clamides vor der Stadt.

CONDUIRAMUR

Zelt des Seneschalls Kingrun.
Das Zelt ist gegen den Hintergrund zu geöffnet und gewährt einen Ausblick über das Kriegslager und die von Fluß und Meer umschlossene Stadt Pelrapeire.

Kingrun zwischen zwei Tischen sitzend, auf dem einen steht ein Schachspiel, dessen König mattgesetzt ist, auf dem anderen eine üppige Mahlzeit mit Wein und Obst. Das Zelt macht den Eindruck aufdringlichen Prunkes.

Kingrun, ein fülliger Mann von gewaltigen Gliedmaßen, mit struppigem, schwarzem Haupthaar und ebensolchem Barte, liegt in seinem mit Pelzen bedeckten Feldsessel gestreckt und betrachtet das Schach-

brett. Nebenzu langt er, ohne nach dem Teller zu blicken, mit vollem
Griffe Obst herbei und verzehrt es.

Kingrun: Als Spieler bist du schlecht, Clamide. Wärst du
als König nicht ein gut Stück besser, wahrlich,
ich hieße nicht dein Seneschall. — Matt bist du!
Ich hab dich mattgesetzt mit meinen Türmen.
Und das bedeutet? — Was bedünkt dich, König?
Kingrun blieb ewig Seneschall? — Du Narr!
Den andern Tag fällt Pelrapeire —
und dreier Königreiche ist Clamide
wohl kaum bedürftig. Sollte der Gedanke
sich selber nicht in deinem Hirn entfachen,
ich helf ihm, traun! — Vortrefflich fügt es sich!
Denn jene Widerspenstigen zu Iserterre,
die dich zum Heimzug nötgen — sind sie nicht,
ob nun gewollt, ob ungewollt, im Bunde
mit mir? Knapp vor dem Ende riß die Klaue
des hämischen Geschickes dich hinweg
von dem gewissen Sieg: So ist er mein!
Mein ganz allein. Versuchs, Clamid', und zieh mir
ein Härchen davon ab! Da stehn die Türme
und glotzen dich mit breiten Zinnen an.
Matt bist du, junger Held! Bedenks und schweige!

Knappe (tritt sehr ängstlich ein):
    Gestrenger Herr —
Kingrun: Was willst du?
Knappe: Eine Botschaft
vom König wartet vor dem Zelt. Soll ich —
Kingrun: Zum Henker auch! Ich will jetzt keine Botschaft!
Wer ists?
Knappe: Der Graf Narrant.
Kingrun: Er soll sich
auf seinen Rücken strecken, Sterne zählen,
soll meinethalb zwei Weiber zu sich legen —
              (er trinkt)
Hat er denn keinen Durst?
Knappe: O Herr,
er schickt mich um Bescheid.
Kingrun (gießt ihm den Wein ins Gesicht):
    Das ist er.
Knappe: O Herr —
Kingrun: Hinaus!   (Knappe ab).
Was hat der König
jetzt Botschaft herzusenden? Pelrapeire
fällt morgen. Fällt durch mich. Und alles andere
geht mich nichts an.
              (trinkt wieder)
Graf Narrant tritt ein.

Narrant:	Herr Seneschall, Ihr wollt mich nicht hören?
Kingrun:	Wie?
Narrant:	Der Knabe sagt, er hätte Auftrag, mich hinwegzuweisen.
Kingrun:	Gernot! Verfluchter Kerl!
Knappe:	Hier bin ich, Herr!
Kingrun:	Hab ich gesagt, du solltest diesen Ritter nicht vor mich lassen?
Knappe:	Herr —!
Kingrun:	Hab ich gesagt, du solltest diesem Ritter hier verwehren ins Zelt zu treten! Hab ich das?
Knappe:	O Gott, gestrenger Herr —

Kingrun *(springt auf, packt ihn am Kragen und schleudert ihn in die Ecke):*
    Du Bengel!

Narrant:	Einen Knaben, der Ritter werden soll, Herr Seneschall, dürft Ihr nicht so behandeln.
Kingrun:	Ritter? Der wird kein Ritter. — Bringt Ihr Botschaft mir vom König?
Narrant:	Ja.
Kingrun:	Wie steht es?
Narrant:	Die Empörer entflohen schon bei unserem Nahen.
Kingrun:	So?
Narrant:	Clamide läßt Euch sagen: Alle Lande sind rings beruhigt, und er selber eilt mit ganzem Volk zurück nach Pelrapeire.
Kingrun:	Nicht nötig.
Narrant:	Wie?
Kingrun:	Ich mache morgen fertig.
Narrant:	Vielleicht ist auch der König morgen hier.
Kingrun:	Wenns Euch beliebt, so reitet ihm entgegen und laßt ihn wissen, daß kein Anlaß sei zu solcher Eile. Die in Pelrapeire, verhungert wie die Fliegen im April und blöd im Hirn, man wird sie mit der Klappe zu Boden schlagen können. Hätten sie das Meer auf einer Seite nicht und nicht den Fluß auf ihrer andern, längstens säßen wir auf ihrer Burg.
Narrant:	Ja, und Conduiramur!

Kingrun:	Da habt Ihr recht. Ein solcher süßer Schatz ist mehr als seine hundert Bliden wert, sie schießt mit Himmelsblicken statt mit Steinen und trifft vorzüglich. Alle sind bereit, für sie zu sterben. Läßt Clamide doch ein Jahr der härtsten Müh sich nicht verdrießen und droht und schmachtet an der Burg hinauf, bald glühend wie ein Herd, bald feucht zerrinnend. Und wir, Narrant, nun, sehn wir beide zu, daß nicht auch wir wie Fett vor ihr zerlaufen.
Narrant:	Stünd uns nicht besser an, uns zu bedenken? Es ist doch seltsam, fremd und unerhört, daß sich ein ganzes Volk vor diesem Kinde zum Tode hinwirft, daß das hohle Bild, das grinsende des Hungers, das sie anstarrt, wohin sie blicken, ihrer keinen rührt. Daß sie mit Inbrunst atmen des Verschmachtens wahnsinnig dünne Luft, daß sie die Greise, die Säuglinge, die selbst wie Greise sind, hindorrend aus dem Duft der zarten Frühe in des versteinten Alters leere Qual, daß sie der Fraun, der Mädchen arme Bilder, die wangenlosen, Krüge, die verlecht, in eine Grube legen, die sich gräßlich mit trocknem Beine füllt. Kein Wahnsinnsschrei, kein Murren dringt empor aus ihren Herzen. Es ist kein Held, der sie mit Flammenblick zum letzten wilden Widerstand erhitzte, es ist ein Weib, von dem man mir erzählt, daß seine Augen wie die Blumen seien, die in der Flur des Frühlings still verdämmern.
Kingrun:	Ich sagte ja: sie zielt und schießt und trifft. Sie ist gefährlicher als Stein und Schleuder. Nehmt Euch in acht!
Narrant:	Ihr spottet, weil ein Wunder nicht Raum in Eurem Busen hat. Wohlan, macht immerhin zu Steinen und zu Schleudern die Blicke einer hoheitsvollen Frau. Gen Stein und Schleuder habt Ihr Gegenmittel. Die Recken werft Ihr nieder in den Staub. Sie aber, die mit eines Engels Unschuld, das liliengleiche Schwert in Händen führt, sie werdet Ihr umsonst zu treffen streben. Denn Geister stehn um sie.
Kingrun:	Es dünkt mich, Graf. Ihr kämpft auf falscher Seite.
Narrant:	Meinem König ein solches Weib gewinnen, unserm Land als Königin die weißeste der Blumen,

	das ist es, was mein Herz mit Feuer füllt.
	Ich liebe die, die ich bekämpfe.
Kingrun:	Ritter
	ich sag es nocheinmal: Nehmt Euch in acht!
Narrant:	Ihr wollt, Ihr könnt, Ihr dürft mich nicht verstehen!
	Wir lassens gut sein, Seneschall. Was noch?
Kingrun:	Wenn Ihr zum König reitet, sagt ihm dieses:
	Jetzt, da Ihr sprecht, entfalt ich auf der Burg
	von Pelrapeire unsre beiden Banner,
	das lichte Brandigans und Iserterres dunkles
	und breites Tuch. Und wenn die Nacht herabsinkt,
	führ ich den heißersehnten Schatz ihm zu.
	Mög er vor allem für die Bettstatt sorgen.
	Ihr reitet nun?
Narrant:	Sogleich flieg ich zurück.

(ab)

Kingrun: Bei Gott — nein, nicht bei Gott, viel lieber doch
beim Teufel! —, solche Engelwesen kann ich
nicht leiden; denn sie schmecken nicht
nach Fisch noch Fleisch, sie ekeln meinem Gaumen.
Sie blicken drein, als wär der weiße Schaum
von Tugend, drin sie unablässig schweben,
aus echtem Rahm, gemolken aus der Kuh,
demselben Rahm, den auch die Kälber saufen
und den Kingrun so völlig nicht verschmäht,
daß er ihn nicht auf seinen Braten gösse.
Sie tun, als wär der Apfel nicht zum Fressen,
das Bett nicht, drin zu liegen in der Nacht
mit einer, der die Augensterne irren
wie Bälle, die man da- und dorthin wirft.
Ja, weil die Welt die Welt ist und sich offen
und brünstig sehnt, wo jene heuchlerisch
ins Dunkel ihrer Lüsternheit sich hüllen,
verdächtigen sie sie, beschwatzen uns,
man bräuchte bloß wie sie ein Engel werden,
so stänke nicht das Aas, die Hitze triebe
nicht schmutzgen Schweiß aus unserm Leib hervor,
der Hunger bauschte hoch uns nicht den Magen,
und was wir fräßen, müßte nicht den Weg
hinunter in die Grube, die ein jeder
uns züchtig zudeckt, und die trotzdem uns
entgegenbrüllt: O Mensch, hier stinkt dein Werk!
Drum sag' ich: Laßt von ihren Wolkenthronen
die Engel uns herunterlangen, keck
mit derben Männern redlich kopulieren,
wie schnell sie dann der Bräuche kundig sind,
die man im Dunkeln ausübt unter Decken,
und unterm Häubchen als ein saftig Weib
ganz trefflich sich der Erde eingewöhnen.
Bekomms Euch wohl, Jungfrau Conduiramur:

ein jeder Stern, verlaßt Euch drauf, geht unter!
(Geschrei und Freudenrufe aus dem Lager)
Ritter Tankred tritt ein

Tankred: Lobt uns, o Herr, wir taten einen Fang,
wie uns noch keiner ward.

Kingrun: Wen habt Ihr?

Tankred: Einhard
den Seneschall der schönen Königin.

Kingrun: Den Silberfuchs? Wo ging er Euch ins Garn?

Tankred: Hart an dem Wald, der vom Gebirge kommt.
Dort lagen wir die sechste Stunde schon
im Hinterhalt, als unser lauschend Ohr
Hufschlag vernahm. Wir saßen auf, der Speer
ward eingelegt, denn nur von dorther war
dem Seneschall die Rückkehr möglich; still
hielt jeder sich zum Kampf bereit. Indessen
ward unsre Hoffnung nocheinmal enttäuscht.
Denn was nun kam, war zwar ein Ritter wohl,
doch Einhard nicht. In lässig müdem Trab
zog einsam aus der Finsternis des Waldes
ein Reiter her, in rote Wehr gehüllt,
hielt zweifelnd an und sah zum Fluß hinab,
das morsche Stützenwerk des Stegs betrachtend,
das graue Tor, die Stadt, die Burg sodann,
mit träumerisch erstaunten, glühen Augen.
Ich winkte meinen Leuten, still zu halten.
Was ging uns dieser fremde Reiter an?
Und wirklich, kaum daß er die Lotterbrücke
erreichte, daß er sich vom Pferde schwang,
das scheuend wich, als wittre es Gefahr,
um schreitend jetzt die Schaukel zu passieren,
zeigt Einhards Trupp sich dicht vor uns im Wald,
Wir prasselten wie Hagel auf ihn nieder,
und er, ein Baum, des letztes Mark verzehrt,
fiel dröhnend hin, doch führte er den Degen
im Liegen noch, bis ihm der Arm erstarrt
und wie ein Stab herabsank an die Erde.
Nun bringen wir ihn dir.

Kingrun: Der rote Ritter?

Tankred: Ging in die Stadt.

Kingrun: Ihr jagtet hinter ihm
nicht in das Tor?

Tankred: Die Brücke hätt uns, Herr,
nicht ausgehalten. Schien es doch ein Wunder,
daß jener nicht mit ihr hinunterbrach.

Kingrun: Bringt mir den Alten!
                            (Tankred ab)
Also wäre
der letzte Pfeiler hin, Conduiramur.

                  Ein Stoß noch, und der ganze Bau wird stürzen.
                  (Einhard, ein weißlockiger Greis, wird von Tankred
                                        hereingeführt.)

Kingrun *(zu Tankred):*
                  Warum so ledig? Warum nicht in Fesseln?

Tankred: Es ist nicht not, dem Feinde Schimpf zu tun.
Er hielt sich redlich.

Kingrun: Allzu redlich, dünkt mich.
Laßt uns allein!
                                            (Tankred ab)
Herr Einhard, seid willkommen!
Wie so besucht Ihr uns in unserm Zelt?
Wollt Ihr die Übergabe Pelrapeires
uns melden? Freund, es eilt nicht so.
Ich warte noch bis morgen. Oder wollt Ihr
mir Euren Fuchsbalg zum Geschenke bringen?

Einhard: Höhnt nicht, Kingrun.

Kingrun: Je nun, du kennst mich ja.
Ich pflege meine Feinde gut zu betten,
daß sie nicht nötig, wieder aufzusteh'n.

Einhard: Was heißt das?

Kingrun: Ei, du weißt, aus diesen Händen
empfängt man stets nur *eine* Arzenei.
Ich gönn sie dir so gut wie jedem andern.

Einhard: Wenn du im Kampfe keine Gnade gibst,
so ists dein Recht. Doch Schande über dich,
wenn den Gefangnen du, den Waffenlosen
erwürgst.

Kingrun: Wer richtet über Ehr und Schande,
der Sieger oder der Erlegne, wie?
Gehabe dich nicht töricht, Einhard.

Einhard: Gib mir
mein Schwert zurück und laß mich um mein Leben
den letzten Kampf ausfechten. Bin ich schon
ein Mann des Todes (denn es ist kein Zweifel,
wer diesen Kampf bestehe und wer nicht,
des bürgen meine mattgewordnen Glieder),
so will ich fallen, wie ein Ritter fällt.

Kingrun: Zu einem solchen Strauß am späten Abend
fehlt mir die Lust. Doch eh wir weiteres
bereden, sag: Wie gehts in Pelrapeire?
Wieviele Ochsen, Schweine, Kälber habt,
wieviele Böden Korn ihr noch im Vorrat?
Wie steht es mit dem Fett, dem Wein, dem Obst?
Habt Ihr auch gnug Gewürze, um die Speisen
euch scharf zu machen? Pfeffer, wirst du wissen,
erhitzt das Blut und treibt den Mut empor.

Einhard:	Wenn du vermeinst, die Geißel deines Hohnes
zu schwingen über dies mein graues Haupt,
so wisse, daß ich ihren Streich nicht fühle.
Denn dieses Haupt ist längst im Leid gebeizt.
Ein edler Gegner brauch nicht solche Mittel.
Doch daß du siehst, was deine Grausamkeit
an Rache täglich, stündlich auf dich sammelt,
so hör nur wenge Worte, aber die
hör scharf und gut: Seit gestern ist kein einzig
eßbares Ding in Pelrapeires Mauern.
Wenn bisher sich die Greise, Mann um Mann,
die hochbetagten Frauen, stumm entschlossen,
dem Hungertode weihten, daß der Rest
der Speisen noch die Kämpfer auf den Mauern
zum Widerstande stärke, wenn wir täglich
der ausgenagten, gelben Angesichter
mehr, immer mehr zum letzten Schlummer legten,
Gestalten, schmal wie Bilder im Gewänd
des hohen Münsters, wenn die jungen Mütter,
da ihre Brüste, welk und eingetrocknet,
nicht Milch mehr gaben für des Säuglings Durst,
die Adern öffneten, mit Blut zu tränken
die qualvoll wimmernden in ihrem Schoß,
so war uns doch der eine Trost geblieben:
noch darbt die eine nicht, die Teuerste,
um derentwillen alle dies ertrugen,
noch konnten wir Conduiramur mit Trank
und Speise ihr geheiligt Leben fristen.
Dies war nun auch zu End. Da zog ich aus,
ob Gott vielleicht mein Wagnis segnen wollte,
ob ich vielleicht auf etwas Speise traf.
Auch dies umsonst! Der Himmel hat beschlossen,
uns alle zu verderben. Zögre nicht,
dein Henkerschwert zu ziehn, Kingrun, ich beuge
den Nacken dir, die letzte dünne Woge
des Bluts vergießend für Conduiramur.
Kingrun:	Was sperrt Ihr Euch so gänzlich ohne Sinn?
Ergebt Euch, Narren!
Einhard:	Laß dies! Von Ergebung
kein Wort! Das Schicksal hat für uns entschieden.
Sein Spruch ist klar: Du weißt, er lautet Tod.
Kingrun:	Gut, wenn Ihr wollt. Sieh her auf dieses Brett!
Da steht der König, matt, von beiden Türmen,
dann hier der Läufer, hier der Springer, sieh,
am Ende noch die beiden Bauern, matter
war noch kein König in der ganzen Welt.
Ich nehm ihn weg, ich setz an seine Stelle
die Dame hin, wiewohl kein kluger Mensch,

er heiße denn Clamide, solchen Aufwand
um einer Dame willen macht. Und jetzo, —
Was tu ich, Einhard? — Einen Springer stell
ich höflich dicht an unsrer Dame Seite
und einen Bauern obendrein — was hilfts?
Matt ist sie, bleibt sie, matt bis in die Knochen. —
Es ist nicht not, daß wir uns grimmig hier
wie Wölfe ansehn. Und galant zu sein
hat auch Kingrun so gänzlich nicht verlernt.
Besonders seine künftge Königin
verbindet er sich gerne. Darum, sieh,
daß unsre Holde nicht mit leerem Magen
sich heut zu Bette legen muß (denn morgen
empfängt das Mahl sie in Clamides Zelt),
so send ich ihr durch Einhard, den Getreuen,
dies schöne, weiße Brot von meinem Tisch,
ein Vorgeschmack von Iserterres Wonnen,
von Brandigans getürmter Tafelpracht,
und laß mich an Conduiramur empfehlen.
*(reicht dem Seneschall das Brot und winkt ihm,
sich zu entfernen)*

PELRAPEIRE

Platz vor der Königsburg, von ernsten Gebäuden umschlossen. Von mehreren Seiten münden Straßen und Gassen in ihn ein. Der Platz bewegt sich gegen den Hintergrund zu aufwärts und endet in einer breiten Freitreppe, die zum Schloßportal emporführt. Rechts im Vordergrund eine Linde. Abend.

Der Platz füllt sich mehr und mehr mit Volk aller Art, das sich matt und mit den Zeichen der Sehnsucht oder Verzweiflung heranschleppt. Greise werden gestützt, Kinder herbeigetragen oder gefahren, manche bringt man auf Bahren, auch Leichen werden niedergesetzt.

Aus zwei Seitenpforten treten Ritter in voller Rüstung hervor, aber ebenfalls mit dem Ausdruck der Erschöpfung. Sie besetzen auf beiden Seiten die Treppe und machen Gebärden, als wollten sie das Volk abwehren, die Treppe hinaufzudringen. Die Glocken des nahen Münsters beginnen zu läuten.

Chor der Mönche *(mit aufgebahrten Toten)*:
    Die, so im Leben hungerten,
    werden gespeiset im Tode.
    Die, so im Leben dürsteten,
    werden getränkt mit lebendigem Wasser.
    Die, so im Leben verlassen waren
    und preisgegeben,
    denen wird zu Hilfe kommen die Liebe,
    und wird sie empfangen

                    und erheben
                    und wird sie tragen an die Stätte,
                    da Licht ist.
Volk *(die Hände nach dem Portal streckend)*:
                    Conduiramur! Conduiramur!
                    Zeig dich den Deinen.
                    Komm zu den Schwachen! Komm zu den Kranken!
                    Komm zu denen, die sinken für dich,
                    Sinken ins Dunkle, fallen zur Tiefe.
                    Conduiramur!
Chor der Mönche:
                    Denn es sind Quellen,
                    die nimmer versiegen,
                    Früchte und Speisen,
                    die niemand erschöpft.
                    Wohl dem Berufenen,
                    wohl dem Begnadeten,
                    der an den purpurnen Tischen der Liebe
                    isset und trinkt!
Volk *(wie vorher)*:
                    Conduiramur! Conduiramur!
                    Deiner Wangen, der reinen, hungert uns!
                    Deiner Augen, der liebenden, dürstet uns!
                    Deiner vom himmlischen Tau übersprengten
                    schimmernden Stirne,
                    deines von Güte umlagerten Mundes,
                    deiner Hände, die lindern
                    die Schmerzen des Todes,
                    deiner Stimme, die lichtet
                    das Dunkel der Angst,
                    Deiner, o Deiner
                    sind wir bedürftig,
                    Conduiramur!
Chor der Mönche:
                    Tief in den Ursprung
                    mündet das Ende,
                    tief in das Leben
                    senkt sich der Tod.
                    Denn in den Höhen
                    ward uns erhalten,
                    ward uns gefristet
                    ewig das Kind.
Volk:
                    Conduiramur!
                    Sieh uns hier flehen!
                    Tritt aus der Pforte!
                    Neig Dich zu uns!
Chor der Mönche:
                    Betet, ihr Brüder,
                    daß die erstarrte,

	daß uns die Erde
	gebäre das Kind!
Volk:	Conduiramur! Conduiramur!
	Zeig Dich den Deinen.
	Komm zu den Schwachen! Komm zu den Kranken!
	Komm zu denen, die sinken für Dich!
	Sinken ins Dunkle,
	fallen zur Tiefe!
	Conduiramur!

*(Das Portal öffnet sich, Kiot und Manfiliot,
zwei Greise in Klausnertracht, treten hervor)*

Kiot *(macht Zeichen, daß er reden wolle):*

Volk:	Kiot, der Fromme!
	Kiot, der Heilge.
	Hört, Kiot!
Kiot:	Ruft nicht, ihr Brüder, nach Conduiramur.
	Sie, die nur lebt durch euer aller Sterben,
	vermag nicht länger zu ertragen mehr
	den Anblick, der ihr fühlend Herz zerschneidet.
	Ihr wißt, sie war bereit, für euer Heil
	ihr Leben tausendfach dahinzugeben.
	Ihr wolltet nicht, ihr zwangt die Königin,
	zu nehmen von den Speisen und Getränken,
	die noch die Kammer bot, ob das Gespenst
	des Hungers gleich die sieche Stadt durchschweifte
	auf dürrer Mähre, grinsend wie der Tod.
	Im Traum gemahnt, des Volkes Ruf zu hören,
	ergab sie sich, und wenn sie trank und aß,
	so hob sie betend auf die reinen Augen
	und sprach: Nicht mir seis zugesetzt, o Herr,
	mein lebend Blut verströme in die Adern
	des Letzten meiner Kinder.
Volk:	Segen ihr!
Kiot:	Jetzt aber wächst das Maß zum Übermaß.
	Die tapferste, die treuste Königin,
	(fast nennen wir sie Kind noch, das bedenket!)
	nicht ist sie solchen Jammers mächtig mehr,
	und glühend stürzt der Strom der Tränen ihr
	ohn Unterlaß hervor. In jeglichem,
	den ihr hinaustragt, ist sie mitgestorben,
	ein hundertfacher Tod häuft sich auf sie —
	sie kann nicht mehr. Zu leben und die Quelle
	des allgemeinen Sterbens sein, ermeßt,
	welch unerträglich Feuer ihren Scheitel,
	ihr Aug und Herz, ihr innres Mark versengt!
	Ihr gabt euch hin für sie, verlöschend
	irrt noch ein Lächeln über euren Mund,
	sie aber lebt und lebt und soll nicht sterben.
	Tod ist dies Leben, Leben euer Tod.

Volk *(in einen einzigen Schrei ausbrechend)*:
  Conduiramur!
      (Kiot und Manfiliot wenden sich und treten ins Portal zurück)
Chor der Mönche:
  Geht uns zur Neige das irdische Brot,
  gähnen die Grüfte der Erde,
  gib uns, o Vater, das neue Gebot,
  daß es zur Speise uns werde!
Volk *(im Ausbruch des Entzückens)*:
  Conduiramur!

*(Conduiramur ist aus dem Portal getreten, von Kiot und Manfiliot geführt. Sie tritt einen Schritt vor die Greise und blickt erschüttert über das Volk, das ihr die Arme entgegenstreckt. Man hebt ihr die Kinder entgegen, selbst die Toten werden gegen sie aufgerichtet. Plötzlich bricht Conduiramur auf die Knie nieder und verbirgt ihr Angesicht. Alles verharrt stumm und überwältigt.
In diesem Augenblick ist Parzival unter der Linde angekommen, vom Pferde gestiegen und hat dies einem Knechte übergeben. Jetzt bahnt er sich einen Weg durch das Volk und steigt die Treppe empor, in deren Mitte er stehen bleibt. Conduiramur, von Manfiliot und Kiot aufmerksam gemacht, richtet sich schnell empor. Parzival steht regungslos, sie anblickend.)*

Parzival *(leise)*:	Conduiramur!
Manfiliot:	Mein Held, ich grüße Euch in Pelrapeires Namen. Eure Ankunft war uns gemeldet vor geraumer Zeit. Wo weiltet Ihr so lange? Seid willkommen.
Parzival:	Im Münster war ich.
Manfiliot:	Habt die Gnade denn zu sagen, was in unsre Stadt Euch herführt.
Parzival:	Ich suche Herberg.
Manfiliot:	Und Ihr findet hier den Hunger und den Tod. Wenn diese beiden den Gast nicht schrecken, nenn ich nocheinmal willkommen ihn. Hier steht die Königin, sie mag gewähren Euch, um was Ihr bittet.
Parzival:	Conduiramur!

Conduiramur:	Ihr nennet mich beim Namen?
	Das heißt, Ihr kennt mich, eh Ihr mich gesehn.
	Da Ihr die Stadt des Jammers nicht verschmähtet,
	umfang ich Euch, mein hochverehrter Gast,
	wie diese Stadt Euch schirmend hat umfangen,
	und küsse Euch als Bruder und als Freund.
	      *(geht ihm über einige Stufen entgegen,
	            umarmt und küßt ihn)*

Volk:	Helft, Ritter, helft, die Königin zu retten!

Parzival *(die Stimme des Volkes nicht beachtend)*:
                Gott dank Euch, Herrin!

Conduiramur:	Folgt mir denn hinein!
Volk:	Conduiramur! Conduiramur!

Conduiramur *(wendet sich gegen sie, die Hände nach oben hebend)*:
                Dem Himmel
                euch alle.

Volk:	Helft der Herrin! Helft der Herrin! — Conduiramur!

SAAL DER BURG

In der Mitte an erhöhter Stelle zwei Thronsessel.

Conduiramur geleitet Parzival, der seiner Rüstung entledigt und geschmückt ist, nach dem Throne hin. Kiot und Manfiliot folgen und nehmen ihre Sitze rechts und links des Thrones. Die Ritter bilden das Gefolge und stellen sich zu beiden Seiten des Thrones abwärts. Es ist bereits dunkel geworden, die Lichter brennen. Parzival sitzt schweigend, in Conduiramurs Anblick vertieft.

Conduiramur:	Mein edler Freund, was deutet Euer Schweigen? Ihr seht mich an, als nähmt Ihr teil an dem, was unsre Stadt und mich so schwer bekümmert. Jedoch Ihr redet nicht. So bitt ich Euch, da ich mich Eure Wirtin doch nun nenne, daß mir für meinen Teil gestattet sei das Wort zu führen. Batet Ihr um Herberg, die sei gerüstet Euch mit allem Fleiß; doch wünschtet Ihr Euch Letzung auch und Speise, den müden Leib nach langem Ritt zu stärken, so seht uns traurig hier im leeren Saal, verlegen und betrübt: nicht eine Krume blieb uns des Brotes, noch ein Becher Wein.
Parzival:	Ich seh Euch an und fühle keinen Hunger. Von Durst und Müde, Herrin, weiß ich nichts.
Manfiliot:	Noch steht ein Tropfen Wein mir im Gemache, ich spart ihn mir. Man bringe ihn herbei.
	(ein Knappe entfernt sich und kommt später mit einem Becher zurück)
Conduiramur:	Zürnt mir nicht, Freund, wenn ich Euch jetzt befrage, woher Ihr kommt und welches Ziel Ihr sucht.
Parzival:	Ich komme von Graharz. An diesem Morgen ritt ich dort aus. Mir gab Herr Gurnemanz den Ritterschlag. Er nannte mir den Namen Conduiramur.

Conduiramur:	Wie sagt Ihr, lieber Freund? Ihr rittet von Graharz an einem Tage nach Pelrapeire her?
Parzival:	So ist es, Frau.
Conduiramur:	Wie wunderbar! Die Boten, die ich sende, sind stets den dritten Morgen unterwegs. Ihr scherzet wohl.
Parzival:	Ich eilte, Euch zu sehen.
Conduiramur:	Ihr findet uns in Jammer und in Not. Ach, Pelrapeire bietet keine Freude. Ihm sich verdingen, heißt, dem Untergang verbunden sein.
Parzival:	Ich biet Euch meine Dienste.
Conduiramur:	O Freund, darf ich sie nehmen? Hoffnungslos ist meine Lage. Weder Sieg noch Ruhm hat Pelrapeire zu verschenken.
Parzival:	Ehre gibt Gott, sie kann aus Menschenmund nicht kommen. Nehmt meinen Arm!
Conduiramur:	Für ein vergeblich Werk reicht Ihr ihn dar?
Parzival:	Ich hoffe. Ich vertraue.

(Unruhe am Eingang)

Conduiramur:	Was ist? Was flüstert man? Ein Schrecken fällt mir ins Herz. Ich höre Einhards Stimme. Ist er zurück?
Ein Knappe:	Er ists. Vom Pferd gestiegen steht er am Eingang.
Conduiramur:	Eile, eile Kind, bring ihn herbei!

(Knappe ab)
(zu Parzival)

Der Seneschall, der treue!
Ich bangte schon um ihn, da er so lange
uns außen blieb. Um Speise ritt er früh
ins Land hinaus, mir ahnt, er bringt uns Gutes.

(Einhard, eine Schale mit dem Brote tragend, tritt ein, nähert sich ehrerbietig und reicht auf den Stufen kniend das Brot dar. Der Knappe mit dem Becher ist hinter ihn getreten und bietet diesen gleichfalls dar.)

Einhard! Was seh ich! Reinen Wunders Fülle.
Ein weißes Brot. Es strahlt mich lieblich an.
O Gott, der du dies heilge Zeichen sendest —!

(sie verbirgt erschüttert das Gesicht)

Verzeiht, mein Freund, das Herz ist allzusehr

	des Glückes ungewohnt geworden, mächtger
	als Stöße selbst des grimmen Leides ist
	der warme Blick der Güte, jene machen
	nur zucken uns, doch dieser wirft uns nieder.
Einhard:	Nehmt, Herrin, eßt!
Conduiramur:	Laß mich das Brot beschauen!

Dem Herzen ists noch mehr ein speisend Licht
als es dem Leib ein Trost ist im Vergehen.
Du weißes Rund, dem Bild der Sonne ähnlich,
du enger Zirkel, drin das Leben ruht,
mit Andacht nehm ich dich in meine Hände,
treu dem Gebot des Traums in tiefer Nacht,
und breche dich und teile dich zum Gruße
mit diesem Helden. Nimm. Es ist für dich!

(Parzival nimmt)

Conduiramur: Dies ist das Mahl, das wir zusammen halten.

(Sie essen)

Conduiramur *(den Becher nehmend)*:
Ein Tropfen nur des edlen roten Weines.
Auch er, verteilt auf deine, meine Lippen,
bedeute uns der Freundschaft reinen Bund,
auf daß der Speisung Kraft wir nicht entraten
und einer sich dem andern schenke. Trink!
(neigt den Becher von ihrem Munde an den seinen)
Ihr Freunde, die Ihr steht in Eurer Schwäche,
der Nahrung bar, betrübt Euch nicht darum.
Nicht Hungers wegen, nicht um Durstes willen
ward dies getan. Ihr wißt, das halbe Brot,
die Neige Wein, sie mag dem Leib nicht stillen,
die Not, die grenzenlose, die ihn brennt.
Daß wir dem Gaste Ehre bieten konnten,
das ists, was mich mit Dank und Freude füllt.
Nahm er das Brot, trank er mit uns des Weines,
so ist er unser, ist in einem Leib
mit uns vereinigt. Einhard, seid bedankt
und Kiot Ihr, die uns dies Glück gespendet.
Und nun, mein Freund, entlaß ich Euch zur Ruh.
Bereitet steht das Bett, der Schlummer segne
die Seele wie den Leib Euch. Ruhet wohl!

*(Parzival erhebt sich und verneigt sich
tief vor Conduiramur, auf ihren Wink
begleiten Kiot, Manfiliot und die Ritter
Parzival hinaus. Einhard bleibt zurück.)*

Conduiramur:	Wer gab das Brot Euch, Seneschall?
Einhard:	O Frau, Ihr ratets nicht.
Conduiramur:	Ein Bauer oder Fischer?
	Ein ziehnder Krämer wohl? Ein Köhler?
Einhard:	Nein.
	Kein andrer als Kingrun.

Conduiramur:	Was sagt Ihr, Einhard?
Einhard:	Ich war gefangen. Aus dem Hinterhalt fiel man mich an. Sie brachten mich zum Lager des Feindes.
Conduiramur:	Einhard!
Einhard:	Meines Todes war ich gewärtig. Doch der Seneschall, des Sieges sicher, kundig unsres Jammers, gab mir das Brot her vom getürmten Tisch und hieß zur Stadt mich höhnend wiederkehren.
Conduiramur:	Wir sind zu End. Er weiß und triumphiert.
Einhard:	Ja, edle Herrin. Morgen wird er stürmen.
Conduiramur:	Und meine Treuen? Weh, die matten Glieder vermögen kaum der Waffen Last zu schleppen! Die Tore bersten, mit Getöse stürzen die Scharen unsrer Feinde in die Stadt. Kingrun, der Freche, greift nach unserm Banner. Gott, großer Gott! Geh, Einhard, leg aufs Lager den matten Leib. Nocheinmal sammle Kraft fürs Ende. Faß nicht meine Hände, Teurer. Laß mich allein. Ich muß allein sein, Freund. Ich muß mein Herz ins Herz des Einen werfen, der retten und vernichten kann. Lebwohl! *(Sie reißt sich von ihm und eilt hinaus. Einhard blickt ihr nach, dann senkt er tief das Haupt und geht wankend ab.)*

IN DER BURG VON PELRAPEIRE

KEMENATE

Parzival *(auf seinem Lager schlafend)*:
Edelknabe *(vor seinem Lager wachend und die Kerzen betrachtend, die das Gemach hell erleuchten)*:

Edelknabe:	Ach, daß ich mich aufs Lager strecken dürfte! Der Ritter schläft. Er sprach kein Wort zu mir, daß ich entlassen sei. Der Hunger quält mich, die Augen brennen, immer schwankt das Haupt. Fänd ich nur Schlaf, gewiß, es käme mir ein schönes Bild, wie ich bei Tische säße, und goldne Schüsseln trüg der Koch herein und brächte Schalen, hochgetürmt mit Kuchen, und Becher reicht man in der Runde. Ach! Der Schlaf ist gut. Nur er vermag zu trösten.

Parzival *(erwacht)*:

	Wer redet? Gutes Kind, du bist noch hier?
Edelknabe:	Ihr hießet mich nicht gehen, eh Ihr schliefet.

Parzival:	Ich sank wohl unter, eh ich mirs bewußt. Was ist die Glocke?
Edelknabe:	Dicht vor Mitternacht.
Parzival:	So geh und schlaf!
Edelknabe:	Soll ich die Lichter löschen?
Parzival:	Ja, lösche sie. Ich brauche sie nicht mehr. Nein doch! Laß sein! Sie sollen mir noch brennen. Ich will ein wenig wachen. Mitternacht will ich erwarten. Ich versorge sie wohl selbst.
Edelknabe:	So darf ich gehen?
Parzival:	Reich mir noch das Blatt dort auf dem Tisch.
Edelknabe:	Das Pergament?
Parzival:	Ja, gib! (*empfängt es*) Nun geh und kriech ins Bett.
Edelknabe:	Gott segne Euren Schlaf.
Parzival:	Den deinen auch. Geh leis hinaus, damit du niemand aufweckst.

                          (*Edelknabe ab*)
            (*Parzival heftet das Blatt über seinem Haupt ans Bett*)

Hier sei der Platz, geheimnisvolles Blatt,
des Züge sich mir einst enträtseln sollen.
Blick du herab auf meinen Schlaf und gieß
von deiner Kraft ihm ein.
              (*er sitzt aufgerichtet und lauschend*)
Wie still! Unendlich still!
O Heimlichkeit der tiefen Mitternacht.
Wie heiter ist der Raum und grenzenlos!
Ich hör der Sterne leisen Reigen gehn,
ich hör das Stürzen silberner Gewässer.
Ein leichter Schleier schwebt vor meinem Blick,
den tiefen Schoß der Wunder kaum verhüllend,
von fernher leuchtet eine Sonne mir,
die im Kristall der tiefern Meeresfluten
gleich einem Kind in heller Wiege ruht.
Sie lächelt mir herauf, von ihren Zügen
ein hold Entzücken flutet durch mein Sein,
ich bin entfacht, die dunklen Tore schließen
die Sinne zu, und immer wacher hebt
mein Geist die schwanengleichen, weißen Schwingen.
Wohin, mein Schwan, wohin, o sag, wohin —? —
              (*er sinkt entschlummernd zurück*)
            (*Vom Münsterturme hört man klar und gedämpft die zwölf Schläge der Mitternacht*)

Conduiramur:	Du schläfst, mein Held? Ist dir der Mitternacht tief wunderbar verwandelnde Gewalt

nicht kund? Da liegst du, lächelnd wie ein Kind!
O Gott des Himmels, sieh auf mich herab,
die ich mich heimlich schleiche wie ein Geist
durch aller Wächter schlafentrückte Schar,
ein Weib an dieses Mannes Bett. Du weißt es,
daß ich nicht suche, was das Blut begehrt.
Auftriebs mich, dieses Angesicht zu schauen,
das kaum noch des Bewußtseins Hauch gestreift,
das mit des Engels streng geformten Zügen,
die nicht begreifen, was des Bösen ist,
wie eine Schrift des Himmels aufgeschlagen.
Du sollst den Sturm, den wilden, der Verzweiflung
beschwichtigen in schmerzdurchwogter Brust,
du sollst mir lösen jenen heißen Strom,
der Lindrung bringt, ob er die Wange auch,
die schutzlos bange, ätzt mit seiner Lauge.
O Gott, der du dies Angesicht geschaffen,
auf das ich zitternd vor Erstaunen seh,
laß mich nicht fallen in die Nacht des Bösen,
errette mich vor Schande und Gewalt!

Parzival *(erwacht)*:
Wer ist bei mir? Wer kniet an meiner Seite?
Conduiramur! Um Himmels willen kniet
nicht vor mich hin, Euch ziemt vor Gott zu knien,
nicht vor dem Sterblichen. Steht auf! Steht auf!
(er richtet sie auf)

Conduiramur: Ich weckte Euch. Verzeiht Ihr mir? O Freund,
ich kam zu Euch in dieser Mitternacht
geheimnisvoller, tief verhüllter Stunde.
Ich fleh Euch an, denkt Böses nicht von mir.
Ich nahm den Königsmantel um die Schultern,
gewappnet ging ich her in diesen Streit:
ein weißes Hemde fließt um meine Glieder.
Nicht such ich, was der Sänger Minne nennt,
ich kam vom innern Herzen angetrieben,
nicht wissend, was geschehen wird, ich kam,
da ich Vertrauen zu Euch faßte.

Parzival: Herrin,
steht nicht so da, indes ich ausgestreckt
auf warmem, weichem Bett der Ruhe pflege.
Ich bitt Euch, nehmt mein Lager für Euch an
und laßt mich irgend im Gemache bleiben!

Conduiramur: Von Eurem Lager scheuch ich Euch nicht weg.

Parzival: Doch leid ich nicht, daß Ihr mit bloßem Fuße
wie eine Magd bei meinem Bette steht.

Conduiramur: Wie kanns sonst sein?

Parzival: Da Ihr Vertrauen heget,
legt Euch an meine Seite, hohe Frau.

Conduiramur: Wenn ich es tue, sagt, in welchem Zeichen
soll es geschehn?

Parzival *(ergreift das Pergament und reicht es ihr)*:
    In diesem.
Conduiramur *(entfaltet das Blatt, ihr Gesicht drückt höchstes*
    Staunen aus):
    O mein Held!

Parzival: Könnt Ihr die Schrift auf diesem Blatte lesen?
Conduiramur: Ich habe Schrift und Lesen nie erlernt.
    Doch weiß ich wohl, was dieses Blatt bedeutet.
Parzival: Wie das?
Conduiramur: Es ist ein Wort des ewgen Worts,
    das ich geheim in jeder Schrift erkenne.
    Denn nicht die Schrift gewahr ich, nicht den Laut,
    das Wort erscheint mir selber in der Seele.
Parzival: So sagt mir, was es spricht.
Conduiramur: Ihr wisset nicht,
    die Botschaft, die Ihr eben mir geboten?
Parzival: Ich ahne sie und weiß sie ahnend klar,
    doch kann ich keine Silbe Euch verraten.
    Sagt Ihr mir, was sie spricht.
Conduiramur: So höret wohl!
    Heut ward ein wundersam Geheimnis klar:
    Neu wie im Anfang werden die Naturen.
    Gott ward ein Mensch. Und was vergangen ist,
    was schon der Tod im dunklen Abgrund hüllt,
    es steigt empor, zur Dauer auferweckt.
    Und was dem Wahn der Nichtigkeit verfiel,
    was hingegossen war ins sinnlos Leere,
    das nahm er auf in seinen heilgen Arm.
    Denn siehe, nicht erleidet er Vermischung
    und Teilung nicht in seiner Gänze. Ja.
Parzival: Denn siehe, nicht erleidet er Vermischung —
    wollt Ihrs auf dieses Wort hin wagen, Frau?
Conduiramur: Ich will es.
Parzival: Kommt.
Conduiramur *(legt den Mantel ab)*:
    Den Purpur laß ich fallen.
    Der Schnee des Hemdes decke mich allein.
              (legt sich neben ihn)
Parzival: Wer seid Ihr, Frau? Mir fließen leicht und leichter
    des Blutes Wellen durch die Adern fort.
    Ihr seid bei mir und dennoch bin ich einsam
    und wunderbar geborgen in mir selbst.
    Seid Ihr es denn? Verrinnen unsre Wesen?
    Bin ich allein inmitten aller Welt?
    Ich weiß von zweien nicht. Indem ich rede,
    spricht meine Seele mit mir selber. Nie
    empfand ich klarer mich in Gott begründet.
Conduiramur: Bin ich in Euch und Ihr in mir beschlossen,

	so ist mein Kummer Euer Eigen auch,
	und meine Not ist Not auch Eures Herzens.

                    Und wenn sie redet, wenn in Seufzern sie,
in stammelnden Gebeten sich erleichtert,
so nehmt sie auf in Euer innres Zelt
und setzt sie, einen qualerfüllten Becher,
in Purpur strahlend meiner Seele Leid,
auf den Altar, an dem zu Gott Ihr betet.

Parzival: O redet, Frau.

Conduiramur: Von Feinden rings umstellt,
verzehrt von Not, umsonst nach Hilfe rufend,
wo find ich Rettung, da mich Gott verließ?
Mein Vater starb; so stand ich — preisgegeben!
Mit flackernd wilder Leidenschaft begehrt
Clamide meines Leibes, und Kingrun,
der Gräßliche, der nicht Erbarmen kennt,
der neu und neu die fürchterliche Klinge
in Blut taucht, tat den Schwur vor aller Welt,
mich in Clamides brünstgen Arm zu zwingen.
Mich schaudert, wenn ichs denke. Alle Kraft
des edlen Rittertums liegt mir erschlagen,
verwüstet ist mein Land, auf allen Bergen
starrt der gebrochnen Burgen grauses Bild,
und in den Tälern rauchen Städt und Dörfer.
Mein Volk verdirbt. Noch drängt der Letzten Schar
sich dicht um mich, mir Leib und Leben deckend.
Doch ihre Kraft ist hin, des Jammers Frucht
ist reif geworden, morgen muß sie fallen.
Zum Sturme rüstet sich Kingrun, und weh,
der frischen Kraft der neuen Völker, die
mit Übermut gen unsre Mauern branden,
hält unsre Wehr nicht stand. Zum letzten Male
ruh ich behütet noch im Schirm der Nacht,
denn Schande oder Tod bringt mir der Morgen.

Parzival: Daß dies nicht sei, des helfe mir der Herr,
der Feuer gießt in eines Mannes Arme.
Verzagt nicht, Frau. So wie die Sehnsucht mich,
Euch beizustehn, auf Sturmesflügeln hertrug,
so will ich stehn vor Eurem reinen Leib,
ein Engel nun, da Gott mich also aufrief,
und Flammen schleudern auf des Feindes Haupt.

Conduiramur: Ihr glaubt an Sieg?

Parzival: Ich glaube, daß mir Gott,
wenn er mich sandte, auch die Rüstung spendet,
die mich dem Kampf gewachsen macht.

Coduiramur: O Mann,
der Ihr mich anblickt mit der Kraft des Herzens,
Ihr gießt mir Ruhe in die bange Brust.
Und wie im Hauch der stillen, starken Lüfte
die wilde See sich sänftigend verwallt

| | und grenzenlos den ebnen Spiegel breitet,
zum Gruß des Himmels und der Sterne Licht,
so wird mir meine Seele tief befriedet,
daß ich mein Haupt dir lege an die Brust
und wie ein Kind des Schlummers Gnade suche.
(sie bettet sich und schläft ein) |

Parzival: Es ist kein Traum, es ist ein wachres Wachen,
als je mein Geist in dieser Welt gekannt.
Zum Schiffe wird das Bett, auf hohen Wogen,
schon trägts mich fort zu grenzenloser Fahrt,
dem dunklen Saum des Ufers weit entschwebend —
wo fahr ich hin? Wo werf ich Anker aus?

Stimme des Wächters *(von der Zinne)*:
Durch die Wolke schlägt des Tages Klaue,
sieh, er steigt empor mit aller Macht.
Hör mich, Treue, hör mich, süße Fraue,
schon geendet ist der Lauf der Nacht.
Überm Meere rollt der Sonne Wagen.
Purpurzelte sind ihr aufgeschlagen.
Die Ihr liebet, habet acht:
Schon geendet ist der Lauf der Nacht!

Conduiramur *(erwacht)*:
Ach, rufst du, Wächter?

Parzival: Sieh, die Purpurlippen
tut schon der Tag zu neuem Lächeln auf.

Conduiramur: Wir müssen scheiden. *(sie erhebt sich)*
Dir zu danken, Teurer,
der du den Tau nicht aus der Blume trankst,
der du im Anschaun dein Genügen fandest,
was kann ich tun?

Parzival: Bleib, Herrin, die du bist:
Conduiramur!

Conduiramur: Lebwohl. Ich will dich nehmen
in meiner Seele allertiefsten Schoß,
da niemand ist als Gott.

Parzival: Hier will ich wohnen,
aufs neue Kind geworden, daß du mich
zu neuem, höhern Leben ausgebärest.
Lebwohl!

Conduiramur: Lebwohl!
(sie nimmt den Purpurmantel und entfernt sich leise)

Parzival: Mit Gott willkommen, Tag!

LAGER VON PELRAPEIRE

ZELT DES KINGRUN

Kingrun beim Frühstück, von Gernot bedient. Das Zelt ist geschlossen. Im Lager Getöse der Rüstung und Zuruf der Mannen und Knechte. Durch allen Lärm dringt deutlich, wenn auch im einzelnen unverständlich, eine mächtige Stimme hindurch.

Kingrun (*aufhorchend*):
    Halt still! Was ist das? Welcher Ochse brüllt
    den Morgen an, daß rings die Lüfte zittern?
    Ist einer von uns toll geworden? Lauf!
    Sieh zu, was los ist!
Gernot (*im Spalt des Ausgangs*):
    Ritter rennen her.
    Noch lauter tönt das Rufen.
Kingrun: Scher dich
    hinaus, bring Kunde mir!
Gernot: Ihr Ritter —
        (*mehrere Ritter treten hastig ein*)
Tankred: Auf, Senneschall, vor unserm Lager hält
    auf mächt'gem Roß ein Ritter, ganz in Eisen.
    Aus seinen roten Wehren springt der Blitz
    der ersten Sonne, daß sie Feuer lodern.
    Er schwingt den Speer und mit des Löwen Ton
    ruft er Kingrun heraus zum Ritterkampfe.
Kingrun: Rot ist die Wehr?
Tankred: Wie Blut der roten Rebe.
    So Schild und Schwert und so auch die Schabracke
    des Rosses, das mit feuriger Begier
    zum Himmel wiehert.
Kingrun: Hah, dich kenne ich.
    Ither von Gahewis, des Artus kecker Ritter,
    kein andrer bist du. Lüstets dich, du Tor,
    im Gras zu liegen mit zerbroch'nen Knochen,
    wohlan!
        (*er springt auf*)
Tankred: Hört doch sein lautes Rufen! hört!
        (*schlägt die Zeltdecke auf*)
Stimme Parzivals (*gewaltig dröhnend*):
    Heraus, Kingrun! Ich fordre dich zum Streite.
    Ho heraho! Kingrun, vernimmst du mich?
    Ho heraho! In dem erlauchten Namen
    Conduiramur sei unser Kampf vollbracht.
Kingrun: Ho heraho! Du Esel!
    Ho heraho!
    Hat sie dich auch betört, das süße Weib?
    Bist du nicht Manns genug, die Zuckerschnitten,

	die sie dir schmeichelnd vorlegt, zu verschmäh'n?
	Ho heraho! Ich breche dir das Rückgrat
	wie einen Stecken. Schrei nur, roter Hund,
	liegst du im Staub, stöhnst du umsonst nach Gnade.
	Zur Hölle fährst du wie die andern auch.
	Auf, wappnet mich! Den Streithengst führt zur Stelle.
	(es geschieht)
Tankred:	Bedenkt Euch, Herr —
Kingrun:	Bedenken? Feigling heiß mich,
	wenn ich mich je bedenke. Schnürt nur! Schnürt!
	Ich nenn' mich Schenkwirt, weil ich Blut ausschenke
	mehr als mein Kellrer Wein. Auf einen Humpen
	mehr oder wenger kommts nicht an. Den Helm!
	Das Schwert jetzt. Fest gegürtet! Fester!
	Die Lanze schnell! Die stürzt dich in das Gras,
	daß dir der Schädel dröhnt von Hammerschlägen.
	Mach Reu und Leid, du Schächer, oder nein,
	machs lieber nicht! Auf jede Weise bist du
	des Teufels. Raucht dein Blut empor zum Himmel,
	wärmts mir das Herz, und, die Gelenke locker
	vom Spiel der Waffen, werf ich lustger mich
	der Stadt entgegen. Fertig? — Reiten wir!
	(mit den Rittern ab)
	(Gernot und einige Knappen, die dazukommen.)
1. Knappe:	Ich gäb was drum, wenn ich dabei sein könnte.
2. Knappe:	Wie er ihn hinwirft, zwischen Helm und Hals
	die Berge öffnet und das Schwert ihm dann
	hineinstößt, daß das Blut in weitem Bogen
	hervorspritzt wie ein Brunnen. Lieber doch
	lang ich nach dem, was er dort auf dem Tischchen
	zurückließ.
Gernot:	Laß das! Rühr's nicht an!
	Erfährt ers, schlägt er dich zuschanden.
2. Knappe:	Bruder,
	ein Schnippchen schadet nicht.
1. Knappe:	Den Kampf zu sehn,
	gelüstets mich gewaltig.
Gernot:	Nun, so klettre
	den Bannermast empor, auf halbem Weg
	kannst du dich in die Eisensprosse stellen.
1. Knappe:	Das tu ich.
	(springt aus dem Zelt und beginnt zu klettern)
2. Knappe:	Komm, wir helfen ihm. Er kann
	uns dafür melden, was er sieht vom Kampfe.
Gernot:	Meintwegen.
1. Knappe *(von oben)*:	
	Laßt, ich brauch euch nicht.

2. Knappe:	Er reicht die Sprosse schon. Er schwingt sich schon hinauf. Siehst du was, he?
1. Knappe:	Sie reiten aus dem Lager, Kingrun voran. Jetzt hält er. Jenseits steht der rote Ritter. Hui —!
2. Knappe:	Erzähl doch weiter!
1. Knappe:	Hui! hui!
Gernot:	Man hört es krachen.
2. Knappe:	Sag, was du siehst!
1. Knappe:	Das nenn ich mir Puneis! Die Lanzen splittern. Beide Rosse hocken schon auf der Hinterhand, die Recken sitzen ab.
2. Knappe:	Wieso das?
1. Knappe:	Wie mir scheint zerplatzten die Riemen ihnen. Sieh da, wütend springen die Hengste auf, die Sättel von sich schleudernd, und rasen übers Feld.
2. Knappe:	Die Ritter aber?
1. Knappe:	Schild gegen Schild und Schwert auf Schwert geschwungen Das zuckt und prasselt, ists der Sonne Licht, ists Feuer, das den Helmen hell entlodert? In Blitzen stehn die Streiter, wirbelnd geht das Schwert dem roten Ritter. Kingrun duckt sich wie unterm Hagel. Mächtig stößt er vor. Sie prallen aneinander wie zwei Türme. Im Kreise geht der Kampf.
2. Knappe:	Ist keiner oben?
1. Knappe:	Man sieht es nicht. Doch scheinen Ithers Schläge an Wucht zu wachsen. Tiefer sinkt Kingrun. Aufs Knie geworfen ficht er rasend weiter.
Gernot:	Weh, wenn er fällt!
1. Knappe:	Sein Arm scheint zu ermatten.
2. Knappe:	Er lügt, er lügt! Kingrun, ist er in Wut, schmeißt sechse hin als wärens Zabelsteine.
1. Knappe:	Er wirft das Schwert empor. Er stürzt zur Seite. Ither auf ihm. Den roten Degen zückt er über ihn. Er fällt. Es ist vorüber. Man sieht nichts mehr.
Gernot:	O heilge Muttergottes, der Senneschall dahin! Wie wird Clamide das Haar sich raufen!
2. Knappe:	Steig herunter du! Sie dürfen dich nicht sehen, wenn sie kommen.

1. Knappe *(erscheint wieder)*:
    Bei Gott, ich hab noch nie so kämpfen sehn.
    Mir schwindelt noch das Hirn.

Gernot: Horch, das Getöse!
    Das Lager rennt. Die dumpfen Stimmen, horch!
    Man kommt. Sie bringen ihn auf einer Bahre.
    (Die Knappen treten zur Seite und blicken stumm nach dem Hintergrund. Kingrun, schwer verwundet, wird hereingetragen. Eine Anzahl Ritter begleiten ihn. Man bettet ihn auf sein Lager.)

Kingrun: Nicht Salben! Kein Verband! Es lohnt nicht mehr.
    Er traf, wie keiner traf. Der Teufel führte
    den Arm ihm. Ah —! Kingrun, mit dir ists aus.
    Verdammt bist du, so jämmerlich zu enden.
    Er hätte mir das Leben nicht noch erst
    zu schenken brauchen. Hätt er doch den Stahl
    mir in den Hals getaucht. Oh! oh! das Sterben
    dünkt mich verteufelt schwer. Bin ich ein Weib?
    Holt einen Pfaffen! Nein, hört nicht auf mich,
    ich rede Unsinn. Ha, es kommt —! Clamide,
    räch mich und heule nicht. Hörst Du? Was kriecht
    so gräßlich mir ans Herz? Gespenster glotzen
    mich höhnisch an mit blutgen Augen — grinsend
    schlägt mir das Tier die Klauen in die Brust.
    Hundsköpfig Scheusal du! Ist meine Kraft
    ins Nichts zerronnen, darfst du mich empor
    wie einen Fetzen reißen? Fort zur Hölle!
    Du oder ich! Wir beide —

    (er stirbt)

Gernot: Seht, sein Auge —
    wie es verglast und bricht!

Tankred: Groß starrt ihm auf der Blick. So wie er lebte,
    mit einem Fluche fährt Kingrun dahin.

PELRAPEIRE

Platz vor dem Münster. Breite Stufen führen zu den Portalen empor. Gegen links zu, wo der Platz offen ist, gehen Treppen zum Hafen hinab. Man blickt weit über den Spiegel des Meeres und auf das gegen die Ferne verlaufende Felsgestade.

C o n d u i r a m u r im weißen Brautgewande in Begleitung von Kiot, Manfiliot, Rittern und Frauen steht auf der Brüstung der Münstertreppe in Erwartung Parzivals. Der Platz füllt sich immer mehr mit freudig erregtem Volke. Ritter und Knappen, von Einhard befehligt, halten einen Weg durch die Menge offen.

Posaunensignale vom Stadttor her. Erst entfernte, dann immer näher kommende Jubelrufe. Von allen Türmen setzt Glockengeläute ein, zuletzt das vom Münster.

Conduiramur:	Entfaltet Euch, ihr lang verhüllten Banner, die Gram uns mehr als Sturm und Naß gebleicht, wie Segel von ersehnten Freudenschiffen, und wie im Atem eure Seide schwillt, vom Hauch der Hoffnung neu emporgetrieben, so schwebe unsre Seele dankend auf zu dem, der die Verlorenen errettet.
	Wiegt im Gestühle euch, ihr Glocken all, von Turm zu Türmchen töne euer Schwingen, bis daß des Münsters fünfgetürmtes Haus hemiederrollt die tiefen, erznen Schläge, erschütternd unser Herz und kündend uns, daß Seel und Leib entronnen dem Verderben.
	Erhebe dich, du Stimme meines Volkes, die Banner und die Glocken überwallend, zum Sturm des Jubels mächtig aufgeregt, und brande durch die steinernen Gestade der Straßen fort, der Plätze, daß die Stadt, zum Meer geworden, wie mit tausend Schiffen hinrauschend ihren Freudentag begeh!
	Denn der dir kommt, ein Retter dir und Sieger, der dich der Hand des Bösen jäh entwand, wie soll er dich nicht finden, fortgerissen gleich einem Falken, der die Fessel sprengt, die Schwingen in den Glanz der Sonne tauchend?
Volk:	Heil dem Erretter! Heil dem Helden! Heil! Gepriesen sei der Starke, sei der Kühne! *(Parzival reitet im Geleit von Rittern in den Platz ein. Er trägt das Banner Pelrapeires, drei Lilien in goldenem Felde)*
Volk:	Die Lilien erblühen! Seht die Lilien! Er bringt sie neu. Weiß leuchtet uns ihr Licht!
Neue Stimmen:	Heil dem Erlauchten!
Andere:	Dem Erwählten! König sei unser Retter! König sei der Held! Er führe uns! Wir wollen mit ihm siegen!
Alle:	Heil unserm König! Heil dem Bannerträger! Er trage Schwert und Krone von Brobarz! *(Allgemeiner, immer wachsender Jubel. Das Volk umdrängt Parzival, den Einhard kniend empfängt)*
Einhard:	Willkommen Held. Wir beugen uns vor dir. Du hörst den Ruf des Volks, er ist der meine: Führ uns, o Held! Von deinem Blick entzündet, aufflammend steigt in uns die Kraft des Muts, daß unser Geist, des Leibes Elend spottend, uns hinreißt wie der Sturm zu heilger Lust.

Parzival:	Nimm hier die Fahne! Was uns fürder werde, steht bei dem Herrn, der alle Dinge lenkt. Und bei Conduiramur. Sie laß uns grüßen. *(Er steigt ab und schreitet im Gefolge Einhards und der Ritter die Münstertreppe empor.)*
Conduiramur:	Sei du gegrüßt, des Namen ich nicht kenne, und der mir dennoch ganz zu eigen ist, daß mich kein Strahl des goldnen Lichtes treffe, der nicht durch mich wie ein kristallen Haus auf dich hinflösse. Alle Namen, Edler, die ich ersinnen kann, gehören dir. Und so auch jener allerhöchste Name, den Menschen tragen, wenn der heilge Reif, den Gott verleiht, die Stirne kränzt, die hehre. Nenn ich dich Freund? Nenn ich dich Bruder? Held? Nenn ich dich Reinen Retter meiner Ehre? Erbauer dich des Hauses, da ich bin, Erlöser aus dem Tod der bleichen Schande? Ich nenn dich mit dem einen großen Wort, das aller Namen Inbegriff und Ende: Mein König!
Parzival:	Herrin!
Conduiramur:	Und ich schwöre dir, daß niemand mich als Gattin soll umfangen, als der, der mich um Todes Preis erkauft.
Parzival *(umfängt sie)*:	Conduiramur.
Conduiramur:	Dir — heut und alle Zeiten!
Volk:	Heil unserm König! Heil Conduiramur!
Conduiramur *(zum Volk)*:	Uns allen Heil! Ihr seht im Brautgewande mich vor euch stehn, des Willens, diesem Ritter die Hand zu reichen, ohne Säumen ihm zu folgen zum Altar. Er bot sein Leben für meines dar. Ich bring das meine wieder ihm frei zurück, wie Gott mirs übergab. Denn schon ist Leib von Leib nicht mehr geschieden, nicht Atem mehr von Atem, Geist von Geist. Und wie der Strom, der sich ins Meer ergossen, nicht fürder Strom mehr ist, und, selber Meer, unendlich in die Fülle sich verbreitet, so strömt mein Wesen ein in seinen Geist. Tut auf das Tor, durch das die Bräute ziehen ins Münster ein, und laßt mich, eine Magd, die erste sein, die sich zum Danke hinneigt. *(die Brautpforte des Münsters wird geöffnet)*
Parzival:	Gestatte, teure Frau, gestattet mir, ihr, die ihr mich zu Eurem Haupt erkoren,

                ein ernstes Wort, wies diese Stunde heischt.
                Wohl liegt Kingrun gefällt von meinem Schwerte,
                und ratlos starrt um ihn der Söldner Schar,
                ein Leib ohn Herz, ein Wagen ohne Steuer.
                Doch meldet mir, indes ich durch das Tor
                hereinritt, eine Botschaft, daß Clamide
                mit großem Volk und Bannern ohne Zahl
                der Stadt sich nahe, sie im Sturm zu nehmen.
                Ihr nennt mich Retter, weil der eine fiel,
                der euch am grimmigsten zunächst befehdet.
                Der größre Feind, der heißre, naht sich jetzt,
                begierig, unsrer Königin Hand zu fassen.
                Noch hat nicht Trank, nicht Speise uns gestärkt,
                wir sind umzingelt noch von allen Seiten,
                und nirgends winkt uns Hilfe und Entsatz.
                Noch hat mein Arm Euch nicht gerettet. Wahrlich,
                ein Wagnis größrer Art, als jenes war,
                das ich auf meinen Arm hin unternommen,
                steht uns bevor. Wir müssen Volk auf Volk
                und Zelt um Zelt im Sturme niederlegen,
                uns Nahrung schaffend aus dem eignen Sieg,
                des Feindes reichen Vorrat uns erbeutend.
                Ihr **alle** müßts vollbringen, ob Euch gleich
                von Qual und Hunger Arm und Glieder beben.
                Seid Ihr bereit, zu folgen mir ins Feld?
                Die letzte Kraft zur Rettung aufzubieten?
                Denn jeder rettet endlich nur sich selbst.
                Dem Hoffnungslosen kann kein Retter kommen.

Einhard: Wir sind bereit. Dein Wort, noch mehr als Speise,
                gießt Leben uns und Kraft und Glauben ein.

Volk: Führ uns! Führ uns! Wir werden kämpfen!
                Wir werden siegen. Führ uns in den Streit!

Parzival: Wohlan, so will ich denn die Krone tragen
                des Königreichs Brobarz, die du mir gabst,
                Conduiramur, du goldner Stern der Frühe,
                von dem die Mutter vorverkündend sprach.
                Getaucht in deiner Strahlen lautre Fülle,
                will ich erheben neugestärkt mein Schwert,
                es gen der Feinde stolzes Prangen kehrend,
                und glaube an die Rettung und den Sieg.

Volk: Wir alle glauben.

Parzival: Laß uns denn beschreiten
                den Weg, der uns verbindet, hohe Frau,
                die wir vor aller Zeit verbunden waren.
                Ihr, Einhard, ordnet unterdes das Volk
                und laßt die Wachen überall verstärken.
                Man achte auf Clamides Rüstung scharf.
                Die Stunde sei noch mein vor dem Altare.
                Alsdann zu Feld, daß wir mit einem Streich,
                eh uns der Hunger gänzlich wirft darnieder,

                    das Werk vollenden, das uns Rettung bringt!
                    (Der Einzug in das Münster beginnt)

Einhard *(zum Volk):*
Nun, Brüder, auf! Die Hilfe wird gegeben
dem Arme, der mit letzter wilder Kraft
zum Stoße sich erhebt, das Herz zu schirmen.
Es wappne sich, wer immer es vermag.
Die Scheunen reißt, die Ställe nieder, brechet
die Balken von den Dächern, schafft herbei,
was irgend uns zur Wehr gereichen könnte.
Fahrt Steine an, die Schleuder zu bedienen.
Entfachet Feuer, siedet Öl und Pech,
daß wir den Feind mit Schwefelglut empfangen,
spitzt neu die Pfeile, schärft die Schwerter, strafft
die Sehnen an den Bogen —

Eine Stimme *(laut und gellend):*
Schiffe! Schiffe!

Andere Stimmen:
Kauffahrer auf der See! Gebt Flaggenzeichen!
Winkt sie heran! Sie bringen Speisung. Eilt!

Einhard: Die Hafenflagge hoch!
*(ergreift ein Tuch und eilt die Münsterstufen
zur Brüstung empor, winkend)*
Ho heia! Schiffe!
Hierher!
(er stößt wiederholt ins Horn)
*(Überall werden Tücher entfaltet, bis die
ganze Szene von Tücherwogen erfüllt ist)*

Volk: Sie kommen! Hilfe! Seht ihr? Hilfe!
Sie wenden! nahen! Breite, dunkle Segel!

Einhard: Wie Riesenvögel schweben sie heran
mit breiten Leibern, bis zum Bord versunken
im Spiegel schier. Gewaltge Lasten birgt
ihr Riesenbauch. Sie sehen unsre Zeichen.
Das Ufer steuern sie, den Hafen an.
Gott, das ist deine Hand, wir sind gerettet!

Volk *(in ungeheuren Jubel ausbrechend):*
Rettung! Rettung!
(sie stürzen einander in die Arme)
Der Himmel gibt ein Zeichen.
Zum Strand! Zum Strand!
(alles eilt zum Hafen)

Einhard: Der Jubel macht sie toll!
(zu bewaffneten Knechten)
Folgt mir! Besetzen wir die Landestelle,
daß nicht die Freude, wilder als der Jammer,
die Bande aller Ordnung sprengend, rast
und Unheil schafft, wo Heil entstehen sollte.
(mit den Knechten ab zum Hafen)

                        (*Zwei mächtige Kaufmannsschiffe fahren
                        in den Hafen ein*)
Kind (*an einem Greise zerrend, der auf einem Mauersteine
    sitzen geblieben ist und wie erstarrt zum Hafen hinunterblickt*):
                        Großvater schnell, wir müssen auch hinunter!
                        Sie drängen alle, nirgends ist mehr Platz.
                        Komm doch, wir kriegen nichts mehr. Alles nehmen
                        die andern fort und essen und sind satt,
                        wir aber müssen sterben. Oh, du gehst nicht!
Greis: Brot — Brot — — — ists möglich, Gott, ists möglich —
                        Brot —
Kind: Komm doch!
Greis: Leben! Schiffe übers Meer!
                        Wir müssen nicht verhungern? Nicht verderben!
                        Kind, träum ich? Ist es wahr, was ich erblick?
Kind: Du mußt doch kommen! Sieh, das Schiffsvolk ladet
                        schon Körbe aus und Fässer. Alles drängt!
                        Sie schreien, stoßen, rufen, viele stürzen
                        zu Boden hin. Die Männer ziehn das Schwert.
                        Komm doch!
Greis: Sie töten sich am Rand des Lebens.
                        So träumt man nicht. Mich faßt Entsetzen an —
                        Wahrheit ist das und Gott ist keine Sage,
                        er ist! Er tritt gewaltig vor uns hin.
Kind: Auf, steh doch auf!
Greis: Ich kann nicht   —
                        das ist zuviel.
Kind: Ich renn allein hinab.
                        Ich dräng' mich durch.   (*läuft weg*)
Greis: Bleib, bleib, du wirst zertreten!
                        Um aller Heilgen willen, bleib doch, Kind!
                        Es hört nicht! Ach. Es läuft in sein Verderben!
                        Brot! Brot! Und um des Brotes willen
                        zerreißen sie sich wie die Wölfe. Ach!

                        (*Parzival, Conduiramur, Kiot, Manfiliot,
                        Gefolge kommen aus dem Münster.*)
Parzival: Wo ist das Volk? Was seh ich?
                                (*alle stehen in Staunen erstarrt*)
Conduiramur: Kaufmannsschiffe.
Parzival: Sie laden aus. Sieh, Einhard hält mit Müh
                        die Rasenden zurück und teilt die Stücke.
                        Sie schleppen schon. Was ist das?
Greis: Gottes Stimme.
                        Er will, daß du uns rettest.
Conduiramur (*zu ihm niederkniend*):
                        Guter Greis,
                        auch du wirst leben, wirst den Hunger stillen.

Greis: Er ist gestillt. Ich fühl ihn nicht mehr brennen.
's ist Schlafzeit jetzt. Sorg für mein armes Kind.
Brot —

(er stirbt)

Männer *(Körbe heraufschleppend)*:
Brot!
Andere: Getreide ohne Maß!
Männer und Weiber:
Fleisch! Fleisch!
Unsäglich vieles Fleisch! — Und Fische! Fische!
Hier Käse! Fett! Gedörrte Früchte! Wein!
Andere: Die Krane rollen, und es nimmt kein Ende.
Kind: Ein Apfel!
Andere Kinder: Süße Feigen!
Neue: Viele Nüsse!
Ein Mädchen: Ich laufe nach der Mutter!
Zweites Mädchen:
Weißt du nicht? —:
sie ist ja tot!
Erstes Mädchen: Ach so —!
Männer: Hier, griechisch Feuer,
das alles auffrißt, was es treffen mag.
Den Feinden solls bekommen.
Wieder andere: Schafe! Schafe!
Neue: Von Rindern hört mans brüllen tief im Schiff.
Es läßt sich gar nicht zählen, nicht erschöpfen.
Parzival: Tragts hierher schnell! Türmt alles vor mir auf.
Hier Fässer, Körbe, Kisten und Behälter!
Dann laßt die Fülle uns mit Weisheit teilen,
daß uns die Gier nicht töricht reiße fort.
Denn schwach sind Eure Körper. Sie ertragen
kein Übermaß.

(er beginnt unter das herandrängende Volk zu verteilen)

Kind *(kommt zu dem Greis gelaufen)*:
Da nimm und iß! Die Brezel
hab ich für dich gewonnen. Dreimal rissen
sie mir sie weg. So nimm doch! Warum schaust du
so weit hinaus?
Conduiramur: Iß selber, armes Kind!
Dein Ältervater sitzt an andern Tischen
und stillt den Hunger.
Kind: Er ist tot, o weh!
Großvater!
Conduiramur *(zu einer ihrer Frauen)*:
Nimm es mit dir. Meinem Herzen
solls eine Tochter sein. — Wer sprengt dort her?

Ritter:	Clamide rückt mit tausend neuen Bannern in ungeheurer Breite her. Schon wird das Sturmzeug längs der Mauer aufgerichtet, die Igel schieben sich, die Katzen vor, gewaltge Schleuder wanken her auf Rädern, und Brückentürme rollen drohend an, den Weg nach unsern Zinnen aufzuschließen. Hört Ihr die Hörner tosen? Jetzo schallts vor allen Toren Sturm! Sie sind heran. *(Sturmgeläute)*
Parzival:	Mein Roß! Die Scharen sammeln sich am Markte. Ich teile sie in Haufen. Alle Tore sodann geöffnet, und wir brechen vor. Den jähen Stoß aufs Herz des Lagers richtend. Gott gebe, daß Clamide vor das Schwert mir komme. Einhard leitet auf den Mauern den Kampf, wirft Balken, Steine, Brand und Eisenhagel auf die Feinde nieder, daß Flammen als ein zweiter Gürtel schnell den Mauerwall umkleiden. Gott befohlen, Conduiramur! Das Banner! Auf, zur Schlacht! *(Geschrei, Getümmel, Rufe und Fanfaren)*

LAGER VON PELRAPEIRE

Man erblickt das Zelt des Königs Clamide. Vor dem Zelt das Hauptbanner des Königs mit drei feuerroten, geflügelten Pferden. Näher und ferner Getümmel der Schlacht.

Graf Narrant mit Tankred und Rittern.

Narrant *(schwer verwundet, wankend)*:
Hier vor des Königs Banner will ich sitzen,
aufrecht verblutend und zum letzten Kampf
bereit. Gestorben noch will die drei Feuerpferde
ich schützen mit dem Schreckbild meines Leibes.
Bringt einen Sitz! Schnell, Tankred, Euren Arm.
Der Boden, sonst so fest, hebt an zu schwanken.
Dank! Mir ist leicht wie einem Kinde. Stellt
Euch dicht um mich. Was ist mit Alisander?

Tankred:	Er liegt am Haupttor mit gespaltner Stirn. Ein Messer, das von oben fiel, zerklaffte ihm Helm und Haupt.
Narrant:	Und Anthari und Alphart?
Tankred:	Gefällt von Ithers Hand.
Narrant:	Ein Engel ist dieser Ither oder ein Genoß der tiefsten Hölle.

Tankred:	Wie ein Blitzstrahl fährt er die Reihen hin, zerbricht den dichtsten Knäuel, schießt immer gradaus, keinen Helden achtend, der vor ihm stürzt; Clamides Banner sucht er allenthalben mit Gebrüll des Löwen, den König fordernd im Getos der Schlacht.
Narrant:	Ich riet zum Sturm. Nun büßen wir die Eile.
Tankred:	Horch, das Getöse!
Narrand:	Näher kommts. Schon dicht wogts um die Zelte.
Tankred:	Hierher dringt die Wut des wilden Kampfes.
Narrant:	Ha, Clamide fechtend in ärgster Not. Auf, ihm zu Hilfe! *(springt auf und sinkt zurück)* Weh mir, ich kann nicht mehr! *(Clamide zu Fuß mit bloßem Schwerte, von Rittern gefolgt)*
Clamide:	Hier steh ich. Weiter weich ich um keinen Schritt. — Du auch, Narrant? Der Tod starrt her aus deinen Augen.
Narrant:	Die Verzweiflung aus deinen. Stärke Gott dich!

Clamide *(sich gegen die Szene wendend):*
    Ither!
    Hier steht Clamide. Halt! Du oder ich.

Parzival *(zu Fuß, das Schwert in beiden Händen):*
    Ich oder du. Vor allem dies!
        (fällt mit einem Streich das Banner)
    Das Banner
    liegt!

Clamide:	Tauf es denn mit deinem Blut! Für Brandigan! Für Iserterre!

Parzival *(gewaltig ausholend):*
    Wenig
    vermögen Sterne, die im Sinken sind!
    Brobarz! Dies sei das erste. Pelrapeire
    das zweite, hörst du? Und Conduiramur
    das dritte!

Clamide:	Weh!	*(er stürzt)*

Narrant *(sich mit letzter Kraft aufraffend):*
    Hier noch einmal Clamide.
        (will einen Stoß tun, fällt)
    So Leib an Leib und Tod in Tod —
        (stirbt)

Parzival:	Hebt den Grafen weg!

(kniet auf Clamide und reißt ihm den Helm ab, daß Clamides junges Gesicht und rotes Kraushaar sichtbar werden)

Clamide:	Dein Leben! *(hebt das Schwert)* Schrecklicher, zuck nicht herab! Um deiner Mutter willen.
Parzival:	Weh, Mutter! *(läßt das Schwert sinken)*
Clamide:	Sie gebar dich, wie die meine mich Unglückseligen gebar. Im Kind trifft man die Mutter. Ist die deine lebend — töte sie nicht!
Parzival:	Dein Leben ist gesichert.
Clamide:	Um welchen Preis?
Parzival:	Daß du auf immerdar Conduiramur entsagst.
Clamide:	Du schenkst das Leben, indem dus nimmst!
Parzival:	Sie ist mein Weib, Clamide. Schwör du!
Clamide:	Ich schwöre.
Parzival:	Noch in dieser Stunde verläßt dein Heer Brobarz.
Clamide:	Es soll geschehn.
Parzival:	Du aber reitest hin zu König Artus, und bietest als Gefangenen dich an, dem Dienst der edlen Jungfrau Cunneware, bis Gott mir hilft, die Schmach zu rächen, die Herr Keie ihr getan um meinetwillen. Versprich das!
Clamide:	Ich verspreche.
Parzival:	Nun, steh auf!
Clamide:	Gib mir die Hand, laß ihren Griff mich spüren im Frieden, wie ich ihn im Kampf gespürt.
Parzival *(ihm die Hand reichend)*:	Der Krieg ist aus. Errichtet neu das Banner! *(Es geschieht)* Ich nehme Urlaub, König. Reise gut!
Clamide:	Lebwohl! *(zur Leiche Narrants)* Auch du, Narrant. All ihr Getreuen, die ihr für mich den blutgen Rasen deckt. Wann feiern wir das Nachtmahl? — Tod und Grausen!

(Ein Ritter kommt hereingestürzt)

Ritter *(zu Clamide)*:
Herr, alles ist verloren. Feuer fiel
herab von Pelrapeires Mauern, ringsumher

       sieht man das Sturmzeug brennen, eure Völker
       auf allen Seiten weichen.
Clamide *(auf Parzival deutend)*:
       Guter Freund,
       gib diesem Nachricht: Dieser ist der Meister.
       *(wendet sich gegen das Zelt. Der Ritter
       steht betroffen. Siegesgeschrei der Ritter
       von Pelrapeire)*

BURG VON PELRAPEIRE

SAAL

Conduiramur, Manfiliot, Kiot, Einhard, Frauen. Parzival mit Rittern einziehend.

Conduiramur *(Parzival an den Thronstufen empfangend)*:
       Ich biete Euch das grüne Reis des Sieges,
       das höchsten Ruhm in dieser Welt verleiht,
       wiewohl es einfach aussieht, ein Gewächs,
       das jeder Knabe spielend brechen mag,
       geheiligt aber in der Hand der Frauen.
       Was wär Euch sonst zu bieten, die Ihr uns
       mit eines Engels Stärke habt errettet
       vor unausdenklicher Gefahr, die Ihr
       die Völker unsres Feindes habt zerstreut,
       vernichtet das Gepränge ihres Lagers,
       die Häupter, die sie führten, hingelegt,
       wie Stämme, die im Braus des Sturms zerspellen
       Noch sehn wir schaudernd in den Abgrund, der
       den Rachen aufriß, uns hinabzuschlingen,
       noch denken wir der Stunde, da kein Licht,
       soweit wir irrend unsre Blicke sandten,
       den düstern Rund des Himmels uns erhellt.
       Dank ist dies nicht, und Lohn Euch nicht und Ehre,
       es ist ein Zeichen nur, daß unser Herz
       Euch geben möchte, was es Euch zu geben
       sich ewig arm und hilflos fühlen muß.
       So nehmt, o Herr, uns selbst mit diesem Kranze!
Parzival *(den Kranz sanft hinwegdrängend)*:
       Nicht diesen Kranz. Um Kränze focht ich nicht
       noch auch um Zeichen. Unsre Augen schweifen
       frei über freies Land. Das ist genug.
       Gott wählte unsern Arm, dies zu vollbringen.
       Er schützte unser Haupt mit seiner Kraft.
       Mehr ziemt uns nicht. Laßt andres uns bedenken.
Conduiramur:
       Ihr kommt in höherm Range, als Ihr jüngst
       dies Haus verließt. Uns ziemt, Euch zu gehorchen.
       Nur eine Bitte sei uns heut erfüllt:

Parzival: daß Ihr uns gnädig Namen und Geschlecht,
            aus dem Ihr herstammt, offenbaren möget.
            Ich will es tun. Vernehmet: Parzival
            bin ich genannt. So taufte mich die Mutter,
            da ihr der Schmerz um meines Vaters Tod,
            zugleich mit jenen ahnungsvollen Wehen,
            die die Geburt verkünden, mitten durch
            die Seele ging. Und mitten durchzudringen
            ist mein Beruf, bis daß ich auf den Grund,
            den letzten stoße, da der Flug des Speeres
            sein Ende findet und des Ankers Arm
            den Fels umklammert, den kein Donner schreckt.
            Mein Stamm ist edel. Dreier Reiche König
            war Gachmuret, mein Vater, und die Frau,
            die mich gebar, die Erbin dreier Kronen,
            die Lähelin, der Freche, ihr geraubt
            und Orilus. Frau Herzeleide nennt
            die Welt sie, weh, und ich begreife heute
            die dunkle Schwermut dieses Namens. Seid
            mit diesem Wort von meiner Art berichtet.

Kyot: So sei gegrüßt, du der erlauchten Sippe
            gewaltger Sohn, die aus dem Stamme her,
            dem Artus auch entsproß und dem vom Himmel
            das heilge Amt des Schilds gegeben ward,
            den Ursprung nimmt. Sei, Ritter du, gegrüßt!
            Zum Schwert geboren, hast du herrlich heut
            dein Wesen uns enthüllt, des Schwertes Schärfe
            und Milde offenbarend vor der Welt.

Manfiliot: Noch laßt auf anderes mich ahnend deuten,
            auf ein Geheimnis, das nur jener weiß,
            der in der Tiefe des verborgnen Herzens
            sich kundig zeigt, wo das Geheimnis wohnt.
            Der Mutter Stamm, o Parzival, er wurzelt
            in anderm Grunde, tieferm, heimlicherm.
            Sie schreibt sich her vom Stamme jener Ritter,
            die sich versammeln um den heilgen Gral,
            den niemand kennt, und niemand mag verkünden,
            als wer ihn selbst gesehn. Ihn aber findet keiner,
            den er nicht selber rief. Ein Schleier hängt,
            ein heilger, vor dem Licht des Grales nieder,
            ich wag es nicht, daran zu rühren, denn
            den Ungeheiligten verzehrt die Lohe,
            die aus dem Abgrund der Verhüllung bricht.
            Nur soviel, Held: Wenn irgend jemand würdig,
            von dir verehrt, von dir geliebt zu sein,
            so ist es deine Mutter. Achte sie
            wie ein Gefäß, in das vereint ergossen
            die himmlischen Gestirne Gnad und Licht.

Conduiramur: Da wir zuerst Euch sahn, ging ein Erzittern
            durch unser Herz. Wir fühlten Euren Wert.

	So laßt uns denn mit Ehrfurcht Euch begrüßen
	als einen, den der Himmel uns gesandt.
	Ihr blickt betroffen auf die Erde nieder?
	Die Blässe Eurer Wangen strahlt uns an —
	Ihr schweigt?

Parzival: O laßt mich, was ich muß!

Manfiliot: Gestattet mir, daß ich nun Abschied nehme.
Nur ungern kam ich aus der Einsamkeit
der Klause her, drin ich mein Sein erfülle
im Dienste dessen, der die Welt erlöst.
Die Hände betend über Euch zu halten
betrat ich Pelrapeire. Aber nun,
da wir befreit die Stadt, die Lande schauen,
erlaubt mir, daß ich dorthin kehr zurück,
wo meine Stätte ist.

Kyot: Dasselbe bittet
auch Kyot Euch, der seinem Bruder gleich,
das heilige Gewand des Büßers wählte.

Parzival: Mit ernstem Dank gewähr ich Eure Bitte.
Empfehlt uns Gott, wenn Ihr Euch ihm empfehlt!

(Kyot und Manfiliot ab)
(zu Einhard)

Dir aber, Einhard, übergeb ich alles,
was mein ist, Stadt und Burg und Land,
daß du das schwer geschlag'ne, wundenreiche,
mir fürder pflegest wie ein rechter Arzt,
zu Kraft und neuem Leben es erweckend.
Dein ist die Weisheit, ist die Güte auch.
Vollbring es um der Liebe willen, Edler!

(zu allen)

Und nun verlaßt uns heut, ihr Freunde all.
Mich sehnet, noch ein Wort mit meinem Weibe
allein zu reden. Stärket Euch und ruht!

(alle ab)

Conduiramur: O Parzival!

Parzival: Die Mutter rief mich niemals
mit meinem Namen. Hätt sies doch getan!

Conduiramur: So laß der Mutter Recht nun mich erfüllen.
Du schweigst? Du blickst so stumm und groß mich an.

Parzival: Geliebte —

Conduiramur: Du verbirgst mir ein Geheimnis,
das dich bewegt —

Parzival: D a s , so mir s e l b s t verborgen.
Ich ließ die Mutter, rannte in die Welt.
Nun mahnt es mich. Zum drittenmale trifft mich
der Ruf zu ihr. Sie selber ruft mich —

Conduiramur: Ach!
Du gehst von mir —

Parzival:	Die Mutter muß ich suchen. Ich muß ihr künden, Teure, das Geschick, das mir geschah, zu dir muß ich sie führen.
Conduiramur:	Du gehst. Du läßt mich hier, noch ehe dein Arm mich ganz umfing.
Parzival:	Ich lasse dich ewig nicht. Ich ströme hin zu dir, ich bin in dir, ich wandle, wo ich wandle stets nur in dir.
Conduiramur:	Du reitest aber. Oh, und wenn du reitest, türmt das Schicksal sich um dich empor, denn wo du bist, ist Schicksal.
Parzival:	Wohl mir, daß Schicksal ist, wo ich auch bin. Gib Urlaub mir. Es ist nur wenge Tage. Laß diese Nacht uns noch vereinigt sein, laß wie ein Mantel sie um uns sich schlagen voll Ewigkeit; denn Ewigkeit ist da, wo wir hervor aus unsrer Tiefe brechen, im Einigsein mit uns uns selbst erkennend, und so im Atem stürzen aus der Zeit, wie Adler in den Glanz der Sonne stürzen. Sag, ist dies nicht genug?
Conduiramur:	O Parzival!
Parzival:	Sieh, da ich wegritt, wankte meine Mutter auf unsrer Schwelle hin, so griff der Schmerz ans Herz ihr. Und ich wandte mich nicht zweimal nach ihr zurück. Nun aber mahnt es mich. Sie, die aus heilger Tiefe herkommt, muß ich erheben aus dem Fall, in den ich sie, blind, wie ich war, hinstürzte, muß sie fragen nach dem, was mich mit Ahnungsschauer füllt, dem Gral.
Conduiramur:	Ich sehs, ich darf dich hier nicht halten.
Parzival:	Laß morgen, wenn der frühe Tag sich regt, aus deinem Arm empor mich mutig heben, wie sich die Sonne aufhebt aus dem Meer, das Schicksal, das mein Teil ward, zu erfüllen.
Conduiramur:	Ach, diese Nacht wird Leben sein und Tod, wird mich durchbohren, wie einst Herzeleide durchbohrt ward, daß sie diesen ihren Sohn gebäre. Der du kamst, mich zu erretten, vollbringe du an mir, was jeder Mann vollbringen muß. Und laß mich sterbend leben.
Parzival:	Conduiramur —
Conduiramur:	Ich schlinge meine Arme um deinen Leib, der mein ist wie mein Herz, und nehme Abschied, jetzt und dann und ewig!

AMFORTAS

Personen:

Titurel
Amfortas, *der Hüter des Grales*
Repanse de Schoie, *die Gralsträgerin*
Parzival
Der Kämmerer
Zwei Fischer
Ein Knappe
Der Lanzenträger
Die Gralsritter
Ein Zug schwarzgekleideter Ritter
Die Gralsjungfrauen

Die Handlung spielt im Gebiet des Grales am Ufer des Gralssees und auf der Gralsburg.

AMFORTAS

GEBIET DES GRAL

Der Gralssee zwischen mächtigen Wäldern und Felsen, die aber mehr den Eindruck der Ruhe und Feierlichkeit als den der Wildheit machen. Der See ist von kristallartiger Klarheit und scheint sich hinter Bergvorsprüngen und Felsenwänden ins Unbegrenzte zu erweitern. Eine Atmosphäre von silberner Durchsichtigkeit schwebt über dem Gewässer. Die Stimmung ist jedoch gedämpft durch die Wirkung leichter, geheimnisvoller Nebelschleier, die die Gipfel der Felsen umweben und mehrerenteils verhüllen. Im Vordergrunde, wo man aus dem Wald ans Ufer tritt, eine Fischerhütte. Aus dieser kommt ein Fischerknecht hervor, in ein lilafarbenes Kuttengewand gehüllt, und beginnt ein großes, silbernes Netz zu reinigen.

Nahe am Ufer in einem dunklen weiten Nachen Amfortas und zwei Fischerknechte. Amfortas liegt halb aufgerichtet im Boot auf einer Art Ruhelager. Sein dunkelblaues Gewand sowie auch die Decke des Bettes sind mit Gold gesäumt und mit zwei silbernen Tauben bestickt. Die Fischerknechte tragen geichfalls lila Kutten. Das Antlitz des Amfortas ist bleich und kummervoll, von den Spuren eines schweren Leidens gezeichnet. Einer der Fischer zieht vorsichtig ein ebenfalls silbernes Netz an Bord, ein anderer bewegt das Ruder zuweilen mit einem Schlage, um das Beidrehen des Bootes zu verhindern. Das Fahrzeug gleitet so ganz langsam am Ufer entlang.

Der Fischer (am Ufer) singt:
      Silberne Netze flocht ich am Tage,
      flocht ich dem heiligen Dunkel der Nacht.
      Heimlich Geräte, mit dem ich es wage,
      was noch kein Fischer am Tage vollbracht.

      Eherne Lote am unteren Saume
      schwankende Korke der Welle entlang.
      Den ich umschlossen im kündenden Traume,
      laß mich ihn heben, den göttlichen Fang!

      Ach, das die Armen verschmachtend begehren,
      Ach, das die Liebe verlangend umwirbt,
      Ach, das wir irrend uns selber verwehren:
      Leben, das nimmer im Tode verdirbt!

Amfortas: Noch immer nichts? Kein Fischlein in den Maschen?
      Die Tiefe, die uns speiste, hehlt sie uns
      den feuchten Schatz? Sonst fingen wir doch wohl
      ein weniges für unsre Tafel. Nicht den Hunger
      vermocht es uns zu stillen zwar, doch Zukost
      bot es uns allen. Ach, das Werk,
      das sonst mir linderte die Pein der Schmerzen,
      die feuchte Milde dieses Elements,
      labt mich nicht mehr. Saturnus leuchtet
      aufs neue im Geviert die Sonne an
      und läßt in Frost die Wunde mir erstarren,
      der gelbe Schaum des Eiters wird zu Eis.
      O Qual, mit keinem Worte auszusagen,
      zu lösen nicht mit Balsam und Arznei,
      bis mir der Speer die alte Pein erneuert,
      zu tilgen Schmerz mit neuem, größerm Schmerz.
      Laßt gut sein! Es ist spät. Wir fangen nichts mehr.

Fischer: Noch diese kleine Strecke bis zum Pfahl,
      daran das Netz wir knüpfen.

Amfortas: Laß, mein Bruder!
      Es ist vergebens.

Fischer: Eines Nachens Länge,
      nicht weiter mehr, dann enden wir die Fahrt.

Amfortas: In Gottes Namen.   (sie entschwinden dem Auge)

Fischer (am Ufer):
      Wär nicht der Glaube, den ich erwähle,
      trüge die Taube nicht Hoffnung heran,
      nimmer ermannt sich die trauernde Seele,
      immer aufs neue zu rüsten den Kahn.
      Immer aufs neue die Garne zu senken,

                tief in das Rätsel der bergenden Flut!
                Neige dich nieder zum tiefen Gedenken,
                neige dich, neige dich, himmlischer Mut!

Parzival *(kommt aus dem Wald geritten und hält verwundert an)*
                Wo bin ich? Welcher wunderliche Pfad,
                sich tief und tiefer in die Wildnis tauchend,
                führt mich hierher? Ein See im stummen Wald,
                da aller Vögel holde Stimmen schweigen,
                und eine Stille, fließend wie Kristall,
                die Felsen rings mit Silber überkleidet!
                In welcher Irrnis Mitte komm ich an,
                erwachend aus dem Traum, der mich umhüllte?
                Denn wahrlich, ganz im Traume war mein Sinn
                bis heute, da ich staunend dies gewahre.

                Und ob ich hundert Seen schon erblickt,
                es waren Träume nur von Seen, Bilder,
                die, was sie meinen, nur bedeuten. Nie
                sah einen See ich so wie diesen, Felsen
                und Wälder, die, im Schweigen sich erfüllend,
                so gegenwärtig waren, so sich selbst
                verkündend. Sagt mir, bin ich denn
                ein anderer als ihr? Lag mir nicht immer
                im Schoß der innern Felsen zaubergleich
                ein lebend Auge, ein verborgner Spiegel,
                von Wäldern wie von Brauen ernst umringt?
                Und weckte jedes andern Wassers Bild
                den Trieb nicht auf, den einen See zu finden,
                der wahrhaft See und Meer und Tiefe sei?
                Du bist es, du, ersehntes Urgewässer,
                das mein seit undenkbaren Zeiten war
                und dem ich selber gänzlich angehöre,
                mehr als das Herz der Brust. Gesegnet sei!
                Laß mich hinab an dein Gestade steigen!
                              (er steigt vom Pferde)

Fischer: Was sucht Ihr, Herr?
Parzival: Wie nennt sich dieser See?
Fischer: Er nennt sich nicht, er ist. Es finden
                 ihn wenge nur.
Parzival: Und wer ihn findet — ist!
Fischer: Was sucht Ihr, Herr?
Parzival: Auf schnellem, weitem Ritt
                 befiel mich Dunkelheit. Ich trage Sorge
                 um Herberg für die Nacht.
Fischer: Ihr sollt sie finden.
                 Der große Fischer fährt noch auf dem See.
                 Erwartet ihn und sagt ihm Eure Bitte.
Parzival: Der große Fischer? Wer ist der?

Fischer:	Ich sage: Erwartet ihn! Das weitre findet sich.
Parzival:	Das weitre findet sich! Wahrhaftig, hat sich nicht von selbst bis hierher jedes Ding gefunden? Schweig stille, Herz. Des Schweigens tiefen Ort hast du erreicht, den Schoß des Traums —

schweig stille!

(Das Schiff mit Amfortas gleitet langsam heran)

Fischerknecht *(im Schiff über das Netz gebeugt):*	Er strahlt wie Gold. Noch bring ich ihn nicht los.
Amfortas:	Gib! gib!
Fischer:	Ich riet Euch wahrlich nicht vergebens. Ein Fang, wie wir ihn lange nicht getan. O seht!

(reicht Amfortas einen goldenen Fisch)

Amfortas:	O Glanz des Himmels und der Sterne! O goldner Fisch!
Fischer:	Ergreift ihn fest, dergleichen schlägt plötzlich aus und schnellt sich über Bord!
Amfortas:	O weh!

(der Fisch ist ihm entglitten und ins Wasser gesprungen)

	Die lichte Beute! Greif! — Verloren. Die Tiefe hat ihn wieder. — Stoß ans Land!
Fischer:	Dort steht ein Mann.
Amfortas:	Ein Mann? Ein Abgesandter? Du tatest Unrecht, Fischer, da du mir geraten, fest den Goldnen zu ergreifen. Lebendge Beute hält man mit Gewalt vergebens fest. *(zu Parzival)* Was wollt Ihr, fremder Frager?
Parzival:	Ich bin verirrt —
Amfortas:	Verirrt? Den rechten Weg?
Parzival:	Die Nacht fiel ein —
Amfortas:	Die Nacht? Der Tag des Herzens.
Parzival:	Ich suche Herberg —
Amfortas:	Herberg? Habt Ihr die nicht in Euch selbst?
Parzival:	Ein schützend Dach, ein Lager —
Amfortas:	Unendlichkeit und Tiefe, ist das nicht so Dach wie Lager?
Parzival:	Was der Ritter beut dem Ritter, der zu später Stunde einkehrt.
Amfortas:	Zu später Stunde? Was ist früh? was spät? Laßt Euch berichten, Freund, auf dreißig Meilen im Umkreis hier ist nirgendwo ein Haus,

es sei das eine denn, das ich Euch weise.
Hebt jetzt den Blick zu jenem Felsen auf,
der, breiten Ursprungs, steil und ungeheuer
mit zarter Leichte dennoch schwebt hinan,
als kennt er nicht die dunkle Last der Erde —
dort, wo der Schleier wogt, dort seht hinauf!
Gewahrt Ihr auf den Zinnen dort die Burg?
*(für wenige Augenblicke enthüllt sich die
Gralsburg auf dem Felsen)*
Das ist der Ort, der Herberg Euch gewährt
für diese Nacht. Klimmt jenen Pfad empor
und scheut Euch nicht vor Kluft und jähem Sturz,
noch vor des Wassers donnerndem Getöse.
Ihr werdet hingelangen, wenn Ihr wollt.
Pocht an das Tor, und fragt man, was Ihr sucht,
so fordert Einlaß alsbald in dem Namen
des großen Fischers. Nicht vergebens wird
das Wort von Euren Lippen kommen. Droben
seht Ihr mich wieder.

Parzival: Nehmet meinen Dank,
o großer Herr, und bleibet mir gewogen.

Amfortas: Zum andern Ufer!
(der Kahn wendet und fährt hinweg)
Gott behüte Euch!

Parzival: Der große Fischer —? liegend hier im Boot?
Auf seinem Kleid von Silber eine Taube?
Still, Herz, schweig still! Hier ist nicht Fragens
Raum.
Den Pfad hinan, eh uns die Nacht befalle!

IN DER GRALSBURG

Vorhalle, durch einen mächtigen runden Bogen abgeschlossen. Sie ist durch zwei Lichter von beiden Seiten erhellt. Hinter dem Bogen hängt ein einziger großer Vorhang nieder von tiefem Blau, ganz mit silbernen Tauben bestickt.
P a r z i v a l wird von einem Knappen in Gralstracht hereingeführt. Der Kämmerer tritt ihm entgegen, einen Purpurmantel tragend.

Knappe: Nun mögt Ihr meines Diensts entraten, Herr.
Die Waffen, die ich nahm, sind wohlversorgt
so auch das Roß, das man im Stalle pflegt.
Und so empfehl ich meinem Meister Euch,
dem Kämmerer, der Euch von dorther naht.
(ab)

Kämmerer: Willkommen, Herr. Ihr seid entwaffnet? Wohl.
Man reichte Wasser Euch, der Reise Staub
von Euch zu waschen, schimmernd steht Ihr da,
wie eine Blüte, die der Strahl des Morgens

aus ihrer Hülle dunklem Kerker löst.
Gelockt ist Euch das Haar von meiner Diener
geschickter, anmutsvoller Hand, die Spur
der Müde schwand im Glanze Eures Leibes.
Ja, wer Euch säh, er hielte beinah Euch
für jenen Ersten, der, aus Licht gewoben,
den Garten Gottes als sein Eigentum
besaß, eh er hinab zur Erde stürzte.
Doch Ihr seid Erde. Dennoch leuchtet Ihr,
als hätte Adam sich in Euch erhoben,
in seiner reinen Klarheit vor dem Fall.
Willkommen also, die Ihr uns zur Freude,
zu neuer Hoffnung kamt. Es sendet Euch die Herrin,
die reinste Frau, die königliche Magd,
Repans' de Schoie, diesen roten Mantel.
Ihn lösend von der Schulter sprach sie so:
Die Purpurhülle gib dem werten Gaste,
denn die uns löst von Makel, Leid und Wunden,
die Liebe, strahlt in solcher hohen Glut.
Und gibt es Königtum auf dieser Erde:
des neuen Blutes heilges Königtum
kein andres kann es sein. Denn die Verwandlung
hebt an im Blut. Ist dieser Purpur rein,
so trage ihn der Gast als wertes Zeichen,
bis daß für ihn ein neues Kleid bereit. —
Nehmt also, Herr!

Parzival: Von einer Jungfrau Schulter
gebt Ihr mir dies?
Kämmerer: Ja, unsrer Königin.
Parzival: Ich nehme es in Ehrfurcht ohne Frage.
Kämmerer: So kommt, die Tafel ist für Euch bereit.

> (Er tritt seitwärts und schlägt mit einem
> Hammer auf eine große metallene Son-
> nenscheibe. Alsbald setzt das Geläute
> der Gralsglocken ein.)

*Der Vorhang öffnet sich. Man blickt in das Innere der Abendmahls-
halle. Diese ist rund und säulenlos, die Wand überspannen mächtige
Bogen. Über dem Saale schwebt eine Kuppel von kristallartigem Blau-
grün, aus der die Sternbilder des Tierkreises leuchten.*

*Im Halbkreis ist eine weißgedeckte Tafel aufgestellt, auf der silberne
Teller und goldene Trinkschalen stehen. In der Mitte des Tafelbogens
erhebt sich ein besonderer Tafelschrein aus Gold, der mit dem Bilde
einer Ähre und eines Weinstockes geschmückt ist. Hinter der Tafel ist
eine mäßig erhöhte Stelle, eine Art Bühne, zu der von rechts und links
aus dem Saale sieben Stufen emporführen. Von dieser Bühne aus
steigt man auf weiteren zehn Stufen zu einem Torbogen empor, der in
einen dritten Raum führt. Er ist mit demselben tiefblauen, mit Silbertauben geschmückten Vorhang verhüllt.*

Der Saal ist dämmerig hell beleuchtet.

Seitwärts vor der Tafel ist ein eigener Sitz und ein runder, weißer Tisch für Parzival bereitet. Von beiden Seiten ziehen die Gralsritter in blauen, mit der weißen Taube bestickten Gewändern auf.

Die linke Schar: Zum abendlichen Mahle lädt der Gral
mit seiner Glocken ehernem Getöne.
Schon füllen rings den heilgen Weltensaal
die Scharen seiner leidgebeugten Söhne.

Denn durch das reingewölbte, hohe All
klafft eines Risses unheilvolle Spalte.
Denn in das Antlitz, seit des Helden Fall,
grub sich des Todes wahnsinnsvolle Falte.

Die rechte Schar: Und dennoch spendet Fülle sich uns aus
aus unversehrten, neuenthüllten Gründen.
Es will sich ob dem hingestürzten Haus
ein neues All zu reiner Gänze ründen.

O stiege es herab aus blauer Luft,
dem Staube die Umarmung zu gewähren,
O wüchse aus der Qual der finstern Gruft
hinan die Erde in der Freiheit Sphären!

Beide Scharen: Zum abendlichen Mahle läßt der Gral
den weißen Tisch der Speisung uns bereiten.
So seis, ihr Brüder, daß mit heilger Qual
wir singend hin zu seiner Feier schreiten.

Gebeugt das Herz in schmerzenvollem Wahn
vernehmen wir der Hoffnung tiefe Quelle.
So tretet denn zu seinem Tisch heran,
daß euch benetze der Belebung Welle!
(Sie nehmen die Plätze zu beiden Seiten der Tafel ein)

Ein Zug von Rittern und Knappen, den Amfortas auf einem Bett tragend.

A m f o r t a s *ist in ein purpurnes, mit Pelzen verbrämtes Gewand gekleidet.*

Ritter und Knappen:
Der du leidest die Leiden der Welt,
vom Speere getroffen, zur Erde gefallen,
vom Streiche des Zorns und der Liebe gefällt,
der du duldest die Qual von uns allen   ;
schuldig wie wir: wir an Schuld so reich!
ruhlos wie wir: wir an Unruh dir gleich   ;
sterbend wie wir und zum Leben verdammt,
immer zum Lose des Todes entflammt;
schauernd im Eise, verlechzend in Glut:
Wehe, o wehe, o weh deinem Blut!

Alle:	Wehe! Wehe! *(Amfortas wird auf die erhöhte Stelle über der Tafel getragen und dort niedergesetzt)*
Amfortas:	Dank Euch. Ich fühle des Gestirnes Pein aufs Höchste steigen. Sendet nach dem Grale. — Sprecht das Gebet. *(zu Parzival)* Der Platz dort, edler Gast, ist dir bereitet. Komm, und nimm, was dein! *(Der Kämmerer geleitet Parzival an den runden Tisch.)*
Alle *(erheben sich zum Gebet):*	Hast du des Hungers dich erbarmt mit deiner Segnung, hast du des Durstes dich erbarmt mit deiner Spende, hast du des Lebens dich erbarmt mit deiner Liebe, hast du des Todes dich erbarmt mit deiner Kraft, retten wirst du nur den, der der Rettung hohes Gestade selber betritt, den nur, der eingeht in deiner Besiegung strahlende Klarheit, werdend wie du. Darum fristet uns nur die Speisung, die den Reinen auf ewig stillt. Darum verbleiben wir lebend im Tode.
Amfortas:	Daß du uns gebest Leben des Lebens, darum bitten wir, Liebender, dich.
Alle:	Daß du uns sendest Rettung des Herzens, Rettung der Seele, Rettung des Leibs.
Amfortas:	Daß du uns schenkest ewige Gänze, ewige Fülle, ewige Macht!
Alle:	Daß wir des Mahles freudig genießen, essend vom Brote, trinkend vom Wein.
Amfortas:	Schickt nach dem Gral.
Kämmerer:	Du weißt es, edler König, der Gral erscheint nicht, eh die Lanze kam.
Amfortas *(wendet sich schmerzvoll ab):*	

Alle:	Weh, weh, die Lanze!
Amfortas:	Die Lanze komme!
Kämmerer:	Öffnet das Portal!

(Das Gralsgeläute schweigt)
(Ein Zug von schwarzgekleideten Rittern erscheint, einer trägt, voranschreitend, die Lanze.)

Die schwarzgekleideten Ritter:
>Ursprung des Leides,
>Ursprung des Todes,
>giftiger Lanze
>eherner Dorn,
>der du die Weiche
>sprossenden Lebens
>immer aufs neue uns
>tödlich durchbohrst,
>der du vom Blute,
>dem frevelnd vergossnen,
>immer aufs neue
>dunkel erquillst,
>sei uns mit Ehrfurcht,
>sei uns mit Andacht,
>mahnendes Zeichen,
>heilges gegrüßt.

Die Lanze wird zu Amfortas emporgetragen. Dieser beugt sich mit dem Ausdruck höchsten aber innerlich verhaltenen Schmerzes tief vornüber. Der Lanzenträger hält die Spitze über sein Haupt. Blutstropfen fallen auf seinen Scheitel.

Der Lanzenträger:
>Getauft im Blute sei!
>Das eigne Feuer
>verzehre dir das Haupt.
>Begreife, wer du bist.

Alle:	Weh allen Menschen! Weh des Grales Haupt!
Amfortas:	Weh mir!
	Ist niemand, der mich löst?

(Alle im Saale richten ihre Blicke auf Parzival)

Der Lanzenträger:
>'s ist niemand, niemand.

(Alle Gralsritter verhüllen das Haupt. Der Zug geht auf der anderen Seite zum Saal herab, umschreitet die Tafel und zieht hinaus.)

Amfortas:	Schickt nach dem Gral!
Kämmerer:	Der Gral ist nahe.
Amfortas:	Grüßt ihn!

(Alle erheben sich zum Gruß)

Der Gralszug betritt den Saal. Voraus vier bekränzte Jungfrauen mit zwei brennenden Lichtern. Dann zwei weitere mit goldenen Fußgestellen, deren eines vor Amfortas, das andere vor Parzival gestellt wird. Weiter vier Jungfrauen mit großen Kerzen und vier mit dem Speisetisch aus durchsichtigem Granathyazinth für Amfortas. Hierauf zwei Fürstinnen mit silbernen Messern, von Kerzenträgerinnen begleitet. Der Tisch wird vor Amfortas aufgestellt, und die Messer werden daraufgelegt. Dann bilden die 18 Frauen eine Gruppe zu Füßen des Amfortas hinter dem goldenen Tischaufsatz. Nun betreten sechs Jungfrauen mit brennenden Balsamgefäßen den Saal, ihnen folgt Repanse de Schoie, die auf grünem Tuche den Gralsstein trägt. Alle Frauen sind, ihrem Rang entsprechend mehr oder minder reich, in grüne Stoffe gekleidet. Nur Repanse trägt ein schneeweißes, mit Gold gesäumtes Gewand. Beim Eintritt des Grales verbreitet sich überirdische Helle von großer Klarheit und Sanftheit im Saal. Das Blau der Kuppel tritt in vertiefter Reinheit hervor. Das Glockengeläute setzt erneut ein. — Der Zug steigt zu Amfortas hinauf, geht an ihm vorüber und bewegt sich auf der anderen Seite wieder zum Saal herunter. Alle Frauen treten zu zwei Gruppen von je zwölf zusammen, die in der Mitte für Repanse de Schoie Raum lassen. Diese tritt an den Tafelschrein und setzt darauf den Gral nieder.

Die Gralsritter (*während des Zuges*):
    Gegrüßt sei, heilger Gral,
    Vollkommenheit des Paradieses!
    Der Wurzel du und Reis
    in einem bist.
    Gestirnter Stein der Tiefe,
    der Erde lichtgewordner Grund.
    Geschenk des Himmels und der Gnade.
    Du Würfel und du Rund,
    Du All und Eines,
    Vergangenheit und Zukunft,
    Tod und Leben,
    Du Anbeginn und Ziel,
    Du Bild und Wahrheit.

Repanse:
    Der du uns würdigst, dich zu schauen,
    nimm von den Lippen, die du wähltest,
    das Wort zu sprechen über dir,
    den Gruß und Dank.
    Du speisest meine Augen
    mit holdem Lichte, speisest mir das Herz,
    daß ich des Brotes und des Weines
    nicht mehr bedarf.
    Gepriesen das Geheimnis,
    das Gott vor uns enthüllt.
    Neu werden die Naturen,
    das Wort ward Fleisch.
    Und das, was war,
    hat Dauer angenommen.
    Und was nicht war, das nahm Er auf;

	denn nicht hat Er Vermischung je erlitten
	und Teilung nicht. —
	Bereitet Euch zum Mahl!
Amfortas:	Enthüllt den dritten Raum! Laßt Titurel
	des Grales lichte Lieblichkeit erblicken!

(*Der Vorhang über Amfortas wird geöffnet. Es zeigt sich auf einem Thronstuhl sitzend Titurel in schwarzem, mit Gold gesäumtem Gewand. Sein Gesicht ist von der geisterhaften Durchsichtigkeit des Uralters. Das lange, silberweiße Haupthaar bedeckt ihm die Schultern, sein wallender Bart die Brust und den Schoß. Er hebt, gestützt von zwei Jungfrauen in ebenfalls schwarzen Gewändern, die Arme gleichsam segnend und erbarmend empor und blickt mit ruhiger Versenkung auf den Gral herab. Amfortas hat sich tief gebeugt. Sein Gesicht drückt stummen Schmerz aus.*)

Titurel:	Speise dem Alten,
	daß er nicht sterbe,
	daß sich bewähre
	göttliches Wort:
	Das, was gewesen,
	hebt sich zur Dauer.
	Anfang und Ende
	rinnen in Eins.
Amfortas:	Wer bricht den Riegel?
	(*Alle Blicke, außer denen Titurels, richten sich auf Parzival.*)
Kämmerer:	Niemand.
Amfortas:	Niemand.
Gralsritter:	Niemand. (*Sie verhüllen das Gesicht.*)
Amfortas:	Beginnt das Mahl!
	(*Der Vorhang schließt sich vor Titurel*)

Die Gralsritter erheben sich. Jeder trägt auf der linken Hand ein weißes Tuch, in der rechten die goldene Trinkschale. Sie schreiten zum Grale hin und berühren den Schrein. Dann kehren sie mit einem Brote auf dem Tuche und mit gefüllter Trinkschale an ihren Platz zurück.)

Die Jungfrauen:	Der du spendest des Brotes,
	den Leib zu begründen,
	der du spendest des Weines,
	die Seele zu stärken,
	der du spendest des Lichtes,
	den Geist zu erhellen:
	mit Klarheit sei beschaut!
	mit Andacht sei verehrt!
	mit Willen sei gelobt!
	mit gutem, treuem, reinem,
	o Gral!

Ein Knappe bringt an Parzivals Tisch ein Tuch mit Brot und eine Schale mit Wein.

Kämmerer:	Nehmt, Herr, und eßt. Dies ist des Grales **Art**:
	Ein Bissen Brot, ein Tropfen Weines stillt
	ein jegliches Verlangen Euch des Leibes
	und gibt Euch Kraft für einer Woche Frist.
	Genießet, was nur Auserwählte finden,
	nur solche, die der Menschheit Helfer sind.
	Denn in der Menschheit innerm Schoß begründet
	ist eine neue Menschheit. Seht sie hier.
Parzival:	Auf Euer Wort und meines Herrn Erlaubnis.
	(Er ißt und trinkt.)
Amfortas:	Beendet ist das Mahl. Erhebt das Wunder!
	Tragt weg den Gral! Bringt ihn an seinen Ort!

Repanse erhebt den Gral. Der Zug setzt sich nach dem Ausgang in Bewegung.

Die Jungfrauen:	Trägt uns die Reine den Spender voran,
	folgen wir singend in Reihen.
	Über den Wassern erhebt sich der Schwan,
	Höhen und Tiefen zu weihen.
	Licht, wo der Stein sich, der himmlische naht,
	Nacht, wo er schreitet vonhinnen.
	Hinter uns mag den verlassenen Pfad,
	brausend der Finstre gewinnen.
Gralsritter:	Das Horn des Heiles wendet sich uns ab.
	Der Woche Frist muß dunkel uns vergehen,
	wir wandeln in der Erde hohlem Grab,
	bis wir das Licht des Gottes wiedersehen.
Amfortas:	Das Schwert!
	(Der Kämmerer reicht ihm ein kostbares Schwert mit einem Griff aus Rubin.)
	Dem Gaste reichs. Ihm seis empfohlen.
	In hartem Streite wird's ihm Hilfe leihn.
	Ich trug es wohl, in äußerster Bedrängnis
	schuf es mir Rat, eh daß mir Gottes Zorn
	den Biß des Speeres in die Lende sandte.
	Nimms hin, mein Gast. Es ist der Augenblick,
	der einzge, höchste, der dich anruft.
	Laß in der Scheide nicht den hellen Stahl.
	Entblöß die Schneide, laß ihr feurig Blinken
	das Licht begrüßen, dem es anverwandt.
	Nimm, nimm und tu, wie Dir das Herz gebietet!
Parzival *(empfängt das Schwert)*:	
	Ich danke Euch.
Amfortas:	Wer nimmt des Augenblicks
	des letzten, wahr?
	(Alle Blicke richten sich auf Parzival)
Kämmerer:	Herr, niemand.
Amfortas *(das Antlitz verhüllend)*:	
	Niemand.

Die Ritter *(gleichfalls das Antlitz verhüllend)*:
        Niemand.
        (Die Gralsglocken schweigen. Tiefe Stille.)
Amfortas *(sich aufrichtend)*:
        's ist Zeit, mein Freund. Das Lager steht bereit.
        Die Nacht bricht an. Wir scheiden. Schlaft in Frieden!
Parzival *(erhebt sich)*:
        Dank, edler Wirt, soviel mein Herz vermag.
Amfortas: Dank? Geht mit Gott. Er helfe Euch die Knoten
        entwirren, die Ihr selber knüpft. Lebtwohl.
        Tragt mich hinweg!
        (Das Bett wird erhoben, Amfortas mit Gefolge ab.)
Parzival: Schweig stille, Herz.
        (Er blickt Amfortas nach.)
Kämmerer: Erlaubt —
        Ihr seid gebeten, mir sogleich zu folgen.
        (Sie gehen nach vorne ab, der Vorhang schließt sich vor dem Saale.)

SIGUNE

Personen:

Sigune
Parzival

Die Handlung spielt im Gralsgebiet.

SIGUNE

Tor der Gralsburg. Vom Tore aus über einen Abgrund ist die Zugbrücke gelegt. Seitwärts in der Tiefe aus dem Brauen des Nebels auftauchende Tannenwälder.

Parzival reitet aus dem Tore und hält spähend auf der Brücke still.

Parzival: Weh, nirgends eine Spur von meinem Wirte!
Ich fand erwachend mich im Haus allein:
erstorben die Gemächer, ängstlich gähnend,
der Köngin Purpurmantel weggerafft
von meinem Bett, nur seitwärts meine Waffen
unwirsch und wie zum Hohne hingetürmt.
Es schreckt mein Ruf nicht eine einzge Seele
zu meinem Dienste her, so laut er scholl.
Was ist geschehn? Wie widerfährt mir solches?
Die Mauern leer! — Verlassen auch das Tor?
(mit lauter Stimme)
Torwächter, he! Den Laden auf, wenn irgend
ein Lebender dies Totenhaus bewacht.

Torwächter *(öffnet den Laden):*
Was schreist du? Schweig, verlorener Geselle!
Du rittest dreist zur Nacht als Schwan herein.
Ein Gänser bist du. Fort mit dir, Verruchter!
Der Sonne Haß hat dich getroffen!

Parzival: Halt!
Wie kannst du wagen, so mir Schmach zu bieten?
Steh Rede, Frevler!

Torwächter: Red und Antwort sind
verscherzt. Dein Wort ist Rauch. Erloschen ist dein
Name
vor unserm Aug: wir sehen dich nicht mehr.
(schlägt den Laden zu)

(Gleichzeitig geht die Brücke hoch. Der Nebel quillt aus dem Abgrund auf und verhüllt die Gralsburg. Wie er sich wieder zerteilt, gewahrt Parzival vor sich den Felsen der Sigune.)

Sigune sitzt unter dem Überhang des Felsens. Vor ihr in einer Vertiefung des Felsens, die wie eine Steintruhe ist, liegt der in weiße Tücher gehüllte, einbalsamierte Leichnam des Schionatulander. Sigune ist ergraut, ihr Antlitz ist von Schmerz zergraben, ihre Gestalt hager, sie trägt eine graue Kutte. Den Blick auf das Gesicht des Toten geheftet, gewahrt sie Parzival nicht.

Parzival: Weh, welch ein Bild! Ich stürzte über Wipfel
und Felsen rasend in die fahle Schlucht.
Ich stürzte aus der Wahrheit in den Wahnsinn.
Das war einmal, es schien versunken, da —
da steigt es wieder auf. Doch nein, Sigune hatte
ein lichtes Haar, und der auf ihrem Schoß
mit frischen Wunden lag, ist längst vermodert.
Sigune ist es nicht. Sich sinnlos wiederholend
stellt hämisch das Geschick ein altes Bild
wie einen wüsten Traum vor meine Seele.

Wach auf, mein Herz! Das Schemen regt sich nicht.
So starrte einst Sigune auf den Leichnam
des Liebsten nieder — doch indem sies tat,
war Leben in ihr, wenn auch schmerzstarrtes.
Doch jene ist wie Stein, wie Asche, wie das Laub
des Herbstes, das der Frost zerbeißt zu Moder.
Und ob sich alles in mir sträubt, es ruft
die Stimme laut in mir: Es ist Sigune. —

Sigune: Sigune —? Welcher gottverlaß'ne Mensch
spricht hier in dieser Ödnis meinen Namen?
Wer seid Ihr, Mann? Was wollt Ihr?

Parzival: Blick mich an!
Kennst du mich nicht?

Sigune: Ich kenne nicht das Leben,
ich kenne nur den Tod. — Was wollt Ihr hier?

Parzival: Ich wollte nichts. Vielleicht, ich sollte etwas...
Ich bin verirrt.

Sigune: Wo kommt Ihr her?

Parzival: O Weib,
sieh mich doch an! Du mußt mich doch erkennen.

Sigune *(starrt ihn sinnend an und schüttelt dann das Haupt):*
Du gleichest keinem, den ich kannte — nein.

Parzival: Dann gleiche ich mir selbst nicht, und man gab mir
den Namen, den ich trage, nur zum Schein.

Sigune: Seht mich nicht an mit solchen leeren Augen.
Dies hier ist Tod und ich bin selber Tod.

	Geht, wenn Ihr der Vernichtung Schauder fürchtet.
	Geht, reitet fort, ich geb Euch guten Rat.
	Ein heiliges Revier ist diese Wildnis.
	Kein Reisiger wird hier geduldet. Strenge
	wacht rings im Bannkreis ernste Ritterschaft.
	Den Tod erleidet, wer ihr Wort nicht achtet.
	Geht, reitet!

Parzival: Wessen ist der Wald?
Sigune: Fragt nicht und geht!
Auf dreißig Meilen in der Runde ward
kein Baum hier je gefällt, es führen keine Pfade
in diesen Wald, mich wundert, wie der Fremdling
hierher kam.
Parzival: Sag mir eins: Ist eine Burg
nicht nahebei?
Sigune: Die Monsalvat, jawohl.
Parzival: Dort komm ich her.
Sigune: Ihr lügt. Es kann die Monsalvat
kein Sterblicher erfinden, ob er sucht
bis an der Erde fernste Säume hin.
Nur der, den Absicht nicht im Herzen stachelt,
gewinnt die Bahn.
Parzival: Ohn Absicht kam ich her.
Sigune: Ihr wart nicht dort. O nein, so redet keiner,
so atmet keiner, der die Wunder sah,
die dorten sich vollziehn. Mit solchem Auge
blickt keiner in das Licht des bangen Tags,
der jemals sah den leidgebeugten König,
den bleichen, blutenden, der auf dem Lager
in unstillbarer Qual sich ringend müht,
nicht sitzend und nicht liegend, seitwärts lehnend,
im Tode lebend stets im Leben stirbt.
Parzival: Den sah ich.
Sigune: Nein! Denn hättst du ihn gesehen,
dann wäre er jetzt ledig seiner Qual.
Parzival: Ich fand den großen Fischer dort am See,
ich trug der Köngin purpurroten Mantel,
die Fraun, die Kerzen zogen an mir her,
zuletzt das Licht, das über allem strahlt —

Sigune (aufschreiend):
Du sahst den Gral! Ich kenne dich. Die Nacht
fällt nieder mir vom Aug. Ich kann dich nennen:
Parzival bist du.
Parzival: Bin ichs?
Sigune: Aller Himmel Güte!
So ward zum Gral berufen dieses Kind!
Du sahst den Glanz, du sahst das hohe Wunder,
du sahst das Leid, der Menschheit innre Not.

Du machtest ledig seiner Pein den Armen.
Den Großen machtest, Großer du, gesund.
O Dank, daß sich der Schrecken dieser Wunde,
die alle Welt zerriß, nun endlich schloß.
Heil dir, du Unvergleichlicher! Erhoben
hoch über alles seh ich dich hier stehn,
was diese Luft umfängt. Denn alles Leben,
das wilde und das zahme, beugt sich dir,
du der Geschöpfe Erster und Verklärter,
du Licht, im innern Schoß der Welt entfacht.
Auch meine Nacht zu lichten stiegst du nieder
von Montsalvat, und dieser Tote hier,
mit dem ich tot bin, wird von neuem leben.

Parzival: Was sprichst du?

Sigune: Meine Augen, ach, wo hatte
Sigune ihre Augen? Dir zur Seite
im Purpurlichte strahlt Amfortas Schwert.
Wie trügest dus, wenn du nicht auserlesen?
Weißt du den Segen, der ihm innewohnt?
Sieh, wie die Schneiden rein und richtig laufen,
der edle Trebuchet, der weise Schmied,
hat es gemacht. Es hält den ersten Schlag,
den zweiten springts. Dann gilts, den edlen Stahl
am Brunnen von Karnant aufs neu zu schweißen.
Geheim ist diese Quelle; neu gefügt,
mußt du die Stücke mit dem Naß besprengen,
da, wo das Wasser austritt unterm Stein,
eh noch der Strahl des Tags den Quell getroffen.
Dann wächst zu Eins gewaltiglich der Stahl
und wird in Ewigkeit nicht wieder bersten.

Parzival: Dies alles weiß ich nicht.

Sigune: Die höchste Krone,
die je ein Mensch erlangt, aus Licht gebaut,
wird dir die reine, hohe Stirn umkränzen,
das Ziel der Ziele hat dein Geist erlangt —,
wenn du, o Kind, das eine Werk vollendet:
wenn du um seiner Qualen tiefen Sinn
den Wunden fragtest. Hast du dies erfüllt?

Parzival: Ich habe nicht gefragt.

Sigune (auffahrend):
Weh! weh! o furchtbar
zerstörend Weh! O unsagbare Qual!
O Gift und Brand, o tausendfaches Feuer.
Verloren! Aller Menschheit Hoffnung hin!
Versäumt die Stunde, die sich einmal bietet,
nur einmal der verlechzenden Natur.
Unendlicher Verlust, unwiederbringlich!
Nun, Toter, sind wir tot, und alle Hoffnung
schwand uns dahin!

Parzival:	Um Gottes willen, Weib, erklär mir, was du redest!
Sigune:	Dir erklären? Repanse sahst du, sahst den heilgen Gral, die Lanze sahst du Blut und Qualen traufen. Was jedes Herz begreift, begriffst du nicht? Entehrter Leib, verfluchtes Haupt, schweig stille! Ein jedes Wort ist Schande, das du sprichst.
Parzival:	Um Gott, du sollst nicht zürnen! Jeder Buße bin ich bereit.
Sigune:	Ja Buße, tu nur Buße, wenn alles hin ist. Deine Buße schafft dir nicht um Haares Breite Heil. Verloren hast du das Haupt, da du dein Herz verlorst. Vergeblich alles, alles Torheit, Tor! Du magst nun tausend Fragen an mich stellen, ich rede nichts mehr.
Parzival:	Stößt du so mich fort in Finsternis und Wüste?
Sigune:	Nacht und Wüste bist du dir selbst. *(wendet sich von ihm ab und starrt unbeweglich auf den Toten nieder)*
Parzival:	Ich rufe dich! Beim Gott des Himmels, der barmherzig ist, beschwör ich dich, sieh auf! Verachte nicht, den, der um Blick und Abschiedsgruß dich bittet. Sigune! *(Schweigen)* Einziges Gesicht in dieser Wüstnis! *(Schweigen)* Wehe dem, der hört und keine Antwort gibt! Er heiße Gott oder Mensch. *(Schweigen)* Vonhinnen! *(jagt in die Wildnis davon)*

ORILUS UND JESCHUTE

Personen:

Orilus
Jeschute
Parzival

Die Handlung spielt im Gralsgebiet vor Trevrizents Klause.

ORILUS UND JESCHUTE

Wald und Felsenenge. Im Vordergrund links die in den Felsen eingehauene Klause des Trevrizent. Durch die Felsen hervor fließt ein Bach, der in Wasserfällen über Stufen herabgeht und im Vordergrunde sich zu einer Tiefe verbreitert.

J e s c h u t e , in elender, zerschlissener Kleidung, läßt ihren Klepper am Bache trinken. Das Tier ist mit Stricken gegürtet und trägt ein Basthalfter.

O r i l u s hält auf dem erhöhten Bachufer.

Orilus:	Genug der Rast. Voran jetzt!
Jeschute:	Lieber, Teurer, dem armen Tiere gönnt den Trunk.
Orilus:	Ich will, daß wir vonhinnen kommen. Eure Mähre, räudig wie Ihr, verdient nicht Rast und Trunk.
Jeschute:	O Herr!
Orilus:	Daß diese Stimme mich bezaubert, das reut mich traun. Mit Eurem süßen Gift vermögt Ihr bei Betörten alles. Doch ich habe ein Gegengift gewonnen. Müht Euch nicht. Es ist umsonst.
Jeschute:	O Gott!
Orilus:	Laßt Gott! Er fügt sich auf Eure Lippen nicht. Wir reiten. Auf!
	(Gegen den Hintergrund voran)
Jeschute:	Und wenn er mich vom Pferde stößt zur Erde — dem armen Tier, das mich mit Zittern trägt, geb ich, was ihm gebührt. Trink, gute Mähre!

Parzival *(hinter dem Felsen hervorreitend):*
Wer seid Ihr, Frau? Was ward Euch angetan?
Nennt mir den Elenden, der Euch geschändet.
Ich räche Euch.

Jeschute: Der Elende bist d u.
Ich kenne dich, der du den Ring mir raubtest.
Um deinetwillen duld ich diese Schmach.

Parzival: Um meinetwillen?

Jeschute: Könntest du ermessen,
wie Orilus in Eifersucht und Wut
getobt, da er sein Bett geschändet glaubte.
Die Hölle leid ich seither, und kein Schwur
vermag den Rasenden zu überzeugen,
daß ich nicht schuldig bin.

Parzival: O dreimal wehe,
daß mich die Zeichen meines Torenwegs,
seit mich der Gral verstieß, wohin ich reite,
mit Hohn begleiten. Fluchst du mir, o Weib?

Jeschute: O nein! Was nützt ein Fluch? Zerstörtes baut er
nicht wieder auf. Verlornes kehrt nicht wieder
durch ihn. Auf Wunden gießt man Öl und Balsam.

Parzival: Und Euer Balsam?

Jeschute: Heißt Verzeihung.

Parzival: Dank!

Jeschute: Verzeihung, wie sie mir auch werden möge
für unbegangne Schuld.

Parzival: Die schaff ich Euch.

Jeschute: Ihr? — Wiederholt nicht Eure Torheit, Ritter.
Biegt seitwärts ab, setzt Euer Roß in Trab,
eilt, wie Ihr könnt. Dort reitet Orilus.
Blickt er zurück, so ists um Euch geschehen.

Parzival: Der Herzog hier? Ich fordre ihn. Euch soll
Erlösung werden.

Jeschute: Heilger Gott, Ihr wollt
mich vollends noch in tiefsten Jammer stürzen?
Er schlägt Euch, wie man Jungholz niederschlägt.
Und wärs, daß Ihr bestündet, soll ich ihn,
soll Euch ich mit gespaltnem Haupte sehen
im Moose liegen? Kann aus diesem Streit
mir anderes erblühn als Leid? Um aller
hilfreichen Geister willen, hört auf mich.
Flieht! flieht, ich bitt Euch!

Parzival: War ich je ein Feigling?
Werd ichs je sein? Es gilt! Ich kämpf für Euch.
Ringt nicht die Hände, betet, wenn Ihr könnt;
denn Orilus ist stark.

Jeschute: Ihr seid verloren.

Parzival:	Bin ichs, so will ichs sein. Um Eure Ehre! Stahl ich sie Euch, hier nehmt sie Euch zurück! Orilus!
Jeschute:	Rasender!
Parzival:	Hör, Orilus! Die Ehre des Weibes, das du dein nennst, ruft dich auf zum Kampfe!
Orilus *(aus der Tiefe)*:	Heran, wer mich begehrt, heran! Ho heraho!
Parzival:	Ho heraho!
	(jagt durch die Felsen nach der Tiefe)
Jeschute:	O Himmel!

      (man hört den Aufprall und das Krachen der Speere)

      Sie stürzen aufeinander, Fels auf Fels,
      daß rings der Umkreis bebt und mit Gedröhne
      den Stößen Antwort gibt. Erblindet doch,
      ihr Augen, daß das schreckliche Erflammen
      der Helme und der Schwerter Blitze nicht
      wie ein Magnet euch ständig an sich reiße
      und ihr erblicken müßt, wovor sich euch
      die schreckerfüllten Sterne einwärts kehren.
      O wozu ward ich Weib, wozu das Herz
      ins Meer des Fühlens mir getaucht? Wozu
      umhüllte mich ein fürchterlicher Gott
      mit Schönheit, der verderblichsten der Gaben?
      Muß ich die Perle sein, als deren Preis
      im Rauch des Bluts der Schwerter Glanz erblindet?
      O, lieber wär ich häßlich wie die Nacht,
      die aufgeschwellt von widerlichen Dünsten,
      die Ottern züchtet im versumpften Schoß.
      Des Grafen Schwert zerspellt! O großer Himmel,
      sie fassen sich, sie ringen Leib an Leib.
      Wie eine Haselrute schwingt der Jüngling
      den Helden in die Luft und stürzt ihn hin.
      Nicht weiter, Gott, von dem die Frommen sagen,
      daß du barmherzig seist — streck aus den Arm!
      Tu Einhalt —!

Parzival *(den Orilus vor Jeschute schleppend)*:	Hier vor deines Weibes Fuß soll zwischen uns geendigt sein.
Orilus:	Ich bin noch nicht besiegt.
Parzival:	Du bists.
	(preßt ihn gewaltig)
Orilus:	O Gott!

Parzival:	Dein Leben
	währt nicht drei Atemzüge mehr.
Orilus:	Halt ein!
	Gib Gnade!
Parzival:	Wenn du d i e s e r Gnade gibst.
	Verzeih Jeschuten!
Orilus:	Nein.
Parzival:	So stirb!
Orilus:	Verlange,
	was du auch willst, ein Reich und eine Krone,
	ich geb sie dir. Doch der verzeih ich nicht.
Parzival:	Dich löst nicht Reich und Krone. Dieses Weib
	verlangt Verzeihung, und du mußt sie geben.
	Entscheide schnell, denn hurtig ist der Tod!
Orilus:	Noch ist nicht Zeit zu sterben.
Parzival:	Deine Antwort?
Orilus:	In Gottes Namen: Ja!
Parzival:	Du bist bereit?
	Du bietest Friede?
Orilus:	Wenns nicht anders sein kann —!
	Leben ist alles. Laß mich!
Parzival:	Auf dein Wort?
Orilus:	Ja, auf mein wahres, ritterliches Wort.
Parzival:	So bist du frei.
Orilus (erhebt sich):	
	Als ein Besiegter, ewig
	in Schmach getaucht! Was soll ich nicht ein Weib,
	das sich für seinen Teil der Schmach ergeben,
	als Ebenbürtige umarmen? Beug dich her!
	Nimm diesen Kuß!
Parzival:	Nicht so! Du sollst vergeben.
Orilus:	Was unaustilgbar ist?
Parzival:	Wes zeihst du sie?
Orilus:	Daß sie das Bett mit einem Manne teilte,
	des Namen sie verschweigt.
Parzival:	Ich nenn ihn dir:
	Kein andrer war es als der Anschewine,
	als Parzival, der Sohn des Gachmuret.
Orilus:	Der Bube! Kennst du ihn, so sag mir schnell,
	wo ich ihn finde, daß ich sein Gedärme
	den Geiern gebe!
Parzival:	Diese Wollust, Graf,
	ist dir verloren. Hier, ich selber bin es.
Orilus:	Du —?
Parzival:	Laß aufs neue nicht in deinem Herzen
	die Wut aufspringen, die dich rasend macht!

	Vernimm die Wahrheit und erstaune, Ritter!
	Dein Weib ist rein, so wahr ichs selber bin.
	Ein täppscher Junge kam ich in ihr Zelt,
	nichts wissend von des Leibes holder Süße,
	noch von der Liebe heimlicher Gewalt.
	So nahm ich ihr den Ring, so wie sich Kinder
	im Streite Dinge rauben, riß ihr so
	die Schließe vom Gewand. Als Zehrgeld gab ich
	das goldne Ding dahin. Jedoch den Ring
	behielt ich mir, und sieh, hier ist er wieder!
	(reicht Orilus den Ring)
Orilus:	Du redest wie ein Mönch so schlau und fromm
	und willst mich noch einmal zum Toren machen.
Parzival:	Laß mich mein Wort vor dir erhärten! Komm!
	(geht in die Klause und kommt mit einem Reliquienschrein wieder hervor, den er dem Orilus in die Hände gibt)
	Dies Heiligtum, das teure Reste birgt,
	sei der Altar, an dem ich dirs beschwöre.
	(legt die Linke auf den Schrein und erhebt die Rechte)
	Gott seh mich an! Es sei hiemit verwirkt
	des Himmels Gnade und das Licht des Lebens,
	der Menschen Liebe und der Erde Treu,
	des Rittertums erhabene Berufung,
	wenn dies, mein Wort, nicht Wahrheit künden soll.
	Unschuldig ist Jeschute. Ihre Seele,
	dem Spiegel gleich des ewig keuschen Monds,
	hat nie ein Hauch von Trübe überschattet,
	in Klarheit ruht darin das Firmament,
	der Glanz der Erde; wäre alles rein
	wie dieses Weib, so dürften wir mit Rosen
	das blanke Schwertblatt schmücken; denn zu kämpfen
	wär nirgends Anlaß mehr. Ists Euch genug?
Orilus:	Ich glaube Euch. Und wie ich tiefer atme,
	rinnt durch die Adern mir ein neues Glück.
	Dank Euch, der mich besiegt. Ihr schlugt den Wahnsinn
	des Zornes in mir nieder, gebt das Weib,
	das ich in Blindheit stieß von meinem Herzen,
	mir neu zurück. Traun, so besiegt sein, heißt
	sich fast zum Sieger wandeln.
	(zu Jeschute gewandt)
	und der Preis
	ist tausendmal bezahlt durch deine Liebe.
	(umarmt Jeschute und hängt ihr seinen Mantel um)
Jeschute:	O daß der böse Zauber von Euch wich!
Orilus:	Wie, du verzeihst?

Jeschute:	Ich habe längst verziehen.
Orilus:	Hat Gott nun diese Engel uns geschickt, um uns erst recht zu büßen? Soll ich gar nichts als Pfand Euch bieten, der mich niederwarf?
Parzival:	Ein Pfand doch will ich fordern. Zieht sogleich zu König Artus hin, ihm Gruß zu bringen, und stellt Euch als Gefangener allda dem Dienst der Jungfrau Cunneware —
Orilus:	Ritter was fordert Ihr?
Parzival:	Wie? Dünkt es Euch zu viel?
Orilus:	Ihr sendet mich gefangen zu der Schwester?
Parzival:	Zu Cunnewaren geht und dienet ihr, bis an Herrn Keie ich die Edle räche. Ich schwur es so.
Orilus:	So sei es Euch erfüllt. Doch Ihr, wo werdet Ihr die Nacht verbringen?
Parzival *(düster)*:	Das gilt mir gleich.
Orilus:	Ich bitt Euch, folget mir nach meinem Lager. Der Ihr Glück und Leben zurückgewonnen habt, sie pflegt Euch nun, wie niemand Euch gepflegt.
Parzival:	Lebtwohl!
Orilus:	So weilt! Auf Eure Wangen fällt ein bleiches Licht und macht sie gelb wie die verhärmte Schale des späten Mondes. Kommt mit uns, Ihr müßt nach diesem harten Strauße Euch erholen!
Parzival:	Sprecht von Erholung nicht, sprecht nicht von Güte, von Gastlichkeit und sanfter Sitte nicht. Ein Finger, den kein Aug gesehen, schreibt mir ein unerbittlich Zeichen auf die Stirn. Drängt nicht in mich! Ich reite meines Weges, die Öde fragend, die nicht Antwort gibt.

KÖNIG ARTUS UND DER ROTE RITTER

Personen:

König Artus
Parzival
Keie
Segramurs } Neffen des Königs
Gawan
Cunneware von Lalander
Antanor
Clamide
Orilus und Jeschute
Der Falkner des Königs
Iwanet
Kundry, *die Gralsbotin*
Die Ritter der Tafelrunde
Frauen und ritterliches Gefolge

Die Handlung spielt in Artus' Lager am Flusse Plimizöl, nahe dem Gebiet des Gral, und zwar im Zelt des Königs, in einer Waldlichtung und auf einem Blumenhügel am Plimizöl.

Am Fluß Plimizöl. Artus' Lager. Großes Prachtzelt des Königs mit den Sonnenzeichen.
Artus bei Tafel. Neben ihm die Königin Ginover, dann Keie, Gawan, Segramurs, Cunneware, Antanor und die Ritterschaft.

KÖNIG ARTUS UND DER ROTE RITTER

Artus: Noch einmal, Helden, sei euch eingeschärft,
daß ihr mir jeden Ritterkampf vermeidet;
ja selbst die Jagd in dem Gebiet, das rechts
des Flusses liegt, muß gänzlich unterbleiben.
Wir sind am Rande von Amfortas Reich;
dort jenseits ziehn die dunklen, heilgen Wälder
von Montsalvat, darin unsichtbar nah
die Burg des Grales schwebt. Bei meinem Zorn
verletze niemand ihren strengen Bann.
Wer Lust verspürt, den leichten Speer zu brechen,

	wen Jagdbegier auf frische Fährte treibt —
	hier diesseits des Gewässers mags geschehen. —
	Ihr seid berichtet, ich verlasse mich
	auf euer Wort.
Segramurs:	Wir werdens dir erfüllen.
Artus:	Sag das nicht leichtlich zu, mein Segramurs.
	Wir kennen dich als Brausekopf: die Tollheit,
	dem Räuber gleich, der auf gespornten Pferde
	ein sinnlos Weib durch Schilf und Knieholz führt,
	hat oft dich von der Tafel uns gerissen
	zu unbedachtem Werk.
Segramurs:	Nennt Ihr ein Weib,
	o Oheim, dieses Herz, das schnell emporflammt,
	so lüstets mich, Euch grad im Angesicht
	zu zeigen, daß ich jeden Mann bestehe.
Artus:	An Wildheit wohl. Doch ist Besonnenheit
	der Reiter, wo die Wildheit nur die Mähre.
Gawan:	Ihr seid, mein Oheim, so an Kraft wie Fülle,
	ein Strom, der tausend Flüsse in sich faßt,
	und breit einhergeht, nicht als Einzler wandelnd,
	und einem Heer vergleicht sich Euer Zug.
	Doch laßt den Bächen, die vom Felsen schießen,
	noch ganz von sich und nur von sich erfüllt,
	Gefahr und Sturz und helles Schäumen suchend,
	nun auch ihr Recht; denn einmal werden sie
	wie jene durch die Weite ihrer Auen
	hinrauschend zeigen ihrer Strömung Macht.
	Doch nur, wenn sie der Wand des Bergs
	entsprungen.
Artus:	Ich weiß, was Jugend ist, und achte sie,
	wies ihr gebührt. Von Fittichen getragen
	stürmt sie dahin, die ihr der Geist verleiht.
	Uns kommt das Werk aus dem gedämmten Willen,
	der wachsend stumm die Kraft vertausendfacht.
	Ihr gibt ein Gott, daß ihre ersten Pfeile
	ins Schwarze treffen, und vom Wipfel springt
	der Apfel in den Schoß ihr, den vergebens
	die Hand des Starken zu erlangen strebt.
	Die Stunde wills, das Schicksal nickt Gewährung.
	Das Wagnis wird zum sichersten Gewinn.
	Doch wehe, wenn den so Emporgetragnen
	die Trunkenheit befällt, wenn er sich selbst
	das Wunder des Gelingens beimißt, wenn er,
	der Günstling des Geschicks, auf sichre Rechte
	zu pochen wagt. Gekränkt in ihrem Stolz,
	läßt ihn die Göttin aus den Armen stürzen,
	und den Zerbrochnen höhnt ein jeder Schelm.
Segramurs:	Was treibt Euch an, so düstre Prophezeiung
	uns zu verkünden? Seid Ihr selber nicht

| | den Weg gegangen, der zum Ruhm emporführt? |
| | Tragt Ihr die Krone nicht als treuen Hort? |

Artus: Treu durch die Treue, die ich selbst ihr biete.
Denn was wir selber geben, gibt sich uns.
Doch bin ich heut vor allem eines Knaben
gemahnt, den so der Jugend Götterlicht
umgab und ihn im wachen Traume führte
auf seines Schicksals ungeheure Bahn.
Den mein' ich, der den Ither vor uns fällte,
der unbelehrt und unbewaffnet ging,
den Kampf auf Tod und Leben zu bestehen,
zu dessen Heil der weiße Würfel fiel.
Oft sinn ich über ihn. Er ritt von dannen,
das Aug nicht einmal wendend nach dem Ort,
da ihm gelang, was ganzen Männern fehlte.
Wo ging er hin? Was wurde aus dem Kind?
Welch ein Verhängnis nahm er mit den Waffen,
den flammenden des roten Ithers, hin?
Wer meldet mir von ihm?

Gawan: Vergebens strebt ich
die Fährte zu erspüren, die er zog.
Er scheint ins tatenlose Nichts verschwunden,
aus dem er herkam.

Keie: Mag er doch, der Gauch!
Vielleicht begeht er Taten mit dem Maule,
rächt mit dem Maule Cunnewarens Schmach.
Wie regt sich mir die Galle, wenn ich denke,
daß sie an ihn ihr Lachen weggeschenkt,
das sie dem höchsten Helden aufbehalten.
Sie schien durch ihren Schwur ein Wunder uns,
wie jene Fraun der Vorzeit, die im Busen
ein dunkles Wissen tragen vom Geschick,
das in der Zukunft sich gebiert. Doch nun
ist Wunder und Geheimnis preisgegeben
an einen Narren.

Cunneware: Nimm dich wohl in acht,
daß dir die Worte nicht zu ihrer Stunde
als Keulenschläge kehren auf dein Haupt.

Artus: Genug, daß nicht der alte Streit aufs neue
sich hier entfache! Bringt die Falken mir,
mich lüstet, auf die Vogeljagd zu reiten.

Keie: Erzürnt Euch nicht, o Herr, ein Unfall stieß
den Falknern zu, es rissen sich die Vögel
von ihrem Strang und schossen in den Wald.
Die ganze Nacht verbrachte man mit Suchen.
Noch sind die Knechte aus.

Artus: Ihr wißt, die Vögel
sind mir vor vielem wert. Ihr schaffet sie,
Herr Keie, mir herbei, wo Ihr der Gnade,

Keie:	die Ihr vor manchem andern hier genießt, versichert bleiben wollt! Was ich vermochte, hab ich getan.
Antanor:	Die Tiere sind gefunden. Man bringt sie.
	(*Falkner erregt hereinkommend*)
Falkner:	Schande! Schande für die Runde des Königs Artus!
Artus:	Wie?
Falkner:	Ein fremder Ritter, des Kampfs gewärtig, wartet dort im Wald, Hohn bietend unsern aufgeworfnen Bannern, und niemand ist, der diesen Hochmut rächt.

Segramurs (*aufspringend*):
Laßt mich hinaus!

Artus:	Du bleibst an deiner Stelle.
Segramurs:	Was, Schmach uns bieten? Mit erhobner Lanze des Königs Majestät zum Speerkampf fordern, als wär er dazu da, mit jedem Rüpel den Schaft zu brechen —
Artus:	Bleib! Ich will es. (*zum Falkner*) Du, sag mir, was mit den Falken war?
Falkner:	Sie brachen vom Strange los, ich suchte sie vergebens die ganze Nacht; da, als der Morgen kam, stieß einer ins Gebüsch auf wilde Gänse. Ich hör das Schrein, belastet mit dem Tier, das er geschlagen, schwankt der Falk vorüber, da fallen von den roten Fängen ihm drei Tropfen Blutes in den Schnee hernieder, der frisch zu Nacht gefallen war. So rot erschien mir nie ein Blut, es hielt mich fast an der Stelle fest, denn diese Farbe, in Weiß getaucht, ist stark und wunderbar, wie ich bis heute wahrlich sie nicht kannte.
Keie:	Was schwatzt der Kerl? Wie du die Falken fingst, will König Artus hören.
Falkner:	Nun, die Falken fand ich nicht weit und lockte sie zu mir. Jedoch die Tropfen —
Keie:	Magst du selbst bestaunen, du Narr, wenn du noch niemals Blut im Schnee gesehen hast. Gib mir die Vögel wieder!
Artus:	Was ist es mit dem Ritter?
Falkner:	Just am Ort, wo die drei Tropfen sind (*ich kann nicht anders,*

	ich muß sie wieder nennen) hält zu Pferd,
	den Speer zum Kampfe höhnisch aufgerichtet
	ein Ritter.
Artus:	Und?
Falkner:	Wenn ich von Ehr und Sitte
	nur soviel weiß, als in das Schnallenloch
	des Riemens geht, so ist dies offne Schande
	für unsern Herrn, wenn niemand sich ihm stellt.
Segramurs:	Das ists, bei Gott! Drum halte mich hier niemand.
	Ich muß hinaus! Hier winkt mir Waffenruhm,
	den will ich mir sogleich vom Baume reißen,
	der Funken sprüht und Splitter von sich wirft.
	Für König Artus!
Artus:	Halt! Wer sagt dir, Kecker,
	ob ich nicht selbst den Ruhm erwerben will?
Segramurs:	Dir ist nicht not, zur Fülle deines Ruhmes
	noch neuen zu gewinnen. Wie der Halm
	im dichten Strauß der Garbe untertaucht,
	so schwindet jede neue Tat im Glanze
	der Siege, die du schon erstritten hast.
	Wir aber dürsten, Herr, die scharfen Male
	des Kampfes in den Leib uns einzuzeichnen,
	zu trinken aus dem Becher der Gefahr
	und unsre Namen, unbekannte Silben,
	zu schmücken mit des Sieges erzner Last.
	Versags uns nicht, o König, sprich Gebote
	nicht aus, die wir zu halten nicht vermögen.
	Denn wie der Adler nach der Beute stößt,
	so stürmt der Ritter in die Bahn des Kampfes.
Artus:	So geh!
Segramurs:	Hab Dank! Das Roß herbei! Die Waffen!
	(stürmt ab)
Artus *(zu Keie)*:	Versorgt die Falken! Laßt uns also nun
	das Ende erst von Segramurs Beginnen
	erwarten, eh wir selber uns zu Pferd
	begeben, um der Jagd uns zu erfreuen.
	Der Ritter dort im Walde scheint an Trotz
	uns alle, die wir friedlich uns hier lagern,
	zu übertreffen, da des Grales Näh
	ihn nicht verhindert, uns zum Kampf zu fordern.
Keie *(am Eingang)*:	
	Ein Ritter, dem der goldne Kronenreif
	den Helmen schmückt, erbittet sich die Gnade,
	vor König Artus zu erscheinen.
Artus:	Sei er uns
	willkommen, was er uns auch bringen möge.
	(Clamide tritt auf)
Clamide:	Den ich seit Monden suchte, nirgends fand,
	nach dessen Fährte ich durch Wald und Wildnis,

	entlang der Ströme, die durch Länder gehn,
	mit Eifer forschte, den ich endlich hier
	am Saum des heilgen Gralgebiets ereile,
	begrüße ich, ein unglückselger Mann,
	der Glück und Ehr im Ritterkampf verloren.
	Clamide steht vor dir, erlauchter Herr,
	sich als Gefangenen dir anzubieten.
Artus:	Seltsame Fügung, daß ein Held zu mir,
	ein König kommt, gefangen, dessen Länder
	die meinen übertreffen so an Zahl
	wie auch an Reichtum ihrer Städt und Burgen,
	von dessen Heere drohender Gewalt
	man Staunenswertes meldet. Ist Kingrun,
	dein Seneschall, nicht hochberühmt im Streite?
	Sah man vor ihm die Jugend von Brobarz,
	die Blüte nicht der Ritterschaft, erliegen?
	Ja, hielt er nicht, dem wilden Bären gleich,
	das feste Pelrapeire in den Pranken,
	daß niemand dem verlornen Hoffnung gab?
	Was ist geschehn, daß du zerhau'nen Helmes
	und ohne Schild dich meinem Tische nahst?
Clamide:	Kingrun ist tot. Ich selber bin geschlagen
	und lebe nur durch des Bezwingers Gnad. —
	Der beides tat, der rotvermummte Ritter,
	jetzt König von Brobarz, Conduiramurs
	siegreicher Herr, schickt mich an deinen Hof.
	Zur Buße mir und zu Herrn Keies Schande
	befiehlt er mir, der Lieblichen zu dienen,
	die jener schlug, da sie den Gruß ihm bot.
	So laßt mich denn zu Cunnewaren eilen,
	daß ich erfüll, was ich erliegend schwur.
Cunneware:	Hier, König, ist die Herrin, die du suchtest.
	Ich nehme dich in meinen Dienst und Schutz,
	solange du versprachst, bei mir zu bleiben.

Clamide (*ihr zu Füßen*):

	Was dieses Schwert noch fürder mag vollbringen,
	es sei für dich, o edle Frau, getan.
	Dein Feind ist meiner, deine Schande meine.
	Wer dich beleidigt, fordert diesen Stahl.
Antanor:	Wie klingt Euch diese Melodie, Herr Keie?
Keie:	Schweig, wenn du willst, daß dir dein kahles Hirn
	noch länger ungespalten bleibe, Esel!
Artus:	Er geht den Weg, den ihm sein Vater weist.
	Zum Helden reckt er mächtig seine Glieder.
	Kingrun gefällt! Clamides Ruhm dahin.
	O Parzival, dein Name hebt vor vielen
	zu leuchten an. Sag, focht er ritterlich?
Clamide:	Wohl schienen alle Künste ihm zu eigen,
	die je ein ritterlicher Mann besaß.

	Doch braucht er sie nicht wie gelerntes Können,
	er brach aus sich hervor wie Glut und Sturm,
	was andre Kämpfer mühsam sich erwerben,
	schoß auf aus ihm wie Ähren aus dem Feld,
	sein Antlitz, wie das Glutgesicht der Sonne,
	versengt die Augen dir und zehrt vom Mund
	hinweg den Atem, daß die Lippen dorren.
	Ganz ungeheuer zeigt er sich im Kampf.
	Ich habe manchen Feind hinabgesendet,
	von wo er mit den eignen Gliedern nicht
	hinweg sich hob, doch vor der Wucht der Schläge,
	die jener führte, brach ich wie ein Reis
	in mich zusammen, das die Hand des Sturmes
	vom dürren Strauche pflückt. So ficht kein Mensch,
	ein Gott steht hinter diesem.
Artus:	Ither! Ither!
	Ein Größerer als du trägt deine Wehr! —
	Doch legt die Waffen ab. Man soll in Eile
	ein Zelt Euch rüsten, daß Ihr ruhen könnt.
	Zum Abend sehn wir wohl an diesem Tisch uns wieder.
Iwanet:	Weh! Weh! Das Roß Herrn Segramurs' geht flüchtig
	durchs Blachfeld hin. Dort wankt der Held herbei.
Artus (*springt auf*):	
	Wie, Segramurs gestürzt? Eilt ihm entgegen!
	Bringt ihn herein!
Segramurs (*von Knappen gestützt, wankt herein*):	
	Ein Stuhl! Was Fallen ist,
	das weiß ich nun. So sticht fürwahr kein zweiter
	in dieser Welt. Ah —!
Artus:	Trägst du Wunden?
Segramurs:	Nein.
	Doch fiel ich wie ein Stein und schlug den Schädel
	mir an den Schild, und wie ein schlechtes Bier
	ward mir mein Hirn verschüttet. Gebt zu trinken!
Artus:	Der Kampf war kurz.
Segramurs:	Das eben ärgert mich
	am meisten noch: es kam nicht erst zum Kampfe,
	denn eh es anging, lag ich schon. Ein Stoß,
	was sag ich, Stoß, ein Blitz, ein Donnerschlag,
	ein — Teufel! laßt die Fidelplärrer suchen
	nach einem Wort, das hier den Nagel trifft.
	Es krachte und ich lag. Und der mich hinwarf,
	tat gar nicht erst, als ob es ihm was gälte.
	Wie er im Anfang starr und brütend saß,
	gleich einem Steinbild vor sich niederglotzend,
	und keiner Fordrung irgend Antwort gab,
	bis ich den Speer ihm durch die Schildwand rannte,

	so wandt er sich, da er den Stoß getan,
	zur Seite hin, als wäre nichts gewesen,
	und würdigte mich weiter keines Blicks.
Artus:	Wie seltsam!
Segramurs:	Kronen sind ihm wohl wie Reife,
	womit man Butten bindet. Könge fällt
	er, wie man Gras mäht. Wie von Sinnen,
	an Augen blind, an Ohren taub, so hält
	er steif im Sattel. Doch mich dünkt, der Teufel
	steckt selbst in seiner Wehr, denn plötzlich,
	kurz wie ein Blitzstrahl, fährts aus ihm hervor —
	dann wieder brütet Nacht um ihn und Schweigen.
Artus:	Sagt, Freunde, habt Ihr solches je gehört?
Segramurs:	Wers nun auch sei, mir ist mein Ruhm verloren.
	Und du, mein Oheim, bliebest ungerächt.
Keie:	Dies Werk laßt mir!
Artus:	Ich soll den zweiten Ritter
	an dieses dunkle Ungeheuer wagen?
	An eine Macht, die keinem offenbar?
Keie:	Ich habe Grund, den Knochen zu vertrauen,
	die mir wie Erz in meinem Leibe stehn.
	Den will ich sehn, der mir sie brechen wollte.
	Gebt Urlaub mir! Der finstere Patron,
	der weder hört noch blickt, noch seine Zähne
	zum Reden auftut — sprechen lehr ich ihn.
	Laßt mich!
Artus:	Mir wäre lieber, wenn du bliebest.
Keie:	Und Euch die Schmach? Hier gilt kein Säumen mehr.
	Der Rüpel muß vom Pferd gestochen werden.
	Wozu denn preist der Sänger unsern Hof
	als die Versammlung auserlesner Helden?
	Steht unser Ruf auf solchem schwanken Fuß?
	Dann möge jeder andre Artus heißen,
	der durch die Wälder fährt, und Seneschall
	ein jeder Geißhirt, dem die Hosenfetzen
	als Banner von den braunen Schenkeln wehn.
	Erlaubt, daß ich mich wappne!
Artus:	Dich zu hindern,
	hab ich kein Recht, wiewohl ichs gern tät.
Keie:	Macht eine Lücke zwischen den Geräten,
	daß des Besiegten Helm ich hierher Euch
	auf diese Tafel stürze. Das Geheimnis,
	das Euch beängstigt, zieh ich an das Licht,
	und was im Dunkel drohend schien und mächtig,
	schrumpft vor dem Aug der Sonne in ein Nichts.
	Nennt mir das Wunder, das beherztem Blicke,
	dem kecken Griff des Armes hielte stand!
	Ein Nasenring bezwingt den wilden Bären,

                des Zähmers Stachel folgt der Elefant.
                Ich will Euch bändigen das Ungeheuer,
                und tanzen sollt Ihrs sehn vor Eurem Zelt.
                Auf Wiedersehen!

(ab)

Segramurs: Nun, ich wünsch dir Glück.
Das alte Ammenstück bewährt sich wieder,
daß keiner weiß, wie eine Speise schmeckt,
eh er sie selbst gekostet. Ich, ihr Herren,
bin satt geworden von dem ersten Schub.

Artus: Herr Keie ist kein Mann, der Rätsel liebte,
und wo sie aufstehn, schiebt er sie beiseit,
als bärge nicht ein jeder heitre Spiegel
den dunklen Grund ihm, den kein Aug erreicht.
Was ihr auch sagt, ein großes Rätsel scheint
der Ritter mir, der unsre Runde fordert,
und ob ich ernst erwägend auch noch zögre,
er setzt die Probe an auf unsern Wert,
uns bleibt nicht Wahl, wir müssen sie bestehen.

Iwanet: Soeben steigt ein ritterliches Paar
vor deinem Zelt vom Pferde, dich zu grüßen.

Artus: Führ sie herein!

(Orilus und Jeschute treten herein)

Orilus: Empfange, edler König,
den Gruß des Mannes, der dir wohlbekannt.
Auch dies mein Weib empfiehlt sich deiner Gnade.
Du siehst den Drachen, der den Helm mir ziert,
von scharfem Hieb zu Schanden mir gehauen.
Du siehst die Beulen, die mein Panzer trägt,
die Spalten, die dir weit entgegenklaffen.
Dies tat ein Held, der meinen Ruhm zerbrach.
Gefangen geb ich mich in deine Hände,
in Cunnewarens Dienst, daß ich die Schmach,
die Keies rohe Hand ihr schuf, mit jenem,
der mich besiegte, räche an dem Feind.

Gegrüßt sei Schwester! Als dein Dienstmann kommt
der Herzog von Lalander dir entgegen,
zu eigen dir, bis Sühne dir gescheh'n.

(er kniet vor ihr)

Cunneware: Steh auf, mein Dienstmann! Sei willkommen,
                                         Bruder!
Dir zu gebieten, diesen Traum fürwahr,
hab niemals ich gehegt. Ich will dich halten,
wie eine strenge Herrin hält den Mann.
Denn hast du Sieg und Ruhm an den verloren,
dem ich als Gruß mein erstes Lachen gab,
so ist es billig, daß das Herz dir seufze.
Doch sieh, Jeschute, schön gewandet, steht
mit strahlendem Gesicht an deiner Seite.

	Was ist mit Euch? Ihr seid versöhnt, ich sehs.
	Wer hat den Zorn in deiner Brust beschwichtigt?
Orilus:	Der Eine tats, der mich zur Erde warf.
	Wie ich die Kraft des Mächtigen bestaune,
	so lob ich ihn, daß er uns neu verband.
Artus:	Ich höre Wunder hier auf Wunder nennen.
	Der Stolzeste, den dieses Reich gesehn,
	tritt lachend als Besiegter mir entgegen,
	und die den Zorn des wilden Gatten trug,
	blickt sanft und selig schweigend vor sich nieder?
	Willkommen, schöne Frau. Ihr naht Euch mir,
	den Glanz der Tafel still zu überscheinen
	mit Eures Wesens wunderbarem Licht.
	Bleibt Euch der Gatte hier von mir gefangen,
	Ihr seid es nicht, befehlet, und ich will
	die Schätze, die ich habe, für Euch öffnen.
Jeschute:	Mir ist genug an dem, was mir das Glück
	mit jäher Wendung an den Busen legte.
	Denn wie ein Becher so viel Weines faßt,
	als ihm der Schmied an hohlem Raum vergönnte,
	und, was man mehr ihm spendet, nur vergießt,
	so auch mein Herz, das voll ist, Herr, des Dankes.
Orilus:	Wo ist Herr Keie? Denn des Helden Gruß
	zugleich als Pfand, daß er zu guter Stunde
	die Rechnung wird begleichen, muß ich ihm
	vor allem hier bestellen. Ruft den Ritter!
	Ich will den Schwur erfüllen, den ich tat.
Artus:	Mein Seneschall wird kürzlich wiederkehren.
	Er ritt für mich zu hartem Zweikampf aus.
	Solange müßt Ihr, Herzog, Euch gedulden. —
	Was ist am Eingang?
Antanor:	Herr, der Knabe will
	die Botschaft Euch nicht sagen, die Herr Keie
	ihm auftrug.
Artus:	Keie? Wie, ist er nicht selbst
	sich Bote? Knabe, tritt vor mich! Was ist?
Iwanet:	O Herr!
Artus:	So rede!
Iwanet:	Mit gebrochnen Gliedern
	laut stöhnend liegt Herr Keie vor dem Zelt.
Artus:	Weh! Weh! Er auch!
Segramurs:	So schmeckt die Suppe,
	die jener vorsetzt, wahrlich!
Gawan:	Seneschall!
	(Keie wird hereingetragen)
Artus:	So liegt der Besten einer mir darnieder.
	Wer ist der Fremde, der so schrecklich ficht?
Keie:	Der Teufel selber. Starr und stier und glotzend.

	Er schaut dir nicht ins Aug: Im Traume tappend, als wär er gar nicht bei sich selber, stößt er nach dir aus und schmettert dich in Stücke.
Gawan:	Du Armer, wie beklag ich dich.
Keie:	Verflucht! Das fehlt mir noch, daß man mit Weibertränen mich ansprengt wie ein Vieh. Schweig! Hab ein Herz, steig auf und hau den Teufel dort zuschanden!
Gawan:	Sag das nicht zweimal. Wer den Mut mir abspricht, dem will ich zeigen, was mein Herz vermag.
Keie:	So zeigs!
Gawan:	Ich tus.
Artus:	Halt sag' ich, bei der Würde, die mir die Kron verleiht! Den Kampf zu wagen mit diesem Ungeheuer steht nur mir, dem König, zu. Ich nehme dieses Recht.
Gawan:	Mein Oheim, eh Ihr Euch zum Streit entscheidet, schickt mich hinaus. Nicht um zu kämpfen, nein, um die Gestalt der Dinge zu erkunden. Denn seht, das jener schmäht, mein innres Herz, sagt mir, daß hier die Dinge anders liegen, als Segramurs, als Keie sie vermeint. Ein Rätsel ist hier, nicht mit Speer und Lanze noch mit dem Schwerte, seis das kühnste auch, zu lösen. Laßt mich reiten ohne Waffen und ohne Schild, ich bringe Kunde Euch, die Licht wirft auf geheimnisvolle Dinge.
Artus:	Vielleicht, der Weg, den du mir vorschlägst, ist der rechte, denn es macht das Schwert zum Toren den, der es rasch und unbedachtsam zieht. Vielleicht ich hätte gut getan, zu bleiben auf meinem Sinn, den Zweikampf zu verbieten. Herrn Keies Knochen hätten wir alsdann nicht zu beklagen. Laßt uns denn besonnen zu Werke gehen, diesen dunklen Knäuel mit Vorsicht lösen, daß das Unheil sich, das uns bedroht, in Heil verwandeln möge. Wohlan, Gawan, tu, was du willst und kannst, Verworrenes ins Klare uns zu bringen. Dann aber, wenn das Glück es dir vergönnt, dann laß uns dieses Lager hier verlassen, zur Fahrt aufbrechend, daß wir Parzival, des Taten uns so groß entgegenscheinen, gewinnen für die Tafel. Denn wir sind ein volles Rund erst, wenn der rote Ritter, dem Herzen ähnlich, das die Glieder speist mit seinem Blut, der purpurhellen Spendung, in unsrer Mitte Sitz und Stätte hat. Glück auf, Gawan, und bring uns gute Kunde!

WALDBLÖSSE NAHE DEM PLIMIZÖL

Die Erde ist mit Schnee bedeckt, in dem drei Blutstropfen sichtbar sind. Parzival zu Pferd, regungslos auf die Blutstropfen starrend. In einiger Enfernung nach rückwärts die Spuren der gewesenen Kämpfe. Der Tannenwald schließt sehr dunkel und ernst die Szene ab.

Parzival: Bleib mir! Verlaß mich nicht. Ich gebe mich
mit Haupt und Herz in deinen Bann. O Weiß,
unsäglich, unbegreiflich, nirgendwo
mit schweren, irdschen, qualbefleckten Händen
zu fassen. Alles du und nichts,
ganz offenbar und undurchdringlich ganz,
dem Tode nicht ergeben. Wunderbar
enthebst du mich dem Grauen dieses Tales
und hältst mich schwebend über aller Welt.
O du zur Sehnsucht mir gewordne: Reinheit!
Besaß ich dich? Verlor ich dich? Dein Bild
umwallt mich mit der Kühle des Kristalles
und mahnt uralter Zeiten mich. — O Rot,
erblüht im Weiß wie eine helle Rose,
ganz Blume, mehr noch, Wesen ganz
aus Licht und Glut, entfachtes Weiß des Schnees,
der Unschuld Wunde, blutend aus sich selbst.
Wer schlug dich, Taube? Wie geschahs? Warum?
Conduiramur, ich sehs, dies ist dein Schein!
Du nahst dich mir mit rettendem Umfangen.
Verloren bin ich nicht, verstoßen nicht,
der Ehre nicht entblößt, nicht in die Nacht
hinausgeworfen. Überm grausen Dunkel,
das gähnend um mich ringt, gleich einem Stern
gehst du, im Arm der Liebe mich erhaltend,
daß ich in Wolken wie ein Engel schweb.
Laß mich so sein, so ewig in dir bleiben
hoch über dem, was schändet und entehrt.
Hüll zu den Grund, den schwarzen, du der Erde,
der lichtlos ist und nichts als Qualen hegt.
Die dunkle Irrfahrt laß mich nicht beginnen
durch das erloschne, gnadenlose Land.
Zu dir, Conduiramur! In deinen Himmel!
Laß mich verzaubert so in Lüften stehn,
verachtend dieser Erde traurge Lüge!
(Gawan, ohne Waffen, kommt aus dem Wald geritten.)

Gawan: Dort hält er, wie die beiden uns berichtet,
ein Bild aus Stein, das Auge starr vor sich
geheftet in den Schnee. Lebt er? Hat sich hinweg-
                                                                gerissen
die Seele ihm und schweift in fernem Land?
Mich faßt ein Jammer, da ich seine Züge,

die stolzen, schönen, so verblichen seh
zu totengleicher Farbe. Ja wahrhaftig,
ein tiefes Leiden wohnt in dieser Brust!
Er schläft, er ist nicht hier, was ich erblicke
ist nur sein Leib. Wohlan, ich weck ihn auf! —
He, Ritter! Hörst du mich? Hohe!
Wer bist du? Deinen Namen? Deine Herkunft!
Er hört nicht. Seine Sinne sind erloschen.
Doch seine rote Wehr verrät mir ihn.
Er ists, den ich so lange schmerzlich suche.
Er ists, den ich zum Freund mir werben muß.
Parzival! Oh! Dich weckt auch nicht dein Name?
Der jeden aufschreckt, der bei Sinnen ist,
er dringt nicht in dein Herz? Nicht in dein Ohr?
So bist du nicht du selbst? Was ist geschehen?
Wie ruf ich dich in diese Welt zurück?
                    (umreitet ihn beobachtend)
Sein Auge wie ein Pfeil geht unablässig
nach einer Stelle hin. Was seh ich? Dort im Schnee
die roten Male, glühend wie Rubin!
Die Tropfen Blutes, die den Falkner schon
mit ihrem Bann bedrohten! Diese wahrlich
benehmen unserm Helden Herz und Sinn.
Der Minne Zauber hält ihn hart gefesselt.
Dich löse ich, so wahr ich Ritter bin!
            (steigt ab und deckt eine seidene Mütze,
            die er hervorzieht, über die Blutstropfen)

Parzival *(seufzend):*
    Ach Gott!   *(blickt sich um)*
    Wo bin ich? Nacht ist hier!
    Wer flucht mir? Wer verstieß mich? Warum ließ
                  mich
    der Engel stürzen? Weh, hier bin ich nicht
    zu Hause.
Gawan: Parzival!
Parzival: Wer ruft mich?
Gawan: Ich,
    der ich dich suche schon seit langen Monden.
Parzival: Du mich?
Gawan: Wie kaum ein Ritter seine Frau.
Parzival: Wer bist du? Sag mir —?
Gawan: König Artus' Neffe
    Gawan.
Parzival: Gawan! Du mühst dich meinethalb?
Gawan: Vielleicht du wirst mir freund, vielleicht du ehrst
                  mich,
    wie ich dich ehre.
Parzival: Ehre?

Gawan:	Großer Held, des Taten ohne Mißgunst ich bestaune, mein Herz bewegt sich, da ich dich allein an diesem wilden Orte hier begrüße. Komm mit zu Artus, auch der König wünscht mit Sehnen dich in seinem Kreis zu sehen.
Parzival:	Ist Artus hier?
Gawan:	Nicht fern vom Plimizöl ist auf dem Plan sein Lager aufgeschlagen.
Parzival:	Artus, der mir die Bahn der Ritterschaft eröffnete! Wie klingt mir dieser Name! O Freund, es löst sich mir aus schwerem Bann das Herz und hebt sich auf mit neuer Regung. Der König haßt mich nicht? Verachtet nicht den Toren, der die Länder wild durchschweifte? Er lädt durch dich zu seinem Tisch mich ein? Ists wahr, was du verkündest, oder träum ich?
Gawan:	Zu suchen dich ist Artus unterwegs, dich zu erblicken ist sein einzig Trachten. Dein Schicksal trägt er fort und fort im Sinn.
Parzival *(nach einer Pause)*:	Gawan, nimm diese Hand. Und wenn sie zittert, so ists das Herz, das mir erschüttert schwankt. Frag nicht, warum dies ist. Führ mich zum König. Die Krankheit weicht, die mir den Busen preßt.
Gawan:	So komm.
Parzival:	Doch halt! Mich hindert ein Gelöbnis. Nicht eher kann ich treten in den Kreis, eh ich gerochen Cunnewarens Schande, an Keie, der sie meinethalben schlug.
Gawan:	Wie Parzival? Bist dus nicht selbst gewesen, der Keie in den Schnee warf?
Parzival:	Ich?
Gawan:	Sieh her! Die Splitter sieh von seiner goldnen Lanze. Und hier sein Schild, zerborsten und zerschellt.
Parzival:	Ich tat das?
Gawan:	Niemand andrer. Und daneben die gleiche Spur von Segramurs' Gefecht, den du, wie jenen, auf die Erde setztest.
Parzival:	Wann tat ich das?
Gawan:	Vor einer kleinen Frist. Herrn Keie trug man mit zerbrochnen Gliedern zum Lager hin.
Parzival:	So tat ich es im Traum, nur eben schnell den Speer zur Seite zuckend. Ich weiß von nichts.

Gawan: Dein Spruch ist eingelöst,
geracht ist Cunneware. Ohne Zögern
kannst du mir folgen in des Königs Zelt.

Parzival: Wie ist das, träum ich jetzt, da ich erwachte?
Wacht ich soeben, da ich sinnlos schlief?
Wo bin ich, sag mir? Zwischen Erd und Himmel
schwankt noch mein Sinn und findet keinen Grund.
Ich bin wohl Mensch, kein Geist, mir ist befohlen,
die Sohlen hinzustellen auf den Grund,
der hoch sich wölbt mit felsig dunklem Rücken.
Die Sonne von Bertane strahlt mich an.
Ich wache doch! In König Artus Namen
ist nicht Berückung, ist nicht Wahn und Trug.
Da er mich grüßt, bin ich des Grußes würdig.
O laß mich Atem holen, tiefer, tief,
und danken! Laß, zum Ritter neu geboren,
mich eilen in die Runde deines Herrn.
Wohlan! Wohlauf! Wir beide, Seit an Seite!

BLUMENHAG AM PLIMIZÖL NAHE VON KÖNIG ARTUS LAGER

Die Tafelrunde ist im Freien aufgeschlagen.
Hinter der Runde erhebt sich ein sonnenbeschienener Hügel, dann Wald und Fels, durch die ein Pfad herabführt.
A r t u s und sein Gefolge in glänzenden, bunten Trachten an der Tafel.

Artus: Schon hab ich Kunde, daß Gawan mit sich
den Ritter führt, von dem so Wunderbares
wir heut vernahmen. Aus dem Traum geweckt,
hat er sich gern zum Ritt hierher entschlossen.
Im Zelte des Gawan bedient man ihn,
daß er zum Tafelfest sich heiter schmücke.
Ihr aber fragt mich, wer der Fremde sei?
Derselbe, der uns heut zu unsrem Staunen
gefangen die erlauchten Fürsten schickt:
Orilus und Clamide, ja, derselbe,
der den gewaltigen Kingrun erschlug,
der Ither fällte ohne Wehr und Waffen,
des Namen uns Antanors Schau verriet:
Parzival ists, der Sprosse Gachmurets,
durch Cunnewarens Lachen uns verkündet
als auserwählten Helden. Sieh, er naht,
geleitet von Gawan, von seinem Antlitz
geht jugendliche Schönheit strahlend aus.
So hebt ein Stern durchs Graun der düstern Wolken
sein siegreich Licht, das hell und heller steigt,
je dunkler sich die Gründe rings entbreiten.
Auf, Cunneware, Euer Ritter kommt!
Entbietet ihm den Gruß der schönen Lippen.

                        *(Parzival und Gawan erscheinen, von der
                        Runde feierlich begrüßt)*

Iwanet *(Parzival entgegenspringend):*
                        Herr, lieber Herr!

Parzival: Willkommen, lieber Knab!
                        Heut gilt es nicht, den Ritter zu bekleiden
                        mit eines hingestürzten Helden Wehr.
                        Heut ist ein frohrer Tag als damals, Knabe.

Iwanet: Der König grüßt Euch, und die Jungfrau dort
                        kommt Euch mit hohen Freuden, Herr, entgegen.

Cunneware: Gegrüßt, mein Held! Ich segne jenen Schlag,
                        der Euch zu meinem Dienste einst verpflichtet.
                        Ihr seht mich heiter wie das Morgenlicht
                        am Thron der königlichen Sonne weilen.
                        Euch dank ichs, daß ich frei von Kummer bin,
                        drum zögr' ich nicht, den Gruß Euch auszurichten,
                        der einzig Euch gebührt.
                                                       (küßt ihn)
Alle: Heil Parzival!

Parzival: Von Euren Lippen geht ein süßer Duft
                        mir in das Herz und mahnt mich einer Frau,
                        die fern von hier mit Sehnen meiner wartet.
                        Habt Dank des holden Grußes, edle Jungfrau,
                        der mich gesundet, wenn ich irgend krank.

Artus: Ich grüße dich, erlauchter, starker Streiter,
                        der, kaum dem Nest der Kindheit recht entflohn,
                        erprobte Herzen Staunen lehrt und Schweigen.
                        Ich grüß dich, du, nach dem wir uns gesehnt,
                        den wir sogleich als Freund uns werben möchten,
                        und als Genossen unsres hohen Bunds.
                        Willkommen hier, willkommen in der Runde
                        des Königs Artus, die mit Achtung nennt
                        die große Welt. Ob Ihr mir Schmerz bereitet,
                        da Ither Ihr, da Keie Ihr mir schlugt,
                        Ihr bringt mit Euch zugleich der Wunde Balsam.
                        Gewährt uns unsre Bitte, teurer Mann,
                        und tretet ein in unsre Tafelrunde.

Parzival: Sind diese Worte, deren froher Schall
                        das Herz mir füllte, Wirklichkeit? Ich sehe
                        des Königs Antlitz frei mir zugewandt,
                        ich sehe vieler Augen auf mir ruhen
                        in Freudigkeit und Liebe und in Lust.
                        Was faßt mich an, ists Hoffen oder Zagen?
                        Wie kommt die Ehre mir, die Gnade zu,
                        in solchen Bund mich eingeführt zu sehen?
                        Erlauchter Herr, Ihr Edlen rings umher,
                        Ihr wollt in Wahrheit mich als Freund begrüßen,
                        als Bruder mich empfangen hier im Kreis?

	Ihr lächelt mir, Ihr winkt mir froh Gewährung?
	So laßt mich sein, als was Ihr mich erwählt,
	ein Ritter an der Runde eurer Tafel.
Alle:	Willkommen Parzival! Heil unserm Freund!
Parzival:	Ihr, Orilus, Ihr reicht mir auch die Rechte?
	Clamide bietet fröhlich sie mir dar?
	Und Frau Jeschutens schöne Augen winken
	mir stille zu mit sanftem, dunklem Strahl.
	Mein Wort ist eingelöst, so habt Ihr wieder
	die Freiheit, Fürsten, die ich Euch geraubt,
	und aller Hader sei uns heut begraben.
Orilus:	Er seis.
Clamide:	Ich bin, ich bleibe Euer Freund.
Parzival:	O Glück, in solchem Kreise sich zu finden,
	umringt von Liebe, angestrahlt vom Glanz
	der Hoheit, die ein edler König spendet.
	Ein Abgrund schließt sich unter meinem Fuße,
	die Erde grünt, es sproßt das Licht der Blumen,
	zur Wohnstatt wird der unglückselge Ort.
	Das dank ich dir, Gawan, der mich dem Wahne
	des tiefen Traumes zeitig noch entriß.
Gawan:	Ich bin belohnt durch deine heitre Miene
	und aller Freunde Beifall hier im Rund.
Artus:	Tut mir die Ehr und sitzet mir zur Seite.
	Den Platz nehmt ein, den Keie Euch geräumt.
	Und nun Musik! Und laßt den Becher kreisen,
	und bringt an Speisen, was die Küche hält.
	Ich seh erfüllt die Runde meiner Helden,
	für Ither ward uns herrlicher Ersatz.
	Laßt uns dies Fest mit Paukenschlag begehen!
	(Parzival setzt sich an Artus Seite. Posaunen, Fideln und Pauken. Das Mahl beginnt.)

Während die Freude sich steigert, ist zwischen den Felsen aus dem Walde hervor Kundry gekommen und reitet jetzt auf ihrem grauen, struppigen Maultier den Pfad herab zur Tafel. Bei ihrem Erscheinen beschattet eine Wolke den Hintergrund, der sich plötzlich in eine finstere Färbung taucht. Fels und Wald nehmen eine drohende Gestalt an. Der Schatten begleitet Kundry, allmählich auch den Mittelgrund verhüllend, so daß nur noch die Tafelrunde im Sonnenglanz daliegt und grell gegen die Nacht der übrigen Landschaft absticht. Als Kundry ihr Tier dicht an die Tafel heranlenkt, wird auch die Tafelrunde verdüstert, nur Artus und Parzival sitzen noch im Lichte da.
C u n d r y *zeigt sich in Gesalt eines Untiers mit einer Hundsnase, fletschenden Eberzähnen, wild herabhängenden schwarzen Haarflechten und Krallenhänden. Sie ist in ein dämonisch prächtiges Gewand gekleidet.*

Cunneware:	Weh, weh, es dunkelt!
Clamide:	Aller Glanz erlischt.
	Nur Artus strahlt noch und der rote Ritter.
Antanor:	Dort, seht die Botin!
Jeschute:	Grausige Gestalt!
	Schweigt, Musikanten! Stellt die Becher nieder!
Orilus:	Wer ist das?
Antanor:	Cundry ists, des Grales
	Fluchbotin. Wo sie hintritt, stirbt die Lust.
	Denn Unheil bringt ihr scheußliches Gesicht,
	das tausendfach zur Fratze sich gestaltet.
	Weh dem, dem ihre finstre Botschaft gilt!
Artus:	Schweigt! Alle schweigt! Die Botin naht sich uns,
	die aus verhülltem Grunde jäh hervortritt.
	Vernehmet stumm, was sie uns Kunde bringt.
Cundry:	Dir ruf ich Weh, o Artus von Bertane,
	da du der Tafel Würde so entehrt,
	den giftgen Wurm zu laden dir zum Mahle,
	der deines Baumes Herrlichkeit zerfrißt.
	Dies, wisse, ist die Art des argen Giftes,
	daß es, was immer gärend es befällt,
	es sei die Kraft des herrlichsten Gewächses,
	fortfressend gleich dem Feuer nimmer ruht,
	als bis es alles um sich her vernichtet.
	Da du Gemeinschaft mit Verruchten pflegst,
	so ist das Urteil über dich gesprochen.
Artus:	Wes zeihst du mich? Nur Helden sitzen hier.
	Ist einer, der der Tafel Schmach bereitet,
	so nenne ihn.
Cundry:	Sein Nam ist Parzival!
Alle (erschrocken):	
	Wie, Parzival!

Cundry (zu Parzival):

    Dir biet ich Fluch und Schande,
    herzloser Mann, des wahren Sinns beraubt!
    Berufen auf der Menschheit höchsten Gipfel,
    hast du das Heil der ganzen Welt verscherzt,
    vernichtet deiner Brüder letztes Hoffen,
    zerbrochen aller Blinden letzten Stab.
    Dir bot das Leid, das innerste der Seele,
    sich glühend dar, nach deinem Auge floh
    sein brechend Aug, dich flehend und beschwörend,
    du aber schwiegst, du Tor, und fragtest nicht.

    Fluch dir darum! Fluch deinen blinden Augen,
    Fluch deinem Ohr, das keinen Laut vernimmt,
    Fluch deinem Herzen, dieser leeren Höhle
    der Finsternis, da kein Begreifen wohnt.

Dir ging der Speer, der mahnende, vorüber,
der Menschheit Wunde quoll von schwarzem Blut,
von Seufzern starrte hoch die heilge Halle —
du aber schwiegst, du Tor, und fragtest nicht.

Fluch dir darum! Fluch deinen blinden Augen,
Fluch deinem Ohr, das keinen Laut vernimmt.
Fluch deinem Herzen, dieser leeren Höhle
der Finsternis, da kein Begreifen wohnt.

Dir schlug der Gral die Wunder seiner Fülle,
die himmlischen, wie einen Mantel auf,
du sahest staunend sich das Licht ergießen,
von Speise schwoll die Tafel und von Trank,
von reiner Labe ewiger Erquickung —
du aber schwiegst, du Tor, und fragtest nicht.

Fluch dir darum! Fluch deinen blinden Augen,
Fluch deinem Ohr, das keinen Laut vernimmt.
Fluch deinem Herzen, dieser leeren Höhle
der Finsternis, da kein Begreifen wohnt.

Dir gab der Wirt zum ehrenden Geschenk
das heilge Schwert, das Wunder wirkt und schafft,
dich mahnend, seine Schneide zu gebrauchen,
das Heil zu stiften, das in deiner Hand,
des Augenblicks, des einzigen, zu walten   —
du aber schwiegst, du Tor, und fragtest nicht.

Fluch dir darum! Fluch deinen blinden Augen,
Fluch deinem Ohr, das keinen Laut vernimmt.
Fluch deinem Herzen, dieser leeren Höhle
der Finsternis, da kein Begreifen wohnt.

Ja, prange nur zur Seite deines Königs
mit strahlendem Gesicht gleich einem Gott!
Dein Glanz ist Lüge. Hier sind deine Zeichen!
Willst du dein Bildnis sehn, so blick auf mich!
Des Wolfes Rachen spaltet dir das Antlitz,
des Ebers Zahn schiebt fletschend sich hervor,
aus blinden Höhlen starrt der Blick des Grausens,
mit Dolchen sind die Hände dir bewehrt,
aufdaß du mordest, wen du immer angreifst.
Verruchtes Haupt, die Zunge dorre dir
aus deinem Schlund und stiebe fort in Asche.
Ein Toter bringe Tod du jedermann,
sowie die Welt durch dich ihr Heil verloren,
und niemals mehr gesunde dir dein Herz!

(ab)

Langes, entsetzes Schweigen.

Cunneware *(aufschluchzend)*:
Weh unserm Freunde!

Artus:	Weh uns allen!
Alle:	Wehe!
Cunneware:	O Parzival, wie ist Euch dies geschehn?
	Sprecht, teurer Freund.
Alle:	Erklärt uns dies Geheimnis.
	Laßt uns mit unsern Zweifeln nicht allein!

Parzival (*schweigt und verhüllt das Haupt. So bleibt er regungslos*):

Artus: Ihr Freunde, überlaßt ihn seinem Herzen.
Wen solche Streiche trafen, wen die Hand
der Unsichtbaren schlägt, vergebens suchen
wir ihn zu trösten. Was der Mund auch spricht,
es ist wie Rauch. Vor seinem großen Schmerze
wird jeder Schmerz zu nichts. Erhebet Euch!
Geht still mit mir hinweg, das Schicksal ehrend,
das dunkel wie die Wetterwolke kam,
in Nacht zu hüllen diesen Rätselvollen.
Gott heile ihn, sowie er ihn zerschlug.

(alle bis auf Gawan ab)

Gawan (*nach einer langen Pause*):
Mein Freund, mein Bruder, — ich verlaß dich nicht!
Dein Leben ist das meine. Mußt du fallen,
so falle ich mit dir. Erhebst du dich,
so steh ich selber auf vom tiefen Sturze.
Verschließ dich nicht dem Worte, das dich sucht.
Sprich, wenn du kannst, denn furchtbar ist dein
Schweigen

Parzival:	Laß mich allein!
Gawan:	Das hieße mich mit dir
	dem Tode überlassen. Niemals laß ich
	dich je allein. Denn du und ich sind eines.

Parzival (*springt auf*):
Die Waffen!

Gawan:	Willst du fort?
Parzival:	Entschieden ist
	mein Los. Mich hat der Himmel selber
	gerichtet. Meine Nähe ist wie Pesthauch
	dem Reinen. Laß mich gehn!
Gawan:	Du mußt zum Grale
	dich wieder wenden.
Parzival:	Ich zum Grale? Hah!
Gawan:	Du mußt dein Herz aufs Höchste nach ihm spannen.
Parzival:	Mein Herz? Wo ist mein Herz? Es ist genug.
Gawan:	Was willst du?
Parzival:	Reiten.
Gawan:	Und wohin?
Parzival:	Wohin?

| | Ins Äußerste, wo keine Stimmen schallen |
| | und keine Hütten stehn. |

Gawan: O Freund, du mußt
dich retten.

Parzival: Retten? Törichter Versuch!

Gawan: Du willst nicht?

Parzival: Nein.

Gawan: So tue ich für dich,
was du verschmähst zu deinem Heil zu wirken.
Dein Schicksal nehm ich hoffend auf mein Herz.

Parzival: Hoffend?

Gawan: Vertrauend auf den höchsten Gott.

Parzival: Weh, wer ist Gott? Ihr habt ihm angedichtet
Barmherzigkeit, weil nach Barmherzigkeit
das Herz euch schreit. Ich hab ihn kennen lernen.
In reinem Dienste brannte ihm mein Sinn,
da hob er auf den Schaft des Weltenstabes
und stieß mich in die Finsternis hinab.
Barmherzigkeit? In Qual und Blut und Schande
liegt rings die Welt und stöhnt verzuckend auf
und nennt dies Ungeheuer ihren Vater.
Fluch dir, Tyrann! Der du mit deinen Füßen
die Welt, die du geschaffen, höhnend trittst.
Wenn alle Wesen zitternd vor dir kriechen,
so wisse, daß des Mannes wildes Herz
sich nicht zum Spielball deiner Launen hingibt.
Aufsteh ich wider dich. In dein Gesicht
künd ich den Dienst dir auf und sprech mich frei
von jeder Fordrung, die seit Anbeginn
du jemals aufzwangst dem Geschlecht der Menschen.
Fahr deines Wegs, ich fahr des meinen auch,
und zwischen uns eröffne sich der Abgrund.

(ab)

Gawan: Unselger, halt! Du rennst der Tiefe zu.
Ich fleh dich an! Um aller Liebe willen,
die jemals dich umfing — — er stürmt davon.
Schon reißt der Sturz des Schicksals ihn hinunter!

Zweiter Teil: GAWAN

GALOGANDRES

Personen:

König Artus
Gawan
Die Erscheinung des Greises
Galogandres, *Landgraf, Hüter der Burg und der Stadt Schanphanzun*

Die Handlung spielt im Zelte des Königs Artus am Plimizöl.

ZELT DES KÖNIGS ARTUS

MORGENDÄMMERUNG

A r t u s , der die Nacht durchwacht hat, ist am Tische eingeschlafen. Seine Miene drückt tiefe Bekümmerung aus.
Neben ihm auf dem Tische brennt ein Licht, die Krone liegt daneben.
G a w a n , in voller Rüstung, tritt ein.

Gawan: Der König schläft. Jedoch die Kerze wacht
und wirft die Flamme ängstlich in den Dämmer
des frühen Tags. Wie voller Kummer ist
das edle Haupt! So beugte dich kein Schmerz
wie der um Parzival, den Unglückselgen.
Er galt dir mehr als Sohn. Nun ist er hin,
das Herz zerfurchend derer, die ihn lieben,
mit blutger Pflugschar. Ungeheurer Mann,
was tust du allen Menschen, die dein Name
emporstößt wie der Schaft der Ritterlanze
aus ihrem dumpfen, traumbenommnen Sein!
Auch mich triebst du empor. Ich kann nicht weilen,
das Schicksal drängt von allen Seiten her.
Ich muß dir nach. — Weck ich den Sorgenvollen?
Er wird mich hindern wollen an dem Ritt,
wird nicht gestatten, daß der Makellose
Gemeinschaft habe mit dem Mann des Fluchs.
Soll ich mich ohne Abschied von ihm schleichen?
Denn ob er mich verhindert oder nicht,
ich muß! —

(Der Greis erscheint)

	Wer steht dort gegenüber?
	Wie kamst du her? Du tratst nicht durch den Eingang in dieses Zelt! Antanor, ist es dein ergrautes Haupt? Sprich, du Phantom, wenn irgend ein Laut in deiner Kehle ist!
Greis:	Gawan —
Gawan:	So reden Menschen nicht. Wer bist du?
Greis:	Mensch wie du, doch ohne Blut.
Gawan:	Gespenst!
Greis:	Säh mich dein Vater, er nennte Bruder mich, allein ich bin dein Sohn.
Gawan:	Mein Sohn?
Greis:	Und auch dein Vater.
Gawan:	Wo ist dein Ort? Im Himmel? In der Hölle?
Greis:	Bei dir. An deiner Schwelle. Gehst du hin, die Schwelle überschreitend, in dein Schicksal, an mir mußt du vorbei.
Gawan:	Wehrst du den Weg?
Greis:	Ich wehre ihn.
Gawan	Womit?
Greis:	Mit einer Frage. Bestehst du sie, so geh, wohin du mußt!
Gawan:	Die Frage — sprich!
Greis:	Wie heißt der Name, in den der deine eingebunden ist wie in ein Buch ein Blatt mit roten Lettern?
Gawan:	Parzival.
Greis:	Ja. — Wer fällt, wenn jener fällt?
Gawan:	Nicht einer, nicht der andre — alle fallen.
Greis:	Ja — ja, Gawan!
Gawan:	Auch ich.
Greis:	Auch du.
Gawan:	Ist Rettung wo? Kann jemand Hilfe bringen?
Greis:	Kein Mensch.
Gawan:	Auch nicht ein Engel?
Greis:	Auch nicht ein Engel.
Gawan:	Weh!
Greis:	Es käme denn das Eine, Unaussprechliche, das bloß zu denken ein Wagnis wäre. Schärfer als der Tod und höher als das Licht und linder als die Liebe. Doch niemand kanns erflehn.
Gawan:	Was ist zu tun?

Greis:	Tun ist vergebens — aber ringe, ringe!
Gawan:	Für wen?
Greis:	Für ihn.
Gawan:	Auf welchem Feld?
Greis:	Auf deinem.
Gawan:	Um welchen Preis?
Greis:	Um aller Preise Preis.
Gawan:	Werd ich den Gral erringen?
Greis:	Nein.
Gawan:	Wozu dann mein Kampf?
Greis:	Frag nicht und kämpfe!
Gawan:	Wie?
Greis:	Kennst du den Mut, der nicht vermessen ist? Was macht dich, Held, mit blinden Augen sehend?
Gawan:	Der Glaube.
Greis:	Ja.
Gawan:	Die Hoffnung.
Greis:	Ja.
Gawan:	Die Liebe.
Greis:	Und ihrer aller Band und Einigkeit? Du schweigst. Vergiß sie niemals, edler Knabe: Die Demut. Knie und beuge dich hinab!
Gawan *(tut es)*:	
Greis:	Die Krone, die nicht lischt. Für wen?
Gawan:	Für ihn!
Greis:	So geh, wohin du mußt! Der Weg ist offen.
	(verschwindet)
Artus *(der erwacht ist)*:	Wer kniet und murmelt hier? Gawan! Steh auf! Was soll dies hier? Wie find ich dich in Waffen, da kaum der Tag sich hebt?
Gawan:	Mein edler Oheim, mein König und mein Herr, ich bin gekommen, um Urlaub dich zu bitten —
Artus:	Wie, Gawan? Da alle von mir gingen, deren Glänzen die Tafel mir erhellt, da bleich und stumm der breite Tisch vor mir sich dehnte, und nur das Grauen stiert vom hohlen Dach des Zelts herab, willst du mich auch verlassen? Der einzge Strahl des ritterlichen Glücks, der mir verblieb, das Haupt des edlen Neffen, der, ohne Fehl, der Jugend lautres Bild, der reinern Zukunft ungekränkter Bürge,

	kehrt sich von mir, den andern Helden gleich,
	und läßt mich leer zurück am leeren Orte?
Gawan:	Was ist mein Licht, seit Parzival erlosch?
	Es ist umsonst, ich kann nicht bei dir bleiben.
Artus:	Wo willst du hin?
Gawan:	Ihm nach. Zum Abgrund geht
	sein Ritt. Vielleicht ich reiß ihn noch vonhinnen.
Artus:	Du — ihn?
Gawan:	Wenn eine Stimme ihn erreicht
	im Odemlosen, wo sich keine Schwinge
	mit Botenwort zum Ohre hinbewegt —
	vielleicht hat Gott die meine auserlesen,
	vielleicht auf eines Engels Händen schwebt
	mein Herzensruf die grause Kluft hinüber.
	Was nützt uns alles, was wir fürder tun,
	wenn Parzival verdirbt? Ich muß ihn suchen!
Artus:	Oh, ich verdiente nicht auf dunklem Haupt
	den Reif zu tragen, spräch ich jetzo nicht:
	Gawan, du redest Wahrheit.
Gawan:	Laß mich also ziehn.
Artus:	Mein Kind (daß ich so sage, leid es heut.
	Denn alle sind wir Kinder eines Vaters).
	Ich sehe in dein Herz, ich traue dir.
	Und dennoch gilt es hier die höchste Probe.
	Denn keiner, Kind, beginne dieses Werk,
	er sei denn rein. Es müßte ihm mißlingen.
	Frag dich nocheinmal, eh du gehst, mein Sohn,
	ob nicht ein Makel sich, dir selbst verborgen,
	verhüllt im Schimmer einer Eitelkeit,
	dir eine Blöße öffnet an der Rüstung,
	der blanken, deiner ritterlichen Wehr.
	Der kleinste Mangel brächte dir Verderben.
	Und wenn du also ernstlich dich geprüft,
	wenn dir des Herzens Zuversicht nicht schwankte,
	dann nimm den Urlaub, den du forderst, zieh,
	das Höchste uns zu wagen und das Letzte.
Gawan:	Die Prüfung ist geschehn. Du sahst mich knien.
	Mich gab mein Herz zu diesem Ritte frei.
Artus (ihn lange betrachtend):	
	Ist dies kein Wahn?
Gawan:	Wenn Gott mich nicht verlassen,
	und keinen, der ihn bat, verließ er je,
	so ists kein Trug.
Artus:	Dann laß uns Abschied nehmen!
	(Gawan nähert sich ihm, in diesem Augenblick tritt Galogandres ein.)
Galogandres:	Wo ist der König Artus? Wo Gawan?
Gawan:	Hier triffst du beide, ungestümer Recke,

| | der ohne Gruß eintritt in das Gezelt
| | des stolzesten und ritterlichsten Königs.
| Galogandres *(zu Artus)*: |
| | Dir biet ich Gruß und Ehre, großer Held,
| | von dessen Ruhm das Lied des Sängers kündet.
| | Und Freundschaft biet ich dir und hohen Preis,
| | der ich von Avalon komm hergezogen,
| | von Vergulacht, des edlen Königs Stadt,
| | dem lichten Schanphanzun, das alle rühmen,
| | die je zu seinem Tore ritten ein.
| | Vielleicht daß meines Namens Klang vor Zeiten
| | durch ferne Länder an dein Ohr gerührt
| | und du nicht unwert ihn befunden, König.
| | Denn Galogandres bin ich, Landgraf, Schützer auch
| | der edlen Stadt und Burg von Schanphanzun.
| Artus: | Ein stolzer Name, traun, ein hochberühmter!
| | Willkommen hier! Entledigt Euch der Wehr!
| Galogandres: | Nicht will ich mir das Schwert vom Leibe gürten,
| | noch lösen mir den Helm vom weißen Haupt.
| | Denn nicht um Friedens willen bin ich eingetreten.
| | Mein Kommen deutet andres, deutet Kampf.
| | *(zu Gawan)*
| | Dir biet ich Haß und Schmach und alles Böse,
| | das immer ein verruchtes Haupt verdient
| | und das ich dir wie einen Kranz von Feuer
| | auf deine hellen Locken sammle, du!
| | Denn ehrlos bist du, ob der Schein der Treue
| | dir trügend auch von glatten Wangen strahlt;
| | von Bosheit ist dein junges Herz verfinstert,
| | in deinem Busen schwillt der Tücke Wurm,
| | mit Abscheu nennen künftig deinen Namen
| | die Redlichen. Du schufest eine Tat,
| | vor der der Glanz der Sterne sich verfinstert
| | und, Blitze zuckend, feurige des Grimms,
| | ihr Licht wie Blut zur Erde niederschütten.
| Gawan: | Halt ein!
| Galogandres: | Mitnichten! Vor dem Antlitz
| | des edelsten der Könge, der so oft
| | Gericht hielt über gut und böse Taten,
| | zeih ich des Mordes dich, des feigen, heimlichen,
| | begangen an dem Leben meines Herrn,
| | des großen Vaters meines teuren Königs.
| | Im Walde fand man ihn, im düstern Sumpf,
| | geschändet von den Händen eines Buben.
| | Du hast getan, was ewigliche Schmach
| | dir bringt, und Schande dieser ritterlichen Runde.
| Gawan: | Verzeihe, Herr, du redest wie im Wahn.
| | Von allem, was du vorbringst, weiß ich nichts.
| Galogandres: | Vollende deine Selbstentehrung, leugne

| | den Greuel ab, den heimlich du verübt!
Ich will ihn laut vor aller Welt verkünden,
wo du nicht binnen eines Mondes Frist
zum Kampfe dich mir stellst auf unserm Schlosse,
daß unser Schwert entscheide, ob das Recht
bei dir, du Falscher, sei, ob auf der Seite
des Hingemordeten, für den ich steh.
Denn wahrlich, seines Blutes Stimme fordert
zur Rache mich, und wisse, dieser Kampf
geschieht auf Tod und Leben. Sicher bist du
bis in den Ring des Streites und zurück,
dies geb ich dir als Pfandschaft hier und hebe
zum Schwure auf die Hand. Doch wagst du nicht,
dein Leben in die Probe einzusetzen,
so sei geschmäht, geschändet und verflucht
von jedermann, der Wahrheit liebt und Ehre.
Dein Same pflanze sich als ruchlos fort,
fortschwärend durch die kommenden Geschlechter.

Gawan:
Läg nicht der Schnee auf deiner dichten Brau,
ich risse hier am Borde dieses Tisches
das Schwert aus seiner Scheide, daß das Wort,
das lästerliche, dir im Schlund erstickte.
Gab dir das Alter soviel Weisheit nicht,
das Wort zu wiegen wie den Schaft des Speeres,
eh man ihn schleudert aus ergrimmter Hand?
Die Ehre, wiß es, ist gar schnell geschändet,
doch schwer nur wäscht man jene Flecken ab,
womit man unbedacht den Schild besudelt
des unbescholtnen Mannes, und gar oft
läßt sich ein boshaft zugefügter Schaden
nicht wieder bessern, wie man sich auch müht.

Galogandres:
Ich stehe für mein Wort mit meinem Schwerte.
Sieh zu, daß du zu gleichem findest Mut.

Gawan:
Mut? Ists an dem, so zieh! und auf der Stelle
zahl ich dir jede Silbe einzeln ab.
Ja, ließ ich jetzt die heiße Woge schießen,
schon sprängen Funken dir aus Helm und Schild.
Allein — ich ward gemahnt und will mich fügen,
Gawan verleugnend, dessen Hand dem Schwert
verschwistert ist sowie der Helm dem Haupte.
Ich sag, ich will mich fügen, ob ich gleich
zu solchem Tun nicht Anlaß habe, will die Stimme,
die mich beruft am Anfang meiner Fahrt
empfangen wie aus ernster Tiefe kommend,
und will mich neigen ihrem dunklen Sinn.
Vielleicht — wer weiß, wie sich die Fäden schlingen —
ists Parzival, der ruft durch deinen Mund,
der Schmach mir sendet, Wunden, daß ich lerne
der Heilung sorgliche und edle Kunst.
Sie fordert, vor dem Kranken sich zu beugen,

| | mit ihm verbündet nur das Werk zu tun.
| | Auf deinen Schwur, der Sicherheit mir kündet!
| | Geh hin, ich stelle mich zum Kampfe ein.
| Artus: | Nein, hier gehört das letzte Wort dem König.
| | Ich leide nicht, daß du dich jenem stellst
| | auf ungewissen, törichten Verdacht.
| | Die Wahrheit, gleich dem Licht der hellen Sonne,
| | bringt selber sich zur Offenbarung bald.
| | Es ist nicht not, mit wildem Waffenzwange
| | der strahlenden Verkündung vorzugreifen.
| | Denn eben da, wo er zu ordnen meint,
| | verwirrt der Mensch die Maschen des Geflechtes.
| Galogandres: | Du redest recht. Die Wahrheit tut sich selbst
| | dem Herzen dar, doch fordert sie als Spiegel,
| | drin sich ihr unverstelltes Antlitz zeigt,
| | gar oft die Tat des Mannes. Wenn sie fordert
| | so ziemt es uns, zu folgen ihrem Ruf.
| Gawan: | Laß mich, mein Oheim! Dieser Schmähung Makel
| | wasch ich von mir, und sei es mit dem Blut
| | des Mannes, der so trotzig sich hinanreckt.
| | Ich gab mein Wort, ich nehms zurück nicht wieder.
| | In eines Mondes Frist in Schanphanzun.
| Galogandres: | Ich bins zufrieden. Ohne Säumen reit ich
| | gen Avalon zurück, um Vergulacht
| | den Ausgang meiner Sendung zu berichten.
| | Und rafft der Racheblitz dich nicht vonhinnen,
| | seh ich dich wieder in der Bahn des Kampfs.
| | *(ab)*
| Artus: | Auch über dir der düstre Fluch des Schicksals?
| | Ich weiß, daß du nicht schuldig bist, und dennoch
| | ergreift mich ein unendlich schwerer Mut.
| | Weh, wenn auch deine jungen, lichten Locken
| | dem blutgen Staube sich vermählten!
| Gawan: | Nein!
| | Das läßt der Himmel nicht geschehen, König.
| | So sinnlos schüttelt nicht der heilge Baum
| | die Früchte in den falschen Schoß der Tiefe.
| | Fluch über Parzival, Fluch über mir.
| | Lebwohl! Ich bin gefordert und ich reite.
| | Entweder lös ich mich und werde heil
| | und mit mir bricht auch Parzival die Fessel
| | des Todes, die er rasend selbst sich schuf,
| | oder wir stürzen alle, die da stehen,
| | ins Bodenlose weg und sind dahin.
| | Hier ist nicht Wahl, denn welchen Weg wir schreiten,
| | wir laufen der Entscheidung in den Arm.
| | *(ab)*

OBIE UND OBILOT

Personen:

Tibaut, *Fürst von Bearost, Dienstmann des Königs Meljans*
Obie ⎫
Obilot ⎭ *seine Töchter*
Clauditte, *Gespielin der Obilot*
Gawan
Iwanet
König Meljans
Der König von Lirivoin
Ein Edelknabe
Ein Ritter
Der König von Avendroin, der Herzog Kardefablet von Jamor
Graf Scherulus
Ritter im Gefolge des Tibaut, Knappen und Frauen von Bearost

Die Handlung spielt in Bearost, und zwar innerhalb der Mauern der Stadt zu Füßen von Tibauts Burg, in Gawans Zelt und auf der Warte der Burg.

OBIE UND OBILOT

Innerhalb der Mauern von Bearost. Abend.
Auf einem kleinen grünen Platze unmittelbar unter Tibauts Burg wird von den Knappen Gawans Zelt aufgeschlagen. Gawan selbst sitzt auf einer Bank unter einer Linde, an die er seine beiden Schilde gehängt hat. Man sieht von hier aus über die abwärts gelegene Stadt, aus der der Tumult von Einziehenden und Trompetensignale heraufschallen, und über deren Mauern auf das Blachfeld, wo Heerzüge ankommen und ein großes Lager aufgeschlagen wird.
Ivanet kommt aus der Stadt herauf.

Gawan:	Wo bliebst du, Ivanet? Ich rief nach dir.
	Es wußte niemand, wo du hingekommen.
Ivanet:	Zürnt Ihr mir, Herr?
Gawan:	Du schlichst dich heimlich weg.
	Ich mußte meine Mähre selbst versorgen.
Ivanet:	Die vielen Ritter, Herr! Das zieht und zieht,
	sie lagern Heer an Heer das ganze Tal hin.

Gawan:	Was Pferde, Lanzen, Fahnen man da sieht.
	Drei Könige schon liegen vor den Toren.
	Es hielt dich nicht, du mußtest auf das Feld.
	Wie aber, wenn sie dich gefangen hätten?
	Ich bürgte für dein Leben, als ich schied.
Ivanet:	Herr, ich bin klug genug, mich fängt man schwerlich.
	Und dann, ich mußte Euch doch Botschaft bringen.
Gawan:	Befahl ich dirs?
Ivanet:	Das nicht. Doch ritten wir
	unkundig dessen, was vor unsern Augen
	gleich einem prächtigen Gewitter sich
	von allen Seiten herdrängt, in die Stadt.
Gawan:	Und nun? Hast du erfahren, was hier vorgeht?
Ivanet:	Das Zelt zuvörderst auf dem Blachfeld, seht,
	das herrliche, das über alle aufragt,
	ist König Meljans fürstliches Quartier.
	Er zieht mit Macht gen Bearost zu Felde.
Gawan:	Gen diese Stadt? Gen Tibaut, seinen Freund,
	den treuen Mann, der ihn als Knaben annahm
	und auferzog nach ritterlichem Brauch,
	da Meljans Vater allzu früh verblichen?
	Was muß ich hören? Liebte Tibaut doch
	den Knaben so, daß er ihm alles hingab,
	was er an Weisheit und an Kunst besaß.
	Und wir, die wir nichts weiteres hier suchen
	als einen Platz, auf dem wir rasten könnten
	für diese Nacht, wir gingen mit ins Garn?
	Wir sitzen mit dem Fürsten in der Falle?
Ivanet:	Man wird, sobald der Zuzug erst herein ist,
	den man in Eile sich herbeigeladen,
	die Tore rings vermauern mit Gestein,
	da Tibaut gen den König, seinen Herrn,
	ins Feld nicht will — und wir sind mitgefangen.
Gawan:	Wir hätten besser wohl im dichten Wald,
	im Sand des Flusses uns Quartier genommen,
	die Wölfe scheuchend mit dem roten Brand,
	als just uns auf den Felsen hinzubetten,
	um den die Brandung hoch und höher springt.
	Seis drum! Wir halten uns bei allem stille.
	Die Nacht wird, denk ich, ohne Kampf vergehn,
	und morgen ziehn wir, eh die Sterne bleichen,
	dem Ziele nach, das uns so dringend ruft.
Ivanet:	Ihr nehmt nicht Anteil an dem großen Streite?
Gawan:	Für wen? Ich kenne nicht den Grund,
	der Meljans zwingt, die Stadt zu überziehn,
	und Tibaut ihm als Feind entgegenstellt.
	Und kennt ich ihn, es dürfte mich nicht kümmern.
	Verhängnis, wo ich reite, wo ich raste!

	Hier hebt der Freund die Waffe gen den Freund,
	dort wirft der Sohn sich auf gen seinen Vater,
	der wird des Mords geziehen, der des Trugs,
	die Liebe, brünstig brennend wie das Feuer,
	schlägt jäh in Haß und wilde Rachsucht um,
	und Mütter würgen rasend ihre Kinder.
	Weh dir, Geschlecht, das so sich selbst zerreißt,
	entartet bis zur Wurzel seines Wesens!

Ivanet: So soll ich Euch die Rüstung nicht bereiten?

Gawan: Nein.

Ivanet: Seid nicht düster!

Gawan: Düster bin nicht ich —
der Himmel ist es.

Ivanet: Der so purpurn leuchtet
und wie ein Liebender die Welt umfängt?

Gawan: Die Welt, die aufstarrt vom Gewirr der Waffen!
Geh, Ivanet, sorg für die Pferde, geh!
Ich will allein sein.

Ivanet: Ach, Ihr seid nicht heiter!

(ab)

Gawan: Nicht heiter! Guter Knab, dank deinem Stern,
der dir mit Silbernebeln noch den Umkreis,
den kindischen, des frühen Lebens hüllt.
Denn noch ein Tritt, so weicht der falsche Schleier,
und vor dem Auge springt der Abgrund auf,
der unermeßlich gähnend sich erweitert.
Hier ist kein Steg. Und wer, er sei denn Gott,
setzt über diese ungeheure Breite?

*(Auf die Brüstung des Söllers treten
Obie, Obilot und Edelfrauen)*

Obie: Ah, hier ist Kühlung! Stockend steht die Luft
in allen Räumen unsrer Burg; das Dröhnen
der Waffen dringt so bang und dumpf herein.
Die Völker ziehn wie rollende Gewitter.
Wärs erst vorüber!

Obilot: Wolltest du denn nicht
den Kampf, der dich nun schreckt?

Obie: Schweig stille,
was weißt du denn, du armes, kleines Ding,
von den Gewalten, die die Herzen drängen!
Ich wollte, was geschieht, ich will es noch,
und dennoch schlägt mir jeder Puls im Leibe.

Obilot: Du tust, als liebst du ihn, und alle Welt
sieht, wie dein Haß ihn schlägt mit scharfen
                                                  Streichen.
Hat nicht dein Hohn ganz wütend ihn gemacht?
Zieht er nicht her, uns alle zu verderben?
Hast du nun Angst um u n s , bebst du für i h n ?

Obie:	Schweig stille, sag ich.
Obilot:	Könge ziehen auf
	und Fürsten, hier und dort, sich zu bekriegen.
	Wir haben manchen Helden unter uns,
	der sich mit Meljans mißt —
Obie:	Willst du nun schweigen?
	Nicht einen weiß ich, der sich ihm vergleicht.
Obilot:	Dein Vater nicht, der ihn im Kampf belehrte,
	der Oheim nicht, der uns zu Hilfe kam?
	Graf Scherulus, der riesengroße Recke?
	Laß prahlen ihn in seinem dreisten Sinn,
	ich seh voraus, daß wir ihn stürzen werden.
Obie:	Nein, nimmermehr!
Obilot:	Er soll nicht stürzen, Schwester?
	Er soll uns doch besiegen? Soll den Vater,
	soll dich und mich im Hohne mit sich führen?
	Er soll uns alle setzen in den Turm,
	wo Mäuse uns benagen, wo uns Spinnen
	mit ihren Webekünsten Kurzweil sind?
	Obie, das willst du?
Obie:	O du kluge Kröte,
	ich will dich lehren, deinen Mund zu halten,
	zu schweigen, wo dich niemand reden heißt.
	Spiel du mit Puppen, wie dirs ansteht, Puppe,
	wieg sie in Schlaf und weck sie wieder auf,
	vernarr dich in das Glotzen ihrer Augen
	und küß sie ab nach deiner kindschen Lust.
	Was geht dich König Meljans an, der Stolze,
	was dieser Kampf, der rings am Himmel droht?
Obilot:	Ich hab den stolzen Meljans nicht beleidigt,
	hab auch nicht Lust, zu kosten seine Wut.
	Was gehts mich an? Und wenn sie bloß mein
	Häubchen
	mir nehmen, das ich liebe, so wie du
	den König liebst, obwohl du auf ihn schiltst!
Obie:	Nein, das ist frech! Das sollst du, Zwerg, mir büßen!
Obilot:	Rühr mich nicht an, sonst ruf ich mir sogleich
	zu Hilfe einen Ritter, der dich züchtigt.
Obie:	Du einen Ritter? Wählen Puppen sich,
	die kaum zehn Jahre zählen, auch schon Ritter?
	Wie heißt dein Held, wo ist er? Laß doch seh'n!
Obilot:	Dort unten an der Linde.
Obie:	Ei, der Gaukler!
	Der Krämer, dessen Zelt man eben baut?
	Der Pferdehändler?
Obilot:	Schäm dich doch, du Dreiste!
	Er ist ein herrlicher und starker Mann!
	Wie kannst du nur ihn einen Händler schelten?

Obie:	Ein Krämer ist es, der den Ritter mimt.
	Sieh nur, was sie ihm Zeug von Sätteln schnüren,
	was sie ins Zelt ihm Stück und Ballen tragen!
Obilot:	Nein, das ist schändlich. Männlich von Gestalt,
	ganz ritterlich und kühn sieht er umher,
	ein junger König fast, wie er die Blicke
	so über Stadt und Feld und Lager schickt.
	Wenn er uns naht, uns seinen Arm zu leihen,
	mußt du ihn gleich mit deinem bittern Wort,
	eh daß er recht vom Pferde sich geschwungen,
	beleidigen und schmähn?
Obie:	Ei sieh, mein Kind
	stürzt sich in Eifer, seine Wänglein glühen.
	An einem hergelaufnen, fremden Mann
	entzündet sich das Herz der stolzen Dame.
Obilot:	Stich, Schlange, nur, wie du den König stachest,
	der jetzt im Zorne losstürmt wider uns,
	du wirst nicht hindern, daß ich diesen wähle
	zum Ritter mir, der mich so herrlich dünkt,
	daß hundert Meljans ihm nicht nahen können.
	Und dies, Obie, vernimm in dein Gesicht:
	Wenns einen gibt, der König Meljans hinwirft,
	so ists der meine, wahrlich und gewiß.
Obie *(schlägt sie)*:	
	Hinein mit dir! Du sollst auf dieser Zinne
	dich nicht mehr blicken lassen!
	(stößt sie hinein)
	(zu den Frauen)
	Nehmt sie fort!
	Ich hab genug am Sturm des eignen Herzens,
	als daß ich mich noch zanke mit dem Ding.
	Ich will ihrs schon gedenken! Edelknabe,
	lauf schnell hinab zu jenem Krämer dort
	und frag ihn, was er uns zu bieten habe.
	Doch müssens gute Dinge sein, kein Tand,
	wie jeder Trödler ihn zum Markte herführt.
	Sag ihm von mir: wenn er was Rechtes hat
	und höflich ist und mir zum Dienst beflissen,
	so kauf ich ihm das ein und andre Stück
	von seinem Krame ab. Lauf, meld ihm das!
	(Knabe ab)
	(Die Frauen haben mit Obilot den Söller verlassen.)
	Ach, daß ich nur allein bin! Diese Mienen
	rings um mich her, sie machen mich noch toll.
	Und Obilot, der Wicht, was er doch dreist ist!
	Dir blas ich Asche in dein Feuer, Schatz.
	Ach, stürzte doch dies Schloß mit Turm und Zinne
	wegschwindend unter mir ins Nichts hinab,
	und eine Brücke, aufgebaut von Geistern
	der reinen Liebe, siebenfach gewölbt,

                trüg mich vondannen in das Land der Wahrheit,
                wo nicht verzerrte Fratzen um mich stehn!
                Sieh dort sein Zelt, es sammelt noch die Strahlen
                der klaren, späten, dämmervollen Luft
                und leuchtet sanft wie eine zweite Sonne.
                O daß die Liebe nicht dem glühen Haß,
                der Haß der Liebe Rückgrat nicht zerbräche.
                Ich siege und ich falle, wie das Schicksal
                sich wenden mag, und immer geht das Schwert
                mir durch die Brust mit zweigeschliffner Klinge.
                Meljans! Du Tor, verstehst du nicht die Sprache
                des wilden Herzens. Meljans! Ach, du Tor!
                (stürzt sich weinend auf die Brüstung nieder)
Gawan *(der die Vorgänge auf der Brüstung mit angehört):*
                So steht es um dein Herz, du armes Mädchen?
                Ich will die Pfeile, die dein Bogen sendet,
                abschütteln wie der Baum die Blätter abwirft,
                sie gelten ja nicht dem, auf den du zielst,
                dich treibt die Not, dich selber zu verwunden,
                und blutend nur erleichtert sich dein Herz.
                Doch jene Kleine mit den blonden Zöpfen,
                die sich so minniglich um mich bemüht —
                ich höre noch ihr klares Stimmchen klingen,
                die säh ich aus der Nähe nur zu gern,
                um zu erfahren auch, wie die beschaffen,
                die sich Gawan zu ihrem Ritter wählt.

Iwanet: Das Zelt ist fertig, edler Herr.

Gawan: So recht!
                Habt ihr das Zeug geborgen?

Iwanet: Alles, Ritter.

Gawan: Die Tiere sind getränkt?

Iwanet: Die Säumer, Herr,
                und auch die Pferde.

Gawan: Gut. So rüstet für die Nacht!
                                    (Iwanet ab)
                Der Knabe aus der Burg! Er sei empfangen,
                wies ihm gebührt.
                                    (Edelknabe kommt)

Gawan *(finster):*   Was suchst du hier?

Edelknabe: Mich schickt Obie, die Herrin dieses Schlosses,
                des großen Tibaut Tochter —

Gawan *(schroff):*   Und sie wünscht?

Edelknabe: Wofern von seidnem Zeug und edlen Stoffen
                Ihr redlich anzubieten habt —

Gawan: Verdammt,
                bin ich ein Jude, der zum Jahrmarkt hinzieht?
                Scher dich hinweg von meinem Angesicht,

| | sonst miß ich dir die Elle auf den Rücken.
| | Sie ist von Stahl und schneidet scharf wie Glas.
| Edelknabe: | Herr —
| Gawan: | Fahr zur Hölle! Sage deiner Herrin,
| | hier trennt man Seiden nicht und nicht Damaste,
| | hier bricht man Speere, spaltet Schild und Helm
| | und schlägt das Eisen, daß die Funken springen.
| | Gelüstets sies, den Abfall zu erwerben
| | von diesem derben Handwerk, nun wohlan,
| | so reite sie nach Avalon, zu sehen,
| | mit welcher Münze da der Krämer zahlt.
| | Hinweg!

(Edelknabe erschrocken ab)
Das für den Schlag auf meiner Kleinen Wange.

(ab ins Zelt)

Obie *(die, sich aufrichtend, die Szene beobachtet hat)*:
So handelst du mit Frauen? Und du nennst
dich Ritter? Weh dir! Meine Rache
soll dich verfolgen, welchen Weg du nimmst!

(starrt in die Ferne)
(Tibaut tritt aus dem Schloß und nähert sich langsam Obien)

| Tibaut: | So ganz allein, mein Kind? Wie blaß die Wangen!
| | Was ist dir, sprich? Du starrst hinaus aufs Feld,
| | wo sich der Speere ungezählte Reihen
| | wie Wälder dehnen. Das ist unser Feind,
| | ist Meljans Macht, vergleichbar seinem Zorne.
| | Und morgen stürzt sich alles in die Schlacht.
| | Du weißt für wen.
| Obie: | Ihr bleibt nicht in den Mauern?
| Tibaut: | Wir haben Hoffnung. Zuzug kam. Mein Bruder
| | ritt ein mit zweier tapfern Könge Troß,
| | von Lirivoin und Avendroin die Herrscher
| | versagten mir die Waffenhilfe nicht.
| | Sie selber eilten her mit ihren Völkern.
| | Man ward zu Rat und stimmte für die Schlacht.
| Obie: | Das meint ich nicht, als ich den König abwies.
| | Nun fließt das Blut, und mancher Wackre fällt.
| Tibaut: | Gott seis geklagt! Ja, ließe es sich wenden,
| | zur Buße wär ich augenblicks bereit.
| Obie: | Ihr Buße für den Hochmut Eurer Tochter?
| | Wenn jemand büßte, wär es einzig ich.
| Tibaut: | Nicht so, mein Kind. Man kann nicht Liebe heucheln,
| | wo sie nicht ist, und wärs ein König gleich,
| | der um sie wirbt, man muß sie ihm versagen.
| Obie: | O Vater!
| Tibaut: | Laß. Der jähe König treibt

	mit Ungestüm zum Kampf, ihm brennt die **Seele**, sich zu bewähren auf dem Feld der Schlacht. Er möchte, was nicht sein kann, sich erzwingen, statt mit den Lippen wirbt er mit dem Stahl und meint, er klänge besser deinen Ohren.
Obie:	Ach!
Tibaut:	Sei nicht allzu traurig, sieh, wir stehen zu deinem Schutze da und sind bereit, wenn das Verhängnis will, für dich zu fallen. Denn niemals soll entgegen der Natur das Herz des Weibes sich zur Liebe zwingen. Drum sei getrost.
Obie:	Sag, seid ihr stark genug?
Tibaut:	Ich hoffe ja. Wir zählen jeden Mann.
Obie:	Wenn jeder Mann ist, den ihr zählt, dann wohl! Seht zu, daß nicht Betrüger euch verderben.
Tibaut:	Wie das?
Obie:	Verkappte Fälscher, Gaunervolk, gedungne Späher, die des Heeres Blöße dem Feinde melden.
Tibaut:	Treibt die Sorge dich — hegst du Verdruß, daß du zu mir so redest?
Obie:	Seht da das Zelt! Der es hier aufschlug, dicht an unsrer Brüstung Fuß, wo man die Rede mit angespanntem Ohre wohl vernimmt, ein Ritter scheint er, trägt in Eisen sich — ich hab ihn lang mit scharfem Aug betrachtet! zu heimlichem Geschäfte ist er hier, so wahr ich, Herr, mich Eure Tochter nenne.
Tibaut:	Wie, ein Spion?
Obie:	Nehmt ihn gefangen, Fürst, und zahlt ihm, wies ihm ansteht, seine Bosheit.
Tibaut:	Das will ich tun, und zwar sogleich und gründlich.

(ab)

Obie:	Nun, stolzer Freund und Ritter Obilots, dich lad ich mir in Bälde zum Gerichte.

(ab)

ZELT DES GAWAN

Gawan im Scheine einer Kerze am Tisch, schreibend.
Iwanet um ihn beschäftigt.

Gawan:	Der Brief braucht einen Boten, Iwanet.
Iwanet:	Nennt jeden, den Ihr wollt, nur mich nicht, Herr!
Gawan:	Warum nicht dich?

Iwanet:	Weil ich nicht von Euch weiche.
Gawan:	Ei, sehnt dich nicht zurück zu König Artus?
Iwanet:	Ich liebe König Artus sehr — allein —
Gawan:	Mich liebst du mehr? Du bist ein braver Junge. Doch wie, wenn ich umsonst mir schmeichelte? Vielleicht, du liebst noch mehr als mich und Artus —
Iwanet:	Wen, Herr?
Gawan:	Wen? Einen Ritter? Eine Frau! Gesteh!
Iwanet:	Ihr seht mich an, als wär ich Glas —
Gawan:	Ein Weib ists und sie heißt —
Iwanet:	Wie heißt sie, Herr?
Gawan:	Frau Aventüre!
Iwanet:	O, gefehlt, gefehlt! Ich liebe nicht, was lange Haare hat, und wären sie von Gold und klarer Seide. Doch, wenn ich ehrlich bin, gesteh ich Euch, so sehr ich Euch und Artus auch verehre, es ist noch einer, der mein Sinnen ganz bei Tag und Nacht und wo ich weile, hinnimmt, der mich mit tausend Stricken an sich zieht wie jener Berg im fernsten, höchsten Norden, auf den der Schiffe Nägel schießen zu, daß ihre Planken auseinanderbersten —
Gawan:	Und jener ist?
Iwanet:	Er zieht Euch so wie mich. Ihr folgt ihm wie der Abendstern der Sonne, und ich, ich armer, törger Junge, bin des Sternes Stern und tauch mit Euch hinunter.
Gawan:	Die Sonne aber? Sag mir, wie sie heißt! Du zögerst?
Iwanet:	Parzival.
Gawan:	Was sagst du, Knabe? Wenn der uns Sonne ist, dann bricht der Tag, der jüngste an, an dem des Himmels Lichter in Nacht sich kehren.
Iwanet:	Eine Sonne gibts, nur diese eine, gleichviel ob sie leuchtet, ob nicht. Und ihr gehören alle Wesen. Ihr sucht ihn doch.
Gawan:	Ich fahr gen Avalon, mit Galogandres um mein Recht zu streiten. Wer sagt dir, daß nach Parzival ich such?
Iwanet:	Ich weiß es, Herr. Und darum folg ich Euch.
Gawan:	Du willst zu ihm?
Iwanet:	Nach wem in aller Welt

	sollt ich mich sehnen, als nach jenem Großen,
	der aller Männer Haupt und Krone ist?
Gawan:	Der Fluchbedeckte, den die Götter hassen?
Iwanet:	Ich liebe ihn, und wenn ihn einer liebt,
	durch alles Drohen liebt und alle Flüche,
	so kann er nicht verdammt sein.
Gawan:	Iwanet!
	Komm her! In meine Arme komm, mein Kind.
	Du bleibst bei mir, du folgst mir wie der Schatten,
	der mit mir fliegt, wohin mein Wille stürmt —
	du hilfst mir, Parzival, den Großen, lieben.

(umarmt ihn)

Iwanet:	Ja, Herr! Und wenn Ihr mirs vergönnt
	und mich mein Herz nicht trügt, so sag ich Euch:
	Wir sind auf seiner Spur. Wie eine Rute,
	die tief sich krümmt, wo Wasserquellen springen,
	so beugt mein Herz sich unaussprechlich hin —
Gawan:	Gott gebe, daß du recht hast. Ihn zu finden
	ist mehr als Schlacht und Sieg. Nimm jetzt den Brief,
	weis Bertram an, daß er ihn rasch besorge.

(Iwanet ab)

Ich reite, wo ich reite, nur nach dir,
ich frage, was ich frage, deinen Namen.
O Fernster du, wie bist du mir so nah!
Ins Dunkel greifend, glaub ich dich zu fassen.
Mein Parzival!

(Tibaut tritt ein)

Gawan *(erhebt sich und geht ihm entgegen)*:
Willkommen, edler Herr!
Was führt Euch in mein Zelt? Ihr seht mich fragend
und finster an? Nehmt Platz an meinem Tisch
und sagt mir, ob mein Hiersein Euch bekümmert.

Tibaut:	Seid Ihr ein Ritter?
Gawan:	Ja.
Tibaut:	Allein — verzeiht,
	Ihr führt doch Waren her auf Euren Säumern?
Gawan:	Nicht daß ich wüßte. Was ich bringe, ist
	für mich allein, ist meiner Knappen Ding,
	nicht für den Markt bestimmt. Zu weiter Reise
	pflegt sich der Ritter reichlich auszurüsten
	mit Nahrung, Zeltzeug, Decken und Gewand.
Tibaut:	Jedoch man sagt mir, daß Ihr Kaufmann wäret.
Gawan:	Wer sagt das, Herr? Ruft einen mir zur Stell,
	der je mich wo in Städten oder Burgen
	mit Waren feilschend antraf, bringt mir den,
	und ich will Krämer sein und Ballen rollen,
	nach Moschus riechen und den Beutel hier
	statt meines Schwertes tragen. Da, seht her —

	so stell ich mich vor den, der mich beleidigt,
	so zieh ich, seht, und so, mit einem Streich
	werf ich den Blitz des Eisens auf ihn nieder —
	genügt Euch das? Dann laßt den Argwohn, Herr.
	Ich habe mehr schon in den Sand geworfen,
	als mancher Glieder zählt am Kettenhemd.
Tibaut:	Ich sehs, Ihr seid ein Ritter! Zürnt mir nicht.
	Gebt mir die Hand. Ich heiß Euch hier willkommen.
Gawan:	Empfangt sie frei! Wenn Ihr gebietet hier,
	so seid Ihr Tibaut, Fürst von Bearost.
Tibaut:	Der bin ich.
Gawan:	Dann seid doppelt mir gegrüßt.
	Ihr müßt Euch setzen. Bringt uns Becher, Knaben!
	Seid jetzt mein Gast, nehmt an von meinem Wein.
	Den Augenblick, der uns zusammenführt,
	begehen wir als Fest. Er mög uns segnen.
Tibaut:	So seis!
Gawan:	Noch blickt Ihr düster, edler Fürst.
	Verdrießt Euch etwas, das ich bessern könnte?
Tibaut:	Zieht mit zum Streit! Der Gegner ist gewaltig.
	Wir zählen zehnfach jedes Ritters Arm.
Gawan:	Ach, daß Ihr bei der ersten Bitte fehltet!
	Wie ritt ich gerne in so scharfen Strauß!
	Allein ich darf es nicht, ich bin gebunden.
	Denkt nicht an feige Ausflucht, edler Fürst.
	Ich brauche keinen Vorwand, mich zu decken.
	Wo ich nicht will, da sag ich kecklich: Nein!
	Doch seht, ich bin zum Waffengang gefordert
	mit kurzer Frist ins Schloß von Schanphanzun,
	zu reinigen mein Haupt von schwerem Vorwurf.
	Wenn ich in anderem Kampfe mich versäh,
	wenn einer mich im Sturm zu Boden würfe,
	wenn ich die Kraft, das Leben hier verlöre,
	auf ewig bliebe meinem Haupt die Schmach.
	Drum steh ich abseits, wo sich Männer messen,
	und zähme in der Brust die Streitbegier.
Tibaut:	Ich lob Euch drum. Ihr müßt Euch wohl so halten,
	wenn Euch die Ehre lieb ist und der Ruhm.
	Es ziemt mir nicht, o Freund, in Euch zu dringen.
	Und dennoch, wider meinen Willen fast,
	treibt mich mein Herz, zum zweitenmal die Bitte
	an Euch zu stellen: Kommt, und zieht mit uns!
Gawan:	Es macht mir Schmerz, jedoch ich sage wieder:
	Es kann nicht sein, mein Arm gehört nicht mir.
Tibaut:	Man pflegt auf einmal nicht ein Haus zu nehmen,
	zum zweiten schlägt das Wagnis oft noch fehl.
	Sollt es beim dritten Sturme wohl gelingen?
	Nennt mich nicht dreist, so dringend rät mein Herz,
	aufs Höchste, junger Held, Euch anzugehen,

| | daß ich ihm folgen muß. Und also tu
zum Dritten und zum Letzten ich die Bitte:
Folgt uns zur Schlacht! |
|---|---|
| Gawan: | Oh, Ihr bedrängt mich hart!
Und dennoch weiß ich Euch und mir nicht Hilfe.
Doch laßt es anstehn bis zum Morgen, Fürst.
Oft gibt der Schlaf uns wunderbare Zeichen.
Früh, wenn die Nacht den dichten Schleier hebt,
sollt Ihr entschiedne Auskunft von mir haben. |
| Tibaut: | Habt Dank! Und gebe Gott Euch ein Gesicht,
das Euren Sinn auf unsre Seite leitet!
(erhebt sich)
Lebtwohl für diese Nacht. Schlaft fest und wohl!
(will gehen)
(Obilot tritt mit ihrer Gespielin Clauditte ein) |
| Gawan: | Was seh ich, meine Schöne! |
| Tibaut: | Du, mein Kind!
Was suchst du hier? |
| Obilot: | Das frag ich dich, mein Vater. |
| Tibaut: | Den Ritter bat ich, Hilfe uns zu leihen,
doch ach, er gab mir weder Ja noch Nein. |
| Obilot: | Ich kam doch auch um diese Sache her.
Ich hab ihn mir erwählt zu meinem Helden.
Nun frag ich ihn, ob er gehorchen will. |
| Tibaut: | Kind, Kind, was redest du? |
| Obilot: | Ich bin doch auch
Fürst Tibauts Tochter wie Obie, die Stolze,
ich bin ein Ritterfräulein grad wie sie.
Soll ich nicht einen Ritter für mich werben?
Ach, laß mich doch! Dein Wort bewegt ihn nicht.
Doch ich, gewiß, ich führ ihn dir zum Streite. |
| Tibaut: | Was soll ich tun? Heb ich dich auf den Arm
und trag dich auf die Knie deiner Mutter?
Laß ich dich hier? |
| Obilot: | Da steht Clauditte auch,
und alles ist nach Zucht und Minnesitte,
drum laß mich nur! |
| Gawan: | Das Fräulein ist im Recht.
Ich denke wohl, wir müssen uns ihm fügen. |
| Tibaut: | Ihr nehmt sie an? Ei, so seht selber zu!
Ich will so zarte Garne nicht zertrennen.
Nun schickt Euch in Frau Minnes Willen fein
und achtet ihres zarten, strengen Zepters.
Dies gilt vor allem dir, mein gutes Kind,
denn wo sich erstmals Held und Dame finden,
schwebt alles auf des Atems Waage hin,
und gar zu leicht ist Minnetrank verschüttet.
(ab) |

Gawan:	Mein Fräulein —
Obilot:	Ritter —
Gawan:	Ach, nun steht Ihr stumm und redet nicht!
Obilot:	Ich wußte alles deutlich, was ich Euch sagen wollte, aber jetzt — Ihr lächelt ja! Ihr solltet nicht so lächeln.
Gawan:	Vielleicht ist dieses Lächeln auch nur Scham. Denn sieh, ich bin nun auch wie du verlegen.
Obilot:	Habt Ihr mich lieb?
Gawan:	Wenn du mit einem Mal so aufglühst wie die erste Morgenröte, die sich nicht selber kennt und nur im Tau in tausend kleinen Spiegeln sich belächelt, verlegen über ihren eignen Glanz — wie sollt ich dich nicht lieben?
Obilot:	Also nehmt Ihr zur Herrin doch mich an!
Gawan:	Du holdes Kind — Herr bin nicht ich, die Wahl ist nicht die meine, du bist die Eine, die gebietet.
Obilot:	Ach, das hör ich gerne, daß Ihr so mir redet! Wenn ich gebiete, folgt Ihr mir dann auch?
Gawan:	Ich werde müssen.
Obilot:	Ja, doch sollt Ihr wollen. Grad so wie ich aus ganzem Herzensgrund.
Gawan:	Das Wollen ist ein wunderlich Geheimnis. Denn Wollen wollen schlägt uns meistens fehl. Erst Stein auf Stein treibt Funken aus und Feuer.
Obilot:	Dann wollt Ihr nicht?
Gawan:	Wer sagt das, liebes Kind? Hast du nicht heut ganz männlich mich verteidigt, als mir Obie so böse Worte gab? Hast du den Streich, der doch wohl mir gegolten, mit deinem Wänglein nicht mir abgewehrt? Und dies, noch eh du mir ins Aug gesehen? Wie, soll ich so dich ohne Sühne lassen? Soll ich mit Rosen nicht die Rosenblüte, die für mich brannte, sänftigen und kühlen? Ich wär kein Ritter, wenn ichs unterließ.
Obilot:	Wenn du ein Ritter bist, so mußt du kämpfen. Das wünsch ich mir von dir, und Rosen nicht.
Gawan:	Ei sieh, du machst fürwahr dem Vater Ehre. Doch wenn ich nun verwundet werde, wie?
Obilot:	So werd ich dir die rote Wunde küssen und dich verbinden.

Gawan:	Wenn ich aber fiele?
Obilot:	Du wirst nicht fallen.
Gawan:	Weißt du das?
Obilot:	Ich liebe dich ja, und also fällst du nicht.
Gawan *(ergriffen)*:	Kind, Kind, laß so uns den Verlornen lieben! Ich falle nicht? Ist deine Liebe so, daß ich nicht falle?
Obilot *(ernsthaft)*:	Ja, so ist sie, Ritter.
Gawan:	O Glaube, der die Berge noch versetzt!
Obilot:	Kämpfst du für mich?
Gawan:	Wenn du mir siegen hilfst.
Obilot:	O ja, ich helf dir siegen, liebster Ritter.
Gawan:	Dann nimm mein Wort!
Obilot:	Und gegen Meljans gehst du ganz zuerst, denn der verdient zu stürzen.
Gawan:	Das will ich tun. Und wisse nur, mein Kind, wenn ich für dich hinaus aufs Schlachtfeld sprenge, so bist es du, die reitet und die ficht. So mußt du denn auch ganz gewaltge Streiche gen Meljans führen, solche, wie kein Held sie je geführt, seit Ritter sind auf Erde.
Obilot:	Die führ ich, Ritter.
Gawan:	Gut. Mein Schwert für dich. So leg dein Händlein auf den Griff der Waffe.
Obilot:	Hierher?
Gawan:	Ja hier. Und also bin ich in deinem Dienst und dein ist Sieg und Ruhm. Gib mir ein Kleinod auch als Minnezeichen.
Obilot *(blickt verlegen um sich)*:	Ein Kleinod — ach — — — Clauditte, komm doch schnell — *(flüsternd)* Was hab ich denn, das ich ihm geben könnte?
Clauditte:	Ich weiß auch nicht, wir haben Puppen bloß, wenn er die will —? Die meine ist die schönre. Ich geb sie dir für ihn.
Obilot:	Das geht doch nicht! Es muß von mir sein, muß mir ganz gehören, sonst gilt es nicht.
Clauditte:	Was hast du aber sonst?
Gawan:	Laß, liebe Herrin, Sorge dich nicht kränken! Es hat noch Zeit. Die Nacht liegt zwischen mir

	noch und dem Kampf. Wenn ich am frühen Morgen dein Kleinod hab, dann gilt mirs noch genug.
Obilot:	Bis dann wirst dus bekommen. Und ich selber bring es dir her und nehme Abschied gleich und küß dich auch vielleicht, wenn es die Mutter mir erst erlaubt, und denk von Stunde an nichts andres als den Sieg.
Gawan:	So will ich streiten, wie sichs gebührt. Nun aber laß uns, Kind, der Ruhe noch genießen, denn der Morgen wird heischen, was kein Morgen je verlangt. Gutnacht, mein Kind.

Obilot *(legt ihre beiden Händlein in seine Hände)*:
Gutnacht.

Gawan:	Du holdes Leben! Schlaf süß!
Obilot:	Schlaf wohl!
Gawan:	Gutnacht!
Obilot:	Gutnacht!

(ab)

Gawan:	Gutnacht! Gott ward ein Kind! Und soll uns Hilfe werden, so laß uns dienen diesem ewigen Kind, bis daß es in uns selbst die Augen aufschlägt, die großen Heldenaugen – Parzival!

BURG VON BEAROST

Warte, zu der eine breite Treppe hinaufführt. Blick über Stadt, Fluß und Blachfeld.

O b i e , O b i l o t , Frauen und Waffenknechte, die Entwicklung der Schlacht beobachtend. Die Kämpfenden drängen von zwei Seiten immer mehr gegen die Flußbrücke und das Haupttor heran. Die eine Seite des Feldes liegt im hellen Sonnenglanz, auf der andern wechseln immer dichtere Wolkenschatten.

Obie *(zu Obilot)*:
Weg von der Brüstung! Mich zu ärgern legst du deinen blanken Arm vor aller Augen im Morgenglanze aus. Gib acht, die Sonne brennt einen Kuß darauf, daß dir die Haut im Feuer steht und sich wie Rinde abschält.

Obilot: Wärst d u die Sonne, tätst du so. Doch sie ist nicht so neidisch, linde haucht sie mir den weißen Arm mit goldnem Munde an, des Zeichens froh, das ich dem Helden sandte.

Obie:	Der kleine Ärmel, schlug er wirklich ihn auf seinen Schild, wie mag man seiner lachen, wenn er, der bunten Vogelscheuche gleich, sich hin und herwirft, wie ein Strohwisch tanzend. Seht, seht, das Liebeszeichen Obilots! so gehts von Mund zu Mund der stolzen Helden. Und Meljans, wenn ers sieht, erschrickt zu Tod, die Lanze fährt ihm jählings aus dem Arme, und, seiner selbst nicht Herr, stürzt er dahin.
Obilot:	Gib acht, daß deine Rede nicht noch wahr wird. Denn ich versprach dem Helden fest den Sieg, und also siegt er.
Obie:	Daran zweifelt niemand, wenn nur der Held sich erst im Felde zeigt, denn bisher ist kein Span von ihm erschienen, nicht eine Feder, nicht ein Pferdehuf.
Obilot:	Er kommt, wenns Zeit ist.
Obie:	Ja, wenn es zu spät! Wenn alle unsre Leute niederstürzen wie die Geschirre einer Tafel, die, von wilden Fäusten jäh dahingeschleudert, mit lautem Donner ineinanderfahren. Sieh, sieh, zur Linken, wo der Schatten braut, ist ein Gewühl und Toben ohnegleichen! Die Helme unsrer Könige sind längst nicht mehr zu sehn noch eines ihrer Banner. Ein ungeheurer Recke wirft sich dort auf unsre Schar, die besten niederstoßend, und wie ein Damm, durch den die Woge bricht, stürzt alles rückwärts gegen Strom und Brücke.
Knappen:	Weh, weh, der Linke flieht!
Obie:	Wer ist der Ritter? Ganz rasend fährt er her. Ein Lichtstrahl streift die Rüstung ihm, sie leuchtet auf wie Blut.
Obilot:	Am Brückenkopfe staut sich alles an. Sie halten Stand. Dort seh ich Scherulus, den Riesen, sich ins erste Treffen werfen. Der Vater ist auch dort.
Obie:	Doch Maronglies den Onkel seh ich nicht! Ist er gefallen? Ganz unaussprechlich wogt der Ansturm an, die Lanzen splittern wie die Binsenrohre! Ja, Meljans auf der Rechten. Sieh, o sieh! Er hat den Lisavander hingeworfen und jagt die Fliehenden zur Brücke her. Wie strahlend ist er, ganz in Licht gewandet, wie Feuer lodert's ihm aus Schild und Helm. Er drängt die Unsern ab. Er hat die Brücke. Nun wogts dem Tore zu.

Obilot:	Weh! weh!
Obie:	Der Sieg —
	wo ist dein Sieg? Dein Held läßt sich nicht sehen,
	ihm zittern längst die Knie und das Herz.
Obilot:	Hilf, rett uns, Herr! Reit aus, mein starker Held!
	Es darf nicht sein! Reit aus und straf den Frechen!
Obie:	Er reitet nicht. Doch sieh, da stürzen Boten
	ganz atemlos heran. Was bringt Ihr?
Boten:	Herrin flieht,
	verloren ist die Schlacht; im Augenblicke
	bricht unser Widerstand. Ein Ritter rast,
	ein roter, und vernichtet unsre Glieder,
	so wie der Blitz die Wälder niederwirft.
	Gestürzt die beiden Könige, gefangen,
	von Lirivoin und Anvendroin, der Herzog
	Kardefablet von Jamor auch dahin,
	Graf Scherulus steht fechtend wie ein Eckturm,
	doch wankt auch er, und Tibaut deckt mit Wut
	den Rücken ihm. Die Brücke ist verloren.
	Eilt in den Turm. Der Feind ist gleich herein.
Obilot:	Gott! Gott!
Obie:	Komm, Siegerin, wir müssen fliehen.
	Herr Meljans jagt uns, wie man Rehe jagt.
Obilot:	Geh nur und schließ dich ein wie eine Schnecke.
	Ich fliehe nicht.
Obie:	Bist du von Sinnen? Fort!
	Sie fassen dich.
Obilot:	Sie werden mich nicht fassen.
	Noch lebt mein Ritter.
Obie:	Nehmt sie! Reißt sie weg!
Obilot *(schreiend)*:	
	Da ist er. Auf der Brücke! Ins Gedränge
	stürzt er hinein. Auf Meljans schlägt er los.
	Sieg, Ritter, Sieg! Sie fechten, o sie fechten!
	Sieg! Sieg! Ich ruf dir Sieg ins Herz hinein.
	Zehntausendfachen Sieg. Der König fällt.
	Meljans ist hin.
Obie:	Unmöglich!
Obilot:	Hör sie schreien!
	Der Ritter springt vom Roß. Man weicht zurück.
	Die Waffen ruhen.
Obie:	Weh, was ist geschehen?
	Lebt Meljans?
Obilot:	Auch der rote Ritter senkt
	die Wehr und kehrt sich um. Er reitet weg.
Obie:	Renn einer schnell hinab und bring mir Kunde,
	ob Meljans lebt und ob er heil. – O Gott!

Obilot:	Er hat gesiegt, im letzten Augenblicke hat er gesiegt – mein Ritter. Schwester, liebe Schwester, du bist ganz bleich. Was ist dir? Stirbst du? Oh. Ich fasse dich. Ich halte dich. Zu Hilfe! *(Obie wird aufgefangen und zur Erde gebettet)* Schnell bringt Arzneien. Netzt ihr Stirn und Hals. Sie dreht die Sterne einwärts, ihre Lippen sind lallend aufgetan. O Herr des Himmels, laß Obie nicht sterben. Schwester, liebste Schwester! *(wirft sich auf sie und umschlingt ihren Hals, Trompetensignale, immer näher kommend)*
Knappen:	Sieg! Sieg! Sie kommen mit dem König! Heil Tibaut! Heil dem Helden, dessen Arm uns rettete. Heil Scherulus, dem Starken! Sieg! Sieg!
Obilot:	Der König kommt. Tu auf die Augen! Obie, wach auf! Sieh König Meljans an! Hörst du mich nicht?
Obie:	Ach, ruft mich wer? Von ferne klingt mir Musik? Wo bin ich?
Obilot:	Richte dich ein wenig auf. Dort kommen unsre Helden. *(Tibaut, Gawan mit dem gefangenen Meljans, Scherulus und Gefolge steigen die Treppe herauf. Nachdringendes Volk. Viele Banner. Musik, Jubel.)*

Tibaut *(auf Obie zueilend)*:
    Mein Kind! Um Gott, was ist dir! Wie ein Bild
    von Wachs dein schönes Haupt. Du starrst
                                        verworren.
    Wir sinds, die Freunde, sieh! Erkennst du uns?

Obie:	O ja, ich kenn euch alle.
Obilot:	O, sie lächelt. Sie kehrt zurück, sie flieht uns nicht davon. Obie!
Obie:	Mein Kind! Was ist mir nur geschehen? Wo war ich? Sprich! Ein wunderbarer Traum hat mich entrückt. Wars denn ein Traum? Ich atme so leicht, so leicht – mich dünkte, Wahrheit wars. Mein Vater, ach, mein Vater – und mein König! Hebt mich empor, daß ich zum Gruße ihm entgegenwandle –
Meljans:	O Obie, mein Herz!

                                      (empfängt sie in den Armen)
Obilot *(auf Gawan zueilend, der etwas rückwärts steht, und seine Beine umfangend)*:
    Du hast für mich gesiegt, wie ich dirs sagte.

Gawan:	Mein liebes Kind.
Obilot:	Ich küß dich jetzt. Geschwind heb mich hinauf zu dir!
Gawan:	Mit Andacht, Freundin, nehm ich dies Zeichen deines holden Munds.

(hebt sie zu sich empor)

Du hast mir hohen Mut gegeben. Wahrlich,
dein Auge wie ein helles Sonnenrund
ging strahlend vor mir her, als ich zum Kampfe
nach ernstlichem Gebete trieb mein Roß.
Dein Händlein gib, daß ich dich neu bekleide
mit diesem Zeichen, das im Sturm der Schlacht
zerschlissen ist, daß wie der Schnee durch Rosen
der weiße Schimmer deines Ärmleins blinkt!

(stülpt ihr den zerfetzten Ärmel an den bloßen Arm)

Du hast gesiegt durch mein Gewaffen, Herrin,
ein jeder Streich war dein, der niederfiel,
in deinem Herzen schwebend stritt das meine,
und meine ganze Beute bring ich dir.
Hier König Meljans hat sich mir ergeben.
So nimm ihn hin und tue so mit ihm,
wie dir gefällt. Denn dir zu eigen ward er.

Meljans: Mein Lieb, verzeih, wenn ich die Arme löse
aus der Umfangung deines süßen Leibs.
Ich bin im eignen Königreich gefangen
von zweien Gegnern, die mir untertan
und deren Fesseln ich nun seufzend trage.
Obie und Obilot. Was soll nun werden?
Verloren hab ich Freiheit, Ehr und Ruhm,
so beug ich mich der Herrin, deren Stärke
mich niederwarf, daß ich um Gnade bat.

(vor Obilot kniend)

Erbarm dich über mich, du stolze Schöne,
der ich gehöre, da ich kämpfend fiel,
und da mir Reich und Glück entwunden sind,
so geb ich mich in deine mächtgen Arme
und flehe dich um Hilfe und um Trost.

Obilot: Nicht Trost noch Hilfe geb ich Euch, o König.
Ihr habt mich viel zu wild und hart bedrängt.
Wenn ich Euch losließ, sicher müßt ichs büßen,
Ihr finget alsbald neue Fehde an.
Drum muß ich in ein strengeres Gewahrsam
Euch senden, daß Ihr nie von dannen kommt.
Hier dieser Wärtrin muß ich Euch vertrauen,
die Euch auf ewig nicht entrinnen läßt.

Meljans: Das ist mein Tod.

Obie: So, wies der meine ist.
Denn beide sind wir ewig uns verfallen!

(sie umschlingen sich abermals)

(Neue Signale. Ein Ritter, gefolgt von den Königen von Lirivoin und Avendroin und dem Herzog Kardefablet von Jamor ersteigen die Treppe.)

Ritter: Im Namen dessen, der die Herren schlug
und dem sie als Gefangne sich ergaben,
den man gemein den roten Ritter nennt,
meld ich Euch dies: Sie sind der Bande ledig,
wenn Ihr den König uns zum Tausche gebt.

Gawan: Den roten Ritter! Königliche Herren,
sagt mir um aller Himmel willen schnell —
wer wars, der Euch besiegt?

Lirivoin: Es war der eine,
den keiner kannte, jeglicher bestaunt,
des Namen stets in Dunkel sich verhüllte,
sowie die Nacht mit ihrem Schattendüster
ihn dumpf umdrängend nirgendwo verließ.
Aus ihrer Schwärze wie aus tiefer Höhle
rotflammend nur fuhr seines Schwertes Licht.

Gawan: Er ists. Ihr Könige, ihr edlen Herren,
mich trifft ein Ruf, der ohne Aufenthalt
hinweg mich reißt, sowie der Sturm den Nachen
vom Ufer reißt und weit hinaus ins Meer
den schwankenden auf schäumgem Rücken trägt.
Hier gilt kein Säumen. Wenn der Ritter irgend
noch dort im Lager weilt, jag ich zu ihm.

Lirivoin: Ihr trefft ihn nicht mehr. Da er uns entsendet,
so brach er auf und eilt ins Düster fort.

Gawan: Ich muß ihm nach. Nehmt Eure Freiheit, Fürsten,
Ihr, Tibaut, meinen Gruß, Ihr Fraun, mein Herz,
und zürnt mir nicht, wenn ich von hinnen eile.

Obilot: O weh, mein Held, du darfst uns nicht entfliehen.
Ich laß dich nicht, denn mir gehörst du an.
Ich hab dich und ich will dich nun behalten.
(umklammert ihn)

Gawan: Mein Kind, sei klug. Du weißt, ich hab dich lieb,
ich drück dich so an mich und tief und tiefer
ganz in des Herzens heilge Mitte ein.
Doch laß mich nun. Ich muß. Ich kann nicht weilen.

Obilot: Nimm mich mit dir!

Gawan: Das kann nicht sein, mein Herz.
Wohin ich reise, ist kein Ort für Kinder.
Ich will dich tragen in der treuen Brust,
ein Kleinod, das, geborgen im Kristall
der tiefen Höhle ewig strahlend blüht.
Du aber lerne, was zu lernen bitter:
Daß Liebe Freiheit, Abschied unser Los,
solange wir noch Eigentum begehren.

	Um deinetwillen hältst du mich noch fest.
	Um meinetwillen gib mich frei.
Obilot:	So gehe.
Gawan:	Mein Kind!
Obilot:	Lebwohl!
Meljans:	Sagt Euren Namen uns.
Gawan:	Ich bin Gawan!
Tibaut und die andern:	
	Gawan!
Meljans:	Gawan!
Scherulus:	Der Hochberühmte!
Gawan:	Lebtwohl!

(ab)

Obilot: Er ist der Meine — — ganz der Meine!

ANTIKONIE

Personen:

Vergulacht, *König von Avalon*
Antikonie, *seine Schwester*
Galogandres, *Landgraf und Beschützer der Burg von Schanphanzun*
Teudares, *ein Ritter Vergulachts*
Ein anderer Ritter
Gawan
Iwanet
Ein Köhler
Drei Knechte
Ritter, Knechte, Volk von Schanphanzun
Gefolge des Königs Vergulacht
Knappen Gawans

Die Handlung spielt in einem Wald bei Schanphanzun, im Turmgemach der Antikonie und im Hofe der Burg von Schanphanzun.

ANTIKONIE

Waldlichtung.
Eine Köhlerhütte und rauchende Meiler.

Gawan, Iwanet, Knappen reiten aus dem Walde.

Gawan: Nun haltet an! Je länger wir hier reiten,
um desto krauser schlingt sich unser Pfad.
Mir deucht, wir ritten öfters schon im Kreise.
Ein dunkler Unstern lockt mich fort und fort,
von meinem Ziele mich hinweg zu drängen,
und treibt mich zweien fernen Zeichen nach,
die ich für eines hielt und die sich dennoch
mir nimmermehr vereinen: Schanphanzun
und Parzival. Nun steck ich in der Irre.

Iwanet: Die Richtung schien die rechte doch zu sein,
gen Sonnenaufgang hin, wo Avalon
nach aller Kundgen Weisung liegen mußte.

Gawan: Und eben dorthin führte auch die Spur,
die da und dort sich unserm Forschen zeigte.
Denn wie ein fernes Wetterleuchten zog

| | uns Parzival voran, im Dunkel plötzlich
fuhr seine rote Flamme mahnend auf
und sagte uns: er war vorbeigeritten.
| Iwanet: | Vor knapper Frist sogar. Hier wars der Zöllner
am Brückenhaus, der Wirt der Schenke dort,
ein Holzknecht tief im Wald, ein Mönch am Wege —
sie alle hatten in der Rüstung ihn,
der roten, eilig ostwärts ziehen sehn.
| Gawan: | Dir gings wie mir, mein Knab! Wir hofften ihn
an jedem Tage, der uns neu heraufging,
ganz sicher zu ereilen, schien uns doch,
er hätte an dem Platz, wo wir gerastet,
vor einer knappen Stunde auch geruht
und lenkte eben um des Tales Krümmung.
Doch immer, wie der falsche Spiegelglanz,
den Wüstenfahrer in den Lüften schauen,
schwand uns sein Trugbild fern und ferner fort,
wir ließen uns nur immer weiter locken,
und schließlich war uns Ziel und Pfad dahin
und seine Fährte ganz im Nichts verloren.
| Iwanet: | Wo sind wir nun?
| Gawan: | Wer das wohl wüßte, Kind!
In Avalon wohl nicht — und daß das Übel
noch vollends ganz wird: so verworren ist
der Sinn mir schon, daß ich nicht Rat mir weiß,
in welcher Richtung Schanphanzun zu suchen.
| Iwanet: | Wir ritten viele Wochen so herum.
| Gawan: | Die Zeit entschwand mir. Hast du aufgemerkt?
Wie lange ists, daß wir von Artus' Hof
gen Morgen ritten?
| Iwanet: | Laßt mich rechnen, Herr.
Ists möglich! Unsre Frist ist ausgeschöpft.
Ein Mond ist um und heut der letzte Tag
um uns zum Kampf in Schanphanzun zu stellen.
| Gawan: | Das ist verwünscht! Sie halten mich für feig
und ehrvergessen, da ich mein Versprechen
so schmählich breche ohne ernsten Grund.
Dies trägt nicht bei, Vertrauen mir zu werben.
Wo steckst du, Schanphanzun? Wer zaubert dich
von Stund zu Stunde ferner meinem Blicke?
| Iwanet: | Dort ist ein Köhler. Fragen wir ihn doch
nach Land und Leuten.
| Gawan: | Holla! Hierher, Köhler!
| Köhler *(langsam herankommend)*: |
| | Was wollt Ihr?
| Gawan: | Guter Freund, wir sind
verirrt. Sag uns den Namen dieser Landschaft.
| Köhler: | Das Haspelmoor ist dies.

Gawan:	Zu welchem Reich gehört dein Moor?
Köhler:	Zu keinem.
Gawan:	Ei, du mußt doch einem König Steuer zahlen.
Köhler:	Steuer?
Gawan:	Zahlst du nicht Steuer?
Köhler:	Nein.
Gawan:	Wohin denn bringst die Kohlen du, die du hier brennst im Walde?
Köhler:	Ich bring sie nirgends hin, man holt sie schon.
Gawan:	Wer holt sie, Freund?
Köhler:	Der Fuhrknecht.
Gawan:	Und wohin führt der die Fracht?
Köhler:	Das schert mich nicht.
Gawan:	Du Kauz! Es muß doch jemand dich bezahlen.
Köhler:	Freilich.
Gawan:	Wer denn?
Köhler:	Der Fuhrknecht.
Gawan:	Und der Fuhrknecht ist dein König also und dein Herr?
Köhler:	Was fragt Ihr mich immer aus? Sorgt um Euch selber. *(wendet sich zum Gehen.)*
Gawan:	Hallo — noch eins, mein Freund! Wozu liegt Avalon?
Köhler:	Ich weiß nicht. *(geht)*.
Gawan:	Das nenn ich mir Bescheid! Nun, Iwanet, heißts nach der Nase reiten.
Iwanet:	Ich glaube, daß wir des enthoben sind: Seht, wies dort blitzt durch Stämme und Gezweig! Ein königlicher Zug kommt aus dem Walde.
Gawan:	Halt an, sie ziehen grad zu uns herüber. Mir scheint, der dort so frei und herrlich trabt im Glanze seiner kaum erblühten Jugend ist König oder Prinz. Das bringt uns nur in neue Not. Denn tun wir nach der Sitte, so dürfen wir ihn nicht nach seinem Rang noch Namen fragen, wenn er uns nicht selber sein Wesen offenbart.
Iwanet:	Die Zier und Zeichen auf Tüchern und auf Kleidern sind uns fremd, sie wollen uns den Reiter nicht enthüllen.

                       Nun, komme, wie es will. Vielleicht gelingts,
                       daß wir für heute doch zurecht uns finden.
                               (*König Vergulacht mit Gefolge in Waf-*
                                         fenrüstung)

Vergulacht (*zu einem Ritter*):
                       Der ist es nicht. Wir sind noch nicht am Ort,
                       wir haben noch ein Stück waldein zu reiten.
                       Kennt Ihr den Fremden?

Ritter: Nein, ich sah ihn nie.
                       Er kommt von fernher, dünkt mich, mein Gebieter.
                       Auch scheint er irr.

Vergulacht: Ein edler Recke, traun,
                       an Haltung und Gestalt ganz ohne Tadel.
                       Wie frei er blickt! Wie stolz um sein Gesicht
                       die gelben Locken wehen! Er gefällt mir.

Ritter: Er winkt uns Gruß.

Vergulacht: Und wir erwidern ihn.
                       Komm, laß uns hurtig ihm entgegenreiten!

Gawan: Mein edler Fürst —

Vergulacht: Willkommen, lieber Herr,
                       ich sehs, Ihr habt Euch hier im Wald verloren
                       und wißt nicht, wo Ihr seid; und ich, verzeiht,
                       ich sags Euch nicht, denn sucht Ihr Abenteuer,
                       die namenlosen sind die höchsten doch.
                       Drum nichts von Namen. Euer Antlitz zeigt mir,
                       da es so kühn und ritterlich mir strahlt,
                       die Frucht von einem hohen, edlen Stamme.
                       Ich bin wie Ihr aus hochberühmtem Haus,
                       das sei genug, und da ich meinen Namen
                       Euch vorenthalte, will aus Billigkeit
                       ich Euren auch nicht fordern. Laßt uns also,
                       zwei Fremde wir, mit Herzlichkeit uns nahn,
                       ob uns nicht Zutraun, ob uns nicht gar Liebe
                       aus unserm Männergruß erblühen könnt.
                       Seid Ihr mein Gast. Ihr findet hinterm Walde
                       auf freiem Plan, der sacht zu Berge steigt,
                       die Stadt, die ich beherrsche, und vom Felsen
                       blickt heiter Euch und kühn das Bauwerk an,
                       das meines Landes Antlitz ist und Auge.
                       Dort kehrt Ihr ein. Ihr werdet in dem Ring
                       der mächtigen Gebäude mitten innen,
                       auf freiem Hofe ragend wie ein Baum
                       im Ährenfelde, einen Turm erblicken.
                       Und wahrlich, wenn er mürrisch auch und grau
                       auf Euch herabsieht, tadelt nicht den Alten.
                       Denn in dem Turme strahlt ein Kleinod mir,
                       dergleichen Ihr noch nirgendwo gesehen.
                       Die Schwester ists, die schöner als der Stern
                       der tiefen Nacht der Herrlichkeit vorangeht,

	die Stadt und Burg aus reichen Händen beut.
	Sie wird das Auge Euch mit Glanz erfüllen,
	daß Ihr, gestillt, doch stets aufs neue ruft:
	Noch mehr des goldnen Trankes, der die Lippen,
	sie labend, schon zu neuem Durst erregt.

Gawan: Wie kommt mir diese Gnade, edler Herrscher?
Ihr tragt sie mir gleich einem Wunder zu
und Wunder sollen fraglos wir empfangen.
Doch wenn ich recht verstehe, schickt den Fremden
Ihr ungeleitet zu der Schwester hin.

Vergulacht: Ja, ungeleitet, namenlos. Ein Ritter
geht zwar mit Euch und meldet, daß Ihr kommt,
von mir gesandt; doch mich entschuldigt vorerst.
Ich habe noch ein schweres Werk zu tun,
von dem ich nicht vor Abend wiederkehre.
Doch weiß ich, Ihr entratet meiner leicht,
denn Kurzweil wird die Holde gnug Euch bieten.
Nur — bleibt dabei, daß wir uns namenlos
verbünden, daß die Namen wie die Blüten
uns erst sich schenken sollen, wenn das Licht
der heitern Freundschaft lächelnd sie uns öffnet.
Fragt also nicht nach Land und Stadt und Burg,
nicht nach der schönen Schwester schönem Namen.
Und mir verzeiht, mich drängts zu meinem Werk.
Folgt diesem Ritter denn, der Euch geleitet.

(grüßend ab)

Gawan *(zum Ritter)*:
Will mich der Traum, das Wunder, überall
umstricken mit den leichten Zauberbinden?
Dort wählt ein Kind mich aus zu Schlacht und Sieg,
hier lädt ein Fürst mich ein zum goldnen Brunnen
der Schönheit, die ich nicht für mich begehrt,
indes mein Ziel im fernen Dunst verdämmert
und er, der rastlos zieht durch meine Nächte,
gleich einer Fackel löschend mir vergeht.
Was soll ich tun? Gehorchen jenem Rufe?
Entziehen mich auf ernstem, strengem Pfad?
Ein ungeheurer Name geht mir schwankend
durchs Herz gleich einem Speer. Der seine ists:
Mitten hindurch! Wohlan, ich will dir folgen.
Zur Seite nicht, Gawan! Wie auch die Pforte
sich nenne, die sich auftut: Nur hinein!
Ihr führt mich, Ritter! Iwanet, wir reiten!

(Der Zug setzt sich gegen den Hintergrund in Bewegung)

BURG VON SCHANPHANZUN

Turmgemach der Antikonie

Es ist sehr kostbar eingerichtet. Bildteppiche an den Wänden. Man tritt im Hintergrund durch offene Bogen auf die rundum laufende Brüstung hinaus. Gawan und Antikonie auf einem Ruhelager sitzend zu Füßen eines Teppichs, der eine ritterliche Dame darstellt, die im Schoße ein Einhorn hält. Vor ihnen auf einem Tischchen eine Schale mit Weintrauben und ein Teller mit Kuchen.

Antikonie: Was Ihr mich, Herr, als Namenloser fragt,
muß Antwort finden durch die Namenlose.
Und wärs ein Wunder, wenn die Antwort dann
auch Namenloses künden müßte?
Ob ich Euch liebe? Fragt Ihr dies zum Spiel?
Ihr kamt zu mir wie aus dem goldnen Glanz
des Himmels her, der sich am Morgen ausgießt,
bevor die Sonne ihren Lauf beginnt.
Die Lerche ist schon wach, sonst regt sich niemand.
Wie ahnungsvoll bedrängt Ihr mir das Herz!
Ihr fragt zum Spiel; denn spielend wie ein Falke
auf leichten, starken Schwingen flogt Ihr her.
O Herr, bedenkt, daß in der Frauen Herzen
ein jedes Spiel sich schnell ins Ernste kehrt
und unterm leichten Blau des Wasserspiegels,
der lächelnd Euch das Bild der Ufer zeigt,
das Steinchen Eurer Frage rasch ins Dunkel
der Tiefe sinkt.

Gawan: Was Ernst ist, Frau, was Spiel —
wer könnt es sagen? Wie am frühen Tage
der Hauch der Dämmrung in das Silber rinnt,
das hoch vom weißen Wolkenbord herabfließt,
so taucht das Spiel in sanften Ernst sich ein,
so wird das muntre Schlagen unsres Herzens
von jäher Süße schwer, so klingt im Atem
ein Seufzer auf.

Antikonie: O Freund!

Gawan: Ich wußte nichts
von dir, du Holde, da in trüber Frühe
zu weiter Fahrt ich meinen Hengst bestieg.
Kein Sänger hat das Wunder deiner Schönheit
mir harfend in die Seele eingetaucht.
Hintrabend wich vor mir die helle Wolke,
und aus dem Glanze tratst du selbst hervor.

Antikonie: Beschreibst du, was mir selber widerfahren?
Ich weiß nicht, wer du bist, und weiß es doch,
und niemand kenn ich besser als den Fremden.

Gawan: Wie wundersam ist deines Bruders Rat!
Wie heißt die Stadt? Es ist die Stadt der Städte!

	Wie diese Burg? Sie ist der Burgen Burg.
	Und du, Geliebte, trägst du einen Namen,
	so ists der Name, der in allen ist,
	der so vertraut und neu und unaussprechlich,
	so allgemein und einzig, ewig ist —
	Du! süßes Du! Und kann das Du denn anders
	als wieder lieben dies sein liebend Du?
	Sag, kann es anders?
Antikonie:	Ach, mein Freund, dem Schwerte
	gleicht dieses eine, kleine, kurze Wort,
	das du mir von den Lippen reißen möchtest,
	es gräbt sich in das Herz, es reißt entzwei
	den Schleier der geheimnisvollen Dinge
	und dann — ? Sieh diese Schale hier.
	Von beiden Trauben wähle, die du wünschest.
Gawan:	Die rote wähl ich.
Antikonie:	Warum eben die?
Gawan:	Weil sie zu Blut wird, weil im Blute glühend
	die Liebe sich verklärt, dem Weine gleich.
	Weil rot die Farbe deiner holden Lippen.
Antikonie:	Nimm eine Beere. Halt, betrachte sie
	noch einen Augenblick! Auch ich will eine nehmen.
	Erkenne dieses reingeformte Rund,
	ein Ball, der Sonne ähnlich, ganz vollkommen
	nach allen Seiten hin. Doch keine Sonne ists.
	Mit dunklen, schweren Kräften steigt die Erde
	in dieses Wunder ein und taucht es tief
	in ernstes Blau, in dem die Demut wohnt,
	die nichts vermag, als auf den Knien still,
	die Stirn geneigt, erwarten, was ihr zukommt.
	Und über allem sieh, der zarte Duft,
	der Anhauch eines silbergleichen Atems,
	der Schleier, der Geheimes noch verhüllt.
	Ist so nicht unser Herz, des Weibes Liebe?
	Berührst du sie, zerreißt das schöne Rund,
	der Duft vergeht, erblutend klafft die Wunde.
Gawan:	Und soll die Beere hängen, bis der Frost
	sie tödlich trifft? Bis sie die finstre Krähe
	zum späten, kargen Mahl hinweg sich raubt?
	Hast du zur Speise sie nicht dargeboten?
	Denn was wir essen, töten wir ja wohl,
	doch ziehen wirs zu neuem, größeren Leben
	hinein in unser Herz. Erlaube mir!
	(Er ißt die Beere und springt auf.)
Antikonie *(sich ebenfalls erhebend)*:	
	Mein Freund!
Gawan:	Geliebte!
Antikonie:	O, du tötest mich,
	und ich will sterben.

Gawan *(umfängt sie)*:
Dunkler, süßer Tod! *(er küßt sie)*
(Teudares tritt rasch ein)

Teudares: Ich täusch mich nicht! Er ists, der kalte Frevler,
der fluchbedeckte, feige Mörder ists,
der unsern König fern im Sumpf erschlagen.
Gawan, der Freche! Hier in Schanphanzun
wohin die Rache drohend ihn geladen,
vergreift er sich an des Erwürgten Kind.

Antikonie: Gawan?

Gawan: Wie, Schanphanzun nennt diese Burg sich?

Teudares: Wie du dich Bube nennst, du geiler Hund!

Gawan: Mein Schwert! Wo ist es?

Antikonie: Götter! gute Götter!

Teudares: Schrei nicht nach deinem Schwert! Du findests nicht.
Du findest unsern Fluch nur, unsre Rache.

Gawan: Du Lügner, wessen zeihst du mich? Du hast
von Angesicht mich nie gesehn.

Teudares: Wohl hab ich
im fernen Land Bertane dich gesehen,
wohin ich ritt mit unserm armen König,
der Artus suchte und sein stolzes Haus.
An einem Abend wars, wo ich den König
allein ließ reiten einem Walde zu.
Er kam nicht wieder, doch statt seiner sah ich
gesenkten Hauptes, bleich, mit irrem Blick,
dich, Elenden, entlang des Forstes jagen
und fand den Herrn erschlagen bald im Sumpfe.
Fluch dir und Tod!
(erhebt das Schwert gegen Gawan)

Antikonie: Halt, sag ich dir!
Triff mich erst, eh du diesen niederstreckst!

Teudares: Wie, schützest du den Mörder meines Herrn,
den Mörder deines Vaters? O du Dirne!
Im Grabe kehrt der tote Held sich um,
dir fluchend, seiner ehrvergeßnen Tochter.
Weh dir, Antikonie! Dein Name strahlte
durch viele Länder hin. Nun ist er blind,
und schaudernd wenden sich von dir die Edlen.

Gawan *(der einen Stuhl erhoben hat)*:
Verläumder du! Nimm deinen Lohn!
*(schmettert ihn gegen das Haupt des
Teudares. Diesem entfällt das Schwert).*

Teudares *(hinaustaumelnd unter der offenen Tür)*:
Verrat!
Herbei, was Waffen hat! Herbei zum Turm!
Hier ist des Königs Mörder! Schnell herbei!

                    Umstellt den Turm, greift in die Glockenseile!
                    Sturm über Schanphanzun! Dem Mörder Tod!
Gawan *(schleudert hinter Teudares die Türe ins Schloß
und stößt den Riegel vor):*
                    Schrei, Schändlicher, bis dir die Gurgel birst.
                    Ganz sollst du mich nicht ungerüstet finden.
                                        (hebt das Schwert auf)
                    Dies kehrt sich wider dich.
Antikonie *(zitternd):*
                    Bist du Gawan?
Gawan: Der bin ich. Frei im Licht der Sonne
                    bekenn ichs jedermann. Und niemals hat mein Arm
                    zu feiger Tat im Dunkel sich erhoben.
                    Von deines Vaters Tode weiß ich nichts,
                    ich schwöre dirs beim Himmel, bei der Liebe,
                    die mit der Kraft des heil'gen Feuers dich
                    in meine Arme riß.
Antikonie: Du bist kein Mörder,
                    du kannsts nicht sein.
Gawan: Auf Galogandres Wort,
                    der mir Geleite bot, ritt ich hierher,
                    den harten Zweikampf mit ihm auszutragen.
                    Nun dringt nicht Galogandres auf mich ein —
                    ganz Schanphanzun rennt rasend schon zusammen.
                    Hörst du die Glocke schallen? Siehst du dort
                    die Reisigen, die Ritter kommen? Knechte
                    mit Stangen und mit Äxten eilen schon
                    auf jenes Lügners Hilferuf zusammen.
                    Wir sind belagert, Kind. Es gilt den Kampf.
                    Wir wollen unsre Liebesfestung halten,
                    solange Atem in uns ist. Und sei es,
                    daß wir der Übermacht erliegen, dann, Geliebte,
                    verhauchen wir die Seelen Haupt an Haupt.
                    Sprich, solls so gelten?
Antikonie: Ja.
Gawan: Zum Gruße denn,
                    zum Abschied an mein Herz!
                                        (umarmen sich)
                    Nun an die Arbeit!
                    Hast du in deinem Turme keine Wehr?
Antikonie: Nicht eine Klinge.
Gawan: Hätt ich einen Schild nur!
                    Und wenns kein Schild ist, irgend sonst ein Brett.
Antikonie: Das Schachbrett.
Gawan: Trefflich! Breit wie eine Türe
                    deckts mir den Leib bis auf das Knie hinab.
                    Schwarz-weiß die Felder! Leben oder sterben.
                    Laß sehn, ob Weiß, ob Schwarz das Spiel gewinnt.
                    Doch Riemen für den Arm?

Antikonie:	Nimm meinen Gürtel!
Gawan:	Und Nägel?
Antikonie:	Aus der Truhe ziehn wir sie.
Gawan:	Gut!

                    (*befestigt den Gürtel als Armspange und Handhebe an dem Schachbrett*)
                    Fertig ist der Schild. Ich bin zum Kampf
                    vollauf gerüstet. Aber du, mein Kind?

Antikonie (*auf die Schachfiguren deutend*):
                    Hier dies sind meine Waffen: Bauern, Springer,
                    gewaltge Türme, Läufer, das Gewicht
                    des Königs selbst muß mir zum Kampfe dienen,
                    zuletzt die Dame noch, wenn alles stürzt.

Gawan:	Horch, wie sie toben! Mit den Steinen, sag mir, was willst du tun?
Antikonie:	Ich schleudre sie hinab. Tut man nicht so, wenn Feinde Mauern stürmen?
Gawan:	Ha, du bist wacker!
Antikonie:	Soll sich denn Gawan des Herzens schämen, das er an sich zog? Wohlan!

                    (*rafft einige der großen, schweren Figuren auf*).

Gawan:	Die Türe dröhnt. Sie schaffen mit den Äxten. Wohlan, hier steh ich. Brecht die Pforte auf! Den ersten, der hereinstürmt, streck ich nieder.
Antikonie:	Die Liebe ist der Tod! Uns bleibt nicht Wahl. Auf Wiedersehen dort, wo Engel wohnen.

                    (*Donner und Krachen an der Türe, Geschrei von außen. Antikonie ist auf die Brüstung getreten, man sieht sie Steine nach der Tiefe schleudern.*)

SCHLOSSHOF VON SCHANPHANZUN

Man sieht in der Mitte der Szene den Turm der Antikonie, dessen Türe durch Axthiebe zertrümmert und nach innen gestürzt ist. Unter der Türe Gawan mit Schild und Schwert.
Eine Menge von Knechten, Knappen und Volk erfüllt die Szene, von Teudares geführt. Einige Verwundete werden weggetragen. Die Belagerer bewahren einen Abstand von der Türe.

Teudares:	Feiglinge ihr! Nur Helden mit der Zunge. Drei Stunden rennen sie gen diesen Turm und holen nichts als Wunden sich. Greift an! Seht Ihr nicht, wie die Kräfte ihm ermatten? Ein Sturm noch und hinein!

Ein Knecht:	Geht Ihr voran!
Ein Zweiter:	Was hetzt Ihr uns zum Sturm, indes Ihr selber beiseite steht?
Dritter:	Kamt Ihr nicht ohne Schwert mit unfreiwillgen Sprüngen aus der Türe?
Erster:	Ihr seids, der mit dem Maule ficht.
Andere:	Ja, Ihr! Geht hin und holt Euch Schläge so wie diese.
Zweiter:	Der Ritter rast, und ists der Teufel nicht, der für ihn ficht, so steht der Herr des Himmels mit ihm im Bund.
Dritter:	Er wehrt sich wie ein Tier.
Teudares:	Zum Sturme, sag ich. Schande über jeden, der sich nicht drangibt für des Königs Ehr!
Erster:	Die trifft Euch selbst.
Teudares:	Du Bube! Wags und sprich ein einzig Wort noch —
Erster:	Nicht bloß eines — hundert! Was geht uns dieser tolle Handel an? Antikonie beschützt den fremden Ritter.
Teudares:	Sie ist von Sinnen. Und du bists wie sie, wenn du nicht augenblicklich meinem Wort dich fügst. Zum Sturm voran!
Erster:	Geht! geht voran! Dem Ritter gebührt der Vortritt.
Teudares *(stößt ihn gegen den Turm)*:	Dorthin sollst du!
Mehrere:	Halt! Ihr selber führt uns jetzt zum Sturme, oder wir führen Euch!
Teudares:	Was wagt Ihr?
Zweiter:	Schlagt! Zu Boden schlagt ihn! Und über seinen Leib zum Sturm!
Mehrere:	Zu Boden!
Alle:	Ja, zu Boden mit dem Falschen! Er hat uns stets verachtet, hat uns oft verleumdet bei dem König. Heute zahlt ihm!
Einer:	Mit Hunden hetzt er uns und wenn er könnt, schlüg er uns mit der Peitsche!
Viele:	Gebt den Lohn ihm!
Teudares:	Schurken! Wer mich anrührt, den spieß ich auf.
Einige:	Schlagt!
Andere:	Nieder!

Teudares *(aufschreiend):*
Ah! *(er stürzt)*
Einer: Dem Hunde
brecht das Genick entzwei!

Andere: Zertretet ihn!
(Getümmel und Geschrei. Teudares wird beiseite geschleppt).
Mehrere: Nun an den Turm!
Andere: Ja, an den Turm!
Mehrere mit Äxten und Hacken:
Ihr Narren,
spart Eure Köpfe. Drauf mit Hauen! Brechet
die Fundamente ein.
Andere: Seid Ihr verrückt? Die Steine
begraben auch Antikonie mit ihm!
Die Ersten: Sperrt sie in ein Gefängnis sich mit ihm,
hat sie auch Lust auf ein gemeinsam Grab.
Packt zu!
Die Anderen: Greift an!
Alle: Zum Sturm! zum Sturm! zum Sturm!

(Allgemeiner Ansturm gegen den Turm. Gawan wehrt mit letzten Kräften die Andringenden ab. Antikonie erscheint auf der Brüstung und schleudert wahllos alle Gegenstände ihres Gemaches auf die Stürmenden herab. Allgemeines Geschrei.)

Galogandres *(tritt bewaffnet auf):*
Was geht hier vor? Was brüllt ihr? Ha, Gawan
in diesem Turm? Und auf der Brüstung dort
Antikonie wie eine Göttin rasend!
Die Tollen legen Hand ans Fundament,
daß niederdonnernd das gewalte Bauwerk
euch alle stürze in ein jähes Grab.
Halt, sag ich, halt! Die Spieße nieder. Hört ihr
die Stimme eures Grafen nicht? Gebt Platz!
Zurück von diesem Turm! Wer nicht mit meinem
Schwert
Bekanntschaft machen will, der weiche ferne!
Hier steh ich, Galogandres! Auf Geleit
kam dieser Ritter her, ich schwurs ihm zu.
Macht ihr zum Schurken mich? Die Waffen nieder!
(Der Aufruhr legt sich).
Mein ist Gawan. Von diesem meinem Schwerte
ward er gefordert und es zahlt ihm bald
und mit des Rächers Schärfe sein Verbrechen.
Ich lasse niemand dieses wilde Amt,
ich wills allein mit diesen meinen Händen,
mit meines Herzens Zornesglut erfüllen.
Ihr sollt ihn stürzen sehen in sein Blut,

                den ihr zu fällen weder Recht noch Macht habt.
                Solange deck ich mit dem Schwerte ihn,
                als wärs mein Freund, als wärs mein eigner Bruder.
                Wer gab Befehl zu solchem Tun?

Erster Knecht *(auf Teudares deutend)*:
                Der da!
                            (alle wenden sich dem Schwerverwundeten zu)

Galogandres: Wie, Teudares?! — Wer schlug ihn? Tragt ihn her!
                Legt ihn auf seinen Schild.
                                          (es geschieht)
                Weh, in sein Antlitz
                gräbt sich des Todes Hand. Er winkt. Schweigt
                                                    still!
                Was ist Euch, Ritter? Ihr wollt reden? Sprecht,
                um Gottes willen sprecht, was ist geschehen?

Teudares *(schwach)*:
                Schickt diese weg.

Galogandres: Weicht weit von hier zurück!
                Der Ritter hat mir etwas zu vertrauen
                                          (zu Teudares)
                Säumt nicht, der Tod kommt schnell. Schon tritt
                                                der Schweiß
                Euch auf die Stirn.

Teudares: Ich kann nicht.

Galogandres: Einer wird Euch
                in wenig Augenblicken fragen, dem Ihr nicht
                die Antwort weigern könnt. Um Eurer Seele
                und ihres Heiles willen, sprecht!

Teudares: Ein Schatten hebt sich
                vor mir hinan, unsäglich, wie ein Tier.
                O Grausen!

Galogandres: Wendet Euch nicht ab, Teudares,
                seht mir ins Auge!

Teudares: Weh mir!

Galogandres: Redet, redet!

Teudares: Ich stieß den König nieder.

Galogandres: Ihr? O Gott!
                Ihr redet irr, ich glaub Euch nicht.

Teudares: Er hat mir
                Antikonie verweigert —

Galogandres: Rache —?

Teudares: In den Sumpf
                warf ich den Toten, und sein gelbes Antlitz
                sah schrecklich mir herauf —

Galogandres: Stürzt vor den Thron Euch hin
                des Richters, dem der Herzen Abgrund kund ist —

Teudares *(mit weit starrenden Augen):*
Der König! Hilfe! Rettung! (*er stirbt*).
Galogandres: Deine Rettung
steht nicht bei Menschen mehr. Sein Auge bricht.
Verhüllt ihn! Tragt ihn weg. Ihr alle dort
schließt einen Ring. Ich habe Euch zu melden,
was Euch das Blut im Leib erstarren wird.
Vernehmet, was ich künde, stumm!
Stimmen: Der König!
(Alles weicht auseinander. Vergulacht mit beschmutzter, blutbefleckter Wehr tritt bleich und mit gebeugtem Haupte in den Ring.)
Vergulacht: Wen trägt man dort? Wozu die Waffen? Warum
steht alles so erstarrt? Wißt Ihr, was mir geschah?
Galogandres: Wir wissen nichts, als was sich hier ereignet.
Der Mörder Eures Vaters ist entdeckt.
Vergulacht: Wie? Nicht Gawan?
Galogandres: Des Sterbenden Bekenntnis
wiegt schwerer als des Lebenden Betrug.
Teudares schlug den König.
Vergulacht: Wie, sein treuster,
sein bester Diener? Wie begreif' ich das?
Galogandres: Er hat Antikonie zum Weib begehrt,
du weißt es, Herr, und wurde abgewiesen.
Da trieb die Rache ihn.
Vergulacht: O Freveltat!
Galogandres: Gawan ist schuldlos. So befreit ihn selber
aus seiner Haft.
Vergulacht: Wie? Ist Gawan in Haft?
Galogandres: Im Turme dort. Teudares trieb die Knechte
zum Sturme gegen ihn. Mit bloßem Schwert
steht dort er unterm Tor.
Vergulacht: Gawan?
Galogandres: Kein andrer, wahrlich!
Vergulacht: Den ich zu Gast mir lud, dies ist Gawan?
Dem Edlen ward so schändlich hier vergolten?
Macht Platz, ich eile, seine Freiheit gleich
und alle Ehre ihm zurückzugeben.
(tritt gegen den Turm)
Mein teurer Freund, verzeiht, was Euch geschah.
Mein Wille war es nicht; indes ich selber
in hartem, wildem Ritterkampfe lag,
hat ein Verruchter Euch und mich verraten.
Derselbe, der Euch einst des Mordes zieh.
Er ist dahin. Die Tat, die er begangen,
ergriff ihn selber mit der bleichen Faust
und riß ihn in den Abgrund der Verdammnis.

Gawan:	Steckt ein das Schwert und tretet aus dem Kerker, den Euch der Böse schuf, zu mir heraus und reicht mir Eure ritterliche Rechte! Das Schwert ist des, den die Vergeltung schlug. Ich werfs von mir! Doch eh ich dich begrüße, laß mich die tapfre Streiterin doch erst, Antikonie, die um mein Leben glühend wie um ihr eigenes gekämpft, hervor aus diesem Turm mit Ehrerbietung führen. Denn wo sich unser Schicksal jählings nicht gewendet hätte, läge sie, die Holde, erschlagen hier bei des Erschlagnen Haupt.
Vergulacht:	Antikonie! In meine Arme schnell führ mir die Heißgeliebte! (Gawan ab) O ich habe noch eine Schwester, die das Herz mir schmückt, wenn mir auch Ruhm und Ehre wie mein Degen vor dieses Riesen Hammerstreich zersprang. (Gawan kommt mit Antikonie aus dem Turm)

Antikonie *(in Vergulachts Arme eilend):*
    Mein Bruder!

Vergulacht:	O Antikonie, dein Leben stand auf dem Spiel! Welch rasendes Geschick! Dein Haar ist wirr. Du kämpftest für die Ehre des Gastes, den ich dir zum Gruß entsandt. Ich hab dich wieder. Brennend ist die Freude des Wiedersehens, dem tiefsten Leide gleich.
Antikonie:	Dir zuckt die Lippe, deine Züge seh ich verändert ganz, dein Antlitz bleich und fahl. Am Morgen noch warst du der Männer schönster. Dein Auge ist von Schmerz durchleuchtet, Blut an deinem Eisenkleide und in Fetzen das schimmernde Gewand. Was ist geschehn?
Vergulacht:	Ein Ritter warf mir einen Knecht darnieder, der ihm den Weg nach meinem Tiergeheg gewehrt. Da ließ ich ihn zum Zweikampf fordern. Ein Ort im Walde ward bestimmt, ich ritt — geschlagen und gestürzt kehr ich Euch wieder.
Antikonie:	Wer war der Ritter?
Vergulacht:	Ein Gewaltger wahrlich. Den Namen weiß ich nicht, doch niemals hat ein Sterblicher mit solcher Macht gefochten. Ob ihm die Hölle diese Kraft verlieh? Es war um ihn wie eine finstre Wolke, am klaren Tage fühlte man in Nacht sich eingetaucht, und wie aus dunklen Wogen, wie aus dem Grunde eines Meeres dumpf erhoben Stimmen sich, als kämpften Geister

	rings um ihn her und wogten Schar an Schar. Erst hielt er unbeweglich, ließ die Lanze an sich zersplittern, ließ den Streich des Schwertes gleich einem Hagel auf sich niedergehen — es schien, er starre brütend in die Nacht. Dann fuhr er plötzlich auf, und wie der Blitzstrahl brach rotes Leuchten wild aus ihm hervor.
Gawan:	Die Rüstung — welche Farbe?
Vergulacht:	Rot wie Feuer — nein, rot wie Blut.
Gawan:	Er ists. Kein andrer kann der Ritter sein. Wo war der Ort des Kampfes?
Vergulacht:	Im Wald, wo wir uns sahn.
Gawan:	O Mißgeschick! So dicht an ihm vorüber ritt ich wieder!
Vergulacht:	Sag seinen Namen mir!
Gawan:	's ist Parzival.
Alle:	Ha, Parzival!
Gawan:	Ein Name, der die Namen der Männer alle mächtig übertönt wie eine Glocke das Gedröhn der Waffen. Ich muß zu ihm. In diesem Augenblick scheid ich von Euch.
Antikonie:	Gawan!
Gawan:	Gleichwie ein Messer das herrlichste Gewebe jäh durchtrennt, so schneidet dieser Name alle Bande, die sich mir knüpfen ohne Wahl entzwei. Zu ihm bin ohne Rasten ich gerufen. Wenn er dich schlug, o König, traure nicht. Die Größten unsrer Reiche sind gefallen vor seinem Streich. Doch sage mir noch dies: Was mußtest du zur Sühne ihm geloben?
Vergulacht:	Daß ich auf Suche ritte nach dem Gral, ein Jahr von heute an.
Gawan:	O Parzival!
Vergulacht:	Dir bricht das Aug in Tränen! Was bedeutet das?
Gawan:	So bricht die Sehnsucht nach dem Licht des Grales wie eine Flamme glühend in dir auf, erhellend deines Busens grause Höhle. O Gott! Der fluchend sich vermaß zu brechen das heilge Band, das zwischen uns und Dir, von Engelshänden wunderbar geschlungen, gleich einer Brücke schwebt, der sich hinweg zum Abgrund wandte, brennend hebt den Blick den wilden, er empor zu dem Gestirne, das du ihm setztest in sein innres Rund, das du ihm hingest ins Gewölb des Herzens.

	Will ers ertrotzen gleich mit seinem Schwert,

Will ers ertrotzen gleich mit seinem Schwert,
er wird sich nimmer von der Angel lösen,
der goldenen, in die sein Gaumen biß.
Denn niemand flucht auf Gott, als wer die Rechte
des Herrn verspürt, die ihm den Sinn zermalmt.
Ich muß zu ihm. Laß das Versprechen, König,
das du ihm gabst, auf mich nur übergehen.
Ich wills erfüllen, will in dieser Stunde
ausreiten auf die Suche nach dem Gral,
will alle Kraft auf dieses Werk verwenden,
wenn es unmöglich auch und töricht scheint.
Denn wenn Unmögliches wir ernst beginnen,
uns gründend auf die Wurzel aller Welt,
so wird der Heimliche sich offenbaren
und fließen lassen das Unmögliche
ins Mögliche hinein. Doch leidets jetzt
nicht Aufenthalt. Gebt Urlaub, alle ihr,
bringt mir geschwind die lieben Knappen wieder
und laßt uns Abschied nehmen.

Vergulacht: Wenn du mußt,
so darf ich dich nicht hindern. Meine Liebe
begleitet dich.

Galogandres: Vergib, o Held. Ich rief
zum Kampf dich auf, da ich dich schuldig glaubte.

Gawan: Sei mir ein Freund.

Galogandres: Sei mirs auch du!

Gawan *(zu Antikonie)*:
Du Teure,
du blickst mich an mit starrem, nassem Aug.

Antikonie: Mein Bruder, Galogandres, all ihr Guten,
gönnt mir den Augenblick, bis man herbei
die Knaben ihm gebracht, mit ihm alleine.

Vergulacht: Du sollst umsonst nicht bitten. Laß uns scheiden!
(er umarmt Gawan und geht mit den übrigen ab).

Antikonie: Ich war bereit mit dir zu sterben. Gehst du
von mir dahin? Verlässest du mich?

Gawan: Kind,
verläßt der Stern, am Rand des Himmels sinkend,
dein Auge? Geht er neu und neu
im Innern dir nicht auf? Sag, ist in Wahrheit
nicht alle Trennung Wahn? Ich dich verlassen?
Der Schönheit und der Liebe heilgen Trank
verschütten? Nein, ich bleibe dir verschwistert,
wohin ich geh, wohin das Schicksal dich,
du weißer Schwan, forthebt auf dunkler Woge.
Du gabst den Becher mir der Ewigkeit,
im Neigen floß der Trank mir in die Lippen,
du schenktest mir die selge Kraft der Liebe.

	Sie, wie das Meer, das flutet und das ebbt
	ist größer als der Atem der Gezeiten.
	Hat denn der Himmel nur ein einzig Licht?
	Füllt ihn nicht an der blühendste der Reigen?
	Stehn sie nicht feierlich beisammen all
	die heilgen Sterne, wandeln sie zusammen
	nicht liebend durch das innre Firmament?
	Antikonie, Gestirn, du wirst nicht bleichen,
	wenn andre Sterne strahlend auferstehn.
	Denn einmal sind wir alle doch in Einem.
	Wozu die Liebe glühend sich vermißt:
	den Damm zu sprengen zwischen Hier und Dorten,
	das wird dann sein als unser reinstes Glück.
	Bis dahin laß mich gehn die steilen Pfade,
	die mich das Schicksal wies, dem Großen nach,
	der mich als Freund, als Bruder angenommen.

Antikonie: Laß mich mit dir!

Gawan: Nicht doch, geliebte Seele.
Sei, die du bist! Brich nicht aus deiner Bahn.
Umwandle still, mit reiner Anmut leuchtend,
den Zirkel, den der Schöpfer dir verlieh.
Denn ewig sind wir stets nur in uns selber.
Und so lebwohl.

Antikonie: Du gehst, du läßt den Tod
in mir zurück!

Gawan: Und seis der Tod. Es gibt
kein Leben ohne Tod.

Antikonie: O daß ich stürbe
an deiner Brust!

Gawan: Wer wahrhaft stirbt, o Kind,
stirbt stets nur an der Brust des ewgen Vaters.
Lebwohl.

Antikonie: Lebwohl! Die Liebe endet nicht! *(ab)*
(Iwanet und die Knappen)

Iwanet: Ihr lebt! Ihr seid befreit. Wir dürfen wieder
bei Euch sein!

Gawan: Liebe Kinder, diesmal gilts
den Abschied. Denn die Wege, die mich rufen,
zieh ich fortan allein. Zu König Artus
kehrt wieder —

Alle: Herr!

Gawan: Und bringt ihm meinen Gruß,
und sagt, daß ich mein Haupt gereinigt hab
von dem Verdacht, den man auf mich geworfen.
Was ich versprach, ihr Kinder, ist erfüllt.
Kehrt alle heim!

Knappen: Ihr nehmt uns nicht mit Euch?

Gawan:	Es kann nicht sein. Ihr müßt nach Hause reiten. Nur Iwanet begleitet mich hinfort.
Knappen:	Warum nicht alle?
Gawan:	Fragt nicht mehr. Gehorchet! Ich bin euch gut. Kränkt mich mit Weigrung nicht. Reicht mir die Hand und zieht in Gottes Namen.
Knappen:	Lebtwohl, o Herr! Du, Iwanet, lebwohl!
Gawan:	Bei König Artus sehen wir uns wieder.

(Knappen ab)

Iwanet:	Wo reiten wir nun hin?
Gawan:	Du fragst? Du weißt nicht, wohin wir reiten?
Iwanet:	Doch!
Gawan:	Wir waren dicht an ihm. Der König ritt ihm zu zum Kampfe. Wenn wir nicht säumen, finden wir ihn heut.
Iwanet:	Herr!
Gawan:	Knie nieder! *(beide knien)*

(gen Himmel)
Vater, wenn du kannst,
so gieß ihm einen Strahl ein deiner Gnade!
Nun rüste mich! Es gilt kein Zögern mehr.

TREVRIZENT

Personen:

Trevrizent
Parzival
Sigune als Klausnerin
Fürst Gabenis als Pilger
Eine Tochter des Fürsten
Die Frau des Fürsten, eine weitere Tochter und zwei Söhne als Pilger

Die Handlung spielt im Waldgebiet des Gral, an der Klause der Sigune, in einem anderen Waldrevier und in Trevrizents Klause.

TREVRIZENT

Einsamer, fast unwegsamer Wald.
Unter einem Felsen eine neu aus Stämmen erbaute Klause.

Parzival bahnt sich einen Weg durch Gestrüpp und hohes Farnkraut.

Parzival: Halt, treues Tier. Der Mensch ist nicht so treu
wie du, und Gott, der treulos ist
wie sein Geschöpf — was nenn ich diesen Namen,
der Jahre nicht auf meine Lippen kam?
Bist Du in meinem Sinn noch nicht erloschen?
In Deiner Nacht noch nicht vergangen, Du?
In Deiner Härte nicht erstarrt, Du Kalter?
Still, Parzival! Du redest ihn nicht an,
selbst Hohn ist Ehre. Biet ihm diese nicht.
Er ist nicht mehr. Es trägt kein Ruf hinüber,
herüber keiner über diese Gruft.
Steh nicht mehr auf in deinem Sarg, du Toter!
Denn ich bin Sarg, der Leichnam drin bist Du.
Und über Sarg und Leichnam starrt die Leere
des Himmels hin, unendlich, ohne Sinn.
Ja, ohne Sinn. Denn was ich tu und streite,
wohin mein Roß ich lenke Tag um Tag,
ist leer und sinnlos. Hundert Taten blühen,
und keine reift zur Frucht. In tauben Hülsen
spielt das Vergehen zischelnd um mich auf.
Wo reit ich hin? Zu Menschen? Laß die Menschen
sich wälzen in den Träumen ihrer Lust

und ihrer Not — was sind mir Träume? Blasen,
zerplatzend in das Nichts. Die Jahre schwanden,
die Zeit verging, kaum trennte sich die Nacht
vom Tage mir, der Lenz sich kaum vom Winter.
Wieviele Jahre sinds? Ich weiß es nicht.
Ich schrieb in Sand, der Wind verwehte alles.
Im Zeichenlosen trab ich stumm dahin.
Wohin? Es gibt kein Ziel. Es gibt kein Ende.
Willkommen, Wildnis! Jeder Schritt ist mühsam
in dir, und alles rankt und ringt
in dir empor, erstickend, was ihm feind ist,
die Natter sticht, aus dem Verstecke kriecht
der Skorpion, der tödlichste der Würmer,
wild heult der Wolf, der Geier gleitet still
und gierig ob der Nacht der krausen Wipfel.
Hier ist mein Ort. Wer fragte hier nach Zeit?
Nach Sinn und Unsinn? Wer nach Tod und Leben,
nach Himmel oder Hölle? Wer nach Gott? —
Doch sieh, auch diese Stätte ist vergiftet.
Schon schleicht ein bleicher Mönch sich hämisch ein,
schlägt Bäume um, erbaut sich eine Hütte,
hängt sich ein blechern Glöcklein ins Gestühl
und liest den Psalter seinem falschen Gotte.
Sprach ich schon wieder seinen Namen? Tritt
er immerfort mir in den Weg? Verlangt ihn
nach mir, der ihn von seiner Brust hinwegstieß?
Erträgt sein Hochmut keinen, der ihm flucht?
Halt, Mönch, der Wald ist mein! Aus dieser Klause
ziehst du hinweg, ich leg den Brand hinein,
und wenn der letzte Rest zu Staub zerfallen
von dem, was dein ist, wenn das Schweigen dann,
das wilde, durch das Riesenwerk der Bäume
herabstürzt wie der Fall des Wassers, dann
schlag ich mein Zelt auf unter diesem Schweigen
und nenne Mensch und Welt und Gott nicht mehr.
     *(er steigt ab, bindet sein Roß fest und
     tritt an die Klause).*
He, Mönch, heraus!

Sigune *(innen)*: Wer ruft hier?
Parzival: Eine Nonne!
Betrognes Weib! Tritt her, ich will dich sehn.
Hast du kein Tor zu deiner Klause?
Sigune: Nein.
Parzival: Im Kerker lebst du?
Sigune: Ja.
Parzival: Und stirbst nicht Hungers?
Sigune: Mich speist der Gral.
Parzival *(wie vom Blitz getroffen)*:
Der Gral? Wo ist der Gral?

Sigune:	Du bist ihm nah. Im Schleier dieser Wälder im Unauffindlichen verborgen schwebt der Montsalvat.
Parzival:	Ich bitte dich, o Nonne, tritt an das Fenster!
Sigune:	Bittest du, nun wohl! *(erscheint im Fenster)*. Was willst du?
Parzival:	Nichts. Doch nein, ich lüge. Ich möchte alles.
Sigune:	Wie?
Parzival:	Kann ich zum Gral?
Sigune:	Du kannst es nicht.
Parzival:	Wie ists, daß er mit Speise dir naht?
Sigune:	An jedem Samstag reitet in tiefer Nacht des Grales Jungfrau her — Cundry!
Parzival:	Die Gräßliche?
Sigune:	Die Sanfte, die gütig mir die heilge Speise reicht.
Parzival:	Wer bist du? Warum trägst du auf der Brust ein Ringlein, dessen Stein im Düstern funkelt wie rotes Blut? Sag, ist dir das erlaubt?
Sigune:	Braut bin ich und mein Bräutigam liegt tot. Hier unterm Felsen eingesenkt im Sarge schläft mir mein Liebster, und ich bin sein Weib, im ehelichen Hause eingeschlossen. Der uns verbunden, nicht ein Priester ists, ein Größrer schloß für ewig uns zusammen: der Tod.
Parzival:	Du bist Sigune.
Sigune:	Kennst du mich?
Parzival:	Wie du mich kennen müßtest. Denn dein Fluch liegt noch auf mir.
Sigune:	Mein Fluch? Ich fluche niemand.
Parzival:	Sieh mir ins Antlitz!
Sigune:	Parzival!
Parzival:	Ich bins. Doch nein, es ist nicht wahr, ich bin es nicht.
Sigune:	Was ist mit dir? Du fandest nicht den Gral?
Parzival:	Ich fand ihn nicht.
Sigune:	Unseliger!
Parzival:	Dein Fluch brach mir das Herz. Und Cundry schwang die Geißel ob meinem Haupt.
Sigune:	Bejammernswerter du!

Parzival:	Schweig still! Dein Mitleid will ich nicht.
Sigune:	Ich fluchte dir einst, mein Freund. Ich fluche niemand mehr. In meiner Brust ists still. Ich bete, bete.
Parzival:	Gibt das dir Ruhe?
Sigune:	Dies und das Gesicht des Toten, der mir aus dem Glas des Sarges mit großem, starrem Kinderlächeln blickt.
Parzival:	Dich speist der Gral? Du bist nicht ausgestoßen? Weißt du den Weg nach Montsalvat?
Sigune:	Ich nicht. Doch Cundry ritt vor wenig Frist von dannen. Dort ihre Spur im Moose, siehst du sie? Folg ihr und hol sie ein!
Parzival:	Und wenn von neuem sie mich verflucht?
Sigune:	Es ist kein sanftres Weib als sie.
Parzival:	Und du, willst du mit mir nicht reiten?
Sigune:	Aus meinem Frieden? Aus dem stillen Strom, in dem mein Fahrzeug langsam abwärts gleitet?
Parzival:	Lebwohl!
Sigune:	Lebwohl. Und Gott geleite dich!
Parzival:	Gott?
Sigune:	Geh! (*sie schließt den Laden des Fensters*)
Parzival:	Ich will die Spur verfolgen, ich will dich suchen, Gräßliche, denn nun, da alles, wies geschah, sich mir vollendet, nun fürcht ich dich nicht mehr, Wohlan, mein Tier! (*besteigt das Roß und reitet gegen die dichteste Wildnis vor*)

WINTERLICHER WALD

Parzival zu Roß in voller Rüstung. Sein Pferd trägt die blaue Decke der Gralsritter mit silbernen Tauben.
Fürst Gabenis mit seinem Weibe, zwei Töchtern und drei Söhnen ziehen als Büßer daher.

Die Pilger (*singen*):
> Gottes Tod, der Menschheit Leben,
> o Geheimnis, abgrundtief.
> Einer ward dahingegeben,
> daß er all zum Licht berief.
> Bängstes Dunkel, reinste Helle,
> Tag der Scheidung, des Gerichts,
> da des heilgen Blutes Welle

purpurn strömte in das Nichts,
da dem Scheine Sein gegeben:
Gottes Tod, der Menschheit Leben.

Gottes Tod, der Menschheit Leben,
Wende aller Welt zumal;
Gründe sieht man sich erheben,
Berge senken sich zu Tal.
Höhen neigen sich den Tiefen,
Liebe leuchtet durch den Haß.
Mitten durch die Nacht getrieben
öffnet sich des Heiles Straß.
Aus der Wüstnis brechen Reben:
Gottes Tod, der Menschheit Leben.

Gottes Tod, der Menschheit Leben,
Richtstatt hier in deiner Brust,
da das Kreuz sich mag erheben
deinen Qualen, deiner Lust.
Sieh den Sohn, dran aufgehangen,
Gottes Sohn, des Menschen Sohn!
Alles Richtmaß ist vergangen,
Liebe beut sich dir zum Lohn,
der der Lieb du dich ergeben.
Gottes Tod, der Menschheit Leben.

Parzival: Welch rätselhafter Sang! Welch dunkles Lied!
Starb Gott? Und wurde Leben draus dem Menschen?
Wie dünkts dich, Herz? Erhebst du dich nicht frei,
wenn jener nicht mehr ist? Und war dein Siechtum
nicht dies, daß er trotz aller Feindschaft, die
dein Geist ihm bot, doch immer war und wirkte?
Gott starb? Verhauchte sich im weiten All?
Verging ins Nichts? Dann laß mich leben — leben.
(Pilger kommen bei Parzival an)

Fürst Gabenis *(stehen bleibend)*:
Was starrt Ihr, Herr, als säht Ihr ein Gesicht?
Ist dies mein Kleid Euch fremd und ungeheuer?
Ihr reitet heut, da alle Welt sich neigt,
im Waffenschmucke stumm und trotzig her.
Hat keine fromme Mutter Euch geboren?
Hat man Euch nicht gelehrt des Tages Sinn?

Parzival: Was ist heut für ein Tag?

Gabenis: Ihr fragt mich? Wahrlich,
es ist kein Mensch im ganzen Abendland,
der dies nicht weiß.

Parzival: Die Zeit ist mir verloren,
ich zähle keine Tage, Monde mehr,
das Jahr rollt hin, im Traume sich erneuend,
ich frage nicht nach Jahr und Jahreszeit.

Gabenis: So hasset Ihr die Sonne?

Parzival:	Wie?
Gabenis:	Die Woche, die mit dem Tage Gottes sich erhebt, dem Tag der Sonne, achtet Ihr nicht mehr? Den Tag der Tage, da das Heil entsprungen, wißt Ihr nicht mehr?
Parzival:	Das Heil? Was ist das Heil? Es gibt kein Heil!
Gabenis:	Unseliger, Ihr wacht nicht, Ihr träumt nicht einmal. Wahrlich, Ihr seid tot.
Parzival:	Tot? *(nach oben weisend)* Sangt Ihr nicht, daß jener tot sei? Laßt mich! Ich reit ins Grenzenlose meine Bahn und messe nicht mit Eurem armen Maße. Was feiern heut die Menschen?
Gabenis:	Ritter, Ritter — Ihr seid sehr krank. Karfreitag ist, der Tag, da Gott der Sohn sich opferte am Kreuze. Wißt Ihr das nicht?
Parzival:	Ich hört es einst erzählen. Doch faß ich es nicht mehr. Ich diente Gott, ich war ihm treu, ich stritt nach seinem Willen, da stieß er mich hinab. Was tat ich ihm? Sein ist die Untreu! Meinen Rücken wandt ich ihm zu. Was willst du, härger Pilger! Sieh zu, daß er nicht ebenso dir lohnt!
Gabenis:	Sein ist die Untreu? Welche Worte sprecht Ihr? Gab er nicht seinen Sohn? Hing Christus nicht am Kreuze ohne Schuld und starb des Todes, verachtet und verhöhnt? Und bat er nicht für jene, die ins Angesicht ihm spien, die ihm die Nägel trieben ins Gebein: Verzeih es ihnen, Vater, denn sie wissen nicht, was sie tun! — ? Wie, rechtet Ihr mit Gott? Ihr mögt es tun, wenn Ihr wie Gottes Sohn unschuldig ringend hängt am Stamm des Kreuzes, in Liebe glühend, wenn Ihr Euer Blut so Tropf um Tropfen auf die Erde nieder wie einen Samen gosset, fluchumdrängt, verlassen in der Einsamkeit des Todes, Euch selbst zur Sühne botet für den Mord. Was tat Euch Gott? Er litt für Euch, er bleichte um Eurer Wange Röte willen, schwach ward er, damit Ihr stark sein könntet, besiegt, damit Ihr siegen möchtet, starb, damit Ihr lebet. Unglückselger Mann, sprecht keine Worte mehr wie diese eben, sie stehen gen Euch auf und richten Euch!
Eine der Töchter:	O teurer Herr, das Herz in meiner Brust

	erzittert mir um Euch. Laßt Euch erbitten,
	Ich hebe flehend meine Hände auf:
	Zürnt nicht mit Gott!
Parzival:	Was ist das? Warum dringt Ihr
	so auf mich ein?
Mädchen:	Reißt man vom Abgrund nicht
	Verlorene zurück?
Parzival:	Verlorene?
Mädchen:	O Ritter,
	ich kenn Euch nicht, ich sah Euch nie zuvor,
	doch glüht mein Herz um Euch.
Parzival:	Die Röte leuchtet
	von deinen Wangen wie das Morgenlicht.
	Du zitterst, Mädchen.
Mädchen:	Laßt mich sterben, Ritter,
	wenn Ihr alsdann, durch meinen Tod bewegt,
	die Tiefe anruft Eures eignen Herzens.
Parzival:	Die Tiefe meines Herzens?
Mädchen:	Dort, o Herr,
	stoßt Ihr auf Gott.
Parzival:	Auf Gott? Wo lauter Nichts ist?
Mädchen:	Dort in der tiefsten Leere, wo kein Laut
	die Ewigkeit durchbricht, dort steht sein Haus.
Parzival:	Ich kann ihm nicht entrinnen?
Mädchen:	Ewig nicht.
Parzival:	Wer bist du?
Mädchen:	Deine Schwester! Deine Braut,
	du selber bin ich, Gottes Stimme, nenn mich,
	wie du auch willst. Ich höre nimmer auf
	für dich zu bitten.
Parzival:	Glockenton, herauf
	aus Meerestiefen — —
Mädchen:	Laßt mich Euch verkünden
	den Tag, der Euch mit seinem Lichte heut
	hinab ins Herz bricht. Hört mich, durch das Tosen
	des Abgrunds neigt die Seele her zu mir!
Parzival:	O Taube, die den Abgrund überflügelt —
	bist du Conduiramur? Ich höre, sprich!
Mädchen:	Da, als das Blut des heiligsten Menschen,
	als Gottes Blut der Erde Leib benetzt,
	da hub die Abgestorbne an zu leben,
	und die Verfinsterte, die Starre fing
	zu atmen an und sandte leises Beben
	wie eine Glorie von sich hinaus.
	Und sieh, es wuchs das Licht mit holder Stärke,
	in siebenfacher Reinheit floß es aus,
	die hohlen Ätherräume überwallend,

| | wie Wasser strömt auf ausgedörrtes Land.
| | Die Erde ward Gestirn, der Sonne ähnlich,
| | doch unaussprechlich zarter war ihr Licht,
| | unendlich heimlich, wie ein Herz erstrahlt.
| | Die Engel sahens, alle Geisterheere,
| | und schauerten in andachtsvoller Lust.
| | Doch Christus starb. Dies, Ritter, ist der Tag,
| | den Ihr vergaßet. Wachet auf! Das Heil
| | ruft Euch zu sich!
| Parzival: | Was soll ich tun?
| Gabenis: | Dank, Kind!
| | Du hast sein Herz bewegt. Die Liebe lenkte
| | die Zunge dir.
| Parzival: | Was soll ich tun?
| Gabenis: | Die Spur,
| | die Ihr dort seht im Schnee von unsern Füßen
| | sei Euch ein Zeichen. Folgt ihr, liebster Freund,
| | Ihr werdet bald die fons salvatis finden,
| | den heilgen Ort, den Trevrizent bewohnt.
| | Sein Sinn ist tief, sein Geist, gleich einem Adler
| | schwebt über allen Dingen dieser Welt,
| | doch neigt sich voller Einfalt seine Seele,
| | und Friede wohnt in ihm und Lieblichkeit.
| | Geht hin zu ihm, entdeckt ihm Euer Innres.
| | Er gibt Euch Rat.
| Parzival: | Habt Dank! Und du, o Kind,
| | du süßes Feuer, das mein Herz verwundet,
| | was sag ich dir?
| Mädchen: | Denk meiner nicht. Ich bin,
| | wo Demut ist. Dort findest du mich wieder.

(Sie ziehen ab).

| Parzival: | Was ist geschehn? Mein ganzes Sein ist wankend.
| | Die Seele glüht mir! Liebe, das bist du!
| | O Mutter! O Conduiramur, Repanse,
| | des Grales Trägerin, du himmlisches Gesicht!
| | Strömt, Tränen, strömt, ihr seid mir linde Tropfen.

KLAUSE DES TREVRIZENT

Sie ist in den Felsen gehauen. In der Mitte ein Altartisch mit einem verhüllten Kreuz, das auf einem aus grünem Edelstein geschnittenen Reliquienschrein steht.
Seitwärts in einer Nische ein Kohlenfeuer, das den Raum erhellt.
In der Ecke ein Lager aus Moos und Stroh.

Trevrizent *(kniet vor dem Kreuze mit ausgebreiteten Armen*
im Gebet):

Ans Kreuz der Knochen angeheftet
leben wir seufzend dem Tode.
Denn du, o Erde, bist das Kreuz,
gereckt in Höhen und in Breiten.
Du bist der Tod.
Uns eingeboren ist der Tod.
Wir haben wider ihn nicht Macht.
Macht hast nur du,
der Erstgeborene der Toten.
Denn du erstandest aus dem Grabe.
Was keiner tat, vollbrachtest du.
Den Sieg errangst du und das Heil
und tratest unversehrt aus der Verwesung,
und warest ganz, und warst der erste Mensch.
Verwandle uns, Lebendiger, im Tode,
errette uns ins Leben, der du lebst
und alles an dich knüpfst als an die Nabe
des heilgen, ewiglichen Rades, Herr.
Erstandener, daß wir mit dir erstehen
und in dir leben.
Amen.

(es pocht)

Trevrizent *(erhebt sich):*
    Wer pocht? Ist jemand hier?

Parzival *(außen):* Ein Fremder, Vater.
    Nimm ihn zu dir!

Trevrizent: Tritt ein!

Parzival *(tritt ein):*
    Ich danke dir.

Trevrizent: In Waffen heut? Aus welcher Ferne kommt Ihr?
    Kennt Ihr den Tag nicht, den wir heut begehn?
    Den großen, ernsten, heilgen Trauertag?
    Legt Eure Waffen ab!

Parzival: Ich tu es gerne.
    Dir zu gehorchen, Vater, zögr ich nicht.

Trevrizent: Was sucht Ihr bei mir? Wärme vor dem Froste?
    Die findet Ihr. Und Speise? Damit kann ich
    nicht dienen Euch.

Parzival: Ich suche deinen Rat.
    Ich bin gefallen in das Netz des Zweifels.
    Umstrickt ist meine Kraft. Was ich vollbringe,
    ist keine Tat, es keimt nicht in das Licht.

Trevrizent: Setzt Euch hierher. Erwärmt Euch. Wenn der Frost
    die Glieder fesselt, wird auch starr das Herz.
    Mit Rat will ich Euch dienen, wenn ich kann.
    Wer wies Euch her?

Parzival: Ein Pilger, bloßen Hauptes,
    der barfuß mit den Seinen zog im Schnee.

Trevrizent:	Das war Fürst Gabenis. Des Jahres einmal, am Todestage Gottes, unsres Herrn, wallt er zu mir, das Zeichen zu verehren, das uns zum Heile ward. Sein Herz ist rein. Rein sind die Herzen aller seiner Kinder.
Parzival:	Rein schien auch ich einst; denn die Reinen nahmen mich gerne auf. Doch seither hat mein Wesen, hat meiner Waffen drohend düstre Glut die Menschen fürchten machen.
Trevrizent:	Toren fürchten vor Waffen sich. Kein Eisen schneidet, wenn ihm Gott nicht Schärfe leiht. Ich kenne das Waffenhandwerk wohl. Um Minne ritt ich vor Zeiten viel durchs Land. Das ist vorbei. Entschwunden schier ist meinem Geist die Zeit, da Taten mich bewegten. Abenteuer, Ereignisse, die Herz und Sinn ergreifen, sind nur in Gott.
Parzival *(umhersehend)*:	Ich kenne diesen Raum. Dort diesen Schrein aus leuchtend grünem Steine hob ich schon einmal weg von diesem Tisch, auf ihn zu schwören. Tausend Jahre, dünkts mich, sind seitdem hin.
Trevrizent:	Ich fand an jenem Abend den Schrein verrückt. Die Zeit ist mir bekannt. Fünfeinhalb Jahre und drei Tage sind es.
Parzival *(grübelnd)*:	Fünfeinhalb Jahre! Ach, so lange Zeit und länger noch sah ich mein Weib nicht wieder!
Trevrizent:	Ihr seufzet! Ihr seht düster. Sprecht zu mir! Ihr kommt um Rat. Was fehlt Euch?
Parzival:	Alles, Vater. Die Sonne kenn ich nicht, den Glanz des Mondes, die Sterne ob der Erde sind mir blind. Im Düstern reit ich ohne Ziel und Ende. Was Lachen ist, ich weiß es längst nicht mehr. Auch nicht, was Schmerz ist. Kirche nicht, noch Münster sah ich seit langer Frist. Was sollt ich dort? Ich haßte Gott, ich haß ihn wohl für immer.
Trevrizent:	Was redet Ihr!
Parzival:	Er tauchte mich in Schande hinab wie in ein Meer, von Flüchen warf er drohend auf das Herz mir ein Gebirge; aus meiner Menschheit jäh hinabgestürzt, schrie ich im Abgrund. Aber meine Stimme, mit der ich brüllte in der Finsternis, so wie der Stier entgegenbrüllt dem Morgen,

                    verhallte in der Öde ungehört.
                    Da wars genug. Aufstand ich in mir selber,
                    und heiß im Leib entflammte sich der Grimm.
                    Womit hab ich verdient, daß er die Geißel
                    des Hohnes sandte auf mein bloßes Herz?
                    Womit, daß er mit Streichen wilder Rache
                    mich jagte aus den Grenzen dieser Welt,
                    daß ich, der Blödheit Bande von mir schüttelnd,
                    am äußersten der Orte Wohnung nahm,
                    dort, wo sich außer mir kein Wesen findet?
                    Ihr rühmet seine Treue? Tut Ihr dies,
                    nur weil Euch Eure Väter solches lehrten,
                    weil Ihr zu fromm, zu träg zur Prüfung seid?
                    Wie, oder habt Ihr Treu von ihm erfahren?
                    Wenn aber Ihr, warum nicht ich mit Euch?
                    Was irr ich weglos durch die Wüsteneien,
                    der ich ihm einst mit ganzer Lust gedient?
                    Was sendet er den Wolf auf meine Fährte,
                    den Wahnsinn in mein Herz, und statt der Engel,
                    die jedes Wandrers Schritte schirmen sollten,
                    den Fittigschwarm der augenlosen Schar,
                    die in der Dämmrung gräßlich uns umflattert?
                    Wagt er ein Spiel mit mir, das, wenns mißlingt,
                    auf ewge Zeit den Zirkel seiner Gottheit
                    entzwei bricht?

Trevrizent (*seufzend*):
                    Ach, so redet, wer den Stoß
                    sich selber gab, wer selber sich das Herz
                    zermalmte! Nun vermag ich zu begreifen,
                    warum Ihr so gerüstet fürder zieht.
                    Denn Eisen liegt nicht nur um Eure Glieder,
                    es schient auch Euer Herz, und dieser Trotz
                    und dieses starre, wilde Widerstreben
                    soll vor Euch selbst den Schein von Kraft Euch leihn,
                    soll die gespaltne Brust Euch fester binden,
                    daß sie in Stücke nicht zerfalle. Herr,
                    entwaffnet Euch vor Gott, denn mit den Waffen
                    erzwingt Ihr nichts. Gott ist ein innres Glühen,
                    das schmilzt Euch Eure Rüstung jäh dahin,
                    Euch zu Euch selbst gewaltiglich entfachend.
                    Wer wider Gott steht, steht auch wider sich
                    und kann im Kampfe auf sich selbst nicht bauen.

Parzival: So soll ich nichts sein?

Trevrizent: Nichts an Stolz und Wahn.
                    Denn dieses Nichts ist wundersame Fülle.
                    Wo Gott ist, seid auch Ihr, und ohne Gott
                    seid Ihr nur Schein Euch, Maske nur und Schemen,
                    Höhle der Leerheit, blinden Wahnsinns voll.
                    Im reinen Nichts ist Gott, im Odemlosen
                    bricht seine Fülle auf. — Ihr fallt dahin,

	wie Gras ins Feuer fällt, zu Rauch vergehend,

wie Gras ins Feuer fällt, zu Rauch vergehend,
und staunend findet Ihr Euch selbst im Nichts,
im Scheine Gottes ewiglich geboren,
und jetzt erst fangt Ihr wahrhaft an zu sein.
Begreift Ihr das?

Parzival: Ich ohne mich? Vergehend?
Preisgebend mich wie ein verzagend Weib?
Dies lehret keinen Rittersmann begreifen.

Trevrizent: Hier ruht verborgen das Geheimnis. Scheitern
wird Euer Schiff und sinken in den Grund,
wenn Ihrs nicht fasset, und Ihr fassets nur,
wenn Ihr die Rüstung werft von Eurem Herzen.
Denn über aller Kühnheit, allem Mut
ist Demut, Herr, sie wagt ihr Sein und Wesen.

Parzival: So lehret mich!

Trevrizent: Tut alles von Euch ab,
was Euch bis jetzt zu eigen war, und höret!
Denn der Geheimnisse Geheimnis tritt
an Euch heran, Euch winkend, ihm zu folgen.
Gott helfe Euch, daß Euer Sinn nicht wankt,
den messerscharfen Grat entlang zu schreiten,
da rechts und links Verderben um Euch gähnt. —
Es ist ein Wort, erhaben und gewaltig,
verwurzelt in den Urgrund aller Welt,
verflochten mit der ganzen großen Schöpfung.
Ich nenns Euch: Ich! Darinnen ist der Tod,
der Untergang, das ewige Verderben,
darinnen ist die Rettung auch, das Heil.
Denn dieses Ich ist wunderbar geartet:
Es ist, indem es nicht ist, es verharrt,
indem es unaufhörlich fort sich wandelt,
es wird bewahrt, indem es sich verschenkt,
es lebt, indem es sterbend sich veratmet,
es faßt sich selbst, indem es sich verliert,
im Meer versinkend tritt es an sein Ufer,
sich opfernd wirkt es Rettung und Gewinn.
Dies Ich ist sich und ist doch alles andre,
ist Gott und Mensch und Ewigkeit und Zeit,
und wo es nicht so ist, wie ich Euch sagte,
so ists ein Wahn und nur sein eigner Spott.
Denn alsbald, wie es strebt, sich selbst zu wahren,
sich selbst zu gründen, in sich selber sich
zu schließen wie die Burg in ihre Mauer,
wie in den Panzerring des Ritters Brust,
so fällt es von sich ab und stürzt ins Dunkel.
Sein Sein erstrebend taumelt es ins Nichts.
Erstarrend stirbt es ab zu toter Maske,
Trotz bietend dem, aus dem es ist und kam,
in blinder Torheit, sinnberaubt und eitel

knirscht es den leeren Namen vor sich hin.
Dies ist das Ich des Bösen — es ist Eures.

Parzival: Du Schrecklicher, du blickst kristallnen Augs
bis auf den Grund der Dinge. Was an Kämpfen
bis heut ich fand, ist Spiel nur gegen dies,
was hier mich ruft zum höchsten Waffengange.
Nicht Ither, nicht Kingrun, Clamide nicht,
noch wie der Helden Namen sonst sich weisen,
sind meine Gegner, du bists, Klausner, du!
Denn wahrlich, diamanten ist die Waffe,
mit der du ausholst gegen meine Brust!

Trevrizent: So nimm den Schild, der einzig dich mag decken:
Ergebung heißt er.

Parzival: Steh nicht still im Streit!
Laß Schlag um Schlag und Stich auf Stich mich
fühlen!

Trevrizent: Weißt du von Luzifer?

Parzival: Nur dunkles Wort.
Sprich mir von ihm und zeig ihn mir in Klarheit.

Trevrizent: Er war der Engel, der die Freiheit nahm,
die Gott ihm gab, sich selbst damit zu schmücken.
Er war der erste, der sich unterstand,
sein Ich zu stellen gegen seinen Schöpfer.
Der erste, der begehrte, Gott zu sein.
Furchtbarer Wahn! Gott ist man nur in Gott.
Ein andres Gottsein ist nicht. Doch er riß sich
aus Gottes Busen los und sprach das Nein,
aufwerfend sich im Nichts der eignen Torheit,
Aufruhr entfachend in der Engel Reich.
Da stand er, seiner Wesenheit entnommen,
des eignen Grunds beraubt, und blähte sich,
und jäh riß ihn der wilde Sturz hinunter.
Das ist das Ur der Sünde: Sonderung!
Nicht zwei in Eins, nein, Aufruhr gen das Eine,
Empörung eines falschen Gottes, Trotz,
sich steigernd bis zum Schrei der blinden Rache.
Kennst du den Sturz? Den Fluch, den das Geschöpf
blind rasend schleudert wider den Erzeuger,
und mit dem eignen giftgen Speer sich trifft?
Vernahm es nicht die Höhlung dieser Kammer
das Kreuz, der Altar nicht: „Da stand ich auf
und heiß im Leib entflammte sich der Grimm" — ?
Wer sprach dies Wort? Der Mensch, des Vaters
Kind?
Schries nicht der Haß des Engels aus dem Abgrund?

Parzival: Du richtest mich.

Trevrizent: Wenn dich die Hand des Herrn
im Schmerze schlug, — verdienst du nicht die Rute?
Doch still, du stürzest jenen selben Sturz,

          den vor dir Engel taten, den die Menschheit
          in allen ihren Gliedern tat, dem keiner,
          der unsern Namen trägt, seit je entrann.
          Denn Gott zu sein, die glühende Verlockung,
          dies war ein stolzer, ungeheurer Ruf.
          Und war der Mensch zur Gottheit nicht erkoren?
          Der Schöpfer setzte, da der Lichte fiel,
          als höchstes Reich der Geister ein den Menschen.
          Da ihn das Gottsein lockte, sollt er nicht
          dem Tone lauschen, der ihn tief betörte? —
          Den goldnen Apfel hält des Königs Hand,
          Gott gleich die heilge Herrschaft auszuüben.
          Nach diesem Apfel griff der Mensch voll Gier,
          er nahm ihn, aus den Händen nicht des Vaters,
          er nahm ihn aus des Bösen Gleißnerhand.
          Und da er aß, entstürzte er dem Lichte.
          Entstürzte, ja, und fuhr zur Tiefe hin,
          ein Stern, dem ewgen Himmelsschoß entrissen,
          fortrasend durch die Finsternis der Welt,
          die ohne Ende neu und neu sich öffnet.

Parzival: Weh, welches Bild entrollst du meinem Aug?
Trevrizent: Der Ewige ward sterblich. Krankheit fiel
          ins Mark ihm, Ängste rissen seine Seele
          ins Grauen fort, die heilgen Sterne schwanden
          ins leere Blau des Himmels, Wahnsinn kam,
          Vergiftung, Krankheit — endlich kam der Tod.
          Denn jeder, der vom ewgen Quell des Lebens
          sich sondert, stirbt.
Parzival: Ich kenne diesen Tod.
          Da ist kein Licht, kein Funke einer Hoffnung.
Trevrizent: Und Gott? Was tat er zu der Menschen Heil?
          Zwang er mit aufgehobner Zornesgeißel
          die Frevler auf die rechte Bahn zurück?
          Warf er den Blitz der Rache auf sie nieder?
          Vernimm die Tat, die, groß und unerhört,
          umsonst das Herz des Menschen strebt zu fassen:
          Er stieg hinab zur Tiefe, wurde Mensch,
          den Tod an seinem Orte aufzusuchen,
          Unsterblichkeit zu pflanzen in das Blut,
          das Grauen der Verwesung wegzutilgen.
          Er tauchte ein ins Meer der Todesangst,
          ans Kreuz geheftet litt er alle Qualen,
          die ihm der Hohn des Feindes je ersann,
          und trank den Becher bis zum letzten Grunde.
          Und da geschah's — sein Blut rann leuchtend hin,
          er aber riß die tödliche Verflechtung
          des Leibs empor aus der Vernichtung und
          er trat, in seiner Gänze hell erstrahlend,
          als Erster aller Sterblichen hervor.
          Denn wahrlich: unser Leib, die heilge Gründung,

	die uns der Feind in seinem Haß zerbrach,
	ward neu errichtet von der Hand des Siegers.
	Gerettet ist der Mensch. — Ihr starrt mich an?
	Aus Eurem Auge seh ich Tränen brechen?
	Ihr spürt, was Gott ins Grab der Erde zog
	und in die letzte heilige Entscheidung?
	Die Liebe, Ritter. Denn er bringt uns nicht
	die Liebe zu als eine äußre Gabe:
	er *ist* die Liebe. Was er wirkt und schafft
	ist Liebe. Wollt Ihr in sein Herz
	als in den Abgrund allen Lichts Euch stürzen,
	so werdet Liebe, brecht in Flammen aus,
	erglüht in Euch zu innerster Entfachung,
	zu reinem Brand, zu tödlicher Gewalt!
	Denn Liebe ist der Übertod, verzehrend,
	was je verzehrbar war, steigt sie empor,
	mit Feuerflügeln Gottes Antlitz suchend.
Parzival:	Was tust du mir? Du brichst mich gänzlich nieder.
	Mir selbst entstürzend, fühl ich frei mich stehen
	in meiner eignen Beugung tiefem Raum.
	O, was geschieht mir? Sterb ich oder leb ich?
Trevrizent:	Du lebst, indem du starbest. Lauschend hebt
	dein Herz sich aus dem Grabe der Verzweiflung.
	Nun werde stumm und übe Demut, Freund!
	Die Hoffnung kommt wie Dämmerung des Morgens.
	Berühr sie nicht mit wahnbenommner Hand!
	Sei still und harre! Einem Diebe ähnlich
	naht sich der Herr. Verhüllst du dein Gesicht,
	verhülle auch dein Herz in heilgem Schweigen.
Parzival:	Sprich, er verwarf mich nicht?
Trevrizent:	Verwerfen? Bruder!
	Die Liebe zürnt nicht, straft nicht, eifert nicht,
	die Liebe kennt nur eines: Das Vereinen.
	Hast du so schwere Schuld auf dich gehäuft?
	Was ist es, das dich drückt?
Parzival:	Wie könnt ichs sagen?
	Mich sehnt nach zweien Dingen, die mir Gott
	hinwegnahm — nach dem Weib, das ich umfangen,
	und nach dem Gral.
Trevrizent:	Daß Ihr Euch sehnt nach der,
	die Euer Drängen stillt mit ihrer Sanftheit
	und ganz Euch macht im tiefen Herzensgrund,
	ist gut und recht und mag sich Euch erfüllen.
	Doch jenes andre lasset sinken, Herr.
	Denn nimmer kann der Gral des Menschen werden,
	der sein begehrt. Berufen schon als Kind,
	tritt, wer ihm dienen soll, in seinen Tempel.
	Der Name des Erwählten leuchtet rein
	am Rand des Grales auf und schwindet wieder,

	sobald ein Aug die goldnen Zeichen las.
	Im Himmel ist das lichte Los gefallen,
	und wessen Name lebend dort nicht weilt,
	der mag sich nie des Grales unterwinden.
Parzival:	Kennt Ihr den Gral? Wart Ihr auf Montsalvat?
Trevrizent:	Ja, ich war dort.
Parzival:	So kündet mir von ihm,
	daß ich begreife sein geheimes Wesen.
Trevrizent:	Wer, lieber Freund, vermöchte das genug?

    Die Kunde läßt sich Worten nicht vertrauen,
ihr Maß ist endlich, ewig aber ist
des Grales Art. Es ist ein reiner Stein,
ein Würfel und ein Rund, lebendig, sprießend,
durchsichtig, klar und strahlend wie der Tag.
Von Ur an ist der Gral, ein Ungeborner
kam er aus Gottes Hand, es trugen Engel
ihn schwebend ob der Erde fort und fort,
der Stunde harrend, wo sie ihn empfinge.
Denn dies vertrau ich dir: das Herz der Erde,
ihr Urbild und ihr Ende ist der Gral,
ihr Geist und Leib und ihre Auferstehung,
ja ihre Rettung und ihr ewges Sein.
Doch wisse, Freund — die Erde ist der Mensch,
und also ist der Gral des Menschen Ursprung
und ist sein Ziel auch im verklärten Licht.
Lapis elixier heißt er, Stein des ewgen Lebens,
und Stein der Wahrheit, Stein der Weisen auch,
das Licht des Stoffs, die ewige Belebung,
die Heimkehr aller Dinge und ihr Heil.
Denn also wie des Menschen ewge Kindheit
getragen wird von Engeln über ihm,
so wird der Erde Urbild auch getragen
in reinen Sphären durch der Engel Hand.
Und wie des Menschen Kindheit stieg hernieder
und eintrat in den Leib, da jenes Kind
zu Bethlehem im Stalle ward geboren,
so ward gegeben aus der Kraft des Sohns
der Gral zur Hut in reine Menschenhände,
da Christus starb und als er auferstand.
Denn neue Klarheit ward ins Herz gegossen
dem Gral durch des Versöhners Opfertat,
daß er zum irdschen Steine sich verdichte
und wirklich sei nach unsrer Erde Sinn.
Und immer wenn der Tag sich uns erneuert,
der Opfertag, den heut die Welt begeht,
schwebt aus der Höhe eine Taube nieder
und speist den Gral mit Christi eignem Leib,
das weiße Brot, das runde, ihm gewährend,
das Herz der Sonne, Gottes weißes Herz.
Karfreitag ist der Anbeginn des Reiches,

das aus dem Lichte zu uns niederkam,
auf daß in uns wir menschlich es empfingen
und pflanzten auf den toten Felsengrund.
Der Himmelssame wars, der Geistessame,
Erfüllung zeugend in der Erde Schoß.

Dies ist der Gral, der reinen Wunder reinstes,
des Strahlung zart und stark und lieblich ist,
daß, wer ihn anschaut, läg er auch darnieder,
auf einer Woche Frist nicht sterben kann.
Im Unsichtbaren schwebt das Urgewölbe,
das blaue, sterngeschmückte Himmelsmeer,
das ihn umfängt, und dennoch ists gegründet
auf irdschen Fels, und Menschen, so wie wir,
mit Leibern angetan, mit Fleisch und Knochen,
bedienen ihn, den zukunftsreichen Stein.
Lichtrauschend drängen sich um ihn die Sphären,
von Engelheeren ist der Raum erfüllt,
daß er gewaltig tönend wie von Harfen,
auf Wogen schwankend sich einherbewegt.
Des Grales Glocken nennt man dies,
sie läuten aus dem Grunde aller Sphären.

Parzival: O, daß ich dies begriffen hätte!

Trevrizent: Kind,
nur wenge sind es, deren Herz so rein,
die so des Eigenwahnes sich entrafft,
die so sich hingebeugt, daß sie die Kunde
des Grals begreifen. Selber ruft der Stein
die Hüter sich herbei. Die Schar der Ritter,
die um ihn ist, erwählt durch jenes Los,
das man geheim in Gottes Schoß eröffnet,
stellt kämpfend sich um Montsalvats Revier,
daß niemand dringe in den heiligen Umkreis,
und wer nicht weicht, den raffen sie dahin,
ihr Leben für des Grales Ehre wagend.

Parzival: O riefe mich der Gral! Des Kampfs gewohnt,
wollt ich gewaltig ihm die Schwelle schirmen.

Trevrizent: Rief er Euch nicht, so hat es tiefen Grund.
Der Gral ist Gnade, Gnade seine Reinheit,
Die Spendung, die er gibt — er speist die Seinen
mit Wein und Brot — das Licht, das ihm entströmt,
die Heilung, die er ausgießt — alles Gnade.
Und Gnade auch sein Ruf. Man rechtet nicht
in seinem Bann, man neigt sich und empfängt.
Der wüßte nichts von Gottes heilgem Rat
und nichts vom Gral, der auch im Wunsche nur
Berufung kühnlich von ihm fordern wollte.
Im Mutterschoß schon sind sie auserkoren,
die sich der Gral bestimmt. Als Kinder bringt
nach Montsalvat man hin die so Erwählten,

sie wachsen auf im Glanz des heilgen Zeltes.
Nie kam auf andrem Weg ein Mensch zum Gral —
(Ich nehme einen aus, der hocherwählt,
der Menschheit tiefe Wunde schließen sollte,
und der, ein Tor, die Hoffnung uns verdarb.)
Nur König Lähelin, der Kecke, schaffte
sich bis zum See hin Bahn, der nah der Burg
in heilger Einsamkeit sich schweigend breitet.
Dort stieß er auf der Hüter einen, dem,
da er dem Gral Gehorsam einst versagte,
der Tod bestimmt war, und er warf ihn hin,
das Roß ihm raubend und von dannen eilend.
Sag, bist du Lähelin? Ich sah dein Roß:
des Grales Zeichen trägts, die weiße Taube.

Parzival: Ich bin es nicht.
Trevrizent: Woher dann jenes Pferd?
Parzival: Im Kampf gewann ichs einem Ritter ab,
der mir den Weg im tiefen Forst verwehrte.

Trevrizent: Hilf Gott! Du drangest in das Gralsgebiet?
Den Frieden brachst du seines Reiches, wehe,
Gewalt verübend, seine Diener kränkend?
Sprich, war der Ritter tot, mit dem du rangst?

Parzival: Er stürzte in den Abgrund, hob sich auf
und kletterte in dunkler Kluft vondannen.
Mein Roß fiel sich zu Tod. An seiner Statt
nahm ich des Gegners Tier, wies Brauch des
               Siegers.

Trevrizent: Wie, du begehrst zum Gral und raubst das Gut,
das er den Seinen teilte? Unablässig
suchst du den Weg ins Heilige durch Zwang.
Begreifst du nicht, daß aller Zwang vergebens?
Wer bist du? Sag um Gottes willen mir,
woher du stammst?

Parzival: Von Anschewin. Mein Vater
war Gachmuret, er starb im Heidenland.
Und Herzeleide nennt sich meine Mutter.

Trevrizent: Wie, du bist Parzival? Unselig Kind,
der Mutter Herz zerbrachst du, ranntest weg,
daß sie erbleichend sank am Tore nieder
und seufzend starb.

Parzival: O Gott, was sagt Ihr — nein!
Das ist nicht wahr!

Trevrizent: In meinen Armen gab sie
die Seele auf, gleich einer Taube, die
vom Pfeil getroffen ihren weißen Busen
in Purpur taucht. Du warst der Jäger und
du trafest gut.

Parzival: Ihr saht sie sterben?

Trevrizent:	Ihr zu Hilfe eilend
	schloß ich die Schwester fest an meine Brust.
Parzival:	Die Schwester? Gott! Ihr seid mein Oheim?
Trevrizent:	Wahrlich,
	ich bin es.
Parzival:	Mutter, Mutter, weh! *(verhüllt das Antlitz)*.
Trevrizent:	Du weinst?
	Gott helfe dir!

(er geht hinaus.)

Parzival *(nach langem Schweigen)*:
    Ich spreche, und du hörst
    die Stimme nicht, die weinend dich beschwört.
    Mein Auge sucht dich, und dein Auge strahlt
    mir nicht entgegen, nach dem Saale eil ich,
    nach den Gemächern, da du mich gepflegt
    mit süßen Armen, zu umfangen dir
    die Knie, und ich find die Räume leer.
    Das Lied, das du mir sangst, verweht im Hauche
    des düstern Walds, Soltane weit und stumm.
    Mond, Mond von Konvoleis, dein Antlitz blutet —
    ich habs getan! Wie einen Schleier seh ich
    ihr bleiches Bildnis wallen hinter mir,
    ganz lautlos gleiten an den Schoß der Erde.
    O meine Schuld! O meine große Schuld!
    (verhüllt abermals das Antlitz)

Trevrizent *(nähert sich ihm wieder)*:
    Dein Pferd hat Futter. — Hör mich, liebes Kind.
    Ermanne dich! Noch schwerer als das Unglück,
    das uns von außen kommt, zu tragen ist
    die Last der eignen Schuld. Und dennoch muß
    auch sie getragen sein. Da wir sie nie,
    in allen Zeiten nie, mit allen Kräften
    vermögen wett zu machen, da Zerbrochnes
    in Ewigkeiten durch uns selbst nicht heilt,
    da wir uns selbst zu stürzen wohl die Macht,
    doch nicht die Macht uns aufzurichten haben,
    so gib dich dem, der alles ist und wirkt,
    mit stummem Glauben hin, mit stummem Hoffen,
    mit stummer Liebe. Diese Feuer, Kind,
    sie brennen so gewaltiglich und brünstig,
    daß sie der Flamme Gottes gleich an Glut —
    ja, selber Lohen Gottes sind.

Parzival: O Vater,
    noch ist nicht alles offen, was ich tat.
    Ein Abgrund tut mir drohend auf den *andern*.
    Noch eines Lebens bin ich schuldig!

Trevrizent: Sprich,
    sag alles, was geschehn.

Parzival: Ich fällte Ither

	von Gahewies, den ritterlichen König,
	der mir nicht Not noch Feindschaft angetan,
	nur um den Glanz der Waffen zu gewinnen,
	der mir ins Auge strahlte. Nicht im Kampf,
	wie Ritter ihn sich bieten, tat ich dies,
	ich schoß ihn ab gleich einem Tier des Waldes,
	den Jagdspieß trieb ich ihm ins Auge, daß
	die Spitze ihm das Hirn durchdrang und schmählich
	der Stolze fiel. Und nicht genug des Bösen,
	ich stahl ihm seine Rüstung weg vom Leib,
	eh ihm das Blut in seinen Adern kalt ward.
Trevrizent:	Weh, Bruder, weh, den du hinweggerafft,
	der war dir durch den Saft des Bluts verbunden.
	Vergossen hast du eigner Sippe Kraft.
Parzival:	Ich, Mörder meiner selbst, ich rotes Untier,
	wie ward mir, daß Conduiramur mich nahm
	an ihre reine Brust? Ich blicke starrend
	aus meiner Nacht empor zu ihrem Licht,
	das übern Abgrund wie ein Stern mir leuchtet.
Trevrizent:	O, daß du wieder Sterne siehst, mein Kind!
Parzival:	Was ich getan, ich sehs und schaudre. Schlug
	der Himmel mich, wie durft ich Trotz ihm bieten?
	Ich aber bot ihm Trotz.
Trevrizent:	Die Hölle wohnt
	in unsrer Brust. Doch ist auch eine Stätte,
	da Gott sein Zelt hat. Dieser Ort ist tief.
	Wer sich bis dahin durchgräbt, ist gerettet.
Parzival:	Gerettet? Gibt es Rettung für den Frevler?
Trevrizent:	Unendliches Erbarmen facht in dir
	das Feuer grenzenloser Liebe an,
	zum Tode der Verwandlung sei bereit!
	Kind, du mußt sterben. Ganz verhauchen mußt
	du in dir selbst, zunichte mußt du werden,
	und dann gleich wie aus blinder Nacht empor
	dich neu an Gottes Vaterhand erheben,
	neu, Knabe, neu.
Parzival *(ergriffen):*	
	Neu — welch ein Wort! O Herz,
	o Welt, o Mensch, o daß ihr neu doch würdet!
Trevrizent:	Begonnen ist das Werk und auch vollendet.
	Gestorben ist der Tod am dunklen Kreuz,
	der neue Same keimt im innren Grunde.
	Laß uns verehren den, der dies vollbracht.
	(er enthüllt das Kreuz)
	Es werde uns der Tod zum Leben!
	Es werde uns die Nacht zum Licht!
	Die Sünde werde uns zum Heile!
	Erglommen ist der Gral!
Parzival:	Sprich mir vom Gral.

Trevrizent: Wohl muß ich weiter dir vom Grale sprechen,
denn aus des Grals Geschlecht bist du entstammt.
Parzival *(erschreckend)*:
Ich?
Trevrizent: Du! Mein Bruder ist Amfortas,
des Grales Hüter und sein König, er
ist Oheim dir, der Bruder deiner Mutter.
Parzival: O Gott!
Trevrizent: Dies trifft dich in dein Herz. O Kind,
du bist durch deiner Mutter reine Sippe
dem Grale zugefreit. Die reinste Frau,
Repanse, trägt den Gral in ihren Händen,
der jeden, der nicht würdig ist, verzehrt.
Und sie, Repanse, deiner Mutter Schwester,
ist dir so nah wie ich.
Parzival: Mich trifft der Glanz,
den du herab aufs schuldge Haupt mir sendest,
wie glühend Erz.
Trevrizent: So reiße dich empor
aus deinem Elend! Sieh, es trägt ein andrer
aus deiner Sippe ein noch schwerer Leid.
Amfortas ists, der qualbedeckte König.
Parzival: Sprich mir von ihm!
Trevrizent: Es ward der Gral zuerst
den Händen Titurels, des reinen Helden,
vertraut, der, da er wunderbar
verlöschend und im Geist doch weiterleuchtend
zu schwach zum Dienste war, an Frimutel,
der unser Vater war, ihn weitererbte.
Doch Frimutel erlag im Ritterkampf,
und nach ihm warb die Schrift am Rand des Grales
Amfortas sich zum Dienst, den milden Mann.
Amfortas aber fiel.
Parzival: Er fiel? Er stürzte
in Sünde sich? O rede, öffne mir
dies tiefe, bange, brennende Geheimnis.
Trevrizent: Der Gral erwählt den König nicht allein,
des Königs Gattin auch erscheint geschrieben
zu rechter Stunde auf dem heilgen Stein.
Ihm zu gehorchen ziemt dem frommen Hüter.
Allein Amfortas achtete des nicht.
Ein Weib ergriff das Herz ihm, wie ihn dünkte
das schönste in der Welt, das edelste —
doch wars ein Weib nur, und ein Bild der Schwäche,
so königlich und stolz es auch erschien,
nicht würdig in des Grales Dienst zu treten.
Um ihretwillen zog auf Minnefahrt
Amfortas aus und warf zu ihrem Preise
viel Recken in den Sand; da stieß er einst

| | auf einen Heiden, der in wildem Kampfe
den giftgen Speer ihm bohrte in die Scham.
Obsiegend ward der Herrliche getroffen,
bleich kam er heim, ein todeswunder Mann.
Denn ungeheuer in der tiefen Wunde
gor auf das Gift, der Eiter schäumte aus,
von namenlosem Schmerze ward zerrissen
der unglückselge, schwergebüßte Mann.
Die Wunde heilte nicht, was wir auch taten,
ihr Toben stellte neu und neu sich ein,
sobald im Gegenschein ein Wandelstern sich kehrte
der Sonne zu, es brachte Glut und Brand,
verlechzend Fieber Mars, es brachte Ströme
des gelben Eiters ihm des Mondes Glast,
Saturnus aber ließ zu Eis erstarren
den Schaum des Eiters, gab ihm solchen Frost,
daß ihn davor kein Feuer retten konnte.
So durch der Qualen mannigfachste Glut
wird immerzu der Elende gestoßen,
daß er nicht Ruhe findet und nicht Rast.
Und immer wachsend steigert sich das Übel
von Pein zu Pein ins Namenlose fort.

Parzival: O welche Buße!
Trevrizent: Doch noch ärger wütet
die Reue ihm, der Schmerz in seiner Brust,
daß er, der hohe auserwählte Hüter,
des schmählichen Vergehens schuldig ist,
gezeichnet mit dem Ekel solcher Wunde,
und dennoch vor dem reinsten Lichte muß
die heilge Würde seines Amts erfüllen.
O, diese Qual ermißt der Schuldge nur!
Denn alles, was zum Labsal wird dem Reinen,
verwandelt ihm sich in verzehrend Gift.

Parzival: Ich fühl' das heiße Brennen dieses Giftes.
Trevrizent: Man trägt den Speer der Sünde ihm vorüber,
der neu und neu von schwarzem Blute quillt,
vom Blute, das das unstillbare Feuer
des Giftes schändet, und aufs neue stets
bohrt, eh der Gral ihm naht mit seinem Lichte,
der Todesstachel sich in seine Brust.
Dies aber muß er leiden ohne Seufzen.

Parzival: O sag, mein Vater, warum ist dies so?
Warum dies Licht und warum dieses Leiden?

Trevrizent: Es ist der Menschheit wahres Bild, mein Kind.
Wir alle tragen *ein* Verschulden, eiternd
bricht aus uns auf die Wunde unsrer Tat.
Wir haben Gott verraten. Nicht als Einzler
trägt dort Amfortas seiner Schande Last,
er trägt sie uns auch. Unser Stachel wühlt ihm

	im siechen Fleisch; berufen, wie wir sind,
	zum Königtum des neuen, reinen Lebens,
	vermögen wir nur seufzend auf dem Haupt
	den Reif zu tragen unsrer heilgen Würde.
	Der Gral erhält uns, wie Amfortas er
	in jeder Woche neu zum Leben aufhebt,
	daß wir nicht fallen in die Nacht des Todes.
	Die Wunde aber will sich uns nicht schließen.
Parzival:	O Vater, wenn der Gral uns Leben leiht,
	vermag er nicht die Wunde uns zu stillen?
	Erlösung für Amfortas, kommt sie nicht?
Trevrizent:	Sie käme, wär es möglich, aus dem Menschen.
	Nie ward Erlösung nur durch Gott allein.
	So wenig zwar der Mensch vermag zu wirken
	das Heil, das dem Verderben ihn entreißt,
	so wenig kann Erlösung ihm geschehen,
	ohn daß er selber sich zu ihr erhebt.
	Das Dargebotne muß der Mensch ergreifen,
	dem Rufe Antwort geben, muß hinein
	ins Feuer jener namenlosen Liebe,
	selbst Brand und Feuer, stürzen, Göttlichkeit
	muß seine Menschheit strahlend ausgebären,
	wie jener Phönix, der die Schwingen taucht
	ins Licht der Flammen, daß er, selber Flamme,
	zu ewgem Fluge leuchtend sich erhebt.
	Der Menschheit Qual, vom Menschen tief erkannt,
	gefühlt mit allen Kräften seines Fühlens
	ergriffen mit der heilgen Willensglut
	zu helfen, wärs durchs letzte Opfer auch,
	das ganze Sein zu Schmerz und Glut entfacht,
	die Frage auf die bangen Lippen drängend.
	Warum geschieht dies? Was enthüllt sich mir?
	Wie kann ich retten? So, bei Gott, entstünde
	Erlösung uns und Hilfe in der Not.
Parzival:	O welcher Schmerz erfüllt mich, welches Feuer!
	Bin ich Amfortas denn? Mich traf der Speer.
Trevrizent:	Einst hat der Gral durch eine Schrift verkündet,
	ein Ritter käme hin nach Montsalvat,
	durch eine Frage jenes Heil zu wirken.
	Der Ritter kam, allein er fragte nicht.
	Und ihn der Frage zu belehren, hätte
	der Frage alle Wunderkraft geraubt.
	Amfortas litt die fürchterlichsten Peinen,
	sein Auge blickte sehnend nach dem Mund
	des Gastes hin, daß er den Balsam tränke,
	der Rettung schüfe, wo nicht Rettung war,
	und aller Ritter Augen hingen glühend,
	der Menschheit Auge hing an jenem Mund.
	Doch der blieb stumm. Ein Tor, sich selbst nicht
	kennend,

	ohn irgendeine Ahnung des Geschicks,
	das ungeheuer sich um ihn enthüllte,
	ein Mensch, der keine Menschheit in sich trug,
	so saß er starr und dumm und ließ geschehen
	das Unerhörte, Namenlose, ließ
	Amfortas leiden und den Gral sich spenden
	und sagte nichts. Sie stießen ihn hinaus,
	und er verscholl.
Parzival:	Verscholl.
Trevrizent:	Mit ihm verloren
	war aller Menschen Heil.
Parzival:	Und als der Fluch
	ihn traf, da reckte er sich höhnend
	zum Himmel auf und wurde Gottes Feind.
	Kennst du ihn?
Trevrizent:	Bruder, hör ich recht? Du warsts?
Parzival:	Ich bins. Verloren und verschollen bin ich
	vor Gott und Menschen, fluchbedeckt, mein Licht
	ist Nacht, zerbrochen ist mein Haus,
	es kann nicht wieder aufgerichtet werden.
Trevrizent:	Schweig still! Um deines Heiles willen jetzt
	kein Wort! Ich kann für dich und mich nur eines
	vollbringen jetzt: vor Gott mich niederwerfen
	und beten.

>   (*er kniet vor dem Altare nieder und ver-
>   verharrt eine Weile in stummem, ringen-
>   dem Gebete. Dann erhebt er sich und
>   schließt Parzival in die Arme.*)

Bruder, Sohn, geliebtes Kind.
Gott ist ein Meer, mit welcher Untat willst
du dieses Meeres Gütigkeit erschöpfen?
Eins ist dir zugesagt: das Licht der Freiheit,
du brauchest es, wozu du willst. Du magst dich
von Gottes Busen reißen, er verhinderts nicht,
du aber fährst hinab in die Vernichtung.
Doch was du auch getan, kehrst du zurück,
in seine Arme reuevoll dich werfend,
er nimmt dich auf, wie er den Sohn empfing,
der ihm verloren hieß und von den Schweinen
verdorben und verhungert zu ihm kam,
im Herzen glühnder doch als alle Engel.
Wende dich um! Vom grausen Angesicht
des Todes, das dich kalt und höhnisch anstarrt,
zum heilgen Licht der Liebe kehre dich,
am Ort der Finsternis den Quell vernehmend,
der nur im Abgrund springt. Denn sieh,
der Sturz der Menschheit wahrlich ward gewendet
durch Ihn, den Einen, der den Tod zerbrach.
Sein ist das Ich, auch deines, meines, aller
Gebornen Ich ist eingesenkt in Ihn

und wendet sich in ihm vom Tod zum Leben.
Vertraue, glaube, endlich gib dich hin,
laß fahren alles, was du wild ergriffen,
den Haß und auch die Klage gen dich selbst.
Nimm an die Schuld wie einen Kranz von Dornen,
dir feierlich gedrückt aufs dunkle Haupt,
wie einen Speer, der dir die Seite öffnet,
wie einen Stamm, an dem du ausgespannt
dich selbst erleidest, ohne deine Glieder
der Flamme zu entreißen, die dich brennt.
Begehre nichts mehr, als von Gottes Händen
geformt zu werden wie ein reiner Ton,
ein stiller, dunkler, zum Gefäß der Gnade.
Denn alles, was du wahrhaft bist, ist Gott,
und dein, was Gott an dir vollbringt, und Gottes,
was du vollbringst. Und der Vollbringung höchste
ist die Erwartung.

Parzival: Vater, ich bin tot.
Du wollest beten, daß mich Gott belebe.
Ich glaubte alles zu vermögen, sieh,
und nun vermag ich nichts. Wenn er mich ansieht,
so *bin* ich, wenn er von mir nimmt den Blick,
so bin ich nicht, und dennoch weiß ich: Ewig
bin ich in ihn verankert, ewig steht
mein Name in dem Buche seiner Liebe,
und wahrlich, er verlöscht ihn nicht, es sei,
daß er sich selber lösche. Ob ich sinke,
ob auf ich steige, steigend, sinkend bin
ich nur in ihm, und weiß ich mich in ihm,
leb ich im Nichts und doch von ihm umschlossen.
O Wahn! O Not! O Ende allen Wahnes!
O aller Nöte End! Ich tauche ein
in eine Nacht, die, aller Nächte Mutter,
von Licht nicht mehr, von Finsternis nicht weiß,
ja in das Meer der ursprunglosen Wasser,
in meine Tiefe, in den Schoß der Welt.
*(er sinkt zu Trevrizents Füßen nieder und
schließt entschlummernd die Augen)*

Trevrizent: Glückselger Schiffer, gleitend über See
im atemleichten Nachen deines Geistes!
Fühlst du des Nichts gewaltge Fülle nahn?
Erhebt sich dir die Sonne, die nicht scheidet,
der Mitternacht geheimnisvolles Licht?
Fürchte dich nicht — Ich bin! Fürchte dich nicht!
Du wirst genesen; denn dein wildes Toben
war Trauer, war verworrner Wahn des Selbst,
dich meinend, du Gestirn der tiefen Wasser.
Zum Kinde wird der große, starke Held,
er schlummert; sieh, im Schoß des sanften Lichtes.
Die Stunde kommt, die neue, der Geburt.

ORGELUSE

Personen:

Orgeluse, *Herzogin von Logroys*
Gawan
Iwanet
Urians, *ein Ritter*
Eine Dame, *Geliebte des Urians*
Malcreatur, *Kundrys Bruder, in Orgelusens Dienst*
Ritter und Damen Orgelusens
Ein großer Ritter
Fährmann
Greis

Die Handlung spielt vor dem Schlosse Logroys und auf einem Rasenplatze in der Nähe des Schlosses.

SCHLOSS LOGROYS

Die Szene befindet sich im oberen Teile des mit üppigen südländischen Gärten terrassenartig geschmückten Burgberges. Sie stellt vier sich übereinander aufbauende Stufen dar:

Im Vordergrunde unter einem mit Büschen umstandenen Ölbaum sitzt eine Dame mit aufgelöstem Haar, den schwer verwundeten Ritter Urians in ihrem Schoß, dessen zerhauener Schild am Baume hängt. Sie küßt den Leblosen ständig unter Weinen und Seufzen. Ihr Zelter ist an den Baum gebunden.

Über der Bühnenebene erhebt sich eine Mauerstufe mit einer Laube und einer Bank darin. Hier sitzt in einem herrlichen farbigen Gewand Orgeluse, einen Spiegel in der Hand, ihr Haar kämmend und eine Brokatkrone auf ihrem Scheitel zurechtsetzend. Sie ist von überaus großer Schönheit.

Eine Terrassenstufe höher befindet sich ein Baumgarten mit schönen Wegen, wo eine ritterliche Gesellschaft lustwandelt. An einem Baume mehr im Hintergrunde ist Orgelusens scheckiger Zelter angebunden, von einem großen Ritter bewacht.

Noch höher beginnen Mauern, Türme und Gebäude der Burg Logroys. Über alle Stufen führt in Schlangenwindungen ein breiter Weg empor.

Dame: Er stirbt, weh mir, er stirbt. Und dich, Verfluchte,
trifft alle Schuld. Dein Teufelslächeln
hat ihn bestrickt, daß er wie rasend sich
zum Kampfe fortriß, meinen Schrei nicht achtend.
Tu deinen Spiegel weg, du Törin, sieh herab
auf dieses Sterbenden gebrochne Züge,
daß du die Wahrheit schauest, dessen, was du bist.
Das ist dein Spiegel, Hexe: Graus und Tod.

Orgeluse *(fährt fort, sich zu schmücken, als hörte sie nicht)*
Verachtet sei der Tag mit seinem Prangen,
gepriesen sei die Nacht!
Gepriesen sei die Heimliche, die Nacht,
die tiefe Nacht, die süße Nacht,
gepriesen!
Sie nimmt den Schleier weg vom Angesicht,
daß es in Klarheit endlich sich veratme.
O Offenbarerin, du Heimliche,
o Nacht, o süße Nacht,
o Lächelnde,
Gestirnte:
Des Himmels Brunnen du,
der ohne Ursprung ist
und schön.

Dame: Schweig still, du Nixe! Soll dein Zauberlied
den letzten Augenblick ihm noch vergiften?
Nach einwärts strömt sein Blut, das Herz
                                      bedrängend,
das du mir stahlst, du Diebin! Ja, so ganz
hast du ihn mir entrückt, daß er, getroffen,
sich hierher schleppte, dir zu Füßen nur
zu sterben. Oh, wenn er verblichen, Teuflin,
sei fortan einzig mein Gebet ein Fluch,
dem Strome gleich, der nie versiegt, der Kette,
die niemals abreißt bis ans End der Welt.

Orgeluse *(wie oben):*
Brunnen des Himmels,
süße Nacht.
Was strömst du mir?
Ists Silber nur? Ists Gold? Ists Demantschein?
Kristallen ist die Wiege aller Dinge.
Da wird die Wahrheit offenbar.
Eia, die Wahrheit! Eia, ja, die Wahrheit!

Dame: Geliebter, hör sie nicht, hör mich, hör meine
                                      Stimme.
Gib mir ein Zeichen noch, ein letztes. Oh,
ich kann dich nicht erretten, dich nicht bergen.
Ich kann nur schreien, bis mir selbst das Herz
im Busen springt und ich mit dir vergehe.
      Gawan und Iwanet, beide zu Pferd,
      erscheinen im Vordergrund.

Iwanet:	Nicht weiter, Herr!
Gawan:	Wieso nicht weiter, Kind?
	Hier ist ein Weg, und wo ein Weg ist, reitet
	Gawan, denn jeder Weg, fürwahr,
	führt endlich doch ans Ziel.
Iwanet:	Wir aber kommen
	nur immer weiter ab von seiner Spur.
Gawan:	Von seiner Spur? Sind es nicht lange Jahre,
	daß wir sie ganz verloren haben, Kind?
	Er ist ins Nichts gegangen, wie er drohte.
	Ich fürchte, wir erreichen ihn nicht mehr.
Iwanet:	Ich bitt Euch, Herr, laßt nicht die Hoffnung fahren.
	Denn alles, wahrlich, ist mit ihr dahin.
	Fragt so nicht: Find ich ihn? Sprecht lieber:
	Ich muß ihn finden!
Gawan:	Muß? Wie, wenn der Himmel
	es nun nicht wollte? Wenn er darum ihn
	uns ganz entzöge? Haben wir nicht kühn
	die Länder rings durchforscht, die finstern **Wälder**
	durchritten, weglos, ohne ein Gestirn,
	das uns erleuchtet, nicht in Sturm und Schnee
	im Regen und im Brand der nackten Sonne
	durch Wüsteneien kämpfend uns geschlagen,
	Gebirge überschritten, da noch niemals
	die Hufe eines Pferdes gingen, dicht
	am Rand des Abgrunds unsre Tiere leitend,
	wo zwischen Klippen weiß das Wasser schäumt?
	Hat uns das Grollen all der wilden Ströme,
	die nie sich einer Brücke Joch gebeugt,
	gehindert, unserm Ziele nachzustreben?
	War unsre Frage nicht, wo immer wir
	uns auch befanden, nach dem einen Ritter
	und nach dem Gral? Allein es hob der Gral
	uns nicht den heilgen Mantel der Verhüllung,
	wir ritten irr, und auch den Ritter schien
	die Erde nicht zu tragen. Sieh, da stieg mir
	die Frage auf, die ständig mich bedrängt:
	Will dies der Himmel? Plötzlich fällt
	ein seltsam Rätsel mir ins Herz. Am Morgen,
	eh ich von Artus ausritt, tritt vor mich
	ein grauer Mann, den ich noch nie gesehen.
	Ich frag ihn nach dem Kommenden: Werd ich
	den Gral erlangen? Langsam schüttelt er
	das alte Haupt. Nein, spricht er, und es ist **mir**,
	als käme seine Stimme wunderbar
	aus einem Abgrund her, der mitten innen
	in meinem Herzen ist.
Iwanet:	Es war ein Trugbild.
	Glaubt ihm nicht, Herr!

Gawan: Ein Trugbild schien mirs nicht.
Iwanet: Ich bitt Euch, geht nicht weiter.
Gawan: Umzukehren
war niemals meine Art. Und ist denn er,
nach dem wir fahnden, jemals umgekehrt?
Wenn ich ihn je erreiche, glaub mir, Knabe,
geschiehts im Vorwärtsdrängen, anders nicht.
Denn wahrlich, aller Dinge Herz und Mitte
und Parzival sind schier einander gleich.
Durch jede Mitte find ich ihn, und ist er
an diesem Orte nicht, so ist er nirgends,
und alle sind wir Schemen nur und Schein.
Drum vorwärts, Knabe, vorwärts liegt das Heil.
Iwanet: Den Schild dort seht, zerstochen und zerhauen.
Gawan: Laß sehn, was es hier gibt.
Iwanet: Ein Seufzer, hört,
dringt dort aus dem Gebüsch. O seht zur Seite
das Weib im Gras! Auf ihrem Schoße liegt
ein stummer Mann, verblutet und verstorben.
Gawan: Komm, steigen wir vom Pferd, damit wir Hilfe
dem Manne bringen, wenn ihm irgend noch
des Arztes Hilfe frommt.
(sitzen ab und nähern sich der Dame)
Dame: O edle Herren, seht!
Gawan: Erlaubt Ihr mir?
(untersucht den Bewußtlosen)
Noch lebt er. Seine Lippe holt
noch leisen Atem. Tödlich scheint mir nicht
die Wunde, die ihm so die Kräfte hinnimmt.
Allein ihr Ausgang, seht Ihr, ist verstopft.
Das Blut, das nicht entströmen kann, geht einwärts,
drängt rings sich um das Herz mit seinem Schwall
und läßt es stocken. Habt die Güte, Herrin,
und beugt mir schnell den grünen Zweig herab.
Dein Messer, Knab! Ich will die Rinde lösen.
Von Säften strömt der Zweig, er schält sich gut.
Nun seht das Röhrchen, Frau, das ich hier forme.
Tief setz ichs in die Wunde, seht Ihr, so —
nun beugt Euch hin und zieht mit Euren Lippen,
bis daß der Blutstrahl frisch und kräftig springt.
Das macht das Herz ihm frei, im Augenblicke
kehrt er zurück.
(die Dame tut es)
Seht, seht, er öffnet schon
die Augen!
Dame: Liebster!
Urians *(mit schwacher Stimme)*:
Ach, ich lebe! Lieblich
dünkt mich das Leben, wie ein Schweben leicht,

	wie eine lichte Wolke, weiß verdämmernd.
	Wer ist der Ritter?
Dame:	Ihm verdankst du, Freund,
	den Anblick dieses Himmels und der Züge,
	die mehr wie er dich ehedem entzückt.
Urians:	Ach, seid bedankt, mein Freund und edler Helfer.
	Ihr kamt im rechten Augenblick. Was führt
	auf dieser Bahn Euch her? O laßt Euch sagen,
	nehmt treuen Rat, wie ihn so gut Euch kaum
	ein Vater bot: Schwingt auf das Pferd Euch schnell
	und reitet weg aus diesem Höllengarten.
	Was Ihr hier seht, ist Teufelswerk, ich sags.
	Die Burg dort auf dem Berg, die hellen Wege,
	die gleißend sich wie weiße Schlangen drehn,
	still und geheim, die Zauberei der Gärten,
	die schimmernden Terrassen Stuf an Stufen
	voll fremder, falscher Blumen, alle Pracht
	ist Lüge. Was Ihr einhaucht, ist Betrug,
	durch Blütenbetten stürzt ihr in den Tod.
	Wenn Ihr die Herrin erst gesehn des Schlosses,
	die dunkeläugige, erstrahlend wie die Nacht,
	die Euch zum Abgrund niederlockt und lächelt,
	ganz hin ist Euer Herz: zum Kampfe stürmt Ihr
	für sie davon, nicht ahnend, daß den Streit
	kein Mensch besteht, er sei der Helden Bester.
	Denn hier wird nicht mit Waffen nur gekämpft:
	rings spiegelt Euch das Aug des Zaubers an,
	das schillernde, die Sinne Euch verwirrend,
	lebendig dünkt Euch jedes starre Ding,
	verbündet sind die Bäume, sind die Steine
	mit der Betörerin, Ihr sinkt dahin,
	tot Euer Arm, das Herz erfüllt von Wahnsinn.
Iwanet:	O Herr, ich bitt Euch, was ich bitten kann,
	Geht nicht dorthin!
Gawan:	Still, Kind! Sprecht weiter, Ritter,
	wofern Ihr Kraft habt, kündet mir getreulich,
	was Euch geschah.
Urians:	Geratet Ihr an den,
	der mich zuschanden stieß: Lischoys Gewelljus —
	das ist kein Held mit Menschenkräften, glaubt mir,
	die Hölle dient ihm; während Ihr erlahmt,
	wächst ihm die Kraft bei jedem neuen Streiche.
	Verloren seid ihr ganz. Geht, reitet, flieht,
	so schnell ihr könnt!
Gawan:	Bin ich ein Ritter, wähl ich
	den Tod mir lieber als die Flucht. Was nützt
	das Eisen mir, wenn einer ist, vor dem ich
	es aus den Händen lege? Schlägt er mich,
	so hab ich doch gewagt, ihn zu bestehen.

	Wer ist Gewelljus? Augenblicklich will ich ihn vor meine Lanze fordern.
Urians:	Seht Euch den Schild dort an!
Gawan:	Und würde auch der meine zu lauter Spänen, was bekümmerts mich?
Urians:	Ihr hört mich nicht?
Gawan:	Dem Fische vergleich ich mich, der niemals rückwärts schwimmt.
Urians:	Es geht auf Tod und Leben, Ritter.
Gawan:	Mag es.
Urians:	So reitet und verliert den schönen Leib, der Euch so herrlich ziert. Doch wenn Ihr sieget, habt die Gefälligkeit und kehrt zurück an diesen Ort, denn wahrlich, lange werde ich nicht atmen mehr und schützet diese Frau!
Gawan:	Das will ich tun, und unterdessen soll Euch mein Knappe beistehn. Iwanet, du bleibst bei diesem Ritter hier, indes ich gehe, das Innre dieses Schlosses zu erkunden.
Iwanet:	Herr, ich beschwör Euch —!
Gawan:	Laß das! Mich zu hindern vermag kein Mensch. Sei mir nicht töricht, Knabe! Du siehst mich wieder. Ritter — — er ist weg, die Ohnmacht hat ihn jäh hinabgezogen. Lebtwohl!
	(führt sein Roß die nächste Stufe aufwärts und gewahrt Orgeluse)
Iwanet:	Ach, er verrät das Ziel, das wir gemeinsam suchen, er verrät sich selbst!
Gawan *(wie erstarrt stehenbleibend)*:	
	Was seh ich! Welch ein Antlitz! Welche Züge! Hab ich, was schön ist, je gewußt? Es reißt vor meinen Sinnen jäh der dumpfe Schleier und endlos strahlt die Herrlichkeit herein. O Gott!
Orgeluse *(blickt auf)*:	
	Wer spricht hier?
Gawan:	Dieses Auges gestirnte Klarheit trifft das meine, oh, und schon entfacht sich ihm im innern Grunde ein strahlend Feuer, das mich ganz erfüllt. Blau ist dies Auge, doch wie tiefe Schwärze, meergleich und ohne Grund. O du Gestirn der tiefsten Nacht, du Sonne aller Meere, du Herrlichkeit des Herzens, sieh nicht weg! So Aug in Aug laß ewiglich uns stehen.
Orgeluse:	Welch ein beredter Mann, mit Worten spielend

	wie mit dem leichten Degen! Sagt man nicht, daß wer mit Taten sich nicht weiß zu helfen um desto mehr aufs Schwatzen sich versteht?
Gawan:	Die Worte, die ich rede, sind die deinen! Du gibst sie mir ins Herz und in den Geist, du Ursprung aller Schönheit. Dich zu schauen ist Ewigkeit. Wer bist du? Stiegst du eben aus weißem Wolkenthron zu mir hernieder, gebar das Meer dich aus dem grünen Schoß, auf zartem Schaum gleich wie auf Blütenschimmer dich tragend ob dem dunklen Wogenglast?
Orgeluse:	Dein Stammeln wäre mein? Dein Wortgestümper? Bescheiden seid Ihr eben nicht, mein Herr. Laßt das und gafft mich nicht so an, ich möchte sonst glauben, daß ich hier zur Schau gestellt für jeden unberatnen, eitlen Gecken.
Gawan:	Du bist nicht, was du redest.
Orgeluse:	Wie?
Gawan:	Du bist, was ich allein weiß, bist gewiß dir selber verborgen, Weib. Denn wüßtest du dich selbst, du sännest nicht darauf, dich so zu schänden.
Orgeluse:	Zu schänden? Welche Sprache! Kaum gestattet man diesen Zungenhelden ein Gespräch, so fallen sie in Dreistigkeit und Rohheit. Genug schon hab ich Zeit an Euch verschwendet. Geht, wenn mein Rat Euch gut ist, macht Euch schleunig aus meinen Augen fort! Es ist das klügste, was Ihr vermögt.
Gawan:	Welch Rätsel, wundersame Freundin, gibst du mir auf? Du zürnst, du schiltst mich fort, doch hör ich nicht den Inhalt deiner Rede: Indem ich lausche deinem schönen Mund verkehrt sich heimlich mir der Sinn der Worte; es ist mir, ich vernähme zartes Lob, ein leises Bitten, daß ich dich auf ewig nicht lassen sollte —
Orgeluse:	Seid Ihr ganz und gar verrückt geworden? Euren Wunsch zu schieben an Stelle dessen, was mein Mund Euch sagt, die Wirklichkeit gleich einem Gaukelspieler mit Träumerei und Wahnsinn zu vertauschen! Geht, sag ich Euch!
Gawan:	Verzeih, ich gehe nicht! So wahr ich bin, hier waltet ein Geheimnis. Ich kenne dich. Du riefest mich herbei. Ich sah dich und mein Herz begann zu beben im Schauder des Begreifens. Beug Dich nicht

| | hinweg von mir, ich kenne meine Wahrheit.
| | Du gibst mir Minne oder Du zerbrichst
| | das eigne Herz dir.
| Orgeluse: | Minne? Ihr verlangt,
| | was niemand fordern kann, was freie Gabe
| | des Herzens war und ist und ewig bleibt?
| | Verlangt der Sonne ab, daß sie Euch scheine,
| | und alsbald hüllt sie zürnend ihr Gesicht,
| | ihr herrliches, im Schoß der dunklen Wolke.
| Gawan: | Ich sag dirs wieder: Deine Worte sinds,
| | Du fordersts von Dir selbst durch deine Lippen.
| | Sieh in den Spiegel nicht, auf mich sieh her,
| | ich will dir sagen, wie unendlich strahlend
| | die Schönheit ist, die Gott in dich ergoß.
| | Und wenn ich stammle, kannst Du mich drum
| | schelten?
| | Ist dieses Stammeln denn beredter nicht
| | als alle Lieder der beschwingten Dichter?
| | Verachte dich nicht selbst. Du kannst von mir
| | dein Herz nicht wenden —
| Orgeluse: | Esel du, ich sag dir,
| | ich kann, was ich nur will, ich kann dich
| | schleudern
| | so tief zum Abgrund deiner Torheit, daß
| | du weder Mond noch Sonne magst erblicken.
| | Ich kann auch deinen Dienst entgegennehmen.
| | Doch wehe Dir, du Eitler, wenn ichs tu!
| Gawan: | So sprich das Jawort und verhäng das Wehe,
| | das du mir liebend androhst, über mich!
| | Mit diesem Wehe will ich mich erfüllen,
| | es soll mir Himmel, Licht und alles sein.
| | Nimmst du mich an?
| Orgeluse: | Ja, Tor, du! Der du hirnlos
| | dein Elend suchst, nach deinem Unheil schreist.
| | Denn wahrlich, jetzo werd ich mit dir reiten;
| | beim Wort dich fassend, das mir Dienst verspricht,
| | will ich von einem Kampfe dich zum andern jagen
| | und rasten nicht, als bis die Schande dich,
| | die Not, die Qual, der Hohn dich überhäufen
| | und du, im Staub verblutend, im Geröhr,
| | dein Leben hinhauchst wie ein Tier des Waldes.
| Gawan: | Dein Ritter bin ich.
| Orgeluse: | Glaubt ihr Männer denn,
| | der Glanz der Blüte hätte sich erschlossen,
| | nur daß ihr sie zerknickt mit frecher Hand?
| | Ist denn das Weib euch Ziel nur des Gelüstens,
| | nur Beute euch, wie man ein Reh erschleicht,
| | um es mit feigem Speer dahinzustrecken?
| | Ihr seid die Herren unsres Leibes, wie?

| | Euch sind wir hingeworfen wie die Köder
dem Adler, der auf Raub in Lüften kreist?
Euch ohne Hilfe preisgegeben sind wir?
Nein, edler Held, der Ihr so manches Mägdlein
in Schmerz und Scham verließt, das träumt Euch
nicht,
daß sich die Rache wider Euch nicht kehre.
Ich, wisset, bin die Rache des Geschlechts,
das Eure Bosheit schändet Tag und Stunde.
Ihr wähltet sie, so *trinkt* den Becher denn,
den sie Euch reicht!
Gawan: Ich will ihn trinken, Herrin,
bis auf den Grund, und sagt, ich sei ein Tor,
wenn dieser Grund mir nicht von Golde schimmert.
(nähert sich ihr)
Orgeluse: Berührt mich nicht! Was dünkt Euch, seid Ihr der,
des Anhauch nicht befleckt? Seid Ihr der Eine,
der, wie das Einhorn, ohne Makel ist?
Glaubt Ihr, ich nähme nur ein Tüchlein, das Ihr
in Euren Fingern hieltet, meine Wange ließ
den Schleier sich gefallen, den Ihr aufhobt?
Glaubt Ihr, ich wies den Mantel nicht von mir,
des Saum an Euch gestreift? Den Zelter
bringt mir vom Garten dort, so reiten wir.
Gawan: Jedoch mein Pferd? Zu leicht sind rings die Büsche,
als daß ich es dran bände, willst Du mirs
am Zügel halten?
Orgeluse: Wenn ich meinen Handschuh
verloren gebe, kanns geschehn.
(zieht einen Handschuh an) Gebt her!
Und hier den andern nehmt und faßt damit
den Zügel meines Tieres. Geht und eilet!
(singt)
Verachtet sei der Tag mit seinem Prangen,
gepriesen sei die Nacht!
Gepriesen sei die Heimliche, die Nacht,
die tiefe Nacht, die süße Nacht,
gepriesen!
(Gawan hat indessen die nächste Terrasse erstiegen und geht durch den Baumgarten)
Herren und Damen *(Gawan umringend)*:
Halt, Herr, was wollt Ihr? Nehmt den Zelter nicht
vom Baume weg, wir bitten Euch, Ihr nehmt
den Tod.
Ein Ritter: Verflucht sei unsre Herrin, daß sie Euch
ihn nehmen hieß. So hat sie manchen Ritter
um Leib und Leben bracht.
Eine Dame: Streckt nicht die Hand

| | nach jenem Tiere aus, das Unheil faßt Euch |
| | und wirft Euch hin, daß Ihr von Sinnen kommt. |

Einige andere: Wenn Ihr sie kenntet, wenn Ihr wüßtet, Ritter,
was tückisch Euch das falsche Weib ersann —
Ihr eilet ohne Aufenthalt vondannen.

Alle: Weh, weicht zurück! Schont Eures jungen Leibes!
Zurück! Zurück! Verlasset Ort und Land!

Gawan: Verzeiht, Ihr Herrn, verzeiht, Ihr schönen Damen,
daß Ihr mir wunderlich und fremd erscheint.
Die Herrin, deren Dienst ich mich ergeben,
gebietet mirs, und also führ ichs aus.

Alle: Weh ihr, der Mörderin, sie möge brennen
im Abgrund der Verdammnis ohne End!

Gawan: Sie möge alles Heil von mir erfahren!
Macht Platz, ich bitt Euch, laßt mich zu dem Tier!

Alle (auseinanderweichend):
Ihr tut wie jeder, ins Verderben stürzet
Ihr blind hinein. O Eurer Jugend weh!
(Gawan schreitet zum Olivenbaum)

Der große Ritter:
Halt, hört mich an! Zwar hab ich keine Macht
zu hindern Euch, den Zügel loszubinden.
Doch eh Ihrs tut, hört meinen treuen Rat:
Ihr stürzt Euch in ein Abenteuer, Ritter,
das Ihr nicht könnt bestehn. Ihr müßt verlieren,
wie jeder vor Euch diesen Strauß verlor.
Die Herzogin, die niemals einen Werber
erhören wird, die nur nach einem Ziel,
nach Eurem Untergange strebt, sie wird Euch
in solche Schande bringen, daß Ihr nie
so schmählich in die Falle seid geraten.
In Angst und Zorn und Tränen werdet Ihr
den Tag verwünschen, da ihr schönes Antlitz
zuerst das Aug Euch blendete. Jedoch
dann ists zu spät, verwirkt ist Euer Leben.

Gawan: Ging ich bis hierher, daß ich feig und dumm
vonhinnen wiche? Soll ich dadurch leben,
daß ich mich ängstlich drücke vor dem Tod?
Sagt, ist „nicht sterben wollen" denn schon leben?
Laßt, guter Freund! Ich wähle mein Geschick,
und mein Geschick wählt mich, wir sind verbündet
und traun einander, wie zwei Freunde tun.
Erlaubt!
(er bindet den Zelter los).

Ritter: So nehmt! Und möge Gott Euch helfen!
*(Gawan führt den Zelter durch den
Baumgarten herab)*

Alle: Ja, helfe Gott Euch, diese böse Schlange
zu würgen, aus dem Rachen ihr den Zahn

	zu brechen, daß ein Ende sei des Jammers.
Gawan *(bei Orgeluse angekommen):*	
	Hier ist der Zelter. Soll ich, Herrin, Euch
	nun in den Sattel heben?
Orgeluse:	Wagt es, Ritter!
	Sagt ich Euch nicht, ich acht Euch wie die Pest!
	Und wie die Pest so will ich Euch verfolgen,
	das sei der Dank für Euren holden Dienst.
	Gewiß, der Tag wird sich nicht neigen,
	bis ich in Not Euch und in Schande seh,
	zerhauen wie die Distel unterm Hagel.
	Hofft auf Erbarmen nicht. Aus diesem Mund
	wird keine Silbe Euch zu Hilfe kommen.
	Wählt Ihr den Tod, so sterbt ihn! Euer Pferd!
	(Sie schleudert den Handschuh, den sie ausgezogen hat, von sich.)

Gawan *(hebt den Handschuh auf und steckt ihn mit dem andern in seine Brust):*

Ich trage deine beiden lieben Hände
an meinem Herzen, Frau, so wird sein Schlag
im Kampfe frei und mächtig sich erheben,
und statt der Angst, womit du mich bedrohst,
wird hoher Mut die Seele mir bewegen.
Schmach? Wo ist Schmach, wenn ich den Bogen
                                                  spanne,
daß ich das innere Herz der Dinge treff?
Tod? Wo ist Tod, wenn mir von ewigem Leben
die Seele groß und ahnungsvoll erschwillt?
Wohin wir gehn, du magst es denn bestimmen,
wir sind vereint und trennen uns nicht mehr.

Orgeluse:	Vereint? So schnell? Mit einem Faden
	knüpft Ihr das Boot im wilden Strome fest?
	Glaubt, was Ihr wollt, es wird sich ehstens zeigen,
	wer einig ist und wer zertrennt. Wohlan,
	wir reiten!
	(sie lenken die Pferde auf die Vorderbühne herab)
Iwanet *(Gawan in die Zügel fallend):*	
	Herr, das darf nicht sein, Ihr dürft
	mit dieser Falschen nicht vonhinnen fahren.
Gawan:	Du auch? Nun schweig mir. Schwing dich hurtig auf,
	du folgst mir als der Knappe unsrer Herrin!
Iwanet:	Und unser Ziel?
Gawan:	Ich sag dir: Mitten durch
	führt mich mein Weg zu ihm.
Iwanet:	Ihr seid verloren,
	an diese Zauberin seid Ihr verloren, ja,
	und den Ihr sucht, habt Ihr vergessen, wahrlich,
	ich weiß es, Herr, Ihr denkt an ihn nicht mehr!

Gawan:	Schweig still!
Iwanet:	Ich will nicht schweigen, Herr, ich darf nicht. Ihr müßt hinweg von hier!
Gawan:	Willst du mich denn noch böse machen? Schwing dich auf und komm!
Iwanet:	Ich komme nicht.
Gawan:	Wie?
Iwanet:	Wenn Ihr ihn verleugnet, verleugn ich Euch!
Gawan:	Du weigerst mir den Dienst?
Iwanet:	O laßt Euch bitten —
Gawan:	Keine Silbe davon mehr, Knabe!
Iwanet:	Wenn Ihr drauf beharrt, so sprecht mich los — *(er steigt zu Pferd)*
Gawan:	Bist du von Sinnen, Knabe?
Iwanet:	Ich weiß, zu wem ich geh —
Gawan:	Du willst —?
Iwanet:	Lebtwohl! Ich werd Euch niemals, niemals wiedersehen. *(er sprengt davon)*

Orgeluse *(lacht laut auf)*:
    Ein feiner Knappe! Gleicht er seinem Herrn
    nicht ganz und gar?

Gawan: Fahr wohl!

Orgeluse: In kurzem ruf ich
    dies Wort Euch nach. So kommt, es eilt Euch doch,
    die Ehre und das Leben zu verlieren.

Gawan: Noch einen Augenblick verweilet, Frau.
    Ich seh ein Kraut, das jenem Wunden gut ist.
    Laßt es mich brechen!

Orgeluse: Stürb er besser doch!
    Und Euch, die Ihr die Kräuterkunst verstehet,
    „Quacksalber" nenne ich am besten wohl
    Euch künftig. Dieser brave, biedre Name
    läßt sich so zärtlich sprechen, wie der Dienst
    sich zärtlich tut, den Ihr Verruchten widmet.
    Bekomms ihm wohl!

Gawan *(der abgestiegen ist und das Kraut gebrochen hat zu Urians)*:
    Auf Eure Wunde leg ichs,
    mein lieber Bruder. Atmet tief jetzt ein!
    Und Ihr, o Frau, drückts sachte tiefer einwärts.
    Sobald der Saft mit seinem Blut sich mischt,
    wird wunderbare Kraft ihn schnell durchdringen.

Urians: Ah, mir wird wohl! Die Schwäche weicht, der Tod,
den ich noch eben mir zur Seite glaubte,
flieht weit hinweg. Die Kräfte, wie in Scharen,
sie kehren wieder in das leere Haus
und füllen es mit Mut und neuem Glauben.
Ists wahr, ich bin gesund? Hilf mir empor.
O Glück des Lebens! Ha, wie wird mir frei!
Ob ich im Sattel nicht mich halten könnte?
Da Ihr den ersten Dienst mir schon getan,
so fügt den zweiten noch hinzu, mein Helfer:
Laßt mich ein wenig doch auf Eurem Pferd
den Plan durchreiten!

Gawan: Wenns die Herrin zugibt.
Was auch geschieht, es sei ihr Wunsch allein.

Orgeluse: Mein Wunsch ist, dich recht gründlich zu
                                       verderben.
Das andre gilt mir gleich. Wenn du verziehst,
mich kümmerts nicht, denn deine Stunde ist
dir sicher. Gib das Roß ihm, wenns dich lüstet.
Er bricht sich desto eher dann den Hals.

Gawan: So nehmt.

Urians *(besteigt das Roß)*:
Gesellin, schnell nach meinem Vorbild,
besteig auch du den Zelter, daß wir frei
nach unsrer Lust auf grünem Plane spielen,
denn sieh, die Macht des Wunderkrautes hat
mich so erstarkt, daß ich mich kräftiger wähne,
als ich vordem gewesen.

Dame *(hat das Pferd bestiegen)*:
Ei, wie keck
blickst du umher! Was steht dir nur im Sinne?

Urians: Was mir im Sinne steht, das sag ich dir.
Im Sinne steht mir, diesem stolzen Herrn
den Namen, den ich trage, zu entdecken.
Es ist Gawan, ich kenn ihn allzu wohl,
den alle Welt als großen Helden feiert,
wiewohl ich wahrlich andres von ihm weiß.
Doch ich bin Urians! Gawan, vernimm es!
Und sitz auf deinem edlen, stolzen Tier.
Da ich im Kampf das meine hab verloren,
und da es mir nun also wohlgefällt,
so denk ich es auf ewig zu behalten,
aus deinem Auge reit ich allsogleich,
daß du mir nachstarrst, traun, mit offnem Munde.

Gawan: Du — Urians? Weh mir, das Roß gib wieder!
Hab ich ins Leben dich zurückgebracht,
daß du mir solches tuest?

Urians: Hochgetreuer,
der du die Unschuld schützest und vermeinst,

	du mußt dem Geier aus den blutgen Fängen, die Taube lösen, die zur Beut ihm ward — was gehts dich an, wenn ich ein Weib mir nehme? Und seis ein Kind? Du Pfaffe! Sehnt sich nicht ein jedes Weib nach dem, der ihr das Kränzel zerreiße? Jungfernschaft, das ist ein Trank, der absteht in der Sonne.
Gawan:	Mädchenräuber, verruchter Bube, bläh dich nicht!
Urians:	Den Dank erstatten dir hiemit die Jungfern alle durch Urians, der ihnen besser tut als jener Heuchler, dessen geile Sinnen sich hinter frommer Maske hehlen. Nun, lebwohl und mög die Reine deines Herzens die Beine dir beflügeln. Komm, mein Lieb! *(schickt sich an, wegzureiten)* *(Orgeluse lacht hell auf.)*
Gawan:	Mein Pferd! — Er höhnt mich! O der Bodenlose! Wahrhaftig heut bewährt sich mir der Spruch: Mit einer Guttat brichst du dir am schnellsten den Hals. Soll ich fortan zu Fuße gehn?
Urians *(aus einiger Entfernung)*:	Merk auf, ich bin gefällig für die Hilfe, die du mir tatest. Sieh dorthin, da kommt ein edler Reiter auf beschwingtem Rosse. Gewinns ihm ab, so wird dir schnell Ersatz!
Dame:	Mein Freund, du solltest so dich nicht betragen!
Urians:	Nicht so? Bin ich dein Liebster nur zum Schein? Lieg ich bei dir nur so zum Sternezählen? Der Heuchler! Komm! *(mit der Dame ab)*
Orgeluse *(zu Gawan)*:	Das gönn ich dir! *(Malcreatur trabt auf elendem Klepper einher. Er gleicht der Kundry, nur ist er weniger greulich)*
Gawan *(auf Malcreatur deutend)*:	Wer ist das Scheusal?
Orgeluse:	Unser Knappe, Ritter. Für diesen — „Ritt" zu deinem Dienst bestimmt, da er dir gleichsieht wie ein Ei dem andern.
Gawan:	Mir bleibt nicht Wahl, ich muß sein Roß gewinnen. Verschaff es mir.
Orgeluse:	Verschaff dirs selber!
Gawan:	Gut, Ihr schenkt es mir.
Orgeluse:	Dir zu besonder Ehre, und, trägt es dich, das rippendürre Tier,

                so magst du laut darob dem Himmel danken.
Gawan *(sich gegen Malcreatur wendend)*:
                Halt, Bursche!
Malcreatur *(schreiend)*:
                Schande! Schande über Euch!
                Was, Ihr erdreistet Euch, die stolze Herrin
                mit Euch zu führen! Eure Dummheit hat
                Euch das geraten! Ich verfluch Euch drum.
                Was bildet Ihr Euch ein? Die Rose traun
                ist nur für Euch erblüht? Die dummen Hände
                streckt Ihr nach ihr. O Tor, Ihr greift den Dorn!
                Verfluchen will ich Euch und laut verhöhnen,
                weil Ihr ein Narr seid, unbedacht und dreist,
                und nach der Schönheit stellt, die mit dem Garne
                den Fuß Euch fängt und schmählich niederwirft.
Gawan *(ihn vom Pferde schleudernd)*:
                Schweigst du, du Schandmaul?
Malcreatur *(mit lautem Gebrüll)*:
                Auh! O weh! O weh!
                Der Teufel reiß das Fleisch dir von den Knochen!
                Das Höllenfeuer seng die Augen dir
                und schmore deinen Leib, daß er sich aufbläht!
                Jetzt sag ich dir voraus, was dir geschieht:
                Die Hand wirst du verlieren und den Arm,
                womit du mich ergriffen und gestoßen
                von meinem Gaul, und vor den schönen Augen
                von vielen Frauen, die auf dich herab
                von hohen Söllern blicken, wirst du mir
                geschändet liegen und im Blut verenden.
Gawan: Der Fluch kehrt wie der Pfeil zu dem zurück,
                der ihn entsendet.
                                  (betrachtet das Pferd)
                Diese Hungermähre
                soll mich nun tragen?
Orgeluse: Steht sie dir nicht an?
                Was zögerst du, den Renner zu besteigen?
                Mit ihm bestehst du sicherlich den Kampf.
                Und, weiser Herr und Wundarzt, ganz unmöglich
                ist dir verborgen diese Heimlichkeit:
                daß wir uns selbst mit unfehlbaren Zeichen
                nachbilden in dem Schicksal, das uns scheint
                aus krausem, falschem Zufall zu entstehen.
                Schaut nur hinein in diese Zauberschrift:
                Das seid Ihr selbst, was Ihr da leset, Stolzer.
                Ein wohlberittner, edler, starker Held,
                ganz auserwählt, die Schönste zu besitzen.
                Doch vorderhand besitzt ihr sie noch nicht.
                Und da's die Herrin eben nicht gelüstet,
                zu reiten neben solcher Herrlichkeit,
                zumal, da sie zusammenbrechen könnte,

so jagt sie bis zum Strome dir voraus,
des Brausen aufsteigt aus der Waldestiefe.
Dort wird sie, treu und stätig, wie sie ist,
als auf dem blachen Kampffeld dich erwarten.
Du wähltest sie, sie hat auch dich erwählt,
und wird, beim Himmel, dich nicht eher lassen,
als bis du nicht mehr bist! Gehab dich wohl!
(reitet davon)

Malcreatur *(hinweghinkend)*:
Gehabt Euch wohl mit aller Teufel Segen!

Gawan *(allein)*: Ists doch auf Tod und Schande abgesehn?
Bin ich verstrickt in unheilvolle Bande?
Verlockt mich eine Zauberin? Der Knab,
der mich begleitet, ging. Es läßt mich alles
im Stich. Für Guttat ward mir böser Lohn.
Der Schande Anfang ist mir schon erschienen.
Mit diesem Klepper wagt kein Mann den Kampf,
der recht bei Sinnen ist. Halbwegs verloren
ist einer, der auf schlechtem Gaule sitzt.
Und Parzival? — Du gingst die graden Wege,
Gawan, und fragtest grübelnd nicht: wohin?
Der Zweifel hat dir nie das Herz vergiftet.
Voran ging jeder Weg. Was ist es nun,
daß du mit einmal zögernd innehältst?
Ist Schönheit nicht von Gott? Trügt dieses Weib?
Ein Strahl des Himmels brach aus goldner Tiefe.
Doch Parzival? Verrat ich dich, mein Freund?

Der Greis *(erscheint)*:
Gawan —!

Gawan: Wer ruft mich?

Greis: Deine Stimme.

Gawan: Rede.

Greis: Entsinne dich. Du rittest nach dem Gral.
Was sagt ich dir?

Gawan: Ich werd ihn nicht erlangen.

Greis: Was zauderst du? Geh vorwärts, treuer Held.
Du stehst am Tor der Burg, die dich gerufen.

Gawan: Vor Montsalvat?

Greis: Du sollst mich recht verstehn.
Wohin stellt man die Kerze? Auf den Leuchter!
Den Leuchter schaff. Der andre, den du suchst,
wird, so Gott will, die goldne Kerze schaffen.

Gawan: Wie schaffe ich den Leuchter?

Greis: Geh voran!
Vertrau dir selbst, laß in den Schild des Mutes
dir keine Lücke reißen. Reinheit ist
dein Schild, er wird dich decken. Nicht Besieger
des Todes wirst du heißen, doch der Krankheit

	Besieger wirst du, wenn du treu bist, sein.
	Die Wunden des Verderbens wirst du heilen.
Gawan:	Und Parzival?
Greis:	Frag nicht und geh voran!
	Du bist ihm treu, wenn du dir selber treu bist.
	Reich ihm den Leuchter.
Gawan:	Und das Licht?
Greis:	Schweig still!
	Es ist daran, daß sich die Zeit erfülle.

Kleiner Rasenplatz am Flusse, der sich seitwärts gegen den Hintergrund zu zu einem geräumigen Anger ausweitet. Jedoch ist dieser tiefer gelegene Anger von Gebüschen und Baumgruppen großenteils verdeckt. Der Fluß ist breit und dunkel und strömt herrlich einher. Am jenseitigen Ufer mächtige Auenwälder. Auf einer freien Stelle das Haus des Fährmanns mit Booten, die in einer ruhigen Bucht liegen. Hinter den Wäldern zeigt sich sehr nahe auf einem mit Bäumen und Gärten zauberhaft bedeckten Berge Schastel marveil. Alle Fenster der Burg, die Söller und Brüstungen sind mit schön gekleideten Frauen besetzt, die auf den Anger herabsehen.

Orgeluse *(zu Pferd am Ufer):*
 He, Ferge, Ferge, hurtig, schiff herüber!
Ferge *(jenseits):* Wer ruft?
Orgeluse: Die Herzogin.
Ferge: Ich komme. *(macht das Boot los)*
Orgeluse: Auf dem Plan
 seh Lischoys Gewelljus ich sich tummeln.
 So gut, er hält die Wacht, wie ich es will.
 Und wahrlich, nötig hat er nicht zu feiern,
 denn kaum warf er den einen in das Gras,
 so führ ich ihm den neuen schon entgegen,
 daß er sich jenem gleich die Knochen bricht.
 O Männer, Toren ihr, die ihr so treu
 mir dienet, daß ich einen durch den andern
 verderbe! Denn ich finde jedem doch,
 der sich als Sieger bläht, den größern Sieger.
 So jag ich einen durch den andern gäh
 in Schmach und Tod, und jeder ist mir willig,
 den grausen Dienst zu tun und sich im andern
 selbst hinzustürzen in das heiße Blut.
 Soll ich mich eine Göttin nicht bedünken,
 da ihr mit aufgehobnen Händen vor mir kniet?
 Und doch, wie traurig, auf dem Thron zu sitzen,
 den ihr mir baut, den eure Torheit baut,
 mit Hohn euch statt mit Gnade zu begießen,
 der brünstgen Narren Götze nur zu sein.
 O welche Scham und welcher Gram erfüllt mich

                    in tiefer Nacht, wenn alle Torheit schweigt,
und Rätsel murmeln die erweckten Brunnen,
die mir kein blinder Tag entsiegeln will.
Gewelljus, heia! Hierher, Freund. Ich habe
dir neue Arbeit. Halte dich bereit!

Lischoys Gewelljus *(sprengt heran)*:
                    Geliebte Herrin, Euch zu dienen brech ich
soviel der Speere, als der Wald mir beut,
und sollt die Erde drob des grünen Schmuckes
auch ganz entbehren. Seht, ich habe mir
ein stolzes Roß erbeutet, wie ich keines
noch ritt.

Orgeluse: Das kenn ich, noch vor einer Stunde
ritt es Gawan.

Lischoys: Gawan? Ich hab es eben
dem Urians abgewonnen, den ich so
zu Boden warf, daß er nicht wieder aufsteht.
Er kreuzte mir den Weg, ich rannt ihn an —
gleich einem Scheite krachend schlug er nieder
und regte sich mit keinem Gliede mehr.

Orgeluse: Fahr hin, du Lügner! Ein gestohlnes Pferd
trägt seinen Reiter selten bis zum Abend.

Lischoys: Wo ist Gawan?

Orgeluse: Er wäre längstens hier,
wenn dieses Roß ihn hergetragen hätte.
So schleppt er mit dem Klepper sich dahin,
den Malcreatur ihm lassen mußte. Nein doch,
er geht zu Fuß und zieht das arme Vieh
am Zügel nach. Dort zwischen Bäumen, sieh,
trabt er heran.

Lischoys: Wahrhaftig!

Orgeluse: Wenn den Schild ihm
das Tier nur trägt, mehr heischt er nicht von ihm.

Lischoys: Er schont es für den Kampf.

Orgeluse: Da ist er nun.
In deine Hände geb ich ihn, Gewelljus,
tu denn mit ihm, wies deiner Stärke ziemt.
Ich wünsche seinem Hochmut eine Buße,
die aller weitern Mühsal ihn enthebt.

Lischoys: Man rühmte ihn.

Orgeluse: Mach ihm den Ruhm zuschanden.
Wie, oder schlich in dein bewährtes Herz
sich Feigheit ein?

Lischoys: Er fällt wie jeder andre.
Du sprichst den Segen, Zaubrin, über mich.

Orgeluse: Den Segen, der zur letzten Hinfahrt segnet.
Zum Kampfplatz jetzt! Was zögerst du?

Lischoys:	Er hat ein edles Haupt und schlanke, stolze Glieder.
Orgeluse:	Nur eben recht, sie in den Staub zu treten.
Lischoys:	Ich seh ein Licht um ihn, dem Hauche gleich des Tages, der sich hebt von den Gebirgen.
Orgeluse:	Lösch es ihm aus!
Lischoys:	Ein Kind erscheint er mir.
Orgeluse:	So würg ihn wie ein Kind!
Lischoys:	Ein Kind erwürgen?
Orgeluse:	Was hast du heut? Du scheinst nicht wohlgestimmt. Willst du nicht kämpfen?
Lischoys:	Doch.
Orgeluse:	Gedenke, Lischoys, des Rufes, der dich stets zum Streit geführt. Sieh mir ins Aug!
Lischoys:	Geliebte!
Orgeluse:	Niemals hörst du ein Liebeswort von mir, eh nicht der Sieg, der letzte, dein ist.
Lischoys:	Auf für Orgeluse!
Orgeluse:	So will ich dich! Mein Name haucht dich an mit Glut und Feuer. Wenn ich mich aufs Bette zur Ruhe lege und der bleiche Mond sich aufhebt durch den Dämmer dieser Auen, dann soll der Kummer mir das Auge nicht vor seinem Glanz verschließen. Ein Gedanke erfülle dann mein Herz sowie der Strahl des Edelsteines, der im Dunkeln leuchtet: Er hat gesiegt.
Lischoys:	Er hat gesiegt. Du wirst es als Nachtgruß hören. Zum Gemach empor wird meiner Stimme Schall die Kunde tragen. Mit meinem Namen auf den Lippen dann sollst du entschlafen. Die du schön am Tag bist und unaussprechlich schöner in der Nacht, an die ich alle Sinne hingegeben, versprich mir, Zaubrin, daß dein letztes Wort mein Name sei!
Orgeluse:	Frei bin ich, Lischoys. Du weißt es, ich verspreche nichts. Allein ich kann das Unversprochne wohl erfüllen.
Lischoys:	Das Unversprochne? Du erfüllst es?
Orgeluse:	Nein.
Lischoys:	Du Quälerin!
Orgeluse:	Wie kann ich Offnes verschlossen halten, Freies binden, wie das Unversprochene versprechen? Sieh,

| | mein Aug ist streng und ohne Lächeln beut sich
mein Mund dem Lichte dar. Sieh zu,
Lischoys Gewelljus, daß du recht mir dienest.
Es gilt den Kampf. *Die* Worte lieb ich sehr,
die mit dem Schwert gesprochen werden.
Lischoys: Herrin,
du findest mich bereit.
Orgeluse: So reite! reite!
(Lischoys gegen den Hintergrund ab.
Der Fährmann stößt ans Ufer.)
Fährmann: Hier bin ich.
Orgeluse: Bind das Schiff ans Ufer. Bleib am Ort!
Sobald ichs sage, fährst du mich hinüber.
Fährmann: Wie Ihr befehlt.
Orgeluse: 's gibt wieder Kampf. Dort naht
ein Ritter sich.
Fährmann: Ein junger Held und schön.
Jedoch sein Gaul —! Bei Gott, das ist die Mähre
Malcreaturs!
Orgeluse: Sie ists. Und ihrem Reiter
soll auch der Name werden, den das Tier
so herrlich trägt, sobald er sich zum Kampfe
auf ihren Rücken schwingt: Malcreatur!
Fährmann: Ist er der Name aller Menschen nicht,
wie ich sie kenne, Frau?
Orgeluse: Wo nicht der Menschen
so doch des Mannes.
Fährmann: Wie, des Weibes nicht?
Wem gliche das Geschöpf, von dem man sagte,
es wäre nicht nur schön, es wär auch gut?
Orgeluse: Ist beides denn nicht eines?
Fährmann: Unter Engeln
ist beides eins. Doch Menschen sind gemacht,
sich zu verhehlen.
Orgeluse: Höhlen sind sie, ja.
In Höhlen hehlen sie das größte Wunder,
viel größer als die Pracht des Schlosses dort.
Kennst du es?
Fährmann: Still. Dies wissen, können schweigen.
(Gawan kommt an, das Pferd hinter sich ziehend)
Orgeluse *(zu Gawan):*
Willkommen, schneller Held! Ich hab zu Unrecht
Euch heut geschmäht, denn Weisheit leuchtet Euch
von Eurer Stirn. Wie schnell begrifft Ihr doch,
daß man zuweilen rascher auf den Füßen
einhertrabt als im Sattel eines Gauls.
Gawan: Ist hier der Kampfplatz?

Orgeluse: Ei, Ihr blickt umher
als stünde Euch das Henkersmahl bereitet.
Noch habt Ihr Zeit Euch zu besinnen, zwar
nicht lange mehr, denn unweit wartet Euer
ein Held, der Euch des Denkens schnell enthebt.
Ich pflege Wort zu halten, meine Treue zeigt sich
ganz wandellos, ich wanke nicht vom Weg,
den ich mir selber vorgezeichnet habe.
Die Schande, die ich Euch verhieß, Ihr mögt
sie pflücken als die Frucht vom Baum der Torheit,
der Euch so breit gedieh. Ein Fest der Schmach
ist Euch bereitet, wie es keinem Ritter
seit Menschendenken angeboten ward.
Besteigt das Schlachtroß, in die Bahn zu reiten!
Doch vorher noch hebt Euren Blick empor
zu jenen Zinnen, jenen Fensterbogen,
die schon der Glanz der späten Sonne schmückt.
Seht Ihr die Sterne, die am lichten Abend,
ein Firmament, in rotes Gold gefaßt,
mit dunklen Blicken nach der Tiefe strahlen?
Wenn Ihr sie zählt (vielleicht vermögt Ihr das,
denn Bildung findet sich wohl auch bei Rittern)
vierhundert schöne Augen sinds gewiß,
die Eurem Streit die Ehre geben, wahrlich,
und Eures kühnen Sturzes Zeuge sind.
Habt Ihr die Dinge dieser Welt geschlichtet?
Dann taucht den Blick in jenes Himmelszelt
und geht getrost dem Untergang entgegen.
Gawan: Und Ihr?
Orgeluse *(ihren Zelter auf das Schiff führend)*:
Ich trete ein in diesen Kahn
und fahre über.
Gawan: Weh, Ihr weilt nicht hier,
wenn ich für Euch den Sieg erstreite?
Orgeluse: Ritter
Ihr sinkt ins Gras, und solchen Anblicks, traun,
begehr ich nicht. Er ist mir oft geworden.
Gawan: Ihr flieht?
Orgeluse: Ich fahre.
Gawan: Und ich sehe Euch
nicht wieder?
Orgeluse: Nein.
Gawan: Und wenn ich siege?
Orgeluse: Sieget,
das weitere wird sich finden.
Gawan: Dann wohlauf!
(Er besteigt das Pferd)
(Orgeluse wird vom Fährmann über den

Strom gesetzt. Gleich darauf kehrt der Fährmann zurück)

Gawan: Ihr Nein ist Ja, ich täusch mich nicht. Ich wag es,
und wär ich ohne Lanze selbst und Schild.
Jedoch mein Gaul? Er wird zusammenbrechen
beim ersten Ansprung. Seis! so strauchelt auch
des Gegners Tier und wirft ihn auf den Rasen.
Wir springen auf, der Schwertkampf bringt mir
　　　　　　　　　　　　　　　　　　　　Heil!
Für Orgeluse! Nein, für dich, die ich erkenne,
die sich in Orgelusens Hülle birgt
und Schönheit eingießt diesen stolzen Zügen.
Für dich! für mich! Für alle! Ja, für alle!
　　　　　(Er reitet gegen den Kampfplatz davon)

Fährmann *(landet und singt, während er den Kahn festbindet)*:
Des Stromes Wogen fließen,
die Ufer hier und dort,
ich komme, sie zu grüßen,
ich rudre wieder fort.

Nicht hüben und nicht drüben
ist Rast für mich und Ruh.
So ist mein Tun und Üben
zu fahren immerzu.

Denn hier ist keine Brücke,
es zieht hier keine Bahn,
kaum reichst mit deinem Blicke
zum Ufer du hinan.

Die hier und dorten weilen,
den Fergen rufen sie,
zu ihrem Dienst zu eilen,
zu endeloser Müh.

Wann wird der Ferge steigen
aus seinem Boot ans Land?
Wann sich die Ufer neigen
und ruhen Hand in Hand?
　　　　　　　　(Er steigt ans Ufer)

Das Krachen schweigt, das Klirren ihrer Schwerter.
Ihr Antlitz wenden dort die Frauen ab.
Der Kampf ist aus, und Stille fällt vom Himmel,
wie sie nach großen, ernsten Dingen naht.
Kurz war der Streit. Auf seiner bösen Mähre
der junge Held erlag dem ersten Stoß.
Gewelljus' Schwert ist hart und unerbittlich,
es kennt nur Tod. Wohlan denn, deinen Lohn
nimm dir vom Streit!

　　　　　　　*(Er wendet sich gegen den Hintergrund,
　　　　　　　Gawan erscheint und führt sein eigenes
　　　　　　　Roß am Zügel)*

	Gewelljus hin! Der Sieger führt als Beute
	des Gegners Roß! Halt, Ritter, dieses Pferd
	ist mein.
Gawan:	Ist dein?
Fährmann:	Nach stets geübtem Brauche.
Gawan:	Wie dies?
Fährmann:	Die Aue, drin der Streit geschah,
	mein Eigentum, lieh ich zum Kampffeld aus
	mit dem Beding, daß des Besiegten Tier
	mir zufällt. Also gebt!
Gawan:	Mitnichten, Freund.
	Denn dieses Pferd, wiewohl ichs abgewann
	dem Helden, der den Sieg mir lassen mußte,
	ist mein, war immer mein, vor einer Stunde
	ritt ich es noch, eh Urians mirs stahl.
	Malcreaturs verdammte Mähre wahrlich
	regt keinen Knochen mehr. Soll ich zu Fuß
	von dannen ziehen, sprich! Und willst du so mich
	des Eigentums berauben, guter Freund?
Fährmann:	Bedingnis ist Bedingnis.
Gawan:	Diesmal kannst du
	auf sie nicht pochen.
Fährmann:	Herr, Ihr tut nicht recht,
	wenn Ihr den Lohn, den jeder mir bezahlt,
	verweigert.
Gawan:	Die du sonst beerbtest, Fährmann,
	die hatten keine Lust mehr, sich zu wehren:
	sie waren tot.
Fährmann:	O nein, in meinem Stall
	steht auch des Urians geschmückter Renner
	und manch ein wackres Tier.
Gawan:	Dies Roß bleibt mein.
	Es tut mir leid, ich möchte dich nicht kränken,
	noch einen alten, eingeseßnen Brauch
	mit leichter Hand beiseite schieben: Mußt du
	bezahlt sein, Freund, nimm dir den Ritter doch,
	der noch im Grase sitzt, die Schmach betrauernd,
	die ihm geschah.
Fährmann:	Wie sagt Ihr, Herr, ich soll
	den ganzen Mann anstatt des Rosses haben?
Gawan:	Wenn du ihn willst, ich schenk ihn dir.
Fährmann:	Ihr sprecht
	im Scherze nicht?
Gawan:	Leg jede Silbe, Fährmann,
	keck auf die Waage, und ich lös sie ein.
Fährmann:	Ein Mann statt eines Rosses. Welche Beute!

	Ein Fang, wie ich, bei Gott, ihn nie getan.
	Dank, edler Herr!
Gawan:	Es ist schon gut. Nun sag mir,
	die Herzogin, wo wandte sie sich hin?
Fährmann:	O Herr, die seht Ihr diese Nacht nicht wieder.

Doch da Ihr nun gesiegt, so wird sie Euch
zu ihrem Ritter wählen, nicht aus Minne,
aus Bosheit nur, ich sags Euch ganz getreu.
An des Gewelljus' Stelle müßt Ihr treten,
um jeden, der in dieses Zauberfeld
hereintritt, unbarmherzig zu erlegen.
So hetzt sie Euch von einem Kampf zum andern,
setzt auf den Bogen ihres Hochmuts Euch,
um Euch wie einen Pfeil hinauszusenden
nach jedes Helden Haupt, bis Ihr zuletzt
in einem Größern Euren Meister findet,
und Euer Blut, wie Wasser hingespritzt,
die Erde tränkt, die gierige, auf daß sie
von Zauberblumen glühe, bunt und bang.
Laßt Euch hiezu nicht brauchen, edler Ritter,
entreißt der Schlinge Euch, womit sie dicht
die Seele Euch umspann. Ich rat Euch ehrlich.

Gawan:	Das wird sich finden.
Fährmann:	Seht mir ins Gesicht!
	Sagt, hab ich not, bei Euch mich einzuschmeicheln?
Gawan:	Laß gut sein, Ferge, Deinem grauen Haupt
	vertrau ich wohl. Es dunkelt schon, so sag mir:
	Wo bleib ich diese Nacht?
Fährmann:	Dort drüben steht
	mein Haus. Gefällts Euch, da zu wohnen,
	so kommt mit mir, ich diene Euch daselbst
	mit allem, was ich habe.
Gawan:	Und der Ritter?
	Er wartet, daß ich über ihn verfüg.
Fährmann:	Wir setzen über, alsdann fahre ich
	zurück und hol ihn nach.
Gawan:	Ich bins zufrieden.
Fährmann:	Ihr gabt ihn mir — Ihr habt mich reich gemacht.
	Gebietet mir, ich will Euch frei gehorchen.
Gawan:	Ein Imbiß und ein Lager, das genügt.
Fährmann:	So kommt! Führt Euer Roß in diesen Nachen.
	Die Nacht bricht ein. Ein Strom von Golde geht
	der Fluß einher. Seht Ihr das Lichtlein blinken?
	Dort steur ich hin. Und wißt Ihr, was das heißt,
	den Strom am späten Abend überqueren?
Gawan (*das Pferd in den Nachen führend*):	
	Es heißt, daß man zum andern Ufer will.
Fährmann:	Zum andern Ufer! — Setzt Euch hierher, nehmt

den Helm vom Haupt, die Nachtluft wird Euch
kühlen.
Gefällts Euch nun? Wohlan! Schon faßt der Strom
das Fahrzeug an und hebt und trägts von hinnen.

KLINGSOR

Personen:

Klingsor, *Herr der Zauberburg (Schastel marveil)*
Gawan
Fährmann
Bene, *des Fährmanns Tochter*
Königin Arnive, *des Artus Mutter*
Frauen der Königin
Itonje, *Gawans Schwester*
Ein Löwe
Ein Fischmensch
Erdgeister, Wassergeister, Luftgeister, Feuergeister in Klingsors Dienst.

Die Handlung spielt im Hause des Fährmanns und im Zaubersaal von Schastel marveil.

GEMACH IM HAUSE DES FÄHRMANNS

Im Hintergrunde ein großer Vorhang, mit allerhand seltsamen Vögeln und Wundertieren geschmückt. Wird er geöffnet, so tritt man auf einen Altan hinaus, der über die Wipfel eines Baumgartens hinweg die Aussicht auf Schastel marveil gewährt.
Seitwärts ist ein Ruhelager bereitet. Im Vordergrunde rechts eine gedeckte Tafel, auf die der Fährmann eben Speisen trägt. Links vorne Gawan, der von Bene entwaffnet wird. Es ist Nacht, der Vorhang ist geschlossen, Kerzen erhellen das Gemach.

Fährmann *(zu Bene)*:
    Betrachte diesen Ritter so, mein Kind,
    als wär er unser Herr. Er tat uns Ehre,
    daß er die Herberg nahm, die ich ihm bot,
    und schenkte uns die Fülle seiner Gnade.
            (er geht ab und zu)

Bene *(kniet vor Gawan nieder)*:
    So nehmt mich an als Eure Magd, o Herr.

Gawan: Steh auf! Du sollst nicht knien. Denn ein Gott nicht
    noch auch ein König bin ich.

Bene: Alles nehmt,
    was ich besitze, Eurem Wunsche will ich
    mich gänzlich fügen.

Gawan:	Nimm das Eisen von mir, wenn dirs gefällt, daß sich die Brust mir freier der Nacht zu dehne und dem tiefen Schlaf.
Bene:	Erlaubt! *(beginnt ihn zu entwappnen)*
Gawan:	Du bist so feierlich, mein Kind, als nähmest du das Sakrament.
Bene:	O Herr, lös ich die Rüstung Euch vom müden Leib, werd ich Euch bald auch des Gewands entledgen. Zu Nacht enthüllt die Welt sich, und der Mensch tut auch die Hüllen ab.
Gawan:	Und atmet tiefer.
Bene:	Das Aug des Himmels ist das Sternenlicht. Zu Nacht beginnt der Himmel erst zu glänzen. Und auch der Mensch, wenn ihm die Hülle fällt, wird strahlender.
Gawan:	Du wundersames Kind, von wannen kommt dir solche Rede?
Bene:	Wahrheit ist, was ich sage. Stets erblick ich sie.
Gawan:	Das Eisen legt der Ritter an am Morgen, daß er sich rüste für den harten Kampf. Am Abend leuchtet ihm die Frucht des Kampfes. Zu Nacht wird er gespeist.
Bene:	Wenn erst die Wehr von ihm ist. Denn in Wehr und Waffen kann man die wahre Speisung nicht empfahn.
Gawan:	O Kind, ist nicht die Rede, die du bietest, Speise und süßer Trank?
Bene:	Ich diene Euch, o Herr, mit allem, was ich bin. Wollt Ihr mich essen, so esset mich, und seid Ihr durstig, trinkt!
Gawan:	Wie wunderbar und kaum zu fassen dünkt mich das Wort aus deinem Mund!
Bene:	Nehmts wie den Tau, der niederfällt vom klaren Zelt der Sterne.
Fährmann:	Die Mahlzeit ist bereit. Gefällts Euch, Ritter, so setzt Euch nieder.
Gawan:	Speis ich denn allein? Soll ich bei Tische nicht Gesellschaft finden?
Fährmann:	Befehlt, was Euch beliebt!
Gawan:	Dies Mädchen laßt das Mahl mir teilen. Seiner Rede Zauber erquickt mich mehr als Speise oder Trank.

Fährmann:	Solch hoher Ehre ward sie nie gewürdigt.
	Allein Ihr wünscht es, und so mags geschehn.
	(zu Bene)
	Setz dich zu ihm!
Bene:	Ich folge Eurem Willen.

(setzt sich mit Gawan zu Tisch

Fährmann:	Es segne Gott Euch, was Euch hier bereitet.
	Sobald Ihr mein bedürftet, ruft Ihr mich. *(ab)*
Gawan *(zu Bene)*:	
	Weihst du den Becher mir mit deinen Lippen?
Bene:	Ihr sagts, so tu ichs. Denn Ihr seid ein Ritter,
	und, was Ihr sagt, ist ritterliches Wort.

(nippt an seinem Becher und reicht ihn dann Gawan)

Gawan:	Die Sterne sind im Glanze dieses Saftes.
	Auf deinen Lippen fühl ich ihren Hauch.
	Wie heißt du?
Bene:	Bene.
Gawan:	Und dein Alter, Bene?
Bene:	Zwölf Jahre.
Gawan:	Seltsam! War nicht Obilot
	wie du ein Kind? Doch hegst du in der Seele
	Antikonie mir auch, und Orgeluse
	schwebt tief im Grunde deines Herzens. Ach!
Bene:	Ihr seufzet?
Gawan:	Brich das Brot mir! Und vom Fleische
	reich mir ein Stück, ein wenig von den Früchten.
	Und nimm auch du!
Bene:	Ich tue, wie Ihr wollt.
Gawan:	Und wenn ich Böses wollte?
Bene:	Böses könnt Ihr
	nicht wollen, Herr.
Gawan:	O sag das nicht, mein Kind.
	Das Böse ist dem Herzen eingeboren.
Bene:	Nein, Herr, das Herz ist Gottes Ding,
	und Gott ist gut.
Gawan:	O sag, von wannen kommst du?
	Bist du ein Kind der Sterne? Deine Augen
	sind wie Kristalle und dein Atem weht
	wie Sternenwind.
Bene:	Ich kenne wohl die Sterne.
	Jedoch die Menschen schütteln oft den Kopf
	und können meine Rede nicht verstehen.
	Ich sinne dann, wieso das alles ist.
	Denn leicht und klar ist, was ich rede; dunkel,
	verworren und verhüllt ihr eignes Wort.

Gawan:	Du bist so leicht, man fühlt nicht deine Nähe, und dennoch lächelt deine Gegenwart.
Bene:	Eßt Ihr nicht mehr?
Gawan:	Ich bin des Hungers ledig, des Dursts nicht minder.
Bene:	Die Gestirne sinds, die so uns speisen mit geheimer Fülle. Wollt Ihr jetzt ruhen?
Gawan:	Kind —
Bene:	Ich rüste Euch das Bett. *(Sie trägt das Speisetischchen hinaus und deckt das Bett ab.)*
Gawan:	Du tust mir Dienst, wie sonst die Knaben tun?
Bene:	Ich bin auch Euer Knabe.
Gawan:	Ists deinem Vater recht?
Bene:	Er schenkt mich Euch in Eure ritterlichen, edlen Hände.
Gawan:	So sehr vertraut er mir?
Bene:	Ja, Herr.
Gawan:	Und du?
Bene:	Ich hab Euch meinen Willen hingegeben.
Gawan:	So laß mich ruhen, denn vom Kampfe müd sind meine Glieder. *(er streckt sich nieder)* Bleibst du bei mir, Bene?
Bene:	Ich mache Euch zu Füßen mir das Bett. Doch will ich wach sein, bis Ihr schlafet. *(sie legt ein Kopfpolster auf den Teppich vor Gawans Bett und hüllt sich in ihren Mantel.)* Seht, so lieg ich nun.
Gawan:	Reich mir die Hand herauf, daß ich sie einen Augenblick noch halte und gute Nacht dir sage. Denn der Schlaf, so fürcht ich, wird mich augenblicklich zwingen.
Bene:	Gott segne Euren Schlaf!
Gawan:	Du blickst so wach, so voller Glanz sind deine schönen Augen. Wie ist es, daß wir nun so Hand in Hand hier liegen?
Bene:	Ach, ich denke nicht, es ist mir ganz vertraut.
Gawan:	Vertraut! Du sagsts, und eigen! Kenn ich dich nicht?

Bene:	Wenn Ihr Euch selber kennt.
Gawan:	Die Sterne, dünkt mich, sind mit uns verschwistert.
Bene:	Ein Schiff von Silber trägt uns durch das Meer.
Gawan:	Die Wogen sind Musik, mit Muschelhörnern ziehn lichte Geister tönend um uns her.
Bene:	Ihr lächelt und ich lächle und die Sterne gehn frei im Reigen.
Gawan:	O wie heiter ist, wie ohne Grenzen Woge, Meer und Himmel.
Bene:	Kennst du mich?
Gawan:	Ja.
Bene:	Kenn ich dich?
Gawan:	Schwester, Schwester.
Bene:	Zwölf Sterne sinds, so überm, unterm Meer.
Gawan:	Ist Mitternacht nicht nah?
Bene:	Schon rauscht die Schwelle. Hörst du mich noch?
Gawan:	Von fern.
Bene:	Du fliehst! du fliehst!
Gawan:	Zu dir — *(er schläft)*
Bene:	Zu mir. Die Sterne gehen unter.

(Ihre Hand entgleitet der seinen, sie schläft).

Fährmann *(tritt leise ein):*

    Bene —! Du schläfst? Dein Lager ihm zu Fuß — — —
    das holde Haupt aufs Kissen hingesunken.
    Aus deinen Zügen lächelt Unschuld. Mann,
    du bist von rechter Art. Du hast bestanden.
    Denn unberührbar war dir jenes Kind,
    das ich an dich gewagt. So sei gesegnet!
    Laßt wachen mich ob Eurem selgen Schlaf,
    Ihr beiden Reinen, eine kurze, lichte,
    geheimnisvolle Nacht hindurch. Gesang
    und Harfenspiel erfülle Euren Schlummer.
    (er trägt eine große Harfe herbei und läßt sich auf einem Schemel nieder.)

Nachtlied des Fährmanns

Nacht ist, auf sieben Saiten töne mein Lied
der sieben Sterne Getön.
Nacht ist, es schwebe mein silbernes Lied
auf blauen, kristallenen Höhn.

Nacht ist, durch sieben Meere fahre mein Kahn
zum fernen, heiligen Land.

Nacht ist, es lege klingend sich an
am Strand, am gesegneten Strand.
Nacht ist, es falle ins Herz mir der Tau
aus sieben Himmeln herab.
Nacht ist, es schließe das ewige Blau
sich rein zu Geburt mir und Grab.
Nacht ist, zumitten der Dinge geschieht
die Wandlung, der heimliche Fall.
Nacht ist, es füllt sich mit Kühle mein Lied,
es neigen die Sterne sich all.
Nacht ist, doch krankt ihr das schöne Gesicht,
den Morgen kündet der Hahn.
Nacht ist, der Wunder letztes zerbricht,
gewendet ist längst schon der Kahn.

Tag wird, im Golde zerrinnt das Gestirn,
der Tiefe entspringt schon das Riff,
Tag wird, es rötet sich leise der Firn,
am Felsen strandet das Schiff.

(die Morgendämmerung beginnt)
Fährmann *(nimmt Bene in seine Arme und trägt sie hinaus)*:
Gawan *(erwacht und richtet sich auf)*:

Der Tag —! Er bringt mir Orgeluse, wie die Nacht
mir Orgeluse brachte. Doch er läßt sie
als Bild mir nur, getrennt von meinem Herzen,
und weckt die unauslöschlich brennende Begier,
die Schranken dieses Leibes einzureißen
und hinzuströmen, wie das Blut verströmt
des todeswunden Mannes. O, ich ruhte
bei ihr, in ihr, umfangen und durchstrahlt
von ihrem Glanz, durchbebt von ihrer Liebe.
Denn diese eine Torheit glaub ich nicht,
daß Liebe einzeln sei, daß jemand lieben
und ohne Liebesantwort bleiben kann.
Wer mich nicht liebt und nie vermag zu lieben,
der kann nicht jene rätselhafte Qual
des Herzens in mir wecken; denn es lockt die Hand
nur aus dem dunklen stummen Erz der Saiten
den leuchtenden Akkord, nicht auch der Atem
des Windes. — Horch, die Vögel sind schon wach
und regen sich mit munterem Gezwitscher.
Willkommen Tag, ob du mir auch verbirgst,
was ich im Traume innig noch besessen.
Der Balsam deiner Lüfte stärke mich
zu neuer Tat!
(er öffnet den Vorhang und gewahrt Schastel marveil, das im Frühlicht vor ihm daliegt.)

O welch ein Anblick! Leise
strahlt jenes Zauberbild vor mir empor,
das gestern schon die Sinne mir bestrickte.
Das schönste Haus, das jemals mir erschien,
dem Duft der Gärten wunderbar entsteigend
und schwebend vor dem reinsten Himmelsgold.
Wer sann dich aus? Aus welch erlauchtem Geist
erhobst du dich zu strahlender Bedeutung?
In deiner fremden, märchenhaften Pracht
bist du vertraut der Seele gleich dem Traume,
der lautlos uns mit seinem Glanz umfängt.
Und sieh, da kaum der Morgen sich noch rötet
und auf der Schwelle zwischen Nacht und Tag
das Zwielicht rätselhafte Schleier webt,
sind schon die Mädchenbilder wieder wach,
von Zinnen, Türmen, Fenstern niederschauend
mit träumerischer Sehnsucht dunklem Blick.
Ein wundersam ergreifend Bild, Voll Schönheit
und süßer Trauer, gleich als wäre nicht
das schöne Schloß der Kinder echte Heimat,
als sehnten wie gefangne Vögel sie
sich träumend fort an menschliche Gestade.
Denn wie es spiegle mit dem Marmorschnee
und wie es sich im Purpurlichte bade,
ein Haus, wo Menschen wohnen, scheint dies nicht.
Wer hilft mir, dieses eigne Rätsel lösen?
(er verharrt im stummen Anschauen der Burg)

Fährmann *(tritt auf):*
Ich wünsch Euch guten Morgen, edler Herr.
Da ich Euch hin und wieder gehen hörte,
so stieg ich in das Schlafgemach herauf,
zu fragen, was Ihr künftig mir befehlet.

Gawan: Wie heißt das Schloß?

Fährmann: O Herr, ich bitte Euch,
dem fragt nicht nach.

Gawan: Warum nicht? Strahlt mirs doch
so nah und deutlich in die Augen. Soll ich
mich wenden, so, als hätt ichs nicht gesehn?

Fährmann: Es wär Euch besser, wenn Ihrs tätet.

Gawan: Aber
ich sah es nun, und was ich fürder tu,
es läßt sich aus dem Sinn mir nicht mehr löschen.

Fährmann: Das ist sein Fluch!

Gawan: Fluch? Kann so schönes Ding
verflucht denn sein?

Fährmann: Die Schönheit ist sein Fluch.
Ich hätte nicht das Kind Euch von der Seite
schon nehmen sollen.

Gawan:	Bene? Schlief sie nicht hier dicht bei mir?
Fährmann:	Ich trug sie in ihr Bett. Daß ich sie doch bei Euch gelassen hätte!
Gawan:	Was sind das Rätsel, die du redest, Mann!
Fährmann:	Sie hätte Euch gehindert, diesen Vorhang hinwegzuheben.
Gawan:	Und ich hätte denn, so meinst du, dieses Traumbild nicht gesehen?
Fährmann:	So ists. Denn niemand wirds gewahr, es sei denn in der Dämmerung des Abends und morgens beim Erwachen. Aber wer es einmal sieht, der sieht es immerfort.
Gawan:	So war das Unheil längstens schon geschehn. Denn gestern schon, eh ich zum Kampf geritten, sah jener Mädchenzwinger mir herab. Was ists mit ihm?
Fährmann:	Ich bitt Euch, laßt die Frage. Kehrt Euch hinweg und lockt die Bosheit nicht aus ihrem Hinterhalt, darin sie lauert.
Gawan:	Die Bosheit, Fährmann? Immer rätselhafter wird deine Rede. Glaubst du wirklich denn, ich ließe es bei halbem Sinn bewenden? Ich ritte weg, den Stachel in der Brust, es gäbe Dinge, die ich nicht begriffen? Ich hielte fürder mich für einen Mann, da ich von diesem Ort mich weggeschlichen? Die Mädchen blicken stumm und trauervoll zur Tiefe hin, mir schwillt das Herz im Busen. Was macht den Armen Kummer, warum neigt die Schöne so voll Schwermut ihre Stirne? Ich fühls zu wohl, es ist mein eignes Leid, was jene tief und rätselhaft umdunkelt. Stell ich die Frage nicht, und wird mir drauf nicht Antwort, sag, wie lös ich mich vom Kummer?
Fährmann:	O daß ich Euch in diese Hütte lud! Ihr wollt an Eurem Tod mich schuldig machen. Denn Tod bringt meine Antwort Euch fürwahr.
Gawan:	Tod ward mir schon einmal verheißen und ich nahm ihn an. Zum Streite mit dem Tode bestimmt ich mich, da ich die Waffen nahm, mein Auftrag ist, ihn überall zu suchen, wo er sich zeigt, den Kampf ihm anzusagen, und ihm solang mit meinem Schwert zu wehren, bis mir die Kraft versiegt und er mich fällt. Ich bitte Euch, begreift, mein lieber Gastwirt, daß, wenn ich einmal mich dem Streit entzög', ich selbst mich fällte, aus der Schar der Ritter mich selbst hinausstieß, daß ich dann für ewig

| | verlustig ging des Lebens, das ich mir |
| | zu sichern strebte. |

Fährmann: O, es ist kein Rat!
Ich wußte wohl, Ihr würdet drauf bestehen,
daß ich Euch Auskunft gebe. Alsdann wollt
das Abenteuer Ihr bestehen, wollt
vollbringen, was noch keiner tat, erlösen
die Mädchen auf dem Söller dort, dem Feind
die Stirne bieten, dem kein Mann gewachsen,
er führe noch so mächtig Spieß und Schwert.
Denn Höllenkunst ists, die Euch dort umlodert,
von Zauberkräften seid Ihr jäh umstrickt,
und wo Ihr selber nicht des Zaubers kundig,
des höchsten, den es gibt, so stürzt Ihr hin,
in Rauch und Glut und Schwefeldampf versinkend,
und niemand weiß, was Euch zuletzt geschah.

Gawan: Die Höll' vermag solch Wunderbild zu schaffen?

Fährmann: Sie schaffts aus jener Mädchen Schmerz und Traum,
aus ihrer Unschuld dämmervollem Wähnen.
Ermesset, Herr, die Größe der Gefahr!

Gawan: Die Hölle ist gewaltig. O ich weiß es.
Das stärkste Herz gerät in ihren Bann.
Ich bin kein Tor, die Macht zu unterschätzen,
die hier sich trügend aufhebt wider mich.
Doch rief uns Gott nicht, diesen Kampf zu wagen,
vertrauend nicht auf eigne schwache Kraft,
vertrauend auf die Hilfe seiner Engel?

Fährmann: Wenn Ihrs vermögt — wenn Eure Glaubenswehr
nicht eine Spalte öffnet dem Geschoß des Feindes,
wenn Euer Mut der Mut des Himmels ist,
wenn Ihr die Demut kennt, wenn sich die Seele
Euch rein erhielt, wenn Ihr die Andacht nie,
die wir dem Weibe schuldig sind, verletztet —
ich gab das Kind Euch wie den Tropfen Tau
und Ihr versehrtets nicht — dann, Ritter, dann,
ist Hoffnung, daß Ihr diesen Kampf bestehet.

Gawan: Gott weiß, was ich vermag. Ich stehe hier,
gerufen und gesandt und muß vollbringen,
was das Geschick befahl. Drum rede, Freund:
Wie heißt das Schloß? Was ist es? Welch Geheimnis
birgt sich in ihm?

Fährmann: So wisset, edler Herr,
Schastel marveil hebt sich vor Eurem Blicke,
die Burg des Bösen, da durch Zauberkraft
in goldnem Kerker eingeschlossen wohnen
die Mädchenbilder, die Ihr dort erblickt.
Das eben ist die Schmach, die tiefe Trauer,
der Schaden, der der Menschheit hier geschieht,
daß diese unschuldvollen, reinen Wesen,

	die des Bewußtseins tödlich heller Tag
	noch nicht berührt, die noch im Traume dämmern,
	dem Zaubrer dienen, der sie listig stahl.
	So webt er seine teuflischen Gewebe
	aus lautern Fäden, daß sie zaubervoll
	zur lieblichsten der Lügen sich verschlingen.
	Glaubt diesem Schein nicht, edler Herr.
	Die Wahrheit spricht die Trauer jener Augen.
Gawan:	Wer ist der Frevler?
Fährmann:	Seinen Namen nennt
	mit Abscheu nur der Mund. Der Bösen Meister,
	der stärkste Zaubrer, der uns je erschien,
	Klingsor der Große ließ die Burg erstehen.
Gawan:	Dies also ist mein Gegner?
Fährmann:	Ja.
Gawan:	Wohlan,
	ich will ihn fordern vor das Schwert des Himmels.
Fährmann:	Bedenkt Euch, Herr.
Gawan:	Bedenken?
Fährmann:	Furchtbar ist
	die Macht, die List, der Trug, der Euch begegnet.
Gawan:	Ist List die Macht: Geradheit bricht die List.
	Und Trug zerstiebt, wo Wahrheit ihre Stirne
	erhebt.
Fährmann:	Seid Ihr der Wahrheit auch gewiß?
Gawan:	Ich bin ein Mensch. Doch Gott berief den Menschen.
Fährmann:	Ihr wagt es?
Gawan:	Ja.
Fährmann:	Es rechnet im Geheimen
	auf Bundsgenossen der gewaltge Mann,
	die Eure Seele selber ihm wird bieten,
	auf Furcht, auf Torheit, Eitelkeit, auf Wahn,
	auf die Verdüstrung Eurer hellen Sinne,
	denn durch Euch selber nur kommt Ihr zu Fall.
	Wenn Ihr von ihm Euch nicht verwirren lasset,
	wenn Ihr Ihr selber bleibt, Euch selber traut,
	und im Verlorensein die Rettung haltet
	in Eurem Herzen fest, wenn Ihr nicht wankt,
	Unmögliches ins Mögliche zu wandeln,
	so findet keine Blöße er an Euch.
Gawan:	Du rätst mir gut. Auf niemand will ich bauen
	als auf mich selbst und den, der mich erschuf.
Fährmann:	Zwei Dinge merkt Euch wohl: Ihr müßt zu Fuße
	das Schloß betreten. Denn es wird das Pferd
	vor dem gewaltgen Truge sich entsetzen
	und reißen Euch in Raserei und Flucht.
	Dem Krämer müßt Ihrs lassen vor dem Tore,

	ders Euch bewahrt, bis daß Ihrs wieder holt.
	Und dann: Nie dürft Ihr Eure Waffen aus Euren Händen legen, nie auch nur Euch in Gedanken Rast und Ruhe gönnen. Denn was Ihr hier zu wirken habt, ist Kampf. Bleibt ruhig in Euch selbst, des Gegners wartend, zwingt ihn zur Offenbarung seiner List, bis er zumal die Blöße Euch muß zeigen. Dann fahret zu und tut, was Ihr vermögt.
Gawan:	Ich danke dir.
Fährmann:	Geläng es Euch, zu siegen, Ihr wärt nicht nur des Zauberschlosses Herr, des Schönheit sich in Wahrheit wandeln müßte, der Unschuld hättet Ihr gelöst den Bann, gereinigt der Natur verderbte Kräfte und Heil geschaffen für der Krankheit Qual. Gepriesen wärt Ihr über alle Helden.
Gawan:	So ruf das Kind, daß es mich wappne, Mann!
Fährmann:	Ihr wollt?
Gawan:	Ich muß.
Fährmann:	Die Waffen, Kind, die Waffen!

Bene *(von außen):*
　　　　　　Ich bringe sie.

Fährmann *(trägt einen großen Schild herbei):*
　　　　　　Nehmt diesen Schild von mir,
　　　　　　der mächtig ist und ohne jeden Schaden.
　　　　　　der Eure ward im Kampfe ganz zerstückt.
　　　　　　Er deckt Euch gut, Ihr werdet sein bedürfen.

Bene *(mit den Waffen):*
　　　　　　Hier, Herr.

Gawan:	So wappne mich, mein Kind! Denn deine Hände segnen meine Waffen.
Bene:	Wo reist Ihr hin?
Gawan:	Wohin ich reisen muß: Ins Zauberschloß.
Bene:	Ich wußte, daß Ihrs tätet.
Gawan:	Ist dir nicht bang?
Bene:	Ich trenn mich nicht von Euch.
Gawan:	Was heißt das, Kind?
Bene:	Ich werde mit Euch gehen.
Gawan:	Ins Zauberschloß?
Bene:	Ja, Herr. In jede Probe.
Fährmann:	Das willst du, Kind?
Bene:	Es war mir eingesagt. Ich muß.
Fährmann:	So will auch ich nicht hinten bleiben.

Gawan:	Auch Ihr kommt mit?
Fährmann:	Noch keiner ward geleitet wie Ihr. Doch wenn das Kind es sagt, so ist es gut.
Gawan:	O Ihr Getreuen, Lieben!
Fährmann:	I h r seid uns treu. Ihr seid dem Himmel treu und aller Welt.
Gawan (nimmt den Schild auf):	So kommt, wir wollens wagen!

SCHASTEL MARVEIL

ZAUBERSAAL

Ein Rundsaal, der von einem Kuppelgewölbe gekrönt wird. In seiner Mitte steigt eine schneeweiße, kristallhelle Rundsäule auf, die sich mit ihren Rippen fächerartig ins Gewölbe verteilt. Der Saal stellt in seinem Aufbau die vier Elemente dar. Der blanke Estrich mit eingelegten Blumen, Pflanzen und Tieren zeigt die Erde. Bis zu einer bestimmten Höhe bilden die Mosaiken der Wände das Wasserreich mit abenteuerlichen Fischen, Nixen und Meerwundern ab, dann folgt eine rings um den Saal laufende Galerie, über der das Luftreich mit prächtigen, seltsamen Vögeln und Flügeltieren beginnt. Die Kuppel ist das Feuerreich.

Vor der Säule steht das mächtige Zauberbett. Es läuft auf kristallenen Rädern und ist mit einer grünen Decke verhüllt.

Klingsor sitzt vor der Zaubersäule und blickt hinein.

Klingsor:
    Du meiner Künste höchstes Meisterwerk,
    das du in wunderbar gedrehtem Reigen,
    den Weltenumkreis um mich her bewegst,
    das helle Rund der Säule überwallend
    mit Bildern gleich dem flüchtgen Schattenhauch,
    du Spiegel dessen, was ich selbst nicht bin,
    was draußen liegt im abgetrennten Raume,
    du spähend Aug, du Fangnetz meines Geists —
    was zeigst du mir in dieser frühen Stunde?

    Ha, wieder naht ein Tor in Wehr und Waffen,
    geblendet von dem Glanz, den ich erschuf!
    Dich lüstets, meine Zaubermacht zu fühlen?
    Der Schein der Mädchen hat dich hergezogen.
    Willkommen, Held! Du wähltest dir den Tod!
    nach Liebe dürstet dein betörtes Herz.
    Hier faß ich dich. Denn Tod ist alle Liebe,
    Tod! Tod! Ein qualvoll ekler Tod,
    erstickt in Gier, in Wollust dumpf begraben,
    versunken in das Nichts. Den Skorpion
    send ich ans Herz dir, und sein Stachel bohre

sich wütend ein, der Todesbalsam trauft
den grausen Saft dir gärend in die Wunde,
und heulend fährst du hin. Die Hölle lieh
mir ihre feinsten, mörderischsten Gifte,
sie lieh mir Schleier, zart und nebelgleich,
den hellen Sinn mit Täuschung zu umwölken,
Sie lieh mir Taumel, Rausch und Trunkenheit,
in lallender Verzückung dich zu wälzen
um deiner Ohnmacht lustdurchwühltes Nichts,
bis du entleert von Gier und Qualen sinnlos
im Staube liegst, ein ausgespienes Wort.
Was reckst du dich so auf? Auf Tugend pochst du,
auf Männlichkeit? Schlug ich Amfortas nicht,
der würdig schien, den Reif des Grals zu tragen,
den ganz verhaßten weißen Zauberstein
zu hüten? Trieb ich ihm den Stachel
des Todes nicht hinein in seine Scham,
daß er auf ewig nicht vermag zu zeugen?
Hab ich den Samen ihm vergiftet nicht,
aus dem das Gralsgeschlecht entspringen sollte?
Stöhnt er nicht Nächte hin und schreit nach Tod?
Tod wäre Leben, aber lebend sterben,
das ist der Tod. Ihn rüst ich auch für dich,
du stolzer Held, der, dreister als ein Knabe
herauftrabt durch die Gärten von Marveil.

Doch wie, was seh ich? Welch Geleite wählst du
zum Einzug dir in dieses Wunderreich?
Der Alte, den ich hasse, trabt zur Seite,
der Fährmann, dessen Weisheit meiner höhnt.
Und was mich mehr als alles dies verdrießt:
Die Dirne läuft mit ihm, die ganz verfluchte,
die mit den Sternenaugen um sich glotzt
und alles Trugwerk stört mit ihrem Lächeln.
Was gäb ich, wenn die Beiden ihn verließen!
Doch hab ich sie zu bannen keine Macht. —
Er läßt das Pferd am Tor, auch diese Vorsicht
gebraucht der kluge Held. Und allsogleich
zum Pallas lenkt er seine frechen Schritte.
Wohlan, es gilt! Mit Liebeszauber kann
ich dich nicht zwingen, du begehrst des Kampfes.
So find ihn denn! Wer diesen Saal betritt,
verläßt ihn nicht, er siege oder falle.

Ihr Geister, rüstet Euch. Um mich den Ring!
Vertausendfacht die Wehren! Erde, Wasser,
die Luft, das Feuer zeige seine Macht.
Was nie geschehn, vollbringt es heute! Stürzet
Verderben auf, Verderben über ihn
aus unsichtbarer Hut wie Sturm und Hagel,
schwellt seinen Wahn mit tausend Ängsten an!

Erdgeister, Euer sei das feste Lager,
das Liebesbett, ergreift es, schleuderts hin,
zerschmettert donnernd alle seine Glieder.
Luftgeister, aus dem hohen Schwung der Brüstung
werft Steine, Speere, Blitze auf ihn nieder,
so dicht, daß wie ein einzger voller Strom
der Tod zermalmend auf ihn niederschlage.
Ihr Wassergeister schäumt mit wilder Gier
um ihn empor, das Bett zum Himmel reißend,
und jagt das gräßliche, das Meergezücht,
gezähnte Fische, Schlangen, Seepolypen,
geschuppte Krokodile, Krebs und Molch
als unbarmherzge Meute auf den Frechen.
Ihr Feuergeister, schüttet Glut und Brand
hernieder aus den höchsten Flammenschlünden
und freßt den Atem ihm vom Munde weg,
die Lunge selbst im Busen ihm verzehrend.
Und bietet er dem allem dennoch Trotz,
so stell ich selbst mit aller meiner Macht
zum Kampfe mich und streck ihn höhnend nieder.
Verhüllet Euch! Zum Spiele ruft das Horn!

(Er bläst in sein Zauberhorn. Die Erdgeister umringen das Zauberbett, die Wassergeister bilden einen Ring um den Rand des Saales, die Luftgeister nehmen den Balkon in der Höhe ein, die Feuergeister erscheinen in der Kuppel. Beim Anschwellen des Hornes hüllen sich sämtliche Geisterscharen in Nebel und entschwinden. Vom Grunde der Saalmitte ist eine Nebelwolke aufgestiegen und verhüllt Klingsor samt der Zaubersäule. Der Saal liegt leer und still.)

Gawan, Fährmann und Bene treten ein.

Gawan: Dies nennst du, guter Freund, den Saal des Wunders?
Ein Wunder wohl an Pracht erscheint er mir.
Doch sonst vermag ich Arges nicht zu schauen.
Voll Schimmer steigt der hohe Bau hinan,
der Elemente Bilder friedlich strahlend,
der Erde Grund, des Wassers kühle Flut,
der Luft bewegtes, stimmenreiches Weben,
des Feuers hohe, sonnengleiche Glut.

Fährmann: Nimm dich in acht! Es ist der Saal des Todes,
und keiner, der den Estrich je betrat,
ward anders als entseelt hinausgetragen.
Denn nur gebannt erscheint das Element
dem Aug dir jetzt, ins stumme Bild verzaubert.
Doch wehe, wenn es donnernd sich erhebt,
zu seinem Ursein namenlos entfesselt.

Gawan: Der Elemente Meister ist der Mensch,
die ihn zum Haupt, zur Leuchte sich erkoren.

Fährmann: Doch zu erproben, ob er Meister sei,
entfalten sie die wildsten ihrer Kräfte,
das alte Chaos drängt sich jäh herauf,
aufs letzte, äußerste ihn zu versuchen.
Gawan: Hier steht ein Bett und lädt zur Ruhe ein,
ein fürstlich Lager den erschöpften Gliedern.
Zwar fühl ich keine Müde, doch ich will
fürs erste drauf mich einmal niederlassen,
um abzuwarten, was mir hier geschieht.
Fährmann: Tuts nicht, o Herr, ich warne Euch. Dies Bett,
das lautlos steht und freundlich scheint dem Leibe,
bringt Euch Verderben, wenn Ihr es berührt.
Gawan: Verderben? Da ich Helden niederfällte,
soll ich vor einem Bett mich fürchten, Freund?
Fährmann *(zu Bene)*:
Bitt ihn auch du, mein Kind! Du schweigst?
Ist dir die Rede ganz entfallen, Mädchen?
Gawan: Ihr Mund bleibt stumm, selbst mit dem Haupte nicht
gibt sie uns Zeichen. Laß sie schweigen.
Sie weiß wohl, was sie tut.
Fährmann: Allein das Bett
berührt mir nicht!
Gawan: Wie soll ich nur gewinnen,
wenn ich nichts wage? Weicht zur Seite, Freund,
es muß geschehn. An einer Stelle muß ich
den Zauber wecken, der hier schlummernd ruht,
muß aus dem Hinterhalt heraus ihn zwingen,
daß er mir zeige sein verrucht Gesicht.
Geht, Freunde, wenn Euch bang ist, denn nicht länger
steh ich hier still.
Fährmann: So schütz Euch Gott der Herr!
Komm, liebstes Kind!
(Sie weichen nach der Seite zurück)
Gawan *(sich dem Zauberbett nahend)*:
Birg, was du willst, allhier
auf deinen Pfühlen will ich liegen.
(das Bett weicht vor ihm zurück)
Scheust du
den Meister, der dich sucht? Dem Pferde gleich,
dem störrschen, strebst du fliehend meinem Willen
dich zu entwinden? Fahr, wohin du willst,
ich fasse dich. Entrinnst du meinem Arme,
entfliehst du nicht mir selbst.
(setzt mit einem Sprunge mitten auf das Bett)
Ich habe dich!
Fährmann: Bet, Kind! Jetzt wird die Hölle sich erheben.

*(Es geschieht ein Donnerschlag. Unter dem Bette schlägt Feuer und
Rauch auf, das Bett schüttert zusammen. Die Szene verdüstert sich*

jäh, zwei finstere Tore öffnen sich im Hintergrund, in eines derselben wankt in rasender Fahrt unter ständig wachsendem Getöse das Bett hinein.)

Chor der Erdgeister:
> Brechet die Fesseln,
> die ehernen Banden,
> reißt aus des Schlafes
> tiefer Verzauberung
> donnernd euch los!
> Drohender Kräfte
> wildes Erwachen,
> riesiger Glieder
> dröhnende Lust.
> Wille erhebt sich
> himmelwärts bäumend
> stürzt von den Felsen
> Trümmer an Trümmern
> jäh in die Tiefe
> mächtig hinab.
> Feuer in Grüften,
> Feuer in Spalten,
> springend wie Quellen,
> kochend wie Glut.
> Tiefer im Abgrund
> brechen Gewölbe,
> rollen die Donner
> an Donnern dahin,
> Beben erregt sich
> an tieferem Beben,
> kündend der Erde
> höchste Gewalt.
> Denn wir begehren
> Körper zu werden,
> denn wir verlangen
> Deiner, o Mensch.

(Es erhebt sich das Rollen vieler Donner, die zusammenschlagen. Die Halle zittert. Dichter Rauch dampft auf, in dem sich das Bild einer in höchstem Aufruhr befindlichen Landschaft zeigt. Stürzende Bäume und Dörfer, Erdbeben, Sturm, Ausbruch eines Vulkans, niederbrechende Felsen. Nachdem alles seinen Höhepunkt erreicht hat, legt sich Aufruhr und Getöse. Beim letzten schwachen Murren des Donners fährt das Bett aus der anderen Toröffnung langsam wieder gegen die Mitte des Saales vor und bleibt stehen. Die Tore schließen sich, der Rauch entschwindet, es wird wieder ruhig, klar und hell. Gawan liegt, mit dem Schilde zugedeckt, das gezogene Schwert in der Rechten, auf dem Bette.)

Bene (leise und ängstlich):
> Lebt er?

Fährmann: Still! still! Ein jedes Wort
            bringt Unheil.
Gawan (*erhebt das Haupt*):
            Steht die Erde noch?
            Der Abgrund klaffte und das Feuer stieg
            voll Gier herauf. Ich wähnte aller Tage
            jüngster und letzter bräche an! Doch sieh,
            in aller Ruhe schwebt um mich die Halle.
                                    (*richtet sich auf*)
            Was tönt? Ein Kampfruf? Hebt der Tanz erst an?

(*Mit dem ständigen Anschwellen des Zauberhornes erhebt sich ein Sausen und Brausen, das sich allmählich zum Heulen eines Orkans steigert, die Tücher des Bettes wirbeln empor, alle Teppiche, Wandbehänge, Vorhänge usw. schlagen nach oben, von allen Seiten kochen Nebel und Wolken auf, die den oberen Teil des Saales bis zur Brüstung verhüllen und in wilden Gestalten ineinanderschießen. In den aufgehenden Dämpfen bildet sich der Strudel des Elementes ab. Luftgeister erscheinen, in Dämonengestalt durch das Brauen der Nebel schießend, sie ergreifen Gawan, heben ihn empor und schleudern ihn aufs Bett zurück.*)

Chor der Luftgeister:
            Leisen Atems
            schwingendes Schweben,
            sanften Brausens
            wachsender Schwall
            künden des Geistes
            mächtiges Nahen,
            künden der Heere
            brandenden Sturm.
            Hier ist ein Damm nicht,
            oben nicht, unten;
            hierhin und dorthin
            strudelt die Bahn.
            Ist aus dem Nichts sie
            gewaltig entsprungen,
            füllt aus dem Nichts sie
            unendlich sich an.
            Schar der Entfesselten,
            Schar der Beschwingten,
            alles entfachende,
            rasende Schar!
            Alles entreißt sie
            den Haften und Binden,
            alle Gesetze
            bricht sie entzwei.
            Funkelnde Speere,
            Pfeile und Schleudern,
            Blitze und Hagel
            führt sie als Wehr.

Wirbelnder Freiheit
jauchzendes Tosen,
gäher Vernichtung
wilde Begier!
Nichts widersteht dir,
niemand vermag dich
kämpfend zu fassen,
göttlicher Wahn.

(Einen Augenblick erscheinen längs der Brüstung die Scharen der gewappneten Geister, mit Pfeilen auf Gawan zielend. Ein dichter Hagel von Steinen, dann ein Strom von feurigen Geschossen geht auf ihn nieder. Gawan bedeckt sich mit dem Schild und bleibt regungslos liegen. Das Bett und sein Schild ist ganz mit Pfeilen gespickt, die wie ein Wald von Binsen emporstehen. Allmählich läßt das Toben nach und beruhigt sich schließlich, alles ist wie am Anfang. Gawan liegt wie tot ausgestreckt.)

Bene *(wie vorher):*
        Er regt sich nicht.
Fährmann: Sei still, der Proben zweite
        war diese nur.

Gawan *(erhebt das Haupt):*
        Ich bin. Die Geister nahmen
        mir selbst mich nicht. Allein sie trafen mich
        mit Pfeil und Stein. Es ward in meinen Leib
        die heiße, schmerzenvolle Saat gesät.
        Still kocht das Blut. Und diesen Binsenwald,
        in dem ich liege wie in einem Bette,
        muß ich wohl mähen mit dem scharfen Schwert.
                                    (er tut es)
        Die Erde kenn ich nun. Den Luftkreis auch.
        Will sich das Wasser mir nun offenbaren?
                (Eine Tür öffnet sich, ein Fischmensch
                von riesiger Größe tritt hervor, von
                Tang und Wasserpflanzen triefend und
                erhebt grinsend den Dreizack.)

Fischmensch: Lebst du, Gawan? Mich soll das freuen, hörst du?
        Bis hierher hat es keiner noch gebracht
        von allen, die da kamen. Sie erlagen
        dem Bette gleich. Du scheinst mir gute Beine
        und auch ein gutes Haupt zu haben, Freund.
        Laß sehn, wies um die Mitte steht. Wer läuft
        und fliegt, ist darum nicht ein Schwimmer
        zugleich auch. Denn mit Schwimmen mußt du dich
        nach Kräften jetzo wehren. Zwar du scheinst mir
        von deinen Wunden ziemlich schlapp, mein Freund.
        Das wird dir Eintrag tun. Sieh zu! Ersoffen
        ist einer schnell, und mein Trabantenvolk
        ist auch ein zierlich Spielwerk für den Helden,
        dem nach der Taufe lüstet, die man hier

erhalten kann. Ich will dir trefflich dienen,
verlaß dich drauf. Der Meister ruft, wohlan!

(Klingsors Horn ertönt wieder mit wachsendem Schall)

(Der Fischmensch schlägt mit dem Dreizack an die beiden Tore, sie öffnen sich, es stürzen Wasserfluten heraus und füllen mit Donnern und Branden den Saal. Viele Meerungeheuer drängen auf Gawan ein, daß er ganz von ihnen umringt ist.)

Chor der Wassergeister:

> Wälzet euch, wälzet euch,
> schlaget mit Schlägen,
> ehernen Schlägen,
> alles zu Grund!
>
> Wälzet euch, wälzet euch,
> reißet mit Strudeln,
> rasenden Strudeln,
> alles entzwei!
>
> Wälzet euch, wälzet euch,
> wühlet mit Schäumen,
> kochenden Schäumen,
> alles hinab!
>
> Hebt den Reigen nun an!
> Unsere Arme umschlingen alles,
> weichend und wankend
> schwellen sie an,
> ganz dich umringend,
> ganz dich umschlingend,
> wirst du zum Spiele der blanken Gewalt.
>
> Blenden und Blitzen,
> Schäumen und Spritzen,
> Locken und Lallen,
> Höhnen und Lachen,
> Stürzen und Fallen,
> Donnern und Krachen —
>
> gurgelnd und gröhlend,
> gläsern sich höhlend,
> steigend sich reckend,
> jäh dich bedeckend,
> jäh dich mit Wirbeln
> schwindelnd umkreisend,
> jäh in des Trichters
> Gähnung dich reißend,
> jetzt dich verschlingend,
> speiend dich aus,
> wirft dich einher
> das kristallene Haus,

                    bis sich zu Türmen
                    Wogen erheben,
                    stürzend zermalmen
                    dein zitterndes Leben.

                        *(Gawan ist währenddessen von seinem
                        Schilde bedeckt regungslos liegen ge-
                        blieben.)*

Fischmensch: Er merkt, der Wicht, daß hier nur eines nützt,
                    sich ruhig auf den Rücken hinzulegen
                    und ohne Furcht zu warten, bis zuletzt
                    der Unfug endet. Denn das Element
                    wird stärker nur, indem mans sucht zu zwingen.
                    Allein in unsrer Küche gibts zum Glück
                    doch mehr als ein Rezept. Laß sehen, Bruder,
                    wie dir der Spieß bekommt!

                        (zu den Ungetümen)

                    Gelichter weg!
                    Der Meister redet selber mit dem Gaste.
                    Glück zu, Gawan!
                        *(geht mit erhobenem Dreizack auf Ga-
                        wan los.)*
Gawan *(richtet sich auf)*:
                    Ists so gemeint? Komm an!
Fischmensch: Verfluchter Kerl! Er kennt das Fürchten nicht.
                    Das tut mir leid. So können wir für diesmal
                    nicht handeln mehr. Und meiner wärest du
                    auf gute Weise los.
                        *(zum Element, indem er den Dreizack er-
                        hebt)*
                    Zurück an deinen Ort!
                        (Das Wasser verschwindet)
Fischmensch *(zu Gawan)*:
                    Doch freu dich nicht zu sehr. Der Erde mag sich
                    der Mensch bemächtgen, auch des Wassers wohl
                    und schließlich noch der Luft. Doch zeig mir den,
                    der seinen Leib ins Bad der Flammen legte!
                    Werd Salamander, Wicht, ich rat es dir,
                    sonst ists um dich geschehn.
                        (verschwindet)
Gawan *(richtet sich auf)*:
                    Ein groß Geheimnis
                    ist auch das Wasser, ja, ich danke Gott,
                    daß er michs schauen ließ und tief empfinden.
                    Doch horch, das Horn! Der vierte Gang beginnt.

(Klingsors Horn wie früher. Die Kuppel ist mit Feuerflammen erfüllt, die auf das Bett Gawans niederregnen. Sie bedecken das Bett, den

Fußboden, steigen an den Wänden empor, bilden Säulen von Feuer und niederhängende Flammenschleier in mannigfaltigen Gestalten.)

        Chor der Feuergeister

        Mehrt euch mit wirbelnder Zungen Vermehrung,
        alles sei Nahrung der heißen Verzehrung,
        alles sei Tötung und Licht.
        Schlagen die Chöre gewaltig zusammen,
        wälzen sich Meere in Meere von Flammen.
        sieh, und die letzte der Fesseln zerbricht.

        Flügel versengen sich, Arme zerglühen,
        Augen erlöschen und Worte versprühen,
        alles, was Hülle war, endet und stirbt.
        Nimmermehr kannst du die Flamme bestehen,
        bist du nur Hülle, so magst du vergehen,
        Hülle ist Asche und Asche verdirbt!

        (Der Feuerregen endet. Auf Klingsors erneuten, drängenden Hornruf hin öffnet sich eines der Tore und ein riesiger, flammender Löwe stürzt heraus.)

Gawan *(springt auf)*:
        Nun ist des Duldens Maß erfüllt. Empor!
        Hier rettet nur die Tat!

Löwe *(brüllend)*:   Ergib dich, Eitler!

Gawan: Ergeben?

Löwe: Schnell. Du bist verloren.

Gawan: Niemals
        ergeb ich mich.

Löwe: Wer bist du? Sprich.

Gawan: Gawan!

Löwe: Gawan, du bist des Todes.

Gawan: Wenn ichs leide.

Löwe *(schlägt seine Klaue in Gawans Schild)*:
        Da!

Gawan: Zeig deine Schärfe, Schwert!
        (schlägt dem Löwen die Tatze ab)

Löwe *(in wildem Schmerze)*:
        O weh!
        Wie nennt das Schwert sich?

Gawan *(das Schwert in die Brust des Löwen stoßend)*:
        Ich!

Löwe: Verfluchter Name!
        Weh, dreimal weh!   *(er stürzt tot nieder)*.

Gawan: Im Blute liegt das Tier.
        Ists nun zu End?

Fährmann: Hab acht! Du großer Streiter!
Bene: Hab acht!

(Ein lang anhaltendes Dröhnen schwillt durch den Saal. In der Mitte sammelt sich eine mächtige Wolke, die alsbald von innen heraus zu glühen beginnt. Indem sie sich öffnet, erscheint Klingsor in höchster Leidenschaft, den Stab des Magiers in der Hand.)

Klingsor: Hier bin ich, Feind. Entwinde mir die Waffe,
wenn dus vermagst. Fluch werf ich über dich,
den Fluch der tiefsten, schaudervollsten Hölle.
Hier, dieser Stab, mit dem ich Geister schlug,
er treffe dich und raffe dich vonhinnen!

(holt mit dem Stabe aus, ein Blitzstrahl fährt auf Gawans Haupt und schmettert ihn zu Boden.)

Bene *(ist hervorgestürzt und hebt Gawans Haupt empor, ihm ein Wort ins Ohr raunend):*

Gawan *(rafft sich wieder auf, hebt beide Arme empor und ruft laut):*
Maria!

(Der Estrich öffnet sich, eine Flamme steigt empor, Klingsor stößt einen lauten Schrei aus und versinkt. Die Zaubersäule tritt hervor. Der Löwe und alle Spuren des gewesenen Kampfes sind verschwunden.)

(Gawan läßt die Arme fallen, taumelt und bricht zusammen. Bene fängt ihn auf. Sein Haupt liegt in ihrem Schoß.)

Fährmann *(der beim Versinken Klingsors auf die Knie gestürzt ist):*
Dank! Die Hölle ist besiegt.
Frei ist die Burg. Gepriesen sei der Himmel!
(er erhebt sich)

Wacht er?
Bene *(die ihm den Helm abgenommen hat):*
Er atmet, doch er regt sich nicht.
Sein Antlitz ist wie Schnee. Bring Hilfe, Vater!

Fährmann: Dein Tuch.
(Bene reicht ihm ihr Tuch, er eilt hinaus)

Bene: Du edles Haupt, getaucht in Todesblässe.
Du hohe Stirn, du blütengleicher Mund,
den kaum bewegt der leichte Hauch des Atems,
du Wange, von den Mühen ausgehöhlt,
den namenlosen, die du heut bestanden.
Geopferter, schon fast dem Toten gleich,
du hast des Weibes Unschuld neu begründet,

geschlossen seines Herzens Wunde du
mit deiner Wunden brennendem Ergießen,
dem Tode nahend hast du Heilung uns
und Atem neuen Lebens ausgespendet,
gelöst den alten schweren Zauberbann,
befreit vom Gift den Purpur unsres Blutes.
Nun bist du Schnee und liegst in Ohnmacht da,
als Held und Sieger selig zu erwachen.
Ich sag dir Dank an aller Frauen Statt
mit diesen zarten, nie berührten Lippen.
(sie küßt ihn.)

Fährmann *(kommt mit dem in Wasser getauchten Tuch, das er Gawan auf die Stirne legt)*:
    Erwache, Held, und öffne uns dein Aug!

Gawan: Wo bin ich?

Fährmann: An der Stätte, da du siegtest.

Gawan: Der Gegner? Gebt das Schwert mir! Hebt mich auf.
Noch will ich bis zum letzten Atem kämpfen.

Fährmann: Der Kampf ist aus. In Benes Schoße ruht
dein Haupt.

Gawan: Ihr Lieben, ganz Getreuen!
Stützt mich. Ich möchte mich erheben, dort
aufs Lager bettet mich. Ich bin so müde.

(er wird gebettet)

Ist Klingsor fort?

Fährmann: Er stürzte schreiend hin.
Zum Abgrund fuhr er samt den Höllengeistern,
die er befahl.

Gawan: Das Schloß?

Fährmann: Ist Euer ganz.
Ihr habts erlöst.

Gawan: Die Frauen aber?

Fährmann: Eben
naht sich die Königin mit ihrer Schar.

(Königin Arnive trägt in einem goldenen Gefäß Salböl. Ihr folgt Itonje mit einem Becher, hierauf kommen die übrigen Frauen. Sie bilden um Gawan einen Kreis. Bene kniet zu Häupten, der Fährmann zu Füßen Gawans.)

Chor der Frauen:

Gesegnet sei der Mann, der reinen Herzens,
im Glauben stark und ungebeugten Muts
mit seinem Leben uns das Heil erstritten,
Erlösung uns aus Gram und tiefer Schmach.
Rein ist die Erde, die der Fuß beschreitet,

                das Wasser rein, das kühlend uns benetzt,
                rein auch die Luft, die unsre Lippe atmet,
                und rein die Glut, die brennt auf unsrem Herd.
                Heil ist der Leib, das Leben heil, die Seele,
                heil ist das Herz, das tief im Schmerze war.
                O neuer Tag, o Stunde neuen Glückes,
                da uns entspringt des neuen Himmels Licht.

Arnive *(tritt zu Gawan, sich vor ihm neigend):*
                Empfange meinen Gruß, du Held der Helden.
                Des Hauses Herrin neigt sich deiner Macht,
                als ihren Herrn dich dankend zu verehren.
                Neigt Euch, ihr Frauen, Euer Antlitz sei
                zur Erde hingekehrt und hin zur Erde
                beug sich voll Inbrunst, Mädchen, euer Herz!
                Noch liegst du schwach, du höchster Preis der Stärke,
                noch liegst du krank, du aller Heilung Quell.
                So laß mich netzen deine Stirne, Edler,
                mit diesem Öl, die Brust, die Glieder auch.
                    (sie salbt ihn)
                Laß dir das Haupt erheben. Neig, Geliebte,
                den Becher sorglich ihm an seinen Mund.

Gawan: Dank, Königin. Und dir, du holde Schenkin,
                euch allen, edle Frauen, Dank und Gruß.
                Wie Feuer strömts mir selig durch die Adern.
                Mein Blut erbraust, Gesundung ists, ich fühls.
                Wie wanken schon die lächelnden Gedanken,
                wie löst sich von den Sinnen mir der Bann!
                In heiterm Reigen bin ich fortgezogen,
                schon schwindet fernerhin der schöne Kreis,
                der mich umgibt mit sanften Engelshäuptern.
                Entflieht Ihr mir, entflieh ich euch? — O Schlaf,
                glückselger Schlaf, du bists, der mich umfängt!
                    (er ist eingeschlummert)

Arnive: Genesung hüllt ihn ein. Als Neuerstarkter
                wird er vom Lager sich erheben bald.
                Ihr, Fährmann, wacht bei ihm? Und du, o Mädchen?
                So laßt uns gehn, zu rüsten ihm sein Haus,
                aufdaß es festlich ihm entgegenstrahle.
                    *(entfernt sich mit den Frauen, Itonje
                    bleibt zurück, den Schlafenden betrach-
                    tend)*

Itonje: Ich kann von hier nicht weichen. Zürnt mir nicht,
                wenn ich in diese Züge mich verliere.
                Ein Heimweh faßt, ein süßes Glück mich an,
                indem ich dieses Schläfers Haupt betrachte.
                Ich ward als Kind aus meinem Vaterhaus
                hinweggeraubt durch Klingsors falsche Künste.
                Versunken wie im tiefen Brunnenschacht
                war jede leise Spur mir des Erinnerns.

Nun aber steigt es wunderbar herauf,
in zarten Nebel kaum sich noch verhüllend,
des Vaters Burg, des hohen Königs Bild,
Gawans, des Bruders zärtlich helle Stimme.
Ich sah ihn kaum, er diente schon am Hof
des Königs Artus, einmal kam er nur,
die kleine Schwester auf den Arm zu heben,
und sah mich an und küßte mich und sprach:
Itonje, kleine Blume — ach, sie winken,
ich muß hinweg. Warum geschieht mir so?
Itonje, kleine Blume —!
(wirft sich auf die Knie und küßt Gawans niederhängende Hand)

Ja, ich komme! *(eilt hinweg)*

Gawan *(erwacht)*:
Ihr, Freunde, wacht bei mir? Wie wohl ist mir!
Im Harnisch tat ich nie so guten Schlaf.
Wie weggehaucht ist Mühsal, Not und Wunde.
Der Becher tats, den mir die Holde gab.
Wo ist sie? Bene, Treue, deine Stimme
hat mich zu mir gerufen, da ich schon
entstürzt war. Ohne dich war ich verloren.
Du gabst das Wort mir ein, das den Gewaltgen
dahinwarf, daß die Hölle ihn verschlang.
(erhebt sich)

Du wundersam Geschöpf — darf ich es wagen,
in meine Arme dich zu schließen?

Bene: Ganz
seid Ihr mein Herr, ich gänzlich Eure Magd.

Gawan: Die Magd vollbrachte, was der Herr nicht konnte.
Hab Dank, du Teure. *(umarmt sie)*
Und du, treuer Mann,
mein Ferge durch den Strom der Todesschatten,
hab Dank!

Fährmann: Gott danket und nicht uns!
Denn aller Mut und alle Stärke kann nicht
den Ansturm des Verruchten heil bestehn,
wo nicht die Gnade mit entfachten Schwingen
heranbraust, das entblößte Schwert gezückt.
Doch da Ihrs wagtet, da Ihr Gott vertrautet,
ward Euch die Hilfe.

Gawan: Gott die Ehre.

Bene und Fährmann:
Gott!

Fährmann: Nun sag ich Euch, was ich Euch sonst verschwiegen:
Ihr seid der Einzge, ders vollbringen konnte,
da jener Größre stumm vorüberritt.

Gawan: Sag, welcher Größre?

Fährmann:	Den als roten Ritter
	von Land zu Land die rasche Zunge nennt.
Gawan:	Wie, Parzival? Er war an dieser Stätte?
Fährmann:	Die Nacht vor Euch schlief er in Eurem Bett.
	Fünf Ritter warf er hin von Orgelusen,
	die ihm den Durchzug wehrten, schenkte mir,
	wies Brauch ist, ihre Rosse, ließ im Boote
	sich übersetzen, schlief in meinem Haus.
Gawan:	O welche Fügung! Dich zu finden drang ich
	in jene Wildnis ein, da ziehst du vor mir her
	so nah, daß ich die Ferse fast berühre
	des Fußes, der mir ständig doch entflieht.
	Ruhloser Freund, werd ich dich nie erreichen?
Bene:	Ich diente ihm, er sah mich gar nicht an.
	Sein Auge starrt in ungemessene Ferne.
Gawan:	Das Zauberschloß, erblickte er es nicht?
	Wollt er sich nicht an die Erlösung wagen?
Fährmann:	Er sah es nicht. Er fragte nicht. Ich sagte
	kein Wort ihm.
Gawan:	Und so ritt er weg?
Fährmann:	Sein einzig Fragen galt dem heilgen Gral.
	Nach ihm steht seines Herzens ganzes Sehnen.
Gawan:	Das Licht, das uns erhellt! O Freund, o Freund,
	der Leuchter ist der Frevlerhand entrissen.
	Nun bring die Kerze, die drauf brennen soll!

(gewahrt die Zaubersäule)

Was seh ich hier? Welch wundersame Bilder
in steter Drehung schweben um das Rund
der Säule dort? Ein Schauspiel ohnegleichen!
Der ganze Umkreis bildet treu sich ab,
in reizender Beleuchtung sich entfaltend,
und immer wandelt sich die heitre Schau,
wie Wasser fließt sie um der Säule Wölbung.
Wie klein und zierlich, aller Anmut voll!
Da schweben Täler, Bäche, muntre Dörfer,
es fliehen Straßen über Brücken hin,
wie Bänder sich in dunkle Wälder schlingend,
da springen Berge auf, es strahlt der Glanz
von schönen Burgen, die, sich wendend, herrlich
die lange Flucht der Fensterpracht entfalten,
wie Schiffe ziehn sie ferner übers Meer
der grünen Dinge, und schon öffnet sich
am breiten Fluß smaragden mir ein Teppich,
ein heitrer Plan, von Bäumen rings umstanden,
und dort am andern Ufer sieh, der Hain,
dem Paradiesesgarten schier vergleichbar
in seiner ernsten, festlich schönen Zier. ·
Und mitten wie von Golde rings erstrahlend

ein Lorbeer, rund, der Sonne stolzes Haus.
Nun aber, aus dem Schatten des Gehölzes,
sprengt eine Reiterschar den Plan entlang.
Inmitten eine Frau in hellem Glanze.
Sie wendet sich, sie bietet ihr Gesicht —
sie ists, die Schönste! Es ist Orgeluse,
die mir das Herz und alle Sinne nahm,
um die michs treibt zu unerhörtem Wagnis.
Ihr Arm bewegt sich, ihre Lippe spricht
ein stolzes Wort, es senken sich die Stirnen,
die Reiter traben rings vor ihr hinweg,
und einsam steigt die Herrliche vom Zelter.
Sie kniet im Grund, sie hüllt das Angesicht
mit beiden Händen. Weint sie? — O Gawan,
wie kannst du dich auf deinem Bett vergnügen,
ein Kind, in diese Bilderwelt verzückt,
die dir die Wahrheit hell herüberspiegelt?
Ist dir genug am Bild? Liegst du im Traum,
die trägen Glieder auf den Kissen dehnend,
indes dein waches Herz zur Tat dich ruft?
Auf in den Sattel! Orgeluse ruft dich,
du mußt zu ihr.

Fährmann: Ich bitt Euch, edler Herrr,
schont Euer nach dem ungeheuren Kampfe.

Gawan: Ich soll mich schonen? Soll auf meiner Palme
mich schlafen legen? Fährmann, sprich mir nicht
von solchen Dingen. Reich mir Helm und Waffen!
Mein Pferd steht wohl gewappnet noch am Tor.

Fährmann: Ihr reitet aus?

Gawan: Jawohl, und ohne Säumen.

Fährmann: Mir steht nicht zu, zu hemmen Euren Drang.
Doch ist zuvor ein Werk noch zu vollbringen.
Denn Klingsor legte solchen Zauberbann
auf dieses Schloß, daß es zwar zu betreten
nicht schwierig ist; allein, wer es betritt,
den hält es fest, er kann es nicht verlassen.

Gawan: Und diese Mausefalle wäre nicht zu öffnen?

Fährmann (*deutet auf einen Ring, der mit einer Kette an die Zaubersäule geschlossen ist*):
Brechet den Ring. Zerreißet jene Kette!

Gawan (*tut es*): Gebrochen sei der Bann! Die Haften springen.
Ins Grenzenlose öffne sich die Burg!

Fährmann: Das Letzte ist vollbracht.

Gawan: So gib die Waffen!
Denn meiner wartet noch ein größres Werk.

GIROMELANS

Personen:

Orgeluse
Gawan
König Giromelans
Arnive
Itonje
Fährmann
Iwanet

Die Handlung spielt auf einem Wiesenplan diesseits und in einem Haine des Giromelans jenseits des Flusses, und im Zaubersaal von Schastel marveil.

Wiesenplan am Flusse. Jenseits der Hain des Giromelans mit dem goldenen Lorbeerbaum.
Die Flußfurt ist außerhalb der Szene im Hintergrund zu denken.

Orgeluse *(auf den Knien an der Erde)*:
    Lischoys Gewelljus fiel, der aller Männer
    begehrtester und kühnster war, wiewohl
    er nicht den Mut fand, nach dem Lorbeergarten
    das Roß zu spornen und den tiefen Fluß
    der dunklen Wirbel kühn zu überspringen.
    Und jener, der ihn fällte, jagte nicht
    mir nach auf meiner Fährte, seine Dienste
    mir anzubieten, daß er mir Ersatz
    für den Besiegten brächte. Mit dem Fährmann
    fuhr er an Klingsors Ufer, und man hört,
    er wäre auf Schastel marveil geritten,
    den Kampf zu wagen, den kein Mann besteht.
    So ist auch er dahin. Zerschmettert liegt er
    am Estrich, den sein Blut mit Purpur färbt.
    Wieviele gingen diesen Weg? Er schwur,
    daß kein Gedanke in ihm wohne als der eine,
    mir ganz zu dienen. Was sind Schwüre! Oh!
    Doch tiefer als dies alles muß mich kränken,
    daß einer ist, der meiner nicht begehrt,
    und daß ich Kraft nicht habe, ihn zu hassen.
    Begehrt er nach dem Gral und sieht mich nicht,

> so ist er größer als der matte Hüter,
> Amfortas, dessen Herz mich mehr geliebt
> als das Geheimnis jenes hohen Steines.
> Ich, der Magnet, der jeden bannt, er wüchse
> an stolzen Kräften in den Himmel schier,
> der selbst den Herrn von Montsalvat gerissen
> aus dem Gesetze, das ihn heilig band,
> der allem Eisen maßlos überlegen —
> ich sinke vor dem Einen in die Knie,
> der mich nicht rief, der nie nach mir verlangte,
> und biete ihm dies Herz als Beute an.
> Er aber sieht das Beben nicht der Lippen,
> vernimmt nicht des gebrochnen Herzens Schrei,
> nicht kalt, nicht höhnend, wie im Traum gezogen
> nach dem Gestirn, das niemals untergeht,
> neigt er das Haupt zur Seite, setzt die Sporen
> dem Rosse ein und jagt ins Dunkel fort,
> im Elend meines Herzens mich verlassend.
> Wen ruf ich nun? Wer rächt mich? Wer gewinnt
> das Lorbeerreis vom Baum des kühnen Feindes?

Gawan *(kommt über den Plan gesprengt)*:
> Gegrüßt sei, Stolze! Bist du mir entflohen,
> so sucht mein Herz dich ohne Unterlaß,
> bis es dich hier am Strome wiederfindet.

Orgeluse *(erhebt sich)*:
> Wo kommst du her?

Gawan:
> Dort von Schastel marveil,
> wo ich den Ring zerbrach, den Klingsor fügte.

Orgeluse: Und er?

Gawan:
> Ist hin. Zur Tiefe fuhr sein Geist.
> Die Gruft hat sich für ewig ihm geschlossen.

Orgeluse: Das Zauberbett?

Gawan: Bezähmte ich.

Orgeluse: Der Sturm der Elemente?

Gawan: Ward durch mich beschwichtigt.

Orgeluse: Der Löwe?

Gawan: Stürzte nieder und verschied.

Orgeluse: Dann bist du Meister aller Wunderdinge.

Gawan: Als solchen grüßten mich die Frauen dort.

Orgeluse:
> So bläh dich auf! Du hast in dem Gepolter,
> das sonst so leicht der Männer Herzen schreckt,
> ganz herrlich, ganz erstaunlich dich gehalten,
> dem Sturm des Gauklers, der mit Gauklerwaffen,
> die nichts sind wie der leere Hauch der Luft,
> sich auf dich warf, botst du gewaltig stand.
> Das Nichts hast du besiegt, du großes Etwas.

Gawan:	Es hieß, es hätt sein Leben mancher dort verloren. Und so wagt ich denn mein Leben. Dünkt dich dies, Frau, so ganz verachtenswert?
Orgeluse:	Ich sag dir ja, du sollst dich wacker blähen, dem Hahne gleich, der seine Federn sträubt und hierhin schielt und dorthin, um zu sehen, wie man bestaune seine Herrlichkeit. Was willst du nun?
Gawan:	Ich eile, dir zu dienen. Die Schmach, die du voraussahst, traf mich nicht. Ich habe manches Werk indes vollendet und frage, was dir noch gefällig sei.
Orgeluse:	Mir noch gefällig? Dich nicht mehr zu sehen, wär das Gefälligste für mich, du Tor! Allein da du dich so beflissen zeigtest, so tu mir den Gefallen noch und spring mit deinem Pferd hinüber in den Garten, aus dem der Lorbeer goldnen Hauptes grüßt, und bring mir einen Zweig des stolzen Baumes.
Gawan:	Dort, meinst du, soll ich setzen übern Strom? Das Wasser ist von ungemeiner Breite.
Orgeluse:	Da zeigt er schon, der auserwählte Held, der Mädchenlöser, Rauchbezwinger, Ritter, der nie der Herrin Bitte überhört, was ihm im Busen lebt, im sieggewohnten. Hast du die große Probe nicht bestanden? Der Fluß ist Wasser. Fürchtest du den Fluß? Das eine stimmt, man könnte drin ersaufen!
Gawan:	Ich reite.
Orgeluse:	Gut. Doch nicht an dieser Stelle. Denn wer es sieht und mich dabei gewahrt, der rechnet deinen Unfall mir zur Schande. Und niemand zweifelt, daß du dir das Bad in dieser grünen Woge selbst bereitet. Dort sieh hinab, dort ist ein steiler Bord, die Ufer drängen näher sich zusammen, doch so, daß Raum genug für Künste ist und, wer den Sprung verfehlt, sogleich vom Wirbel hinabgezogen wird zum tiefen Grund. Dort setze über. Ich will deiner warten. Und bringst du mir das Zweiglein, das ich will, so schenk ich dir ein Haar aus meines Zelters gescheckter Mähne. Geh und zögre nicht!

(Gawan reitet gegen die bezeichnete Stelle ab)

Er reitet, wagt, was Wahnsinn ist, was keiner
sich unterfing. Er stürzt sich in den Strudel
der Wellen, sinkt, und alles ist verloren.
Weh, daß ich tue, was ich hasse, die,
so mich gewinnen wollen, ins Verderben

hinsenden muß und in die Schmach des Todes!
Er kann es nicht vollbringen, meine Fordrung
ist übermäßig ganz wie meine Qual,
die fort und fort mich treibt zu wilden Taten.
Er hat den Ort erreicht, er nimmt den Anlauf
die Mähre jagt, zum Sprunge spornt er sie.
Ha, wie sie rasend sich vom Felsen abschnellt,
dem Speere gleich, mit Wut hinausgesandt.
Zu kurz! Ins Wasser schlagen Roß und Reiter!
Sie sinken, Gott! Verloren ist das Spiel!
    (sie ringt weinend die Hände)
Auch du dahin, du Herrlicher und Starker!
Du Zier der Helden, strahlendes Gesicht,
du Auge, das die freien Blitze sandte,
die milden, schönen. Ach, dahin! dahin!
Wo ist der Fels, der stürzend mich begrübe?
Doch sieh, er hebt sich ringend aus den Wellen,
sein Arm ergreift den sichern Uferrand,
er schwingt sich auf, mit jähem Griffe reißt er
das Roß nach sich — ists Wahnsinn, seh ich sie
am Land gerettet? Oh, die Sinne taumeln,
Trug ist, was ich erblicke, alles wankt.
Der Himmel bricht zusammen, schwarze Schwerter
in Lüften fahrend, Grausen, Nacht — er ists,
der Tod, der Tod, der alles jäh beendet.
   (sie sinkt ohnmächtig zu Boden)
   (Gawan, das Roß nach sich ziehend, erscheint jenseits im Garten)

Gawan: Noch einmal half mir Gott. Im Sinken gab er
den Stoß mir, der mich riß nach oben hin.
Nun weiß ich, daß sein Arm allein uns rettet,
und daß wir nichts sind.   *(er kniet nieder)*
Dein ist alles Werk.
Und brech ich von dem Saum des goldnen Baumes
den Zweig mir ab, zu deiner Ehre seis!
   (er erhebt sich und bricht den Lorbeerzweig ab)
   (Giromelans erscheint zu Pferd, aber ohne Rüstung, den Falken auf der Faust. Er ist blond und strahlend, sein Gewand und sein Sattelzeug tragen die Sonnenzeichen.)

Giromelans: Wer wagts, in meinen Garten einzudringen,
des heilgen Paradieses letzten Rest,
dem ich bestellt ward zum gestrengen Hüter?
Wer brach vom Baum des Lebens mir den Zweig,
der niemand zusteht als dem großen Heiler,
durch den der Menschheit tief Gebresten stirbt?
Wer bist du, kecker Streiter? Welcher Wahnsinn
trieb dich zu solchem freventlichen Tun?

	Denn mit dem Tode zahlst du, was du tatest.
Gawan:	Willst du ans Leben mir, so sieh dich vor.
	Mein Schwert hat mehr als Menschenkraft
	bezwungen.

Giromelans: Wie redest du? Wär ich in Waffen jetzt,
ich säumte nicht, zur Erde dich zu strecken
und ohne Gnade höbe sich mein Schwert,
dein Herz, dein freches, mitten zu durchstoßen.
Doch bin ich solchen Angriffs ungewärtig, weil
ich nie in Waffen hier im Lorbeergarten,
da niemand das Unmögliche gewagt,
die breite Bahn des Stroms zu überspringen.

Gawan: Ich stell mich dir. Da diese Degenspitze
den Löwen Klingsors traf ins Flammenherz,
so möcht sie sich auch deines Streichs erwehren.

Giromelans: Du schlugst den Löwen, lagst im Wunderbett,
bestandst den Zaubrer, löstest die Gefangnen?
Der Hölle Bosheit brachtest du zu Fall?
Man nennt dich Herr und Meister jenes Schlosses?

Gawan: So ists.

Giromelans: Die edlen Frauen dienen dir?

Gawan: Ja, Herr.

Giromelans: So nenn mir, Stolzer, deinen Namen.

Gawan: Ich bin Gawan!

Giromelans: Du bists, den mir ein Traum
als meinen stärksten, freisten Gegner nannte,
den ich mir Tag und Stunde hergewünscht,
den Kampf auf Tod und Leben auszutragen?
Willkommen, Held! So seis, daß einer nun
den andern fälle. Laß zu diesem Kampfe
uns das Versprechen geben.

Gawan: Forderst dus,
so nimms.

Giromelans: Doch laß uns blind ans Werk nicht eilen.
Denn solcher Streit gescheh im Angesicht
der Ritterschaft, im Angesicht der Frauen.
Laß im Gefild von Ioflanze denn
nach Frist von sechzehn Tagen wohlgerüstet
uns treffen, und es biete jeder auf
die Besten aller Helden seines Landes,
der Frauen herrlichste und höchste Zier.
Vor ihren Augen falle die Entscheidung,
wer würdig sei, den goldnen Lebensbaum
in alle Zukunft ritterlich zu hegen.
Und eines noch begehre ich an dich:
Ob du mein Gegner zwar, ich bin gebunden
mit wundersamen Banden an dein Blut.
Nach der mein Herz sich sehnt, die zu erlangen

	mein höchster Wunsch, auf Klingsors Schlosse weilt
	die Liebliche, Itonje, deine Schwester.
	Bring ihr den Ring von meinem Finger hier
	und grüße sie im Namen ihres Helden.
Gawan:	Ich will es tun. So nenne dich vor mir,
	daß ich den Namen sage, dessen, der mich sendet
Giromelans:	Giromelans.
Gawan:	Hab Dank!
Giromelans:	Du reitest?
Gawan:	Ja.
Giromelans:	Auf welchem Weg?
Gawan:	Demselben, den ich herkam.
Giromelans:	Lebwohl, Gawan, gedenke deines Wortes! (ab)
Gawan:	Itonje lebt! Itonje auf dem Schlosse!
	Mit allen Fraun dem Bruder untertan!
	O aller Wunder lieblichstes und höchstes!
	Im Kreis der Holden strahlt mir dein Gesicht.
	Doch welche wars von all den Schöngelockten?
	Wie einen Kranz von Sternen sah ich sie
	um mich gereiht, ich fragte nicht nach Namen.
	Doch eine trug den Kelch, der mich so süß
	einschläfernd auf die Kissen niederzwang.
	Sie sah mich an, ihr Auge, wundernd groß
	war gegen meines ahnend aufgeschlagen.
	Sie wars. Den Trank der Stärkung trug Itonje
	und neigt ihn schwesterlich an meinen Mund.
	O daß ich meinem Herzen nicht gehorchte,
	das mit den Armen mich umschlingen hieß
	den zarten Leib der innig ernsten Spendrin.
	Itonje, Liebste, o Itonje mein!
	(er reitet nach der entgegengesetzten Seite hinaus)
Orgeluse *(richtet sich aus ihrer Ohnmacht auf):*	
	Ich kehre wieder, Gott, es breitet sich
	um mich das festlich heitere Gefilde
	der grünen Welt, die mir entsunken war.
	Weit war ich, fliehend durch den tiefen Abgrund
	dem Lichte zu, das mild und stetig scheint
	in seiner Größe unsagbarer Klarheit.
	Dort sank ich in die Ruh. Von Glanz verzehrt
	starb alles, was ich hatte, Haß und Lieben,
	und eine Stille, sanft und grenzenlos
	ergoß sich über mich, durchdrang die Tiefe
	des Herzens, die des Himmels Abgrund war.
	Der Ort der Sonne wars, und eine Hand
	ergriff ein Reis und neigts und sagte: Werde!
	Und sagte: Sei! Und sagte: Ja, du bist.
	Wo ist Gawan? Auf meinen Knien will ich
	empfangen ihn, der alles dies vollbracht.

Gawan *(reitet von rückwärts langsam gegen Orgeluse vor, den Zweig in seiner Hand):*
    Gegrüßt sei, Orgeluse.

Orgeluse: O, du Großer,
nenn mich nicht so. Ich bin nicht stolz, ich bin
ein Weib, das auf der Erde liegt und betet.

Gawan: Was ist mit dir? Dies Reis vom Lorbeerbaum
des Gartens, drin das Heil der Sonne atmet,
brach ich für dich, empfange es! Steh auf!
    (er schwingt sich vom Pferd und nähert sich ihr)

Orgeluse: O Herr, o Held, o Meister, o Befreier!
Ich steh nicht auf. Ich bitte dich, o Held,
auf meinen Knien, daß du deine Magd nicht
verachten wollest, die dir Böses tat.
Doch sieh, ich starb und bin aufs neu geboren,
ein schwaches Kind, das nach des Vaters Arm
sich weinend sehnt. Erhebe mich, du Starker.

Gawan *(richtet sie auf):*
Geliebte! Nimm den Zweig des Lebens, nimm ihn!
Für niemand als für dich ward er gepflückt.
Denn die ich liebe, soll nicht unwert scheinen.
Ich kannte dich, da du in Dornen dich
noch hülltest, und ich weihte meinen Dienst dir,
bis daß ich dränge in dein innerstes,
dein seliges Gemach.

Orgeluse: Aus meiner Wüste,
aus meinem Tode führst du mich ans Licht.
Dich werden preisen aller Frauen Lippen.

Gawan: Ich wußte deine Demut.

Orgeluse: O, du sahst
mir auf den Grund der Seele, und du littest
die Bosheit, die ich tat dem treusten Mann,
den Hohn, womit ich ohne Unterlaß
das Haupt des Freisten, Edelsten begossen.
Du littests und du schwiegst. Ich zitterte
in Todesangst bei jedem meiner Werke,
ob du im Zorne nicht dein Antlitz mir
entzögest, mich auf ewig von dir stoßend.
O glaub mir, niemals litt ein Weib wie ich
um euch, ja, um der Männer heilge Würde,
die mir verloren schien. Und jeden Mann,
der sich mir nahte, trieb ich in die Probe,
auf daß er siege oder unterging.
Schwach ist das Weib, wenn es den Schwachen
                                                                        liebt,
entehrt, wenn es dem Elenden sich hingibt,
im Todeswürdgen wählt es selbst den Tod.
Ist nicht Erlösung auch von u n s gefordert?

	Wenn Gott es tat, wenn ers als Mensch vollbracht,
	muß es der Mensch als Gott denn nicht vollbringen?
	Und ist der Mann, der nicht dem Weib erliegt
	nicht Mensch? Verführen wir nicht darum
	die Männer, daß sie zeigen, wer sie sind?
	Denn nach dem Menschen lechzt des Weibes Liebe.

Gawan: Erlösung brachte Gott im Menschenkleid.
Sein Gotteskleid zu finden trachte jeder.
Doch jene große, heilge, letzte Tat,
durch die des Todes dunkle Ketten springen,
ist mir zu tun verwehrt. Denn Gnade ist
der letzte Sieg, und wen die Gnade wählt,
der feierliche Ruf des heilgen Grals,
der wirds vollbringen. Doch die Hölle kämpft
um jenen Mann und droht ihn zu verschlingen.

Orgeluse: Wer ists? Giromelans?

Gawan: Nicht jener, nein.
Er hütet, was vergangen. Seinem Garten
blüht keine Zukunft mehr, es sei, der heilge Gral
versetze ihn zur Mitte seines Reiches.

Orgeluse: Er schlug mir den Geliebten. O, ich hatte
ein zärtliches Herz, dem gelben Wachse gleich.
Doch da er so in seinem Blute dalag,
der liebste Mann, das Haar verknotet, tief
die weißen Wangen eingebrochen, starrend
mit trüb verglastem Blick ins graue Nichts,
da keines meiner Worte ihn zurückrief,
da wandte sich das Herz in meiner Brust
und Mann und Mörder schien dasselbe mir.
Und jäh den Schrei des Todes unterdrückend
schwur ich, zu rasten nicht, bis daß ich einst,
den Mann gefunden, der kein Mörder wäre,
an dem die Hand der Rache glitte ab,
und der, des Todes Anfall von sich wehrend,
das Reis erstritte, das der Sonne grünt:
Die Furt des Todes aber wagte keiner
zu überspringen, bis mein Meister kam.

Gawan: Der Tod ist nicht besiegt. Allein die Wunde
des Leibes ist geheilt durch meine Hand.

Orgeluse: Wer aber ist der Große, den die Hölle
umwirbt?

Gawan: Er kreuzte unsre Bahn.
Fünf deiner Ritter warf er dir darnieder.
Im Haus des Fährmanns ruhte er zur Nacht.

Orgeluse: Der rote Ritter!

Gawan: Parzival, der Starke.
Berufen hat die Stimme ihn zum Gral,

| | daß er Amfortas' Wunde möge schließen.
| | Allein er schwieg, da Schweigen Sünde war,
| | und aus dem heilgen Bannkreis stieß der Gral
| | ihn aus. Nun irrt er, ein Berufner
| | und ein Verlorner auch auf dunkler Bahn.
| | Denn niemals trennt von ihm sich seine Würde.
Orgeluse: | Weh mir! Um meinetwillen fiel in Schmach
| | Amfortas. Mir zu dienen ritt er ostwärts
| | und Klingsor zog, verhüllt in Rittertracht
| | entgegen ihm und stieß die giftge Lanze
| | ihm in die Scham, in ihm die Herrin schändend.
| | Und jener rote Ritter, o Gawan,
| | ich sag es dir, ich will dir alles sagen,
| | er schien mir so gewaltig, daß ich ihm,
| | der mein nicht achtend seines Weges fortritt,
| | nachjagte, daß ich Land und Minne ihm
| | zum Lohne bot, wenn er Giromelans
| | mir niederwürfe und den Zweig erstritte.
| | Er sah mich an, er schüttelte das Haupt
| | und ritt davon.
Gawan: | Dein Werben bringt dir Ehre.
| | Denn wahrlich, den du wähltest, dieser ist
| | der größte aller Männer, ist der kühnste,
| | der unglückseligste. In Leid getaucht
| | wie er ist niemand; er, der Ausgestoßne,
| | trägt aller ausgestoßnen Menschen Los.
| | Laß ihn ins Herz uns fassen, Teure, niemals
| | verlieren ihn aus unserm innern Zelt,
| | laß seinen Namen uns als Siegel brennen
| | in unsre Brust und tragen seine Last
| | die ungeheure, bis die Hand des Himmels
| | sie von uns nimmt.
Orgeluse: | So sei es, teurer Mann!
Gawan: | Wir aber, Orgeluse?
Orgeluse: | Meinen Namen
| | schenk ich an dich, mein Leben und mein Sein.
| | *(Sie umarmen sich)*

SCHASTEL MARVEIL

Zaubersaal

Arnive und Itonje, vor der Zaubersäule sitzend.

Itonje: | Ich schaue nicht mehr hin. Denn stets aufs neue
| | tut sich Gefahr und Abenteuer für ihn auf.
| | Ihr mögt nun tausendfach Euch glücklich preisen,
| | daß Ihr den Spiegel habt, der Euch verrät,

	was Dinge rings im Umkreis sich begeben,
	mir scheints ein Marterwerk, die Seele reißt es
	von Angst zu Angst, von Schreck zu Schrecken fort.

Arnive: Geliebtes Kind, soll ich das Rund nicht loben,
das mir das klare Bild der Wahrheit zeigt?
Das Drohnde nicht, das Glückliche nicht hehlt?
Er kehrt zurück. An seiner Seite sprengt
die stolze Nachbarin, Frau Orgeluse.
In weißer Hand trägt sie das Lorbeerreis,
und ihre Augen blicken still und selig.
Gewiß, an diesem wilden Herzen hat
der Held sein Meisterstück vollbracht, o sieh,
wie sie die Wimper senkt, dem Wort zu lauschen,
das er ihr spricht! Nicht nur Schastel marveil
auch Logroys ist endlich nun entzaubert.

Itonje: Und wenn ihm alles auch nach Wunsch gelang,
so lauert vor dem Tore noch Verderben.

Arnive: Bist du des Fürchtens so gewohnt, mein Kind,
daß deines Herzens Gründe stets sich füllen
mit drohenden Gestalten? Kann der Glanz
der Freude nie zum Feste sie dir schmücken?

Itonje: Mir ahnet Schlimmes. Schenkt uns je der Himmel,
so nimmt er uns zugleich auch Liebes weg.

Arnive: Was hast du Liebes, das er nehmen könnte?
Gefangenschaft war unser Los bis heut.
Sie wird der Edle uns vom Herzen nehmen,
entsenden wird er nach der Heimat uns.

Itonje: Ach, wird sie uns als Heimat auch empfangen?
Sind wir nicht längst von denen totgesagt,
die einst uns dort in treuen Armen hegten?
Wünscht jemand die Geschiednen sich zurück?
Die Lücken sind gefüllt, vernarbt die Wunden,
die der Verlust der Lieben einstens riß,
gelöst mit allen Wurzeln, ohne Erdreich
schwebt unser Herz verloren in der Luft.

Arnive: Verloren? Kind, dies Wort auf deinen Lippen
verrät dich mir. Verloren ist dein Herz.
Am Söller sitzend, schauend nach der Tiefe,
ward dir dein Aug zum Fallstrick. Einer fing
dein Herz dir weg und wahrts als seine Beute.
O sieh, der Purpur, wie das Morgenrot
steigt licht in deine Wangen, du vermagst dich
nicht mehr zu bergen.

Itonje: Herrin!

Arnive: Still, mein Herz!
Nicht länger soll dich meine Frage quälen.
Was sich begibt im innersten Gemach
des Herzens, wird sich einmal offenbaren,

                    wie sich der Knospe Heimlichkeit vertraut
                    dem Licht der Sonne, das sie liebend öffnet.
                    Doch sieh, die Reiter nahn, zum Tore sprengt
                    das holde Paar, in wenig Augenblicken
                    erscheinen sie im Saal. Nun gilts, mein Kind,
                    die Süße deiner Lippen mags vollbringen.
                    Bitt du um unsre Freiheit ihn. Geschwind
                    geh jetzt hinein, ich rufe dich zur Stelle,
                    im Augenblicke, der mir günstig scheint!
                    (Itonje nach innen ab)

                    (Gawan und Orgeluse treten ein.)

Arnive: Willkommen meinem edlen Herrn, willkommen
                    der Herzogin, die er zu Gast uns bringt.

Gawan: Der Gast wird Heimat bei uns finden, Herrin!
                    Schloß Logroys, Schastel Marveil, sie wird
                    ein einzig Band, ein glückliches umschlingen.
                    Die Hand, die ich hier halte, wird sich nie
                    der meinen mehr entziehen. Staunet nicht,
                    daß ich so bald das Werk des Sieges kröne,
                    die Fürstin führe in das stolze Haus.
                    Nehmt sie als Eure Tochter an und rüstet
                    die Hochzeit uns, wies unserm Stand gebührt.

Arnive: Laßt, schöne Frau, an meine Brust Euch schließen,
                    daß Eures Glückes eine Woge auch,
                    dem Bett entströmend, meinen Grund benetze.
                    Ich liebe Euch, da unser Held Euch liebt.

Orgeluse: Empfanget mich, wie Euch sein Wort mich gab.
                    (sie umarmen sich)

Gawan: Nun öffnet die Gemächer, die ihr künftig
                    als Wohnung dienen, wählet, ordnet, schmückt
                    und haltet Rat, so wie ihn Frauen pflegen,
                    daß sich uns bald das schöne Fest erfüll'.

Arnive: Wir eilen, Herr.

Gawan: Und habt die Güte, Herrin,
                    Itonje mir zu senden, jenes Kind
                    aus Eurer Schar, das mir, wenn ich nicht irre,
                    den Becher reichte.

Arnive: Herr, sie wird sogleich
                    bei Euch sein.

Gawan: Wohl! Und auch den Fährmann bittet,
                    hierherzukommen vor mein Angesicht.

Arnive: Er wird erscheinen.

Gawan *(zu Orgeluse):*
                    Noch einmal zum Mädchen
                    macht dich das Kleid der Braut. Ich sehne mich
                    den Kreis der Ewigkeit um uns zu schlingen.
                    (Arnive und Orgeluse ab)

Der Ewigkeit! Denn weder Mann noch Weib
sind ewig, dieses Wort gebührt dem Menschen,
und ihm allein, und dies ist Wahrheit nur:
kein Einzler ist der Mensch, ein Alles ist er,
die Heimkehr des Zerstreuten und das Haus
der Freude. Gott erfüll es uns!
(Itonje kommt)
Da ist sie.
Mein Kind!

Itonje: Ihr rieft mich, und ich komme.
Gawan: Dank dir!
Tritt her zu mir! Du nennst Itonje dich?
Wer gab dir diesen Namen?
Itonje: Der mich zeugte,
mein Vater Lot.
Gawan: Ich hörte wohl von ihm.
Ein edler Mann. Hast du nicht einen Bruder?
Itonje: Wenn er noch lebt, so hab ich ihn, mein Herr.
Gawan: Wie heißt der? Warum stürzen dir die Tränen
ins Auge? Sag mir, tat ich dir ein Leid
mit meiner Frage an?
Itonje: Ach nein, verzeiht, ich bitt Euch,
die Sehnsucht übermannte mich. Gawan
nennt sich mein Bruder.
Gawan: Und er ist dir lieb?
Itonje: Ja, Herr.
Gawan: Ist dir vielleicht der liebste
von allen Männern, die du weißt, mein Kind?
Du schweigst?
Itonje: Herr, ich vermag Euch nicht zu sagen,
wonach Ihr fragt.
Gawan: Aus diesem Schlosse doch
kamst niemals du hinaus?
Itonje: Gewißlich nicht.
Gawan: Und darum ist Gawan der einzge Mann,
der dir vertraut.
Itonje: Ihr könnt so drängend reden.
Gawan: Und du so wunderbar erglühen, Kind.
Glaub mir, ich bin ein großer Rätselrater.
Itonje: Ein Rätselrater?
Gawan: Ja. Es spiegelt sich
ein Wort in deinen großen Augensternen,
ich les es ab, du leugnest es umsonst.
Itonje: Ich leugne nichts.
Gawan: Wer sendet dir dies Ringlein?

Itonje:	Ein Ringlein, Herr?
Gawan:	Erbleiche nicht, mein Herz!
	Kennst du am Strom den schönen Lorbeergarten?
	Kennst du den König, der drin Wache hält?
Itonje:	Giromelans.
Gawan:	Mit solchen süßen Lippen
	spricht nur die Liebe. Nimm das Ringlein hin
	und hegs am Busen. Aber jener andre,
	der mich nicht minder sendet her zu dir,
	für dessen Namen ich Besorgnis trage,
	daß er verlösche in der Liebe Glanz —
	Gawan —
Itonje:	Ihr kennt ihn?
Gawan:	Der mich bat zu forschen,
	ob seiner Schwester Herz ihn nicht vergaß —
Itonje:	O Gott, er lebt noch! Und Ihr spracht ihn?
Gawan *(zieht sie in seine Arme)*:	
	Liebling,
	in seinem Namen drück ich dich an mich.
Itonje:	Du bist es selbst! O Bruder! Bruder! Bruder!
Gawan:	Um Himmels willen, Liebste, stirb mir nicht.
Itonje:	Das Herz zerspringt mir.
Gawan:	Umso fester preß ichs
	an meines an. Zusammen tragen wir
	das Übermaß des Glückes.
Itonje:	Laß mich, laß!
	Ich kann nicht mehr! *(eilt hinaus)*
Gawan:	Itonje! Kind! — O Schwester!
	(Fährmann tritt auf)
Fährmann:	Hier bin ich. Was befehlt Ihr?
Gawan:	Lieber Fährmann,
	setz dich zu mir, ich brauche deinen Rat.
Fährmann:	Rat habt Ihr mehr als ich, seit Ihr den Bösen
	bezwungen habt.
Gawan:	Es ist nicht ohne dich
	gelungen.
Fährmann:	Fragt, ich gebe gern Bescheid,
	wofern ich kann.
Gawan:	Entsinne dich, du warntest
	vor einer Frau mich, die mir Übles sinnt.
	Ich bin entschlossen, sie zum Weib zu nehmen.
Fährmann:	Und ich, was soll ich?
Gawan:	Deine Meinung sollst du
	mir frischweg sagen.
Fährmann:	Meine Meinung? Herr,
	das ist nicht not. Ihr seid bereits entschieden.

Gawan:	Zum Unheil oder Heil?
Fährmann:	Das fragt Ihr mich?
	Wer Unheil mag in Heil verwandeln, wahrlich,
	den nenn ich Meister.
Gawan:	Aber wie, mein Freund,
	kann dies geschehn?
Fährmann:	Wer läßt die Berge sinken
	und hebt das Tal den Gipfeln gleich empor?
	Wer füllt die Nacht mit Licht, den Tag mit Frieden?
	Wer bricht dem Skorpion den Stachel aus?
Gawan:	Die Liebe.
Fährmann:	Liebt, so mögt Ihr unternehmen,
	was Ihr nur wollt, mißlingen kann es nicht.
Gawan:	Kann Ufer denn dem Ufer sich vereinen?
Fährmann:	Die Brücke tuts, die beide überwölbt.
Gawan:	Die Brücke, Freund? So geh und bau die Brücke!

PARZIVAL

Personen:

Artus
Keie
Gawan
Orgeluse
Arnive
Itonje
Giromelans
Iwanet
Parzival
Gawans Engel
Parzivals Engel
Ein Engel zur Rechten der Waage
Ein Engel zur Linken der Waage
Stimme
Ritter und Frauen des Königs Artus, Orgelusens Ritter, die Frauen von Schastel marveil.

Die Handlung spielt auf dem Feld von Ioflanze, im Prachtzelt des König Artus, auf einem Blachfeld am Flusse und in Gawans Zelt.

FELD VON IOFLANZE
Großes Prachtzelt des Königs Artus

Artus, Keie, Ritter und Frauen

Artus: Das Unsre ist getan. Dem Ruf Gawans
sind wir gefolgt mit großem Hofgeleite.
Zu Ioflanze schlugen wir die Pracht
des Lagers auf, von Seiden und Brokaten,
von bunten Bannern leuchtet das Gefild.
Rings sammelt sich um uns die Ritterschaft,
die beste von Bertane, und der Frauen
gerühmte Schönheit lächelt uns zum Fest.
So wollen wir den großen Kampf begehen,
den uns Gawan verkündet.

Keie:	Rätselhaft ist der Bescheid, den uns der Bote brachte. Wer ist der Gegner? Worum wird gekämpft?
Artus:	Ich weiß es nicht. Dem Neffen zu vertrauen, ist alles, was mir bleibt. Doch wenn Gawan den ganzen Hof zum Ort des Kampfes ladet, so stehen große Dinge uns bevor. Nicht ohne Sorge seh ich dem entgegen. Denn seit der Eine, dessen Mannesstärke uns alles hoffen ließ, seit Parzival hinaus ins Düster der Verbannung jagte, vor sich die Nacht und hinter sich den Fluch, seitdem ist nur Gawan uns noch geblieben, an den der Ruf der Zukunft nun ergeht, zu tragen einst die ritterliche Krone, zu walten in der Welt als Gottes Arm. Weh uns, wenn wir sein Haupt verlieren sollten!
Keie:	Gawan ist kühn. Dem Kühnen winkt das Glück. Ich zweifle nicht am Siege deines Neffen. Doch horch, vom Rand des Lagers tönt das Horn, von Jubelrufen tost die weite Fläche. Er ists, er eilt zum Gruße schon heran. Durch Gassen näher kommt der Ruf der Freude. Musik ertönt, es brandet dicht ums Zelt. Schlagt auf das Tuch! Schon tritt er uns entgegen.

(Gawan, Orgeluse, Arnive und Itonje verschleiert, Orgelusens Ritter, die Frauen von Schastel marveil)

Artus:	Gawan!
Gawan:	Mein Oheim! *(sie umarmen sich)* Dir zu danken komm ich für alle Treue, die du mir erzeigst. Hier sieh die Meinen: Grüßend naht dem Fürsten die edle Herzogin von Logroys, jetzt meine Gattin.
Artus:	Du bestürmst mich, Neffe, mit Freuden, die mein Herz so schnell nicht faßt. Die schönste Frau, die je mein Aug erblickte, geschmückt zugleich mit aller Demut Zier, ist dein Gemahl! Laß dich umarmen, Tochter, geh ein in meine Liebe. Sei mir hold!
Orgeluse:	Ich bin Euch hold.
Gawan:	Von diesen Frauen, König, die mich ein glücklich Abenteuer jüngst gewinnen ließ, nahn zwei sich dir verschleiert. Ich wählte sie als Gabe für dich aus. Geruhe denn, mein Fürst, sie anzunehmen.
Artus:	Ein glücklich Abenteuer? Wunderbar klingt deine Rede, o Gawan, und Wunder

      beginnen mehr und mehr die Sinne mir,
      die hellen, zu umgaukeln. Tretet näher,
      Ihr edeln Frauen, hebt den Schleier auf,
      daß ich Euch grüße mit dem Gruß der Augen!
          (*Arnive hebt den Schleier*)
      Ists möglich? Träum ich? Steht ein Zauberbild
      vor mir?
Arnive: Mein Sohn!
Artus: Die Stimme, es ist ihre Stimme.
      Gerechter Himmel!
Arnive: Zweifle nicht, ich bins.
      So wahr du Artus bist, bin ich Arnive.
Artus (*in ihre Arme eilend*):
      O Mutter! Mutter!
Arnive: Sohn! Geliebter Sohn!
Artus (*sich aus der Umarmung lösend*):
      Sagt, träum ich nicht? Sagt, fiel der Wahnsinn nicht
      mir in das Haupt, die Sinne mir verstörend?
      Macht er zum König denn den Bettler nicht,
      zum Heiligen den Sünder, ja zum Gott
      den schwachen Wurm? Sprecht, seh ich Wahrheit
                denn?
Keie: Genie zur Tollheit hab ich nie besessen,
      mein Sinn war nüchtern stets und kalt wie Erz.
      Wenn ich verrückt bin, ists der Stein am Wege.
      Dies ist Arnive, Eure Mutter, Herr.
Gawan: Noch bleibt das zweite Antlitz zu entschleiern.
      Laß deine Züge uns erkennen, Kind!
Artus: Itonje.
Itonje: Oheim.
Artus: Ihr Verlornen, Teuren
      kehrt mir zurück, wie Sterne, die die Nacht
      der Wolke einen Augenblick verhüllte
      und die mit doppelt süßem, klarem Licht
      der Finsternis des Truges nun enttauchen.
      Ihr seid bei mir! Ich fasse Eure Hand.
      Ihr schaut mich an, ein Teil von meinem Leben,
      den ich verloren, kommt mit Euch zurück!
      O Dank dem Himmel, der noch Wunder spendet!
      Wie abgewendet ist des Menschen Herz
      den Zeichen, die uns schreibt der ewge Finger
      rings in den Umkreis unsrer innern Welt.
      Das Wunder lebt, wir aber sind erstorben.
Arnive: Gawan befreite uns.
Itonje: Sein Leben hat
      der Mutige gewagt an die Erlösung.
Artus: Ihr wart gefangen? Sprecht, erzählt, erklärt!
      Denn unerhört und seltsam ist mir alles.

Arnive:	In seiner Burg, wohin er uns geraubt
durch übermächtgen Zauber, o Geliebter,
hielt Klingsor uns gebannt. Nicht unser Flehn,
nicht Tränen, nicht gerungne Hände, Seufzer
bewegten sein verruchtes schwarzes Herz.
In Ewigkeit wollt er uns nicht entlassen,
und sehnend hob sich unser Auge auf,
die Heimat, der Geliebten Bilder suchend.
Doch täglich stand das weite Himmelsrund,
das lichtumhüllte, schweigend um uns nieder.
Zuweilen trieb das Wagnis einen Ritter
heran, zu brechen unsern Zauberbann,
doch mit dem Tode büßten sie es alle.
Da kam Gawan und bot sein Leben dar,
die Hölle raste, alle seine Künste
ließ Klingsor spielen, doch Gawan bestand.
Artus:	Mich faßt ein Staunen, wie ichs nie empfunden.
Gawan, mein Sohn, mit dir ist Gottes Huld.
Wer solches tat, wird auch im Kampf obsiegen.
Gawan:	Es ziemt mir nicht, in Sicherheit zu wiegen
das stolze Herz. Denn der zum Kampf mich rief,
ist mehr als nur ein Mann. Es wohnen Kräfte
in seinem Leibe, die kein Mensch ermißt.
Das Höchste gilt es hier vor Euch zu leisten.
Artus:	Nenn mir den Namen deines Feinds, Gawan.
Gawan:	Erlaube mir, daß ich ihn noch verschweige.
Es möchte sein, Ihr drängtet sonst in mich,
daß ich den Kampf vermeide. Doch ich trete
unmöglich noch einmal zurück. Wenn erst
die Schranken aufgerichtet stehen, wenn gewappnet
die Gegner sprengen in die ebne Bahn,
alsdann mögt ihr erkennen, welche Zeichen
der Ritter führt, der mich zum Streit berief,
und welcher Preis dem Sieger zugesprochen.

Du bist der Erste, Oheim, hier am Ort,
als Zweiter schlag mein Lager ich zur Seite
am Walde auf. Und jener, sei gewiß,
wird heute oder morgen mir erscheinen
mit allem Glanz, der einem König ziemt.
So sei das Los des Sieges denn geworfen!
Indessen rüst ich, Freunde, auch mein Zelt,
euch bald beim Fest der Tafel zu begrüßen!

BLACHFELD AM FLUSSE

Das Ufer senkt sich gegen rückwärts zum Wasser hinab. Vom Flusse steigen dichte Nebelschwaden auf, die wechselweise Teile der Szene verhüllen und wieder freigeben.

Früher Morgen.

Gawan *(zu Pferd)*:
    Nun tummle dich, mein Tier, denn heute kämpfst du
    mit mir den höchsten Kampf. Die Sonne selber
    ist unser Preis, der Garten, den der Glanz
    der Seligkeit erfüllt, der Schein vergangner Hoheit.
    Ums Reis des Lebens streiten wir, die Wunde
    der Krankheit gilts zu schließen, daß Gawan
    zum neuen Ritter werde, der da heilt,
    anstatt zu töten. Denn das Leben liebt er
    und haßt den Tod. Wir müssen eines sein
    in diesem Kampfe, hörst du, Gringuljete,
    e i n Atem, e i n e Schnelle, e i n e Kraft.
    Das Roß muß Mann sein und der Mann zum Rosse
    sich wandeln, daß mit geisterhaftem Schwung,
    dem Sturme gleich, der hierhin, dorthin braust,
    wir werfen uns auf unsres Gegners Herz,
    vom Sattel ihn hinab zur Erde stürzend.
    Heut oder nimmermehr! Dies ist die Losung.
    Die Nebel kochen. Immer dichter schickt
    der Fluß die weißen Dämpfe ans Gestade.
    Was hebt sich durchs Gewoge groß hinan
    und steht bis an den Himmel? Weh, ein Engel!

Engel: Gawan!
Gawan: Wer ruft mich?
Engel: Steig vom Pferde! Steig!
    Dir ziemt, zu Fuß zu streiten.
Gawan: Ich gehorche.   *(er steigt ab)*
Engel: Gawan! Gawan!
Gawan: Was soll ich?
Engel: Beuge dich
    in dein Geschick.   *(entschwindet)*
Gawan: Mich beugen? Welch Orakel!
    Ist mir mein Fall bestimmt?
        (der Nebel verhüllt ihn)
        (Parzival lenkt unweit sein Pferd vom Ufer herauf. Er trägt um den Helm das Lorbeerreis.)

Parzival: Im Nebel dort
    sah ich den Wächter stehn. Nun schwand er. Welch
                          Gestade
    betrat ich? Wohin führt mich Gottes Hand?
Engel: Halt, Parzival.
Parzival: Wer ruft mich?
Engel: Deiner wartet
    der Kampf.
Parzival: Ich bin bereit. Befiehl mir, Bote!

Engel:	Vom Pferde steig! Denn dir geziemt zu Fuß zu streiten.
Parzival:	Ich gehorche. *(steigt ab)*
Engel:	Beuge, beuge dich in dein Schicksal! *(entschwindet)*
Parzival:	Gottes Wille sei! *(der Nebel verhüllt ihn)*

Gawan *(ohne Pferd aus dem Nebel hervortretend)*:
        Ich sah ihn. Wie ein Schemen stieg er aufwärts
        vom Uferrand. Des Lorbeers Schatten schwebte
        um seinen Helm. Ich täusch mich nicht, er ists.
        Giromelans! Und sieht uns auch kein Auge
        von allen, die ich lud, das Schicksal wills,
        ich beuge mich.
        (er zieht das Schwert)

Parzival *(ebenso aus dem Nebel tretend)*:
        Wer du auch seist, zum Kampf bin ich gemahnt.
        Du hebst das Schwert! Begegne denn dem meinen.

(Sie rennen mit erhobenen Schwertern stumm gegeneinander an. Gewaltiger Zusammenprall. Der Nebel verhüllt beide. Das Dröhnen des Kampfes entfernt sich gegen den Fluß zu. Dichtes Gewoge.)

Stimme *(von oben)*:
        Gewogen wird.
        (Am Himmel erscheint der Schatten einer Waage.)

Engel rechts:	Zur Rechten hier.
Engel links:	Zur Linken.
Stimme:	Was legst du ein?
Engel rechts:	Die Reinheit. Das Vertrauen.
Stimme:	Was legst du ein?
Engel links:	Den Abgrund und das Licht.
Stimme:	Die Waage schwebt. Die Waage neigt sich über.
Engel rechts:	Nach rechts?
Engel links:	Nach links.
Stimme:	Gewogen ist!
Beide Engel:	Gewogen.

        (alles entschwindet)

Iwanet *(tastet im Vordergrund durch den Nebel seinen Weg und bleibt stehen)*:
        Wo bin ich? Aus der Irrnis flieh ich fort
        in neue Irrnis. Alles ist verloren.
        Mein Roß verfiel. Im Nebel tauml ich hin
        seit vielen Tagen. Ach, ich ließ Gawan
        um Parzival, und Parzival verbirgt
        sich mir. Ich kann ihn nicht erreichen.
        Was dröhnt im Nebel? Waffenlärm? O sieh,

                        ein Schatten wankt heran aus dichtem Schleier,
                        ein schwergetroffner Mann.
Gawan *(aus dem Nebel hervortaumelnd)*:
                        Weh mir!
Parzival *(ihm folgend)*:
                        Fahr hin!
                        Das Ende nimm, das Gott dir zubereitet.
                                    *(schmettert ihn mit einem Schwertstreich
                                    zu Boden)*
Iwanet *(aufschreiend)*:
                        Gawan!   *(stürzt auf den Gefallenen)*
Parzival *(wie vom Blitz getroffen)*:
                        Gawan?   *(er schleudert das Schwert von sich)*
                        O Fluch, der sich erneuert,
                        sooft mein Schwert sich hebt. Gawan! Gawan!
                                    *(wirft sich auf die Knie und öffnet dem
                                    Bewußtlosen das Visier)*
                        Er ists. Mein Bruder ists. Ich bin es selber.
                        O Gott des Zornes, du hast m i c h gefällt.
                        Bleich wie der Tod. Die Augen leer und starrend.
                        Geliebter! Bruder! Straf mich nicht. Wach auf!
                                    *(reißt den Helm vom Haupt und reicht
                                    ihn Iwanet)*
                        Schnell, Wasser!
                                                (Iwanet eilt zum Flusse)
                        Dich zu treffen, teures Haupt,
                        es ist der schrecklichste der Streiche, die der Himmel
                        durch mich getan. Denn du warst mehr als ich.
                        Solang du lebtest, floh mir nicht der Atem
                        aus meiner Brust, die aller Menschen Fluch
                        mit Felsenlasten drückte nach der Tiefe.
                        Dein Licht durchhauchte tröstend meine Nacht
                        und wie der Mutter Laut klang deine Stimme
                        mir liebend nach. O, daß ich dies getan!
                        Noch einmal öffnet seine grause Tiefe
                        der Abgrund mir. Allein mein Schicksal ruht
                        in meinen Händen nicht. Ich beuge mich.
                        Der Himmel wird mich richten.
Iwanet: Wasser! Wasser!
Parzival *(Gawans Stirne benetzend)*:
                        Gott hauche Leben in dies Element.
                        Er ströme Leben ein in deine Glieder.
                        Wenn du es willst, o Herr, erwecke ihn!
Iwanet: Er lebt! Mein Herr Gawan!
                                                (er ergreift seine Hand)
Gawan: Was ist? Ich liege
                        gefällt. Du Parzival? Giromelans,
                        wo ist er?
Parzival: Bruder!

Gawan:	Ist er nicht mehr hier?
Parzival:	Wie, Bruder?
Gawan:	Der mich niederwarf, der Held.
	Giromelans, der Herr des Lorbeergartens.
Parzival:	Er war nicht hier.
Gawan:	Nicht hier?
Parzival:	Der dich hier traf,
	war ich.
Gawan:	Du?
Parzival *(umarmt ihn):*	
	Bruder, treuer, lieber Bruder!
Gawan:	Du schlugst mich? Ach, so war der Streich mir gut,
	war eine Liebestat. Durch dich zu fallen
	ist gut. Nimm meinen Ruhm, du Großer
	und flicht ihn in die Kränze deines Haupts.
Parzival:	Wie ist dir?
Gawan:	Wohl. Wie nach dem Tode heiter.
	Ich gab dir, was ich habe, wir sind eins.
Parzival:	Du wirst genesen.
Gawan:	Freund, ich bin es. Laß mich
	vom Rasen aufstehn. Ah, noch schwindelt mir.
	Doch du bist mein. Ich suchte dich voll Sehnen.
	Nun gabst du mir den Bruderstreich. Hab Dank!
Parzival:	Du zürnst mir nicht?
Gawan:	Ich liebe dich.
Parzival:	Du Guter!
Gawan:	Gut ist nur Gott. Haßt du ihn noch? O sprich!
Parzival:	Ich beuge mich.
Gawan:	Gelobt sei der Erlöser!
	Du hassest nicht. Ich betete für dich.
Parzival:	Mein Freund.
Gawan:	Suchst du den Gral?
Parzival:	Ich warte.
	Was Gott mir gibt, das nehm ich schweigend an.
Gawan:	Mich gab er dir. Nimm mich! Das Schloß des Zaubers
	zwang meine Hand. Die Unschuld ist erlöst.
Parzival:	Du hast Schastel marveil bezwungen, Bruder?
Gawan:	Klingsor fuhr hin. Arnive ist befreit.
	Itonje auch, die früh geraubte Schwester.
	Und Orgeluse, die Amfortas sich
	zur Herrin nahm, dem Wort des Grals entgegen,
	durch die der Speer, der schmähliche ihn traf,
	ist mein Gemahl.
Parzival:	Auch sie hast du verwandelt?
	O, du hast viel vollbracht!

Gawan:	Nimm, es ist dein!
Parzival:	Mein?
Gawan:	So wie ich.
Parzival:	Und darum mußt ich schlagen
das edelste, das brüderliche Haupt?
Gawan:	Sprich davon nicht mehr! Meine Kräfte wachsen
mit jedem Blick, den du mir schenkst. Und sieh,
auch Iwanet, der Treue, kehrt uns wieder.
Bring mir das Pferd! Helft in den Sattel mir!
Besteig auch du dein Roß und laß uns reiten.
Zum Kampfe rief Giromelans mich her
und ihn vermeint ich hier am Strom zu treffen.

(Der Nebel beginnt sich mehr und mehr zu lichten)

Parzival:	Der Kampf ist mein. Ich trete ein für dich.
Gawan:	Das kann nicht sein, den Kampfpreis zu erstreiten
ziemt mir allein.
Parzival:	Doch geb ich nimmer zu,
daß du dich so ihm stellst, da kaum die Kräfte
sich wieder regen, kaum die Wange sich
dir färbt mit Leben. Aufgeschoben werde
um einen Tag der Streit.
Gawan:	Ich willge ein.
Parzival:	Was schimmert dort? Was dehnt sich längs dem Walde?
Wie Blumen aus dem Nebel dringts hervor.
Gawan:	Des Königs Artus Lager. Ihn zu grüßen
laß reiten uns.
Iwanet:	O Herr!
Gawan:	Was ist, mein Kind?
Iwanet:	Vergebt Ihr mir? Ich ritt von Euch, doch wahrlich,
ich glaubte, daß ich Treue Euch erwies.
Denn seht, mit allen meinen Kräften wollt ich
zu Parzival Euch reißen.
Gawan:	Still, mein Knab!
Iwanet:	Wie schlecht ich tat, bekam ich gleich zu spüren.
Mir fiel das Roß, ich tappte durchs Gehölz,
der Nebel deckte alles, ich verwirrte
mich ganz und gar. Doch Gott verließ mich nicht.
Ich fand Euch beide.
Parzival:	Ja, den Schleier rissest
du uns hinweg, ich sah, was ich vollbracht.
Dein Ruf war Rettung.
Gawan:	Reich die Hand mir, Knabe!
Hier sind sie beide, denen du getreu.
Zu welchem, sag mir, willst du künftig stehen?

Iwanet:	Herr Parzival bedarf des Knappen nicht. Nehmt Ihr mich wieder?
Gawan:	Komm mit mir!
Iwanet:	Und Herr — Ein Pferd —
Gawan:	Will ich dir schenken. Komm zum Lager!

ZELT DES GAWAN

Gawan von Orgeluse gewappnet

Orgeluse:	Um meinetwillen gehst du in den Kampf.
	Ich reiche mit den Waffen dir mich selber.
	Denn alles, was das Weib besitzt, wird Wehr,
	wenn es dem Manne seine Rüstung darreicht.
	Die Furcht wird Mut, das Bangen wird
	                            Begeistrung,
	die Liebe Glut, die Demut tiefe Kraft.
	Nimm nun das Schwert! Die Lanzen werden
	                            splittern:
	das Schwert entscheidet, an die Lippen drück
	ich seinen kalten, blanken, schweren Stahl
	und flöße Leben ein dem starren Eisen.
	Du streitest für das Licht und für das Heil.
	Das Licht, das Heil umleuchte deine Glieder!

Gawan:	Hab Dank! Ein Wunder wird mir offenbar. Mann bin ich nur im Äußern meines Wesens. Doch in des Mannes Mitte kniet ein Weib im reinen Weiß der fließenden Gewande und trägt in ihren Händen Gottes Bild. Das Weib ist ein Gebet, es schwebt inmitten, der Erde nah, dem Himmel auch vertraut.
Orgeluse:	Und dennoch sind wir alles nur im Manne. Er leitet uns zur Erde kräftig hin.
Gawan:	Und dennoch sind wir alles nur im Weibe, sie hebt uns in den Himmel liebend auf.
Orgeluse:	Geh in den Streit und siege für uns alle.
Gawan:	Wie Gott es will und du auf mich vertraust. *(Artus mit Gefolge tritt ein)*
Artus:	Gawan!
Gawan:	Mein König?
Artus:	Lös den Gurt des Schwertes, tu alle Waffen ab! Vom Streite laß!
Gawan:	Wieso, mein Oheim?
Artus:	Alle deine Freunde mit einem Munde stimmen gegen dich.

Gawan:	Ich soll nicht kämpfen?
Artus:	Gestern warf dich nieder der mächtige Walleise. Deine Kraft ist noch nicht völlig.
Gawan:	Eine Nacht des Schlafes macht alles heil.
Artus:	Gawan, es ward ein Stoß auf deine Brust getan, den du so leichtlich mir nicht verschmerzest.
Gawan:	Wenn mich Parzival besiegte, fürcht ich nichts für meine Ehre.
Artus:	Fall gilt als Fall. Das Herz ist wunderlich. Erschüttert ist der Mut, ob man sich selber auch nichts gestehe. Eine Bresche legt sich in deines Glaubens starken Mauerring.
Gawan:	Die Bresche ist nicht.
Artus:	Laß dich warnen, Neffe.
Gawan:	Vergebens dringst du, Oheim, auf mich ein.
Artus:	Und wiegt das Wort des Königs nicht, so denke des Jammers, der der Schwester Herz erfüllt.
Gawan:	Itonje?
Artus:	Weinend rauft sie sich die Haare, ihr Seufzen scholl die ganze Nacht hindurch, seit sie erfuhr, wer dir den Kampf geboten. Das arme Herz, soll es den Bruder denn, soll den Geliebten es durchs Schwert verlieren?
Gawan:	Ich kann nicht feig sein.
Artus:	Lieber doch zerbrichst du der Schwester Leben.
Gawan:	Ach, bedrängt mich nicht! Das Feindlichste ist meiner Brust der Zweifel.
Artus:	Geh zu Itonje, sieh die Ärmste an, wie sie von Sinnen schier aus ihrem Zelte hinwegverlangt, mit offnem Haar im Fluge, Giromelans zu suchen, auf den Knien zu bitten ihn, vom Kampfe abzustehen.
Gawan:	Hat sies getan?
Artus:	Mit Mühe hält sie nur Arnive ab, und was man nur an Worten an sie verschwendet, alles ist umsonst. Horch, welch ein Auflauf! Viele Menschen drängen zu dir heran. Da ist Itonje selbst.
	(Itonje mit aufgelöstem Haar)
Itonje:	Ist hier Gawan? O Bruder! Bruder! Bruder! Es darf nicht sein. Ich leid es nicht, du mußt erst über mich hinweg. Denn an der Schranke stell ich mich auf und geh nicht aus der Bahn.

Gawan: Itonje!
Itonje: Du erschlägst ihn, den ich liebe,
und bist sein Mörder, oder er erschlägt
den Bruder mir und kommt als Mörder her,
die fremde, blutge Hand mir darzureichen,
und drohend steht des Hingefällten Geist
hier mitten zwischen uns. Ich darfs nicht leiden.
Gawan: Faß dich, mein Kind!
Itonje: Du gabst mir seinen Ring,
du machtest dich zum Boten unsrer Liebe.
Was warfst du nicht den falschen Reif von dir?
Was stießest du mich fort nicht aus den Armen?
Wer schenkt den Falken und das Messer auch,
das ihn durchstößt? O grausam eitle Liebe!
Gawan: Was ist zu tun?
Itonje *(seine Knie umfassend)*:
Kämpf nicht, Gawan! Die Waffen
leg nieder! Gringuljete zäume ab!
Mußt du das letzte Wort dem Schwerte geben?
Gibts keine andre Stimme?
Ritter *(von außen)*:
Platz! Macht Platz!
*(Giromelans, wankend, mit zerhauenem
Helm, wird hereingeführt.)*
Itonje *(aufschreiend)*:
Giromelans!
Gawan: Giromelans!
Artus: Was ist Euch, König?
Giromelans: Gebt einen Sitz! Mir schwindelt.
(er läßt sich nieder)
Itonje: Liebster,
was ist mit dir?
Giromelans: Itonje! Du bist Freude
und Qual zugleich.
Itonje: Was ist mit dir?
Giromelans: Geschlagen
bin ich. Gawan —
Itonje: Was tat Gawan?
Giromelans: Nahm mir den Ruhm!
Alle: Gawan?
Giromelans: Im Grau der Frühe,
da ich mich übte auf dem blachen Feld,
stieß ich auf ihn. —
Itonje: Auf wen?
Giromelans: Auf deinen Bruder.
Wir rannten an, der Kampf war groß und hart,

	da warf er mich zu Boden, und zu Ende
	war alles —
Gawan:	König, sieh empor! Die Rüstung
	des Helden, der dich traf, wars diese?
Giromelans:	Nein.
	Rot war die Rüstung.
Gawan:	O wahrhaftig: einer
	hat dich geschlagen, der uns alle schlägt,
	vor dessen Schwert ich selbst am Boden zuckte:
	Parzival!
Giromelans:	Ah –! So steht uns die Entscheidung
	erst noch bevor.
Gawan:	Du gabst mir gestern Aufschub
	um einen Tag, daß ich vom Falle mich
	erst recht erhole. Nimm ein Gleiches an
	von mir!

Itonje *(tritt zwischen beide):*

    Nein, Helden, nein. Wenn sich die Rechte
des Manns der Linken feindlich zeigt, wenn sich
in beiden mörderisch die Schwerter kreuzen,
dann durch der aufgehobnen Schneiden Blitz
drängt sich das Herz, die Mitte zu bewahren.
Ein jeder Streich, von links, von rechts geführt
trifft seine Blöße. *(zu Gawan)* Bruder und Geliebter,
ich laß dich nicht: zum Freunde mach ich dich
dem Feinde, wie zu Feuer macht die Flamme
die Kohle. Denn du liebst mich nicht,
wenn du die Hand zum Frieden nicht erbietest.

    (zu Giromelans)
Geliebter du und Bruder, dich zu lassen
vermag so wenig ich wie jenen dort.
Ihn mach ich dir zum Freunde wie die Flamme
zum Feuer macht die Kohle, die sie faßt.
Du liebst mich nicht, wenn du die Hand nicht bietest
zur Eintracht und zum Frieden zwischen uns.
Denn wenn sich zwei in einem Dritten finden,
so sind sie eines. Reicht die Hände Euch:
Begraben sei die Feindschaft Eurer Herzen.

Gawan *(die Hand darreichend):*	
	Es soll so sein.
Giromelans:	Es soll so sein.
Itonje:	Ich binde
	die Hände Euch mit gleichem goldenen Band
	und halte sie bewahrt in meinem Herzen.
Giromelans:	Der Preis des Kampfes sei uns beiden gleich:
	Der Garten und der Lorbeer sei Itonjes.
Gawan:	Zwei Hände noch vereinige ich hier.
	Vergebt Euch und beginnet Euch zu ehren.

(Er führt Orgeluse zu Giromelans, ihre Hände ineinanderlegend.)

Giromelans: Ich liebte, die ich schlug.

Orgeluse: In meinem Hasse
war Liebe auch.

Giromelans: So löschen wir den Wahn
aus unsern Herzen, und die lautre Sonne
bescheine wie die Wahrheit unser Tun.
Ihr Freunde, heut ist Heil uns allen widerfahren.
So laßt uns feiern einen Freudentag.
Besiegt vom Schwerte sind wir dennoch Sieger.
Kommt mit mir, gebt mir Ehre, füllt die Tafel,
die mir vor meinem Zelt bereitet steht,
den Tag des Ruhmes herrlich zu begehen.
Dich, Artus, lad ich ein mit allem Volk,
dem lieblichen Geleite deiner Frauen,
dich auch, Gawan, den Helden, der für uns
den Zauberer fällte; dich, o Orgeluse,
die du verwandelt uns so innig strahlst,
daß wir verstummend deinem Glanz uns neigen,
all Euch, Ihr Schönen, all Ihr Tapfern auch.
Im offnen Haare, o Geliebte, die dir
der Jammer löste, gleichst du einer Braut
und sollst als Braut an meiner Seite gehen.
Die Tränen aber, die du weintest, will
mit Perlen ich und leuchtenden Geschmeiden
aufwiegen dir und kränzen dich zum Mahl,
daß du von tausend bunten Sonnen funkelst.
Entrollt der Freude Banner! Freunde, kommt!

Gawan: Geht, Lieben, geht. Ich folge gleich Euch nach,
wenn ich die Rüstung mir vom Leib genommen.
Mein Oheim, Euch empfehl ich Orgeluse.

(Giromelans führt Itonje, Artus nimmt Orgelusens Hand, alle verlassen in freudiger Bewegung das Zelt.)
(Gawan wird von Knappen rasch entwappnet. Die Knappen entfernen sich.)

Gawan: Kampf ist das Letzte nicht, das Letzte ist
das Schweigen, die Ergebung und der Friede.
(Parzival tritt auf in voller Rüstung)

Parzival: Gawan!

Gawan: Mein Liebster!

Parzival: Schlug ich gestern dich,
so fällt ich heut den Gegner. Dies zu schaffen
ward ich hierher geführt, nun ist mirs klar.
Da es getan, verlaß ich diese Stätte.

Gawan: Du scheidest?

Parzival: Ja.

Gawan:	Du kannst nicht bei uns weilen?
Parzival:	Nein.
Gawan:	Teilen nicht die Freude, die uns strahlt?
Parzival:	Mir strahlt nicht Freude. Ohne Stätte bin ich, denn von der wahren Stätte schloß mich aus mein sündig Herz.
Gawan:	In unserm Busen wohnst du. Weißt du das nicht?
Parzival:	Ihr Guten, hegt mich weiter in Eurer Brust! Doch fordert nicht von mir, daß ich hier weile. Suchend ohne Suche, erwartend ohne Warten zieh ich aus. Mein Sinnen gab ich, gab mein ganzes Fühlen, mein Wollen an den Einen. Lebe wohl!
Gawan:	Du läßt uns?
Parzival:	Euch zu finden.
Gawan:	Deine Schritte gehn weit ins Dunkel.
Parzival:	In das dunkle Licht. Gott sprach mir Nein und Ja. Ich will gehorchen.
Gawan:	Du tust kein Werk?
Parzival:	Mein Werk beginnt im Schweigen.
Gawan:	Kehrst du uns wieder?
Parzival:	Weiß ichs?
Gawan:	Ohne dich fehlt unserm Bau das heilge Rund der Kuppel.
Parzival:	Gott ist die Kuppel.
Gawan:	Doch es wölbt der Mensch auch dieses Rund.
Parzival:	Der Mensch! Es werde uns der Mensch!
Gawan:	Lebwohl! Mein Herz ist deines.
Parzival:	Lebwohl! Es segne dich der heilge Gral.

Ende des zweiten Teiles.

Dritter Teil: Der Gral

FEIREFIS

Personen:

Feirefis, *Parzivals Halbbruder*
Parzival

Die Handlung spielt auf einer Waldlichtung nahe am Meere.

Waldlichtung. Den Hintergrund verhüllt ein feiner, dichter Schleier.

Früher Morgen.

P a r z i f a l , dessen Roß seitswärts angebunden steht, auf den Knien.

Parzival: Ich segle wie ein Schiff mit schwerer Fracht
im Nebelgrau, die Ufer nur gewahrend,
die mir zunächst sind, hinter mir die Bahn,
vor mir, versinkt im Schleier der Verhüllung.
Doch zieht der Strom mit seinem Rauschen fort
dem Meere zu. Die Stunde muß erscheinen,
da mir die Ufer weichen, grenzenlos
die Woge schwillt, die rollenden Gewässer
sich gegenwälzend ohne Ursprung sind.
Solang sei stille, Herz, und neige tiefer
dich auf den Grund der Dinge. Dich verehr ich,
du Schweigender, bis daß dein Stummsein Wort,
dein Dunkel Licht, dein Fernsein Nähe wird,
und in der treuen Wüste meines Herzens
dein Wandeln naht, und du, der Sohn des Vaters,
mir selber gleich, doch groß an Herrlichkeit,
dastehst, die Füße auf die Erde setzend,
den Himmel mit dem Scheitel rührend an.

Doch siehe, wie geschieht mir! Aus dem Dämmer
des Raumes tritt ein neuer Raum hervor,
ohn daß der alte schwindet, wie von Wolken
erfüllt sichs rings und bildet einen Kranz
aus lichter Weiße, innen strahlts von Helle —
o, mich gemahnts des Grals; denn solches Leuchten
ging von ihm aus! Und auf dem Saume jetzt
der untern Wolken steht ein Leuchter da
von purem Gold, doch fehlt das Licht ihm oben,
der Sockel unten. Wie im Wahne schwebt

er in der Mitte, eine Schale tragend
dem Monde ähnlich, aber leer. Doch sieh,
es wächst vom Grunde her mit grauer Dichte
ein Würfel wie von Stein, ein Altar wahrlich,
ein fester Tisch, voll Ernst und tiefer Kraft —
und jetzt, im Augenblicke in der Schale
erstrahlt ein weißes Rund mit leisem Schein.
Der Gral — er ists! Ich schau ihn wie im Dämmer,
still atmend, wie verhüllt, der Schleier fällt
auf ihn herab, erlöschend weicht das Wunder
der Tiefe zu, zur Erde sinkt mein Sinn.
    (verhüllt das Gesicht)
(Der Schleier öffnet sich und zerrinnt mehr und mehr. Man gewahrt das fernere Gelände, das zum Meere hinabsteigt. In einer Bucht eine unabsehliche Menge von Schiffen.)

Feirefis auf starkem Rosse, in eine schwere, von Edelsteinen besetzte Rüstung gekleidet, reitet herauf und hält Parzival gegenüber im Vordergrund. Parzival gewahrt ihn nicht.

Feirefis: Ich irre nicht, dies ist das Land des Abends,
nach dem ich strebte. Dank dem Allgewaltgen.
Ahura Mazdah, der den Kiel mir lenkte
und mich mein Ziel erreichen ließ! Gelobt
die Heilge Stärke seines Sonnenhauptes.
Hierhin zum Schlummer neigt sein Rad Ahura.
Die Pforten find ich hier der Nacht, den Schlüssel
zum Schrein der himmlischen Gestirne, hier
eröffnet manch Geheimnis sich dem Sinn.
Hier find ich auch den Vater. Doch wer kniet da
am Boden, ganz in Waffen, tief geneigt
das stolze Haupt? Bist du, o stummer Held,
des Abendlandes Wächter, der die Pforte
ins Innre seines Heiligtums bewacht?
Dann heb dich auf, denn ich begehre Eintritt!
Es gilt den Kampf. Ich fordre dich! Steh auf!

Parzival: Wer ruft nach mir?

Feirefis: Ein Fremder. Steig zu Pferd
und reite an!

Parzival: Ich kämpfe nur zu Fuß.
Der Geist befahl mirs.

Feirefis: Gut, so tret ich dir
in gleicher Art entgegen.
   (steigt ab und bindet sein Pferd fest.)

Parzival: Ists ein Weib,
für das du kämpfst?

Feirefis: Nein, für Ahura führe
ich meine Klinge.

Parzival: Herr, den kenn ich nicht.
Feirefis: So fühle seine Macht an deinem Leibe!
Für wen fichtst du?

Parzival: Ich stehe für den Gral.
Feirefis: Wer ist der Gral?
Parzival: Ein Gott und auch ein Mensch.
Feirefis: Das dünkt mich seltsam. Aber laß die Rede!
Es rüste jeder sich zum Kampf.
Parzival: Wohlan!
Feirefis *(kniet nieder und erhebt das Schwert)*:
Dich ruf ich an, du große Sonnenleuchte,
du Feuer aller Dinge, siegreich Licht.
Du Leuchte meines Hauptes, meiner Augen,
der Glieder Leuchte, Leuchte meines Schwerts.

Die große königliche Sonnenleuchte,
die gottgeschaffene,
verehre ich!
Die preiserfüllte,
machtbegabte,
die in den Mühen
offenbare,
die glutenstarke,
tatgewandte,
die alle Schöpfung
schauend überstrahlt.

Sie sei mit mir! Sie schlage den mit Feuer,
der kämpfend mir zu widerstehen wagt.
Parzival *(kniet nieder und erhebt das Schwert)*:
Dich ruf ich an, du lichter, heilger Gral,
du Ursprung aller Welt und auch ihr Ende.
Du großes Licht, Kristall und Blume du,
du Tier und wahrer Mensch und heilger Gott!
Unsterblich machst du, die sich dir vertrauen,
denn aller Tod ist rein in dir verzehrt.
Verzehr in mir den Tod, verzehr den Makel
in meiner Brust, nimm, den du einst beriefst,
als Opfer an! Ich bitte nicht um Sieg,
ich bitte, daß dein Wille sich erfülle.
Feirefis: Bist du bereit?
Parzival: Ich bins.
Feirefis: Es gilt! Komm an!

*(Sie kämpfen. Anfangs zeigen sich beide
Gegner einander ebenbürtig. Dann läßt
Parzivals Kampfkraft nach.)*

Feirefis *(Parzival in mehreren Stößen zurückdrängend)*:
Tabronit!
Parzival *(sich ermannend)*:
Pelrapeire!
Feirefis *(Parzival mit einem Streiche ins Knie werfend)*:
Secundilla!

Parzival *(emporschnellend und den Feirefis aufs Knie schleudernd):*
    Conduiramur!

Feirefis *(sich erhebend und den Parzival zu Boden stürzend):*
    Beim Ezidämon!

Parzival *(sich aufraffend und zum Vernichtungsschlag ausholend)*
    Beim heilgen Gral!

    (Feirefis stürzt in sich zusammen, Parzivals Schwert zerspringt.)

Feirefis *(halb aufgerichtet):*
    Noch bin ich.

    (sieht Parzival wie erstarrt mit zersprungener Klinge stehen und erhebt sich taumelnd).

    Steh ich! Waffenlos
    bist du des Todes.

Parzival: Gott gab mich dahin.
    Stoß zu!

Feirefis: Ich soll mich schänden? Niemals! Keiner
    bediene sich der Herrlichkeit des Schwertes,
    da deines dich verließ.

    (schleudert das Schwert weit von sich)

    Wir stehen gleich.

Parzival: Gib Rast!

Feirefis: Wohlan. Solange sind wir Freund.
    Setz dich zu mir!

Parzival: Ich tus, und ehre dich.
    Denn wahrlich, niemals traf ich einen Helden,
    der dir an Stärke gleicht und auch an Hoheit.
    Dein Eisenkleid, von Steinen ganz besetzt,
    in tausend Strahlen funkelnd wie der Himmel,
    besitzt die stumme Kraft des Firmaments,
    und dort das Schlänglein über deinem Scheitel,
    das dir die Helmzier krönt mit seinem Glanz,
    in Herrlichkeit erschien mirs aufzuglühn,
    da du die Streiche tatest mit dem Schwert,
    die keiner tat von allen, die ich kenne.

Feirefis: Mein Kleid, o Held, ist wahrlich ein Gezelt
    von Sternen, meine Glieder sind durchwaltet
    von ihrer stummen Herrlichkeit und Macht,
    daß niemand mir bis heute widerstehn,
    vor meinem Streich sein Leben wahren konnte.
    Das goldne Schlänglein aber auf dem Haupt
    ist aller Kräfte Inbegriff und Samen.
    Das Ezidämon ists, das heilge Tier.

Parzival: Mein Schwert hat es verwundet, und es blutet.

Feirefis:	Drum sprang es dir. Und wahrlich, blieb es heil — besiegt, erschlagen läg ich hier im Rasen.
Parzival:	So aber gab mich Gott in deine Hände. Mein Leben hing von deinem Willen ab.
Feirefis:	Soll ich den töten, der mich niederstürzte und Sieger war? Soll ich die reine Hand mit Mord beflecken? Soll ich selbst mich richten? Dein Schwert verriet dich, nimmermehr dein Arm. Du bist der Größte nicht des A b e n d r e i c h e s, der Größte a l l e r W e l t stehst du vor mir. Denn wisse, mich entsendete der Osten, der seiner Kräfte Inbegriff mir lieh. Ich komme mit der Macht des Ezidämons zu streiten mit dem Gral, für den du fichtst. So sprich, Gewaltger, wes Geschlechtes bist du, wie heißt dein Name, wie dein Volk und Reich?
Parzival:	Wenn dir mein Leben gleich als Pfand gegeben, mehr als das Leben ist der Name, Held. Aus Freiheit kann ich wohl ihn offenbaren, doch nimmermehr ihn nennen dir aus Zwang.
Feirefis:	Nicht Zwang sei zwischen uns, nur freier Wille. Und daß du dies erkennest, nenne ich mich dir zuerst: Ich bin von Anschewin.
Parzival:	Von Anschewin? Unmöglich, Herr. Es ist ein einzger Anschewine, das bin ich. Wer hätte mir mein Vaterreich entwunden? Die Wahrheit ist auf deinen Lippen nicht, es sei denn, daß du jener eine wärest, von dem Sigune sprach, den Belakane, die Nächtige, gebar im Land der Palmen und Wüsten. Könnt ich nur dein Antlitz für einen Augenblick gewahren, alles wüßt ich alsdann.
Feirefis:	Was sagte man dir, Held, von meinem Antlitz?
Parzival:	Gleich beschriebnen Blättern zeigt es vermischt die Farben schwarz und weiß.
Feirefis:	Ich bins. Sieh her! *(öffnet das Visier)*
Parzival:	Mein Bruder! o mein Bruder! Mein Feirefis!
Feirefis:	Wie aber nenn ich dich?
Parzival:	Parzival!
Feirefis:	Parzival! *(sie umarmen sich)* O großer Herr des Himmels, der du mit deiner Linken schufst das Reich des Aufgangs, mit der Rechten das Gelände des Untergangs, darin die Sonne ruht — sag, sind sie beide denn nicht Brüder, da sie

	denselben Vater haben, dem zum Weib
	der Osten sich so wie der Westen schenkte?
	Mein Bruder Parzival, mein höchstes Gut,
	nicht fällen muß ich dich, ich darf dich lieben.
Parzival:	Sei mir gegrüßt, du Edler, Langersehnter!
	Empfangen hier an meinem Herzen sei!
	Wenn andre der Geschwister sich erfreuten,
	so war ich einsam, und es streckte oft
	die Seele betend nach dem fernen Osten
	die Hände aus. Nun kommst du mir von dort.
Feirefis:	Der Osten blickt auf mich als auf den hellsten
	in seiner Sterne Schar. Er rüstete mich aus
	mit fünfundzwanzig Heeren, deren Masten
	du unabsehlich dort am Ufer schaust.
	Zu suchen meinen Vater zog ich hierher.
	Ein heilger Weiser sagte mir die Mär:
	„Sowie dein Vater lebt im Land des Westens,
	ist auch des Ostens Ursprung abendwärts.
	Ein Westland lag im Meer, der Flut entstiegen,
	zurückgesunken in den feuchten Schoß
	ruht es verborgen in smaragdner Tiefe.
	Von dorther kam vor unnennbarer Zeit
	der Zug der Menschen. Fahre hin nach Westen,
	dort weilt der Vater!" Und so zog ich aus.
	Sag mir des Vaters Ort, daß ich ihn grüße.
Parzival:	Der unser Vater war, o Feirefis, der ist
	nicht mehr.
Feirefis:	Ich seh ihn nicht?
Parzival:	So wenig wie ich selbst
	ihn jemals sah. Denn eh mich meine Mutter
	im Schmerz gebar, verblich er uns im Kampf.
Feirefis:	Weh mir! Und wohl mir! Denn ich finde dich,
	der du mir Bruder bist und Freund und Vater.
Parzival:	Du lachst und weinst? Wie durch den Strom des
	Regens
	die Sonne bricht, so strahlt durch deinen Schmerz
	das Licht der Freude. Sag, die dich gebar,
	die schöne, dunkle Königin, die reine,
	was ist mit ihr?
Feirefis:	Ein innigeres Weib
	war nie in dieser Welt. Sie sehnte sich
	nach Gachmuret, dem Herrn, der sie verlassen,
	und schwand an Kraft und Schimmer wie der Mond
	und starb dahin.
Parzival:	Wie Herzeleide starb,
	die mich gebar. (er verhüllt das Gesicht)
Feirefis:	Dies tödlich heilge Sehnen,
	o Parzival, erfüll es du mit mir!
	Laß Liebe uns und Treue heilig schwören!

Parzival: Laß sie uns schwören, Bruder Feirefis!
Feirefis: Mein Bruder Parzival.
Parzival: Ich lasse dich
            nicht mehr!
Feirefis: Ich halte dich auf ewig!
            Wir sind nicht Gegner mehr. So kann ich dir
            mein heiliges Geheimnis offenbaren.
            Ich trug es her, mit seiner Wunderkraft
            den Westen groß und siegreich zu erleuchten.
            Denn also hieß es mich das größte Weib,
            Indiens Königin: Frau Secundilla.
            Ich kam zu ihr, sie nahm mich auf, ihr Aug
            enthüllte mir das meine, lehrend hob
            sie mich hinein ins Schiff des heilgen Lebens,
            das leuchtend segelt nach der Meere Grund.
            „Dies bring dem Westen!" sprach sie, und sie wand
            das Ezidämon mir um meinen Helm
            als Zeichen meiner Vollmacht und entschwand
            im Namenlosen. Sieh nun dieses Tier,
            das Bildnis aller menschlichen Vollendung.
            Es wird nur wenigen geoffenbart
            und diese hüllens ins Geheimnis ihres Schweigens.
            Es ist ein Stamm, man nennt ihn Todesstamm,
            er ragt in dir, er ragt durch alle Sphären
            der Allwelt auf, und wer da lebt und ist,
            steht angeheftet an des Stammes Starre.
            Am Fuße dieses Stammes eingerollt
            in tiefem, heilgem Schlafe ruht die Schlange.
            Es kommt der Tag, da weckt der Ruf sie auf,
            der göttliche, aus deinem innern Herzen.
            Es öffnen sich in dir die reinen Blüten,
            die strahlenden des Himmels, deren Keime
            von Ur an sind, von ihrem Duft gelockt
            steigt nun empor in wunderbaren Kreisen
            das Ezidämon bis zum Scheitelrand
            (zu deinem wie zum Scheitelrand des Himmels,
            denn Mensch und Welt, das wisse nun, sind eins) —.
            Hier strahlt die Blüte mit den tausend Blättern,
            den goldenen, und so unsäglich ist
            ihr Licht, daß alles das, was sterblich,
            von ihm verzehrt wird, und das Makellose
            allein besteht. Zur Braut nun wird der Wurm,
            zur herrlichsten der Frauen, von Erkenntnis
            gleich wie von Golde quillt ihr ewig Aug,
            den Strom des Lebens wunderbar genießend,
            und in der Blume steht der Herr der Welt,
            der Braut die Hand zur Himmelshochzeit reichend.
            Da schwindet, was da war und ist und wird,
            und aller Gründe Grund, der abgrundlose,
            bricht an. Dies ist das Ezidämon,

	nach dem du schlugst. Bewahre dieses Wort,
	bis es zur Wahrheit wird in deinem Wesen!
	Bewahr es tief im Schweigen, niemand wird
	es je begreifen, der es nicht erfahren,
	und niemals hättest dus von mir erfragt,
	wenn du nicht Sieger über mich geworden.
Parzival:	Ich nehms als ein Verhülltes. Mir geziemt
	an seinen Schleier nicht zu rühren. Ich verehre
	mit Schweigen das Geheimnis, bis es mir
	sich offenbart.
Feirefis:	Da ich mein Höchstes
	dir hingab, Bruder, nenne mir auch du
	des Westens heiliges Geheimnis. Wahrlich
	du riefest: Gral! Und schlugest mich aufs Haupt,
	daß in von Sinnen schier zu Boden stürzte.
	Was ist der Gral?
Parzival:	Ein Schweigen, größer noch
	als jenes, das du mir befohlen, Bruder.
	Ein Menschenmund macht ihn nicht offenbar.
	Er muß sich selber deinem Aug enthüllen.
	Drum: fragst du mich, ich bleibe vor dir stumm.
	Vom Grale selbst mußt Antwort du erbitten.
	Nennst du mich gleich der Erde stärksten Mann,
	ich bin nicht wert, dem Grale mich zu nahen.
	Du senkst betrübt, betroffen deine Stirn?
	Laß uns nicht fordern, laß das Haupt uns beugen.
	Es ist ein Quell, er springt aus Gottes Grund
	und nennt sich Gnade. Wird sein Naß uns netzen,
	so wird sich alles öffnen unserm Sinn.
	Drum laß uns harren!
Feirefis:	Mir geziemt, o Bruder,
	das Wort zu achten, das dein Mund mir spricht.
Parzival:	Ich führe dich gemach hinein ins Innre
	des Abendreiches, dessen Saum du jetzt
	betreten hast. Begleite mich zum Orte,
	wo du Geheimnis schauen wirst, das auch
	vom Grale herstammt. Denn des Grales Hüter
	gab mir dies Schwert, das, weiser als sein Herr,
	an deinem Haupt zersprang, den Bruder kennend,
	der aus dem Morgen kam. Im ersten Streich,
	so ward es mir verheißen, wirds bestehen,
	im zweiten springts, und machst dus wieder heil,
	so wird es nimmermehr zuschanden gehen.
	Folg mir dorthin, wo ich mirs schweiße neu.
	Und laß mich dann mit neuer, heiler Klinge
	zum Lager meines Oheims dich geleiten,
	des Mannes, dessen Ruhm die Welt erfüllt.
Feirefis:	Des Königs Artus?
Parzival:	Ist sein Name auch

zu dir in deinen Osten hingedrungen?
Begrüße ihn und sieh um ihn vereint
den Glanz der Ritter und der Frauen Blüte,
des Abendlandes schimmerndes Gewand.
Sein Herz wird sich dir später offenbaren,
wenn Gott es will.

Feirefis: Mein Volk wird dort am Strand
geduldig meiner Rückkunft warten, ob sie
sich Wochen auch verzögert, Monde selbst.
Dir aber will ich, teurer Bruder, folgen
als meines Herzens Hälfte, als mir selbst,
wohin mich deine Liebe führen möge.

TREBUCHET

Personen:

Trebuchet, *der Schmied*
Parzival
Feirefis

Die Handlung spielt in der Schmiede des Trebuchet in Karnant.

Karnant

SCHMIEDE DES TREBUCHET

Sie ist eine Felsenhöhle. In die Steinwand ist eine Nische und ein Kamin eingebrochen, der ins Freie führt. In der Nische brennt das Essenfeuer. Ein mächtiger Blasbalg lehnt daneben an der Wand. Etwas davon entfernt der Amboß. Mancherlei Schmiedegeräte. Zur Rechten im Hintergrund springt aus dem Dunkel eines Felsenüberhanges ein Quell hervor und sammelt sich in einem steinernen Brunnenbecken, von dem aus er seitwärts abfließt.

Trebuchet (*im Schein der Glut hämmernd*):

    Schwung des Armes, Hammerschlag!
    Purpurhelle, Nacht und Tag.
    Nacht und Tag sind gleiche.
    Hierher dringt kein Sonnenstrahl,
    keines Mondes Blitz zumal
    zuckt in meinem Reiche.

    Schwung des Armes, Hammerschlag!
    Waffen schmied ich, Nacht und Tag,
    Waffen für das Ende.
    Waffen, die kein Streich zerbricht,
    Waffen, deren ehern Licht
    strahlt zur großen Wende.

    Schwung des Armes, Hammerschlag!
    Die das Werk vollenden mag,
    Ritterschaft des Grales,
    Dir gesell am heilgen Ort
    sich das makellose Wort
    zum Verein des Mahles.

Schwung des Armes, Hammerschlag!
Wahrheit für den ersten Tag,
für das Licht am Morgen.
Balde wird das Wort zerstückt,
ist der erste Schlag geglückt,
bringt der zweite Sorgen.

Schwung des Armes, Hammerschlag,
springt das Schwert den zweiten Tag,
macht es heil der dritte.
In dem Quell wird alles ganz,
aus der Tiefe steigt der Glanz
in des Wortes Mitte.
Schwung des Armes, Hammerschlag.
Die der Himmel schenken mag,
Wahrheit wird gebrochen.
Also ward das wahre Wort
durch der Lanze Grimm und Mord
freventlich durchstochen.

Schwung des Armes, Hammerschlag,
der erstund am dritten Tag,
fügt das Wort zusammen.
Wieder steigt es neu und rein
in des ewgen Lichtes Schein
aus dem Bad der Flammen.

(Parzival und Feirefis treten ein)

Parzival:	He, Meister, laßt den Hammer ruhn und seht, was wir Euch bringen. Dieses harte Schwert zersprang am lichten Helm des Helden dort. Ihr schuft das Schwert, Ihr werdets neu mir schweißen.
Trebuchet:	Wer bist du?
Parzival:	Parzival.
Trebuchet:	Oh, mir ist kund dein Schicksal, Held. Gib her die stolzen Trümmer. Und jener?
Feirefis:	Feirefis aus Morgenland.
Trebuchet:	Gachmurets Sohn? Ich kenn die Märe wohl von Belakanens Glück und Leid und Tod. Du trägst auf deinem Helm das Ezidämon, voll heilger Kraft, ein Wunder unerhört.
Feirefis:	Wie seltsam, daß dir alles dies bekannt!
Trebuchet:	Ich bin ein Mann der Höhle und des Feuers. Das Eisen kenn ich und das heilge Wort. Der Menschheit Bücher sind mir nicht verschlossen.
Feirefis:	Erfuhrst du je des Ezidämons Macht?
Trebuchet:	Die Schlange trägt Erkenntnis.
Feirefis:	Wahrlich, Meister, du kennst das Zeichen.

Trebuchet:	Doch es fehlt der Schlange die Taube noch. Denn zu der Klugheit muß sich Einfalt fügen. Und es muß das Haupt zum Herzen und das Herz zum Haupte werden. Kennst du die Taube?
Feirefis:	Nein.
Trebuchet:	Sie ist des Grals, wie dieses Schwert mit purpurrotem Griffe des Grales ist.
Feirefis:	So zeige mir den Gral!
Trebuchet:	Ich kann es nicht. Doch eines weiß ich wohl: Wer sich dahingibt, wer sein eigen Selbst zum Opfer bringt, dem öffnet sich der Gral.
Feirefis:	So sag mir du, wie könnte das geschehn?
Trebuchet:	Gib mir das Ezidämon!
Feirefis:	Meine Macht, mein Licht und mein Geheimnis?
Trebuchet:	Willst dus wahren, verlierst du es.
Feirefis:	So waffenlos und bar soll ich mich liefern in die Hand des Feindes?
Trebuchet:	Wie jener tat, der uns den Gral entfacht. Er gab sich hin und starb und trat ins Leben.
Feirefis:	Zum Kampfe rief mich Mazdah. Soll ich nun der Macht entraten?
Trebuchet:	Ja, und völlig zwar. Denn eines nur ist Macht ob allen Mächten: die Liebe.
Feirefis:	Nimm! *(bricht das Ezidämon vom Helm und reicht ihn Trebuchet)*
Trebuchet:	Du bist ein wahrer Held. Des Ostens Feuer in des Westens Kohle! *(er wirft das Ezidämon in die Glut, die zu wunderbarem Glanze emporstrahlt)* *(zu Parzival)* Nun füge du das Schwert!
Parzival:	Wie dus befiehlst! *(er fügt die Splitter des Schwertes)*
Trebuchet:	Dort in die Höhlung geh und in die Quelle tauch ein den Stahl! *(Parzival geht hin und kehrt mit dem ganzen Schwert zurück.)* Gib her! Zur Gänze schnell schmied ich den Stahl in Ezidämons Feuer. *(hämmert)* Der Morgen fließe in des Abends Herz!

            Des Abends Purpur bringe Heil dem Morgen!
            Gerettet sei der Leib, er sei geschmiedet
            zum heilgen Diamant der ewgen Härte.
            Denn Fleisch geworden ist das Wort, wir haben
            die Herrlichkeit des Eingeborenen
            gesehen, voller Gnade (dieses ist die Taube)
            und voller Wahrheit (voll des Schlangenlichts).
            Nimm, Parzival! Und welchen Streich du fürder
            mit diesem Schwerte tust, nie springt es. Nie!
Parzival: Dank, Meister!   (zu Feirefis)
            Wie ich ohne Wehre
            vor dir einst stand, du sterngeschmückter Held,
            der Großheit deines Herzens hingegeben,
            so stehst nun du, entledigt deiner Macht
            vor mir, dem Bruder, da. Und wie dein Schwert du
            von hinnen warfest, daß mit gleicher Kraft
            wir ausgerüstet seien für die Kämpfe,
            die wir noch zu bestehen wähnten, sieh,
            so geb ich dir, der du dich mir vertrautest,
            dies Schwert zurück an deines Schwertes Statt.
            Denn zwischen uns ist jeder Streit erloschen.
            Wer auf der Erde könnte mich bestehen
            als du? Du aber bist mein halbes Herz.
Feirefis *(empfängt das Schwert)*:
            Ich nehme das Geschenk. Die Sterne brech ich
            die funkelnden, heraus aus meiner Wehr,
            ich leg sie dir ums Haupt, geliebter Bruder
            und harre schweigend wie du selbst des Grals.
Parzival *(umarmt und küßt ihn)*:
            Geliebt in Ewigkeit.
Feirefis: Erkannt! Geliebt!

DIE BERUFUNG

Personen:

Artus
Gawan
Orgeluse
Parzival
Feirefis
Kundry
Keie, Giromelans, Itonje, Arnive, Ritter der Tafelrunde und Frauen.

Die Handlung spielt auf dem Felde von Ioflanze in der Tafelrunde des Artus.

FELD VON IOFLANZE

ARTUS' TAFELRUNDE IM FREIEN

Artus, Keie, Gawan, Orgeluse, Giromelans, Itonje, Arnive, Ritter der Tafelrunde und Frauen. Der Hintergrund steigt zu einem lichten Haine an, von dem ein Pfad herabläuft. Der Schatten einer großen Wolke liegt über der Tafel und dem Vordergrunde.

Über dem Hintergrunde Streifen von Sonnenlicht.

Artus: Schenkt ein und gebt den Becher in die Runde.
Ich trink ihn Euch und unserm Schicksal zu,
das mit gewalt'gen Schritten sich uns nähert.
Erschrecket nicht, erstaunt nicht! Ich verkünde
Euch eine Botschaft, die das Herz Euch weckt
aus allen Träumen, die Euch je umgaukelt.
Wir sitzen hier beim Freudenfest im Kreis,
das Glück Gawans, Itonjes Glück zu feiern.
Doch jäh verwandelt über unserm Haupt
das Firmament sich, eine Röte leuchtet
von Osten herwärts, nicht des Morgens Schein –
der Brand des Krieges. Und das Fest der Freude,
zum Fest des Abschieds wird es schnell — vielleicht
des ew'gen Abschieds.

Gawan: Welche Worte kommen
aus deinem Munde, ernst und ahnungsvoll!

Artus:	Was ich in fernster Zukunft noch vermeinte, wozu ich alle unsre Ritterschaft nur erst zu wappnen hoffte, aller Länder gekrönte Häupter, aller Kämpfer Kraft gewaltig um mich sammelnd: das Verhängnis, das einmal kommen mußte, uns zum Streit, zum höchsten aufzurufen — jetzo brichts herein.
Ritter:	Welch ein Verhängnis? Welcher Kampf? Wir bitten den König, daß er nicht in Rätseln uns, daß er uns offnen Wortes Kunde gebe.
Artus:	Der Osten rüstet sich mit aller Macht, die Gott ihm gab, mit ungezählten Heeren zu überziehen unser heilig Reich, die Herrlichkeit des Abendlands zu stürzen. Ich sah es längst, ich wußte, daß der Tag, da wir nicht mehr um des Erlösers Grabmal, da wir um uns und unsrer Kinder Sein zum Kampfe schreiten würden, fernher käme, der Tag, der uns, dem Jüngsten Tage gleich, zum Richttag würde über Tod und Leben. Drum setzte ich als Kern der Ritterschaft die Runde ein und machte sie zum Herzen des Abendlandes, machte zum Altar den Tisch des Mahles, daß wir uns im Brote die Stärke äßen, die der Kampf erheischt, und uns im Weine Mut und Feuer tränken, zu wagen, was zu wagen uns geziemt. Denn wem ist sonst das Rettungswerk befohlen als uns? Der Recke mußte kommen, dem keiner widerstand, in unserm Kreis mußt er der Zukunft großen Ruf empfangen, das Schwert des Abendlandes auch zugleich. Dann wollte ich die Helden all vereinen, die Reiche an mich ziehen, die Gewalt des Westens sammeln zu geballter Stärke, in eines schließen aller Herzen Glut. Jedoch der Held, in unserm Rund empfangen, ward hingerafft vom Fluch und jagte fort, in dunkler Wüstnis seine Qual zu bergen. Der Ring zerbrach, es sei denn, daß Gawan ihn neu uns schließe. Doch schon ist die Frist, die Gott uns gab, zerronnen. Unaufhaltsam bricht das Verhängnis über uns herein. Der Feind betritt des Abendlands Gestade. *(große Erregung und Bestürzung)*
Ritter:	Der Feind von Osten? Fremde Ritterscharen? Ists möglich? Kamen Schiffe übers Meer? An welchem Orte sprich, geschah die Landung?
Gawan:	Rede, o König, zeig uns alles an!
Artus:	Ich habe Kunde, daß von unserm Lager

                nicht viele Meilen in der Bucht des Meers
                sich eine Flotte lagert ohnegleichen.
                Nicht nur den weit geschwungnen Golf erfüllt
                das Drängen ihrer Schiffe, weit hinaus
                ins offne Meer erstreckt sich ihre Zahl,
                die Menge ihrer Rümpfe und der Wald der Masten.
                Man spricht von fünfundzwanzig Heeren, die,
                an Größe allen Scharen überlegen,
                so je ein Fürst in unsern Ländern warb,
                mit fremden Waffen drohend ausgerüstet,
                mit jenen Segeln kamen übers Meer.
                Ein Held von auserlesner Stärke ist ihr Führer.
                Von Steinen blitzt ihm Rüstung und Gewand,
                als wandelte der hellgestirnte Himmel
                voran den Bannern, die das Heer enthüllt.
                Der Osten nennt ihn seinen großen Meister.
                Asia tritt mit ihm an unsern Strand.

Ritter: Was hören wir? Gefahr, die niemand wußte!
Der Morgen, den wir suchten um Gewinn,
der uns die Wunder seines Reichtums lieh,
er sendet seine Söhne uns zum Kampf.

Artus: Die beiden Säulen, die den Himmel tragen,
Europa hie und dorten Asia,
bestimmt, zu ragen wie zwei hohe Brüder,
sie neigen über ihrer Häupter Last
und stürzen, sich zermalmend, ineinander.

Gawan *(springt auf):*
Zu Pferd!

Artus: Halt an! Noch diesen letzten Becher
gleichwie zum Nachtmahl reicht von Mund zu
                                                Mund,
zum höchsten Widerstande uns zu stärken.
Dann Brust an Brust und Lipp an Lippe schnell
Abschied genommen und hinweg vom Feste
ins Feld gesprengt, daß wir des Gegners Macht
solange hindern, sich ans Land zu werfen,
bis Zuzug kommt von unsern Reichen all.
Die Boten jagen aus, die Fürsten mahnend
zu schleuniger Hilfe, wir indessen stehn,
ein Wall von Eisen hin am Saum des Ufers.
Weh, daß der E i n e , Stärkste uns verließ,
auf den wir unsre Hoffnung bauen sollten!
So sei'n wir selber unsrer Herzen Schild.
Ich führe euch, ihr folgt mir ohne Säumen.

Ritter: Zum Kampf, zum Kampf um unser höchstes Eigen.
Für König Artus! Für das Abendland!

Gawan: Drommeten! Hört ihr? Gäste oder Feinde?

Orgeluse: Zwei Reiter sprengen längs dem Lager hin.
Des einen Rüstung zuckt von vielen Blitzen,
des andern leuchtet wie von Morgenschein.

Artus:	Das ist des Fremden drohendes Gewaffen.
Gawan:	Das ist des Freundes purpurrote Wehr.
	Sie steigen ab. Heil Parzival!
Alle:	Willkommen!
	Willkommen Parzival!
Artus:	Er kehrt zurück.

Der wie ein Schatten uns vorbeigeglitten,
er tritt mit sichrem Ernste vor uns hin,
emporgetaucht aus Dunkel und Verhüllung.
(Parzival und Feirefis erscheinen)

Alle: Heil Parzival!

Artus *(erhebt sich):*

Bist dus, o Held? Tritt her,
daß ich dich recht betrachte. Dich zu schauen,
ist Labsal meinem Aug. Denn mächtig strahlt
und sanft dein Blick, und aller Krampf der Züge,
und alles Düster der gedrängten Brauen
ist aufgelöst in Zuversicht und Ruh.
Du stehst und schweigst, und schweigend spricht
dein Mund
gewaltge Rede. Oh, du bringst dich selbst
und mächtiger als je uns heut zurück.
Und dir zur Seite geht ein fremder Held,
des Ansehn Reichtum strahlt und hohe Würde
und dem voran der Ruf des Wunders flog.
Wer ist er und was kündet uns sein Kommen?

Parzival: Dich grüß ich, Artus, der gekrönten Häupter
erhabenstes im weiten Abendland.
Euch grüß ich, Ritter, die dem Edlen dienen,
Euch, Frauen, die der Schönheit Glanz ihm leihn.
Der sich mit mir dem Rund der Tafel nähert,
ist Feirefis, der Held aus Morgenland,
mein liebster Bruder. Am Gestade fand ich
den stolzen Mann, zum Gruß der Waffen hob
der Arm sich auf, es ward mit Macht gefochten.
Wahrhaftig, dieser Kampf hat in der Welt
nicht seinesgleichen je gehabt bei Christen
und nicht bei Heiden; denn es stritt kein Mann
mit einem Manne hier, es rangen Engel,
gewaltge Schwerter führend, riesenhaft,
Mit ihren Scheiteln in die Wolken tauchend
in Glut und Liebe um den Preis des Siegs.
Es siegten beide, beide unterlagen,
vom Herzen sank der Schleier dichten Wahns,
und Bruder stand dem Bruder gegenüber.

Artus: Wie wunderbar! Wie über alle Maßen
erstaunlich und ergreifend ist das Wort,
das du mir kündest. Ist es Wahrheit denn?
Die Waffen senkt der Abend, senkt der Morgen —
als Brüder liegen sie sich an der Brust?

Feirefis: Der Himmel weiß: wir sind von einem Vater.
Artus: Willkommen, Söhne. Meine Arme öffnen
sich Euch an jenes ewgen Vaters Statt,
in dem ihr eins seid, wie das Licht der Sonne
sich selber eins ist. Großer, heilger Tag!
(er empfängt beide in seinen Armen)
Gelobt sei Gott, gepriesen das Geheimnis,
das das Entzweite heim ins Eine führt.
Sinkt nieder auf die Knie, laßt uns danken!
(nachdem sich alle wieder erhoben)
O Glück, das nur das innre Herz ermißt,
das unergründlich ist, dem Himmel ähnlich,
wo Tiefe sich der Tiefe stumm erschließt.
Geschlichtet ist der alte Streit der Völker,
zergangen ist der Wahn, die Taube trägt
den Ölzweig schwebend überm Tal des Todes.
Parzival: Nimm, König, uns für heut und alle Zeit
in deine Runde auf.
Artus: Kniet nieder, Söhne!
Neigt Euer Haupt. In dem gestirnten Rund
der Helden, die mein Name um sich sammelt,
nehmt Euren Platz.
(er berührt ihre Schulter mit dem Schwert)
Erhebt Euch, meine Brüder!
Umarme sie, Gawan!
Gawan: Ihr Teuren, Edlen! *(umarmt sie)*
Artus: Dies sei das letzte Werk, das ich getan.
Von meinen Lenden gürt ich mir das Schwert,
des Abendlandes Schirm und heilge Waffe,
und reich es weiter an den größern Mann,
der uns des Ostens teure Freundschaft wirkte,
an Parzival.

(er gürtet das Schwert ab und reicht es Parzival. Während der letzten Worte hat sich der Hintergrund von hellem, fast überirdischem Glanze erleuchtet. Kundry ist aus dem Hain hervorgeritten, hat die Tafel erreicht, ist abgestiegen und tritt jetzt zwischen Artus und Parzival. Ihr Pferd ist schneeweiß, die blaue Decke zeigt die Tauben des Grals. Ihr Antlitz ist von himmlischer Schönheit, ihr Blick ernst und groß, ihr Gewand ganz golden und mit den Silbertauben bestickt.)

Kundry *(das Schwert sanft zurückdrängend)*:
Laß dieses Schwert! Nicht biet es jenem an,
denn eines andern Schwertes ist er würdig.
Gibs an Gawan, er trags an deiner Statt!
(Gawan empfängt das Schwert)
Heil dir, o König! Denn vollendet siehst du
dein Werk! Es segnet dich der Gral.
Nicht hast du ja das reine Schwert geschändet,
das Gott dir gab. Du Herz der Ritterschaft,
du Löwe von Bertane, Sonne du

des Abendlands, empfange meinen Gruß
und sei bedankt um deiner Treue willen.
(zu Parzival)
Heil dir, o Held! Denn siehe, meine Kunde
ist wunderreich und groß: Es ward gefunden
dein Name an dem lichten Rand des Grals.
Ihn zu behüten ruft die heilge Stimme
dich Reingewordnen auf. Ich neige mich
vor dir. Denn du wirst sein des Grales König,
des heiligsten, geheimsten Wunders Herr,
der Menschheit Krone und des Alls Erfüller.
Knie hin! Beug deine Stirne in den Staub!
(Parzival gehorcht)
Staub bist du — Nichts! Verschollen und verloren!
Licht bist du — All! Erhoben und entfacht.
Von Ewigkeit bist du in Gott gegründet,
zerbrochen bist du in der Nacht der Zeit,
zertrümmert und zernichtet in der Wüstnis
des Äußersten, gerettet ist dein Herz
aus jedem Tod. Es schwebt auf deinem Haupte
die Krone, die von je des Menschen war.
Sieh denn zum Himmel auf! In sieben Ringen
durchläuft sein Haus die Bahn der Wandelsterne:
Denn Zwal, der Alte, an der fernsten Grenze
berührt der Gottheit tief verhüllten Grund,
Almustri dann, der goldne, Almaret,
des roter Schein zu großen Taten leuchtet,
Samsi, die Strahlende, das Herz der Welt,
Aligafir, der aller Schönheit Gnade
ergießt im reinen Lichte seines Blicks,
und Alkitêr, der silberne Beschwingte,
zuletzt noch Alkamêr, der milde Glanz,
der tönend hebt die Klarheit der Gedanken
und wandelt durch der Träume stilles Reich —
sie schwingen ihre wunderbaren Kreise
durch deines und des Himmels Firmament.
Dir ist gegönnt, zu wachsen in die Weiten,
zu steigen nieder in den tiefsten Grund,
bis das Geheimnis Zwals im letzten Schweigen
dich ruhen läßt. Und alles dieses Reich,
das zwischen Zwal und Alkamêr gelegen,
ist dein, und mehr als dies, so Gott es gibt.
Groß ist der Mensch, und größer ist kein Wesen,
es sei denn Gott. Gesegnet sei der Mensch!

Alle *(auf den Knien):*
Gesegnet sei der Mensch!

Kundry:
Aus diesen Rittern
erwähle einen, der zum heilgen Gral
dich still geleite. Denn ich führe dich,
sobald du mir befiehlst.

Parzival:	Du, Feirefis,
	willst du mit mir des Grals Geheimnis schauen?
Feirefis:	Ich will, mein Bruder.
Parzival:	Sei bereit und komm!

                                                      (zu Kundry)
Dank dir, du Herrliche! Euch allen Dank!
Die Arme breitend schließ ich alle, alle
an meine Brust.   *(nach oben)*
Wer faßt des Himmels Rat?
Ich stehe stumm. Und siehe, alle Bande,
die mich gefesselt, sinken still hinab,
unendlich ist mein Sinn, mein Herz entfaltet.
Wie eine Flamme steig ich brausend auf,
zum Übermaß erweitern sich die Maße,
mir selbst entstürzend schweb ich, und die Nacht
entbreitet sich zur Klarheit der Gestirne,
die Geister ziehn in Scharen weit einher,
es schlingen Kränze sich in Kränze, tönend
erklimmt das Licht der Wahrheit höchsten Thron,
und überbrausend, überwallend mündet
ins Namenlose aller Wesen Glut.

TREVRIZENT

Personen:

Kundry
Parzival
Feirefis
Trevrizent

Die Handlung spielt in der Klause der Sigune.

Klause der Sigune. Sigune über dem Sarge des Schionatulander in der Gebärde des Gebetes ausgestreckt. Sie ist tot. Trevrizent daneben sitzend in tiefer Versenkung. Eine Zeitlang Schweigen.

Trevrizent: Erloschen ist die Lampe, hingezehrt
das letzte Öl. Verseufzend in Gebeten
starbst du, und sieh, das Bildnis deines Leibes,
das starrgewordne, immer ist es noch
Gebet. Du fielst in Gottes Arm, du sankst
an Gottes Herz. Denn wen die Liebe tötet,
den weckt die größre Liebe auf zum Leben.
Der Friede ist mit dir. Nicht wie die Welt
ihn gibt, wie E r ihn spendet. Amen.
(es wird gepocht)
Wer stört des Todes Schweigen? Kundry, du?
Es ist nicht not, die Hungernde zu speisen,
denn sie ging hin, wo Stille ist und Ruh.

Kundry: Schließ auf!

Trevrizent *(öffnet):*
Was willst du?

Kundry: Gäste bring ich dir
und dieser Toten.

Trevrizent: Parzival! Und der
im Schmuck der Steine?

Kundry: Feirefis, der Sohn
des Gachmuret.

Trevrizent: O Gott, der du erfüllst,
was unerfüllbar scheint, was sieht mein Aug!
Mein Neffe! *(umarmt beide)*

Kundry:	Grüße Parzival, den Mann, des Name: „Durch die Mitte" heißt, denn wahrlich, durch aller Dinge Mitte ging er hin zur ewgen Mitte.
Trevrizent:	Rief zum zweitenmal der Gral dich in sein Amt? Bist du erwählt?
Parzival:	Ich bins!
Trevrizent:	O Heil dir, Heil dem Himmel, Heil der Erde! Den Menschen Heil und allen Wesen Heil. Ich knie, dich als König zu verehren.
Parzival:	Nicht doch, mein Vater. Was ich bin, ist Gnade, Verzeihung, Hilfe, Liebe und Geschenk. Du lehrtest mich und führtest mich zum Leben.
Trevrizent:	Das ist der Wunder größtes und geheimstes, daß du ertrotztest durch der Treue Mut, was niemand mit dem Willen kann erlangen. Denn niemand, der ihn sucht, gewinnt den Gral, so sagt ich dir und kündete die Wahrheit. Du aber gingst und suchtest fort und fort im weglos Dunklen seines Lichtes Spuren. Verflucht gewannst du Heil, verstoßen fandest die Heimat du. Denn es erleidet wahrlich das Himmelreich Gewalt, und die da brauchen Gewalt, die reißen es an sich. Und siehe, wer sich erretten will, verliert sein Leben, und wer sich hingibt, der gewinnt sein Selbst. Und nichts vermag der Mensch, der Himmel alles, und alles ist der Mensch, und Gott ward Mensch. O letztes Räsel, aufgelöst im Herzen des ewgen Vaters! Friede ward dir nun, o Parzival, und Ruhe ob den Tiefen.
Kundry:	Des Grales Rund erstrahlte rings in Glut, man fand den Namen Parzival geschrieben.
Trevrizent:	Es ist des Menschen Name. Sei gelobt, o Parzival, du Zweiter aller Menschen, denn jener war der Erste, der erstund.
Parzival:	Ihn preisen wir!

(Sie knien nieder)

Trevrizent *(sich erhebend)*:
    Sieh hier das Bild des Friedens!

Parzival:	Sigune tot! Nicht tot, o nein, sie wurde, da sie die Hülle ließ, zum ewigen Gebet, das atmend sich auf weißen Schwingen aufhebt. O sieh doch, wie sie strahlt durch diesen Raum!
Trevrizent:	Jungfräuliche, Geliebte du des Todes! Zur Greisin machte dich die lange Qual, nun, da du starbst, wardst du zum Mädchen wieder und blühst in sanfter Fülle. Laß sie uns

zur Ruhe betten! Helft des Sarges Deckel,
den steinernen, mir heben, daß wir sie
zur Seite des Geliebten niederlegen.

(Sie heben den Sargdeckel und betten Sigune neben den Leichnam des Schionatulander)

Versöhnt! Vereint! Für alle Zeit genesen.
Schließt das Gehäuse, das nur Hüllen birgt,
nur Bilder. Ihrer aber ist die Wahrheit.
Laßt uns für sie die Totenfeier halten.

(Alle knien nieder. Trevrizent tritt an eine altarartige Nische.)

Trevrizent: Es sei des Schaffenden erhabne Ruhe,
die ewig Wahrheit zeugt und Herrlichkeit
und Klarheit, Licht und heilge Offenbarung
und ewig stille steht im tiefsten Grund,
es sei des Ursprunglosen tiefes Schweigen
in Euch, es strahle Euch die Leuchte,
die aller Sonnen Quelle ist, es strahle
die ewge Leuchte Euch, die nie erlischt,
in der sich Licht und Finsternis vermählen.
Es werde Euch der Friede, den kein Sturm
des Wirkens überbraust, kein Schmerz zerschneidet,
kein Tod zerbricht, der offenbarend sich
im Offenbarungslosen gründet. Wahrlich!
Daß Euch verzehre nicht des Abgrunds Nacht,
daß Euch verschlinge nicht das tiefe Wasser,
daß Euer Antlitz hebe Michael
mit seinen Händen in das Antlitz Gottes.

Kundry: Laß scheiden uns. Geschlossen ist der Ring.
Schon zieht Conduiramur mit ihren Knaben
entgegen uns. Kardeis und Lohengrin,
die sie gebar, nachdem du sie verließest,
erwarten dich, gerufen durch den Gral.
Am Plimizöl wirst du sie wiedersehen.
Komm!

Trevrizent: Sei gesegnet! Gehe ein
in deine Wahrheit, deine Offenbarung!

KARDEIS UND LOHENGRIN

Personen:

Kyot
Conduiramur
Parzival
Kardeiś
Lohengrin

Die Handlung spielt im Zelt der Conduiramur am Plimizöl.

Fürsten und Ritter von Brobarz.

Waldlichtung am Plimizöl, der Ort der Blutstropfen. Pfingstliche Morgenstille. Die Sonne ist noch nicht aufgegangen.

Zelt der Conduiramur, das fast den ganzen Vordergrund einnimmt. Es ist noch geschlossen. Im Hintergrunde am Waldsaum das übrige Lager der Königin.

Kyot (gleichsam als Wächter vor dem Zelte sitzend):
    Sei wach, o Geist! es naht der Tag des Geistes,
    da aus der Stille hell ein Brausen weht
    und sich die Luft mit Feuerzungen füllt,
    die niederregnen auf das Haupt der Erde,
    wie Liebesworte, alles Sein entfachend
    zur Wahrheit und zur lichten Gegenwart.
    Wie still der Wald! Im Schweigen welche Fülle!
    Ein Atem kommt und schwillt durch Kronen her
    und streift vom Aug der Blumen weiße Tropfen.
    Und horch, die Vogelstimmen sind erwacht
    und wachsen an, ein Chor des Jubels schon,
    gleich wie der Völker Stimmen, die da ziehen,
    erregt vom Geist, dahinbewegt im Sturm
    des heilgen Tags. O Taube du des Grales! —

    Noch säumt das Licht, noch schläft Conduiramur
    den holden Schlaf der Unschuld mit den Kleinen
    im sanften Schirm des Zeltes. Denn das Heil
    berührte ihre kummervolle Wimper,
    und ihr verschleiert Auge wurde klar.

Gepriesen sei der Herr! Ich kam zu schauen
die Herrlichkeit, die er uns allen gab.
Willkommen, heilger Tag! Aus deinem Schoße
wird Freude steigen, licht und mannigfalt.
(Parzival tritt seitwärts hervor)

Ein früher Wandler schon im Morgendämmer?
Halt an und sag, wer bist du?

Parzival: Parzival.
Kyot *(zu seinen Füßen)*:
Du bists!
Parzival: Steh auf! Ich bitte dich, steh auf!
Kyot: Vor meinem König laß mich knien.
Parzival: Kyot,
nimm meine Hand, daß ich dich dran erhebe!
Sei mir gegrüßt! Wo ist Conduiramur?
Kyot: In diesem Zelt. Sie Schläft, des Glückes voll.
Parzival: Tu auf!
Kyot *(schlägt das Zelt auf)*:
O Held, sieh an die Deinen!
Conduiramur! Die Knaben! Komm und sieh!

*(man erblickt Conduiramur auf ihrem
Lager schlummernd. Sie hält in jedem
Arm einen ihrer Knaben.)*

Parzival: O Sehnsucht! O Erfüllung! Süßes Bild!
Von Engelshand gezeichnet in die Kissen
der lieblichsten, der frömmsten Häupter drei.
Conduiramur, Gestirn des Morgens, niemals
bedeckt vom Glanz der Sonne. Heimlich ging
dein Leuchten fort im Dunkel meines Herzens.
Und nie verhüllte dich der Erde Saum.
Geliebteste, in deren Namen betend
ich oft versank. In Flammen lodert mir,
in süßen, all mein Sein, dich zu umfangen,
drängt mich die Übermacht des Herzens schon,
und kaum bezwing ich mich, im stillen Anschaun
dich zu begrüßen wie ein selig Bild.
Wenn du den Abgrund deiner Augen öffnest,
und deiner Liebe lautrer Brand mich trifft,
dann stürz ich hin, mir selber ganz entnommen.
Gewalt, mein Herz, im Dunkel wie im Licht!

(verweilt einen Augenblick stumm)

Die du gebarst, du Reinste, da ich irrte
in Finsternis, die du, ein süßes Licht
mir hobest auf den dreigestirnten Leuchter
des Glückes, oh, Kardeis und Lohengrin,

ihr Holden, meine Kinder, meines Blutes
noch kaum erblühte Blumen, atmend noch
den Duft der Kühle, die der Morgen spendet,
verhüllte Seligkeit, ich schau Euch an,
und all mein Wesen wird mir zum Gebete.
Ihr seid von mir, und dennoch, ach, von weither,
mich selber seh ich reiner schier in euch,
doch eine ferne Gottheit neigt sich mahnend
in dieses mein Gebild und füllt es an
mit neuen Wundern, unausdenklichen.
Ihr werdet Eure Augen zu mir heben,
und eure Lippe haucht das eine Wort,
der Worte feierlichstes, größtes: Vater!
Und Gott, der Vater, senkt sein zeugend Haupt
auf mich herab, daß ich im Bild ihm gleiche.
Kardeis und Lohengrin! Der Erde Ernst
und Schwere atmet mir aus dir entgegen,
Kardeis, und du, verklärtes Kind,
mein Lohengrin, vom Silberhauch des Geistes
umfächelt liegt dein klares Antlitz da.
Hoch sei gelobt, du Meister in der Höhe,
daß du den Menschen schufst, das heilge Bild!
Erwachet, ihr Gliebten, o erwachet!

Conduiramur *(erwacht)*:
    Parzival! Oh!

Parzival *(zu ihr eilend)*:
    Conduiramur.

Conduiramur: Du bist es?

Parzival: Ich! Du! Wir beide! Ach, wir alle!

Conduiramur: Ists wahr, du bist berufen? Auserlesen
vor allen?

Parzival: Seine Gnade ists, nicht ich.

Conduiramur: O König! Helfer! Retter von uns allen!
Mich rettest du, die Kinder auch zugleich.
O sieh!
    (Kardeis und Lohengrin erwachen)

Lohengrin: Das ist der Vater!

Kardeis: Vater!

Parzival *(hebt sie an seine Brust)*:
    Ihr meine Kinder! Ihr mein süßes Licht!

    (küßt sie)

Dem Himmel gab mich Gott, gab mich der Erde!
Nun bin ich ich und du und ihr und Welt.
Laß mich euch dienen, da ihr euch bekleidet.

    *(er hilft Conduiramur und den Kindern
    sich ankleiden)*

Berufen bist du durch der Botin Wort,
mit mir fortan auf Montsalvat zu wohnen.
Und Lohengrin wird mit beim Grale sein.
Kardeis sei Erbe aller unsrer Länder.
Ruft alle Fürsten, Kyot, rasch herbei
und alle Ritter. Denn es soll die Krone
Kardeis empfangen, die ich selber trug.

(Kyot ab)

Und wunderbar, die Stelle kenn ich wieder,
da ich dich traf, den ernsten Waldessaum.
Hier, wo der Ring des Zeltes steht, Geliebte,
ja hier, wo du dein Lager wähltest, sah
getaucht in Schnee ich dreier blutger Tropfen
purpurne Male, und sie zogen mich
aus mir hinweg zum Ufer deiner Liebe.
Da, wie ein Tod, ergriff mein ganzes Sein
Conduiramurs erhabner, reiner Zauber.
Die Tropfen deut ich nun: des eignen Bluts
verklärte Male strahlten da mich an.
Conduiramur, Kardeis und Lohengrin,
gebettet in den sanften Schnee der Unschuld,
sie hielten überm Abgrund meinen Geist.
Ihr Engel, die ihr nie mein Herz verließet!
Doch sieh, die Fürsten nahn, die Ritter auch.
Zum Gruße heben sie den Glanz der Wehren
und stellen schweigend sich im Rund umher.
So laß den Tisch uns weihen zum Altare.
Den Knaben heb empor. Die Krone reicht
mir aus dem Schrein!

(es geschieht)

Ihr Fürsten, ihr Getreuen!
Ihr wißt, mich rief der Gral zu seinem Amt.
So will ich, daß Kardeis die Krone trage,
die Ihr mir gabt, da ich die Feinde schlug.
Und meines Vaters, meiner Mutter Reiche
wird er gewinnen mit bewährtem Schwert,
wenn er erwachsen ist zur Mannesstärke.
Dann leistet ihm Gefolgschaft wie einst mir.
Die Krone drück ins Haar ich Eurem König.
So huldigt ihm, wie Ihr einst mir getan.

(Alle huldigen Kardeis auf den Knien)

Und nun, o Kyot, übergeb ich dir
dies Kleinod, daß dus treulich mir geleitest
zurück nach Pelrapeire, daß du mirs
behütest samt den Ländern, die sein eigen,
bis zu dem Tag, da selbst den Zepter er,
das Schwert ergreift und hin zu Taten schreitet.
Lebwohl, mein Sohn. Auch du leb, Kyot, wohl!

Ihr Fürsten und ihr Ritter seid entlassen
mit Gruß und Dank. Es segne Euch der Gral,
zu dem ich fürder meine Schritte lenke.

(Abschied und Aufbruch)

DER WALTER DES GRALES

Personen:

Amfortas
Repanse de Schoie
Parzival
Feirefis
Conduiramur
Der Gralskämmerer

Kundry, Lohengrin, Titurel, die Ritter des Grals, die Jungfrauen der Repanse de Schoie, die neun Engelchöre

Die Handlung spielt auf der Gralsburg

GRALSBURG

Der Vorraum wie bei Parzivals erstem Besuch. Im Schein der Kerzen liegt Amfortas auf seinem Bette. Ihm zur Linken Repanse de Schoie mit ihren Jungfrauen, zur Rechten der Kämmerer mit Gralsrittern.

Repanse *(mit betend erhobenen Händen)*:
    Komm, heilger Geist! Dein Tag ist da, o komm!
    Komm, Taube du, der Wahrheit selge Schwinge!
    Auf dich hat unser innres Herz gehofft,
    an dir ist unsrer Seele Glut entfacht,
    in dir verklärt ist unsres Glaubens Licht.
    Denn siehe, da die Welt gegründet ward:
    vollendet war ihr Bildnis schon in dir,
    und der Erfüllung reiner Atem schwoll
    fortan zu uns aus deinem Schoße her.
    Du unsre Mutter, stillend, die da dürsten,
    dein Feuer ist nicht Brand und zehrt nicht hin:
    ein Brunnen ist es ewiger Erneuung,
    ein schaffend Licht, ein Ende allen Wahns.

Ritter:	Vom Tode löse uns!
Jungfrauen:	In Klarheit tauche uns!
Ritter:	Zur Gänze ründe uns!
Jungfrauen:	Zum Atem wecke uns!
Ritter:	In Fülle senke uns!
Jungfrauen:	Zum Frieden leite uns!

Amfortas *(schwach):*
    Naht er noch nicht? O Stunden ihr des Endes,
    wie zögert ihr, wie steht ihr zaudernd still,
    als schlüge keine Glocke euch das Zeichen,
    und legt mit kalter Hand die letzte Qual,
    die übermenschliche, auf meine Augen,
    auf meine Lippen, auf mein Herz. O Zeit,
    ein Nichts vor Gott, wie furchtbar bist du denen,
    die nicht in Gott sind! Kürze sie, o Herr!
    Naht er noch nicht?

Repanse: Geduld, geliebter Bruder!

Amfortas: O känntet ihr dies Wort! Das letzte Mark
zehrt mirs hinweg. Den letzten Funken raubt mir
die Natter Wahnsinn. Sag, wie lange lieg
ich wartend schon? wie lang, seit Kundry ausritt? —
Wie heißt der Tag, den wir heut feiern?

Repanse: Pfingsten,
des Geistes Tag.

Amfortas: Ich bin verbrannt; ich habe
des Geistes keinen Hauch mehr. Aber du,
                                Verheißner,
der du auf Schwingen kommst, o leihe jenem
die Schwinge auch, daß er mit Sturmgewalt
mir nahe, meiner Lippen Durst zu löschen,
mir einzugießen jenen letzten Trank,
den süßen Tod, nach dem mein Wesen schmachtet.

Repanse: Dein Maß muß sich erfüllen zu dem Leid,
Erwählter, ach, zum Übermaße
muß es sich steigern; denn im Übermaß
allein ist Gott.

Amfortas: Im Feuer lieg ich lang.
Das Feuer aber steigt ins Überfeuer,
die Glut wird Kühle, die Verzweiflung Lob!
O, was geschieht an mir? Ist dies der Tod?

Kämmerer: Die Glocken, horch! des Grales Glocken klingen!

(Das Gralsgeläute setzt ein)

Repanse: Er lädt uns tönend ein zum heilgen Amt.
Vernehmt ihrs nicht?

Kämmerer: Mit ungeheuren Schlägen
erfüllts das Firmament. Es schwingt das Haus,
es schwingt der Berg, es schwingen Höhn und
                                              Tiefen.

Repanse: Das Luftreich tut sich hallend vor uns auf,
die Engelscharen wallen frei hernieder.

Kämmerer: Die Grüfte rollen, alle Unterwelt
entriegelt sich im Klang der tiefen Stimmen.
Was kündet das?

Repanse:	Ich sehe Kundry nahn.
	Der Retter kommt, der Retter ist erschienen.
	Amfortas, auf!
Amfortas:	Was rufst du?
Repanse:	Heb dein Aug!
	Parzival naht!
Amfortas:	Naht?
Repanse:	Der dich löst, der Reine.
	Schon schreitet er empor. Es folgt ihm nach
	die keuscheste der Frauen, deren Hände
	wie Blumen sind, sie führt den lichten Sohn.
	Und noch ein Herrlicher betritt die Treppe
	mit dunklem Aug, den feierlichen Blick,
	den sehnenden, empor nach uns gerichtet,
	des Ostens großer Meister Feirefis.

(geht den Eintretenden entgegen)

Gegrüßt, verehrt, geliebt sei, Parzival.
Mein Knie, das niemand sich als Gott gebogen,
erzeigt dir Ehre. Meinen Mantel nimm,
nimm meine Krone!

Parzival *(nimmt beides und legt es seitwärts nieder)*:
  Gott allein zur Ehre!

Repanse *(zu Conduiramur)*:
  Gegrüßt, verehrt, geliebt, Conduiramur,
  du Reinste unter allen! Deine Hände
  sind meiner Hände Herz und weißes Licht.
  Du bist bestimmt, den Gral fortan zu tragen.

Conduiramur: Wie ER es will, wie ER es mir befiehlt.

Repanse *(zu Lohengrin)*:
  Gegrüßt, verehrt, geliebt sei, Lohengrin.
  Du Kind des Geistes, Ebenbild der Taube,
  du Silberner, Geheimer, dessen Grund
  die Freiheit ist und dessen Licht, verklärend
  die letzte Gruft, wo Schatten lag und Nacht,
  zur Schöpfung wird des neuen ewgen Lebens,
  da Gott nicht mehr befiehlt, nicht mehr gehorcht
                                           der Mensch,
  da alles ist ein Blühen und Ergießen.

Repanse *(zu Feirefis)*:
  Gegrüßt, verehrt, geliebt sei, Feirefis,
  du heilger Bruder aus dem Reich des Morgens,
  du ernster Bote einer hohen Welt,
  uralter Neuer, Himmel du und Erde.
  Denn sieh, was dein ist, sei auch unser, Freund,
  und das, was unser ist, sei dir gegeben.

Feirefis: Du eines Engels Mund! Du redest Worte,

                    die mir wie Pfeile mitten durch das Herz
                    des Herzens dringen. Deinen frommen Händen
                    empfehl ich mich, bewahre, Jungfrau, mich
                    zum ewgen Leben.

Repanse: Öffne deine Türe!
                    (Parzival eilt zu Amfortas und kniet
                    an seinem Lager nieder.)

Amfortas *(matt):*
                    Du kommst noch einmal, Parzival? Was ist
                    der Grund der Reise, die du zu mir tust?
                    Ich bin zu End.

Parzival: O Teurer, sieh mich an!
                    Ich leide, wenn du leidest und ich seufze,
                    wenn du erseufzest, und ich schreie auf,
                    wenn du aufschreist, und ich vergehe,
                    wenn du vergehst. Denn die du außen trägst,
                    die Wunde, Bruder, mir im Herzen glüht sie
                    auf ewiglich, wenn Gott sie mir nicht stillt.
                    Ich bin wie du. Ich sündigte und stürzte,
                    und Gott erhob mich, und die Stimme rief
                    mich her nach Montsalvat. So frag ich dich,
                    du Dulder, der du littest, was wir alle
                    verschuldet haben, nach dem Grund und Sinn
                    des Leidens, das dich streckt aufs Lager nieder,
                    daß du nicht liegen und nicht sitzen magst
                    und lehnend nur in immer neuem Schmerze
                    dich qualvoll krümmest und des Tods begehrst?

Amfortas *(dessen Antlitz immer lichter aufstrahlt):*
                    Der Sinn ist Seligkeit. Ich bin erlöst.
                                        (er erhebt sich)

                    Es ist nicht Seligkeit, es sei durch Leid.
                    Gelobt sei Gott! Gerettet sind wir alle.

Alle *(kniend):*   Gelobt sei Gott! Gerettet ist die Erde!
                    Gerettet ist die Welt. Es ist vollbracht.

Amfortas: Neig hin das Haupt, daß ich dich kröne, Bruder!
                    Repanse, tu das Purpurkleid ihm an!
                    Gesegnet sei der Herr, des Grals Behüter,
                    gesegnet, dessen Herz die Welt durchdrang!
                    Nimm nocheinmal das Schwert, das du dem Bruder
                    als Zeichen gabst, und gürt es um den Leib,
                    daß du gerüstet seist zum heilgen Amte!
                    Conduiramur trägt uns das Licht des Grals
                    herein aus dem Verließ und, ihr zu dienen,
                    Repanse zieht mit ihr, so wie auch ich
                    zum Diener werde dieses unsres Königs.
                    Bereitet Euch!

Feirefis *(zu Repanse):*
                    Du Spenderin der Freude,

	geheimes Licht, das meiner Augen Grund

                    geheimes Licht, das meiner Augen Grund
mir wunderbar erfüllt. Dir hab ich mich
ergeben, denn mir sagts die Tiefe
des Herzens, daß du bist mein wahres Sein.
Führ mich zum Gral!

Repanse: Mir ward des Grales Botschaft:
Dem, der dich ruft, dem folge!

Feirefis: Wunder, Wunder,
das mich ergreift! Mein Wesen rief dich stets.
Du folgst?

Repanse: Ich folge. Wie das Brot zur Speise,
der Wein zum Trank sich hingibt, geb ich mich.
Folg mir zum Gral!

Feirefis: Ich schweige und gehorche.

(Repanse, Conduiramur und Jungfrauen ziehen nach links, Amfortas, Parzival und Gralsritter nach rechts ab. Das Bett wird weggetragen.)

(Der Kämmerer schlägt auf die Sonnenscheibe. Das Gralsgeläute setzt erneut ein. Der Vorhang öffnet sich, die Abendmahlshalle zeigt sich.)

An der Stelle, wo früher das Bett und der Tisch des Amfortas gestanden, ist jetzt ein Altar errichtet, der aus einem einzigen Kristallwürfel besteht. Der goldene Tafelaufsatz ist nicht mehr vorhanden. Die Gralsritter ziehen von beiden Seiten in den Saal.

Die linke Schar: Zum Tisch der ewgen Speisung lädt der Gral
mit seiner Glocken ehernem Getöne.
O füllet, Brüder, rings den Weltensaal,
ihr, die ihr seid des Heilgen wahre Söhne!
Geschlossen ruht der Wunde heiße Qual,
erloschen ihres Giftes wildes Toben.
Wie eine Lippe, wie ein Rosenmal
vermag sie nur zu beten und zu loben.

Die rechte Schar: Verwesung ist nicht mehr. Der Mensch ward ganz.
Verbleichend schwand der Tod. Aufdringt das Leben.
Es ist dem Menschen nun der goldne Kranz,
der unverwesliche ums Haupt gegeben.
Der Wesen Reiche strömen jubelnd ein
in des Erlösten weltengroße Halle.
Und in dem unbegrenzten, heilgen Schein
erhebt sich alles aus dem tiefen Falle.

Beide Scharen: Zum Mahl der Freude ewig läßt der Gral
den lichten Tisch der Speisung uns bereiten.
So seis, ihr Brüder, daß wir frei von Qual
zu seiner Feier mit Gesängen schreiten.

Denn was zertrümmert war, nun wird es heil,
und was verloren ging, nun kehrt es wieder.

Aus eigner Quelle bricht der heilge Glanz,
aus eigner Tiefe dringen unsre Lieder.
Zum Mahl! Zum Mahl!
Zu der Vollendung Mahl!

(sie nehmen ihre Plätze ein)

Parzival tritt ein, von Amfortas und Feirefis als Diener begleitet und besteigt die Stufen zum Altar. Der Vorhang wird vor Titurel geöffnet.

Parzival: In deinem, in des Geistes Namen, spreche ich:
Hintreten will ich zum Altare,
den du uns gabst, den wir mit unsrer Schuld
geschändet haben, der durch deine Gnade
gereinigt und vollendet ward. O Herr,
in dem wir waren, eh wir waren, der
ins Sein uns hob, der zu uns selbst uns rief,
der sich uns barg und sich uns offenbarte,
und, da wir uns gefunden, wiederkam,
ich preise dich mit Worten und mit Liedern
mit Harfen und Musik und großem Schall.
Hintreten will ich zum Altar des Leibes,
hintreten zum Altar der Welt. Bekennen
will ich die Schuld des Menschen, meine Schuld,
die den Altar hinab zur Tiefe stürzte,
daß er hinabfiel in die Nacht des Steins
und in den Tod. Des Leidens bin ich schuldig,
der Krankheit und der Qual und alles Bösen,
durch das vergeudet ward der Menschen Heil,
durch das getilgt ward aller Schöpfung Gnade.
Denn schuldig bin ich auch der Tiere Qual,
der Pflanze Not, des Steines Starrheit,
des ganzen Tods. All dieses war der Mensch,
und da er fiel, zerfiel er in das Äußre.
Du aber brachst die Fessel, die uns band,
zerschlugst den Tod, die Trümmer lasest du
zusammen mit der Hand und fügtest alles
zur Gänze und zum Heil. Gepriesen sei!

Amfortas: Hintreten will ich zum Altar,
den du uns gabst, den ich mit meiner Schuld
geschändet habe, der durch deine Gnade
gereinigt und vollendet ward, o Geist!

Parzival: Herr, du hast unser dich erbarmt!
Christus, du hast unser dich erbarmt!
Herr, du hast unser dich erbarmt!

Amfortas: In Wahrheit!

Parzival: Denn du hast uns das Sein gegeben, o Vater.
Denn du hast uns erkämpft das Leben, Sohn.
Denn du hast uns erfüllt die Freiheit, Geist.

Amfortas: In Wahrheit.
Parzival: Dein ist die Offenbarung aller Höhen.
Ehre sei dir.
Und denen werde Frieden,
die guten Willens sind.

Gesang der neun Engelchöre

Wir loben dich, die wir tragen die Seelen der
                                        Menschen.
Wir ehren dich, die wir tragen das Feuer der Völker.
Wir preisen dich, die wir tragen die Urbeginne
                                        der Zeiten

Wir jubeln dir, die wir tragen Gewalten der
                                        Formung.
Wir jauchzen dir, die wir tragen Mächte der Wallung
Wir leuchten dir, die wir tragen die Herrschaft
                                        der Weisheit.

Wir tönen dir von den Thronen des Willens.
Wir singen dir von den Bergen des Lichtes.
Wir harfen dir von den Zelten der Liebe.

Engel und Menschen:

Ehre dem Vater, der da ist!
Ehre dem Sohne, der da ward!
Ehre dem Geiste, der da sein wird!

Amfortas: Gesegnet sei, des die Verheißung ward,
der Mensch!

Feirefis *(der auf die rechte Seite des Altares getreten ist, nimmt aus der Brust ein Buch, das er entrollt):*
Dies ist das Buch Ahura Mazdahs, der das Feuer
der Sonne ist. Vernehmet:

Feirefis: Die große königliche Lebensleuchte,
die gottgeschaffene,
verehren wir!
Die preiserfüllte,
machtbegabte,
die in den Mühen
offenbare;
die glutenstarke,
tatgewandte,
die alle Schöpfung
schauend überstrahlt.

Die da sich zugesellen wird dem Einen,
dem, der die Feinde schlägt,
dem Sieger.

Ihm, der die Welt in Himmelsfeuer wandelt,
und auch den andern, seinen Freunden,
wenn er das Sein zum strahlenden gestaltet,
zu einem, das nicht alt wird,
zu einem, das nicht hinstirbt,
zu einem, das nicht in Verwesung hinsinkt,
zu einem, das nicht in Verfaulung hinfällt,
zu einem, das in alle Zeiten fortlebt,
zu einem, das in alle Zeiten fortglüht,
zu einem, das aus freiem Willen herrscht.

Wenn ausgeht vom Gewässer Kasavya
Astyat – Öröta, der Gewaltge,
der bis zum Knochenleib herabgestiegne
Beweger des erhabnen Weltenrundes.
der Abgesandte Mazdahs, des Beherrschers,
des Weibes Sohn, der Allerretterin.

Mit Geistesaugen wird er schauen,
anschauen wird er alle die Geschöpfe,
anblicken wird er alle Lebenden,
dem Knochenleib vertrauten Wesen,
anblicken mit den Augen seiner Liebe,
und mit dem Blicke seiner Liebe
unsterblich machen alle diese Welt.

Parzival: Dein Feuer lege hin auf meine Lippen,
die Falschheit brenne weg aus meinem Mund,
zur Ewigkeit erhebe meine Zunge,
daß ich des Wortes Diener sei. Vernehmt!

(Er tritt auf die linke Seite des Altares. Alle erheben sich.)

Und ich sah einen neuen Himmel und eine neue
                                          Erde.
Denn der erste Himmel und die erste Erde waren
vergangen und die See ist nicht mehr.

Und ich sah die heilige Stadt aus dem Himmel
niedersteigen, das neue Jerusalem, von Gott
zubereitet wie eine Braut, geschmückt für ihren
Bräutigam. Und ich hörte eine laute Stimme vom
Thron her sprechen: „Sieh, das Gezelt Gottes
mit den Menschen, und er wird bei ihnen wohnen
und sie werden sein Volk sein und Gott selbst wird
mit ihnen sein, ihr Gott, und Gott wird alle
Tränen von ihren Augen abwischen. Und der Tod
wird nicht mehr sein, weder Leid
noch Jammer noch Schmerz wird mehr sein,
denn das Erste verging." Und der auf dem Throne
saß, sprach: „Sieh, ich mache alles neu!"

Feirefis:	In Wahrheit.
Beide:	Dank sei dem Herrn.
Parzival:	Den Gral, tragt ihn herein!

> (Conduiramur, von Repanse, Lohengrin und den Frauen gefolgt, zieht ein. Sie trägt den Gral verhüllt.)

Gesang der Frauen

Geheimnis, noch verhüllt
im Dämmer deiner Klarheit,
uns Zeichen noch und Bild,
bald unverstellte Wahrheit.

Zum letztenmal bedeckt
mit reiner Schleier Hüllen,
dann aber auferweckt
zu ewigem Erfüllen.

> (Conduiramur setzt den Gral auf den Altar nieder, die Frauen schließen hinter ihm einen Halbkreis.)

Parzival (*während sich alle beugen*):
Laß wagen uns das allgemeine Opfer:
Geopfert sei der Gral. Es sei in seinem Opfer
das Opfer aller Welt. Geopfert sei der Leib,
geopfert sei die Seele und es sei
der Geist geopfert.
Geopfert sei das Ich.
Geopfert sei der Mensch mit allem,
was sein ist.
Geopfert sei auf Erden und im Wasser
und in der Luft ein jegliches Getier.
Geopfert sei, was grünt und blüht und wächst
und Samen bringt.
Geopfert sei,
was tot ist und dem Tritt der Füße
sich neigt, ohnmächtig der Bewegung und des Lautes.
Geopfert sei das All,
geopfert das Gestirn,
geopfert sei der Chor, der neunmal heilge
der Geister Gottes.
Denn Du gabest uns
die Herrschaft über alles.
Des Todes sterbend leben wir für dich.
Geopfert sei der Gral!

Amfortas:	In Wahrheit.
Feirefis:	In Wahrheit.

Parzival: Nimm an das Opfer! Alles kehre wieder
zu Dir!
Es sei der Gral enthüllt in Ewigkeit.

Chor der Engelscharen

Heilig bist du, Herr.
Dreimal bist du heilig,
dreimal in der höchsten Glut
der Einigkeit!
Und heilig ist der Grund,
der ohne Grund ist, da dein dreifach Feuer
ins Überseiende versinkt.
Die Himmel strahlen dich,
die Erde
erleuchtet sich von dir,
der Abgrund,
der ohne Grund ist, schweigt aus dir hervor.

Parzival: Dein Licht verwandle allen Tod in Leben.

(Er enthüllt den Gral)

Alle: Gepriesen sei der Gral!
Wir sind im Sein! Wir gründen uns ins Leben.

Parzival: So spricht das Wort: Ich bin.
Fürchtet Euch nicht!

Alle: Ich bin.

Parzival: Geheimnisvolles, ewges Wunder du!
Heut bist du offenbar.
Neu werden die Naturen.
Und was da war, hat Dauer angenommen,
und was nicht war, das hobst Du auf.
Denn nicht Vermischung hast Du je erlitten
und Teilung nicht.
Dies ist der Leib der Welt!
Dies ist sein Blut!

(Alle neigen sich)

*(Von oben kommt die Taube und legt eine Hostie
auf den Gral, der sich ganz verklärt.)*

Alle: Der Geist! Der Geist!
Gepriesen sei der Geist!

Chor der Engel

In Seinem Leibe gerettet ist der Leib
der Welt.
In Seinem Blute gerettet ist das Blut
der Erde.

	Denn die Gestirne sind der Leib,
	und der Gestirne Strahlen sind der Wein,
	und Gottes Wille ist der Leib,
	und Gottes Gnade ist das Blut.
Parzival:	Siehe, das Lamm,
	vom Urbeginne an erwürgt
	zum Heil der Welt.

Parzival:

Siehe, das Lamm,
vom Urbeginne an erwürgt
zum Heil der Welt.

Siehe, das Lamm,
in Ewigkeit gegeben
dem Tode
um des Lebens willen.
Siehe, das Lamm,
das da die Schuld der Welt
hinwegnimmt.

Es gereiche euch die Speise,
und es gereiche euch der Trank
zur Einigkeit des Vaters und des Sohnes
und des Geistes.

Kommt, eßt und trinkt!

(Alle treten heran und empfangen aus Parzivals Händen Brot und Wein.)

(Stummes Mahl.)

Feirefis *(tritt heran und kniet vor Parzival)*:
    Der Speisung würdge mich.

Parzival *(zu Repanse)*:
    Gib ihm die Taufe.

Repanse *(ergreift einen silbernen Spiegel und leitet mit ihm das Licht des Grales auf Feirefis' Haupt)*:
    Im Namen der Dreieinigkeit.

Feirefis: Mein Auge ist enthüllt. Ich schau den Gral.

Parzival: Empfange seiner Liebe Einigung.

    (speist und tränkt ihn)

Alle: Das Leben ist der Tod, der Tod ist Leben.
    Wir wachsen in uns selber und wir schwinden.
    Wir sind vergangen und wir sind geworden.
    Wir bleiben und wir gehen ewig ein
    in alles Einssein. Keine Trennung ist,
    kein Abgrund mehr und keine Fremde,
    denn unser ist der Ursprung und das Licht.

Parzival: Vollendet ist die Tat.
    Es segne Euch
    der Dreimal Heilige.
    Es segne Euch der Geist,

	des Reich die Fülle ist,
	des Fülle niemals endet!
Alle:	Es segne uns der Geist,
	des Reich die Fülle ist,
	des Fülle niemals endet! Amen.

ENDE

INHALTSVERZEICHNIS „DER GRAL"

Erster Teil: Parzival

HERZELEIDE
Im Wald Soltane, Herzeleidens Hof 7
Im Wald Soltane 17
Herzeleidens Hof 23
Orilus und Jeschute 29

SIGUNE
Sigune 35

KÖNIG ARTUS
König Artus und der Rote Ritter 41
In König Artus Burg 44

GURNEMANZ UND LIASE
Graharz. Burg des Gunemanz 56
Burggärtchen 76

CONDUIRAMUR
Conduiramur 84
Pelrapeire 92
Saal der Burg 96
In der Burg von Pelrapeire, Kemenate 99
Lager von Pelrapeire, Zelt des Kingrun 105
Pelrapeire 108
Lager von Pelrapeire 115
Burg von Pelrapeire, Saal 118

AMFORTAS
Amfortas, Gebiet des Gral 122
In der Gralsburg 126

SIGUNE
Sigune 135

ORILUS UND JESCHUTE
Orilus und Jeschute 140

KÖNIG ARTUS UND DER ROTE RITTER
König Artus und der Rote Ritter 146
Waldblöße nahe dem Plimizöl 157
Blumenhag am Plimizöl nahe von König Artus Lager . . 160

Zweiter Teil: Gawan

GALOGANDRES
Zelt des Königs Artus, Morgendämmerung 169

OBIE UND OBILOT
Obie und Obilot 176
Zelt des Gawan 183
Burg von Bearost 190

ANTIKONIE
Antikonie 197
Burg von Schanphanzun 202
Schloßhof von Schanphanzun 206

TREVRIZENT
Trevrizent 216
Winterlicher Wald 219
Klause des Trevrizent 223

ORGELUSE
Schloß Logroys 241

KLINGSOR
Gemach im Hause des Fährmanns 266
Schastel Marveil, Zaubersaal 277

GIROMELANS
Schastel Marveil, Zaubersaal 301

PARSIVAL
Feld von Ioflanze 307
Blachfeld am Flusse 310
Zelt des Gawan 316

Dritter Teil: Der Gral

FEIREFIS 325

TREBUCHET
Schmiede des Trebuchet 334

DIE BERUFUNG
Feld von Ioflanze, Artus Tafelrunde im Freien 338

TREVRIZENT 345

KARDEIS UND LOHENGRIN 348

DER WALTER DES GRALES
Gralsburg 353

INHALTSVERZEICHNIS 365

Weitere Bücher von Arthur Maximilian Miller

Schwäbische Bauernbibel
Sechs humorvolle und doch tiefsinnige Predigten in schwäbischer Mundart: Die Schöpfung der Welt, Die Erschaffung der ersten Menschen, Der Sündenfall, Kain und Abel, Noah baut die Arche, Der Turmbau zu Babel. 88 Seiten, Umschlag Heinz Schubert, 6 Illustrationen von Helga Nocker, DM 12,80

Mei' Pilgerfahrt durchs Schwabeländle
Die Pilgerfahrt des Honorat Würstle durchs Schwabenland zieht an uns vorüber, von Landschaft zu Landschaft, von Pfarrhof zu Pfarrhof, von Pfarrhauserin zu Pfarrhauserin. Mittelschwaben, das Unterland und das Allgäu mit den dazugehörigen Seelenhirten, den heimischen Menschen und ihren Sitten gehen wie ein Reigen durch dieses köstliche Buch. 188 Seiten, 53 heitere Illustrationen von Helga Nocker, DM 19,–

Das schwäbische Jahr
Neubearbeitete Auflage mit 144 Seiten, Umschlaggestaltung und Tierkreiszeichen von Heinz Schubert, 22 Illustrationen von Helga Nocker. Hier werden in schwäbischer Mundart nicht nur die Monate charakterisiert, sondern mehr noch die Menschen, die unter einem bestimmten Tierkreiszeichen ins Leben getreten sind. DM 17,50

Ottobeurer Chorgestühl
Das Ottobeurer Chorgestühl ist so berühmt, wie die Basilika. Es ist das Werk des Schreiners Martin Hörmann aus Villingen und des Bildhauers Josef Christian aus Riedlingen. Die dichterische Darstellung A. M. Millers ist eine Deutung des Ganzen und aller Einzelheiten. Format 23×28,5 cm, 80 Seiten mit 8 Farbtafeln und 26 ganzseitigen Schwarz-Weiß-Abbildungen des Fotostudios Hermann Müller, DM 26,80

Der Herr mit den drei Ringen
Abt Rupert Neß, der wagemutige Bauherr des Klosters Ottobeuren, führte die drei Ringe im Wappen. Als Sohn eines Schmiedes aus Wangen im Allgäu stieg Rupert Neß vom einfachen Novizen zum Abt des Klosters und fürstlichen Herrscher auf. Ihm und seiner Epoche, der Blütezeit des deutschen Barocks, gilt dieser Roman, ein menschlich wie kulturgeschichtlich gleich interessantes Werk. Das Schicksal des Abtes ist voller Dramatik und durch tausend Fäden mit dem Leben seiner Zeit verwoben. 512 Seiten, 10 Abbildungen, DM 28,50

Das Christkind im Glasschrein
Ein Buch voll Weihnachtszauber: Der falsche und der echte Engel, Das milchweiße Lämmchen, Das Christkind im Glasschrein, Der entthronte Nikolaus, Die wilden Klausen, Wunschbriefe, Christnacht im Stall, Schattenspiele, Wallfahrt zu den Krippen, Hosanna in excelsis, Letzte Wanderung, Ewige Kindheit. 176 Seiten, 14 Illustrationen und Umschlaggestaltung von Heinz Schubert, DM 19,–

Preise: Stand Januar 1982

ALLGÄUER ZEITUNGSVERLAG KEMPTEN